Strategische Kommunikation

Ulrike Röttger • Volker Gehrau
Joachim Preusse (Hrsg.)

Strategische Kommunikation

Umrisse und Perspektiven eines Forschungsfeldes

 Springer VS

Herausgeber
Prof. Dr. Ulrike Röttger
Prof. Dr. Volker Gehrau
Joachim Preusse

Westfälische Wilhelms-Universität
Münster, Deutschland

ISBN 978-3-658-00408-8   ISBN 978-3-658-00409-5 (eBook)
DOI 10.1007/978-3-658-00409-5

Die Deutsche Nationalbibliothek verzeichnet diese Publikation in der Deutschen Nationalbibliografie; detaillierte bibliografische Daten sind im Internet über http://dnb.d-nb.de abrufbar.

Springer VS
© Springer Fachmedien Wiesbaden 2013

Lektorat: Barbara Emig-Roller, Monika Mülhausen

Gedruckt auf säurefreiem und chlorfrei gebleichtem Papier

Springer VS ist eine Marke von Springer DE. Springer DE ist Teil der Fachverlagsgruppe Springer Science+Business Media.
www.springer-vs.de

Inhalt

Ausblick

Strategische Kommunikation

Umrisse und Perspektiven eines Forschungsfeldes

Ulrike Röttger, Volker Gehrau & Joachim Preusse

Der vorliegende Sammelband bündelt die unterschiedlichen Forschungsaktivitäten und Zugänge zum Phänomen „Strategische Kommunikation" am Institut für Kommunikationswissenschaft der Westfälischen Wilhelms-Universität Münster. Die Beiträge nähern sich dem Forschungsgegenstand „Strategische Kommunikation" aus sehr unterschiedlichen theoretischen und methodischen Perspektiven. Sie weisen breite, für die Forschung zu strategischer Kommunikation ungewöhnlich vielfältige thematische Hintergründe auf. So soll eine umfassende Forschungsperspektive dargestellt werden, die die empirische Vielgestaltigkeit der strategischen Kommunikation adäquat erfasst und zugleich Möglichkeiten des Anschlusses dieses Forschungsfeldes an allgemeine Gesellschafts-, Sozial-, Medien- und Organisationstheorien aufzeigt sowie die gesellschaftliche Eingebundenheit und Folgenhaftigkeit strategischer Kommunikation in den Blick nimmt. Den Beiträgen liegt ein Verständnis von strategischer Kommunikation als Organisationsfunktion, konkret als Kommunikation im Auftrag von Organisationen, zugrunde. Es geht insoweit einerseits um die Funktionen und Leistungen strategischer Kommunikation für Organisationen und andererseits um die sozialen Bedingungen, Funktionen und Folgen von strategischer Kommunikation in der bzw. für die Gesellschaft. Denn strategische Kommunikation als Teil öffentlicher Kommunikation oder auch als Impuls für öffentliche Kommunikation hat gesellschaftliche Relevanz und tangiert regelmäßig – intentional oder transintentional – Interessen und Handlungsmöglichkeiten unterschiedlicher gesellschaftlicher Gruppen bzw. Subsysteme.

Diese Perspektive auf strategische Kommunikation schlägt sich unter anderem darin nieder, dass Phänomene und Aspekte strategischer Kommunikation in unterschiedlichen gesellschaftlichen Handlungsfeldern und im Zusammenhang mit unterschiedlichen Organisationstypen thematisiert und analysiert werden. Dies betrifft sowohl die Voraussetzungen, Bedingungen und Prozesse strategischer Kommunikation als auch die intendierten und nicht-intendierten Folgen strategischer Kommunikation.

1   Zum Begriff der strategischen Kommunikation

Mit dieser Ausrichtung erweitert der vorliegende Ansatz den Fokus der bisherigen Forschung zur strategischen Kommunikation. In diesem Forschungsfeld dominieren bislang theoretische Ansätze und empirische Studien, die sich primär auf den Organisationstypus „Unternehmen" beziehen und sich stark an betriebswirtschaftlichen Fragestellungen und Problemdeutungen orientieren (sehr deutlich z. B. im Bereich des Kommunikations-Controllings). De facto geht mit der betriebswirtschaftlichen Orientierung ein ausgeprägt instrumentelles Verständnis von PR bzw. strategischer Kommunikation einher, das den sozialen bzw. gesellschaftlichen Kontext von strategischer Kommunikation fast vollständig außer Acht lässt. Strategische Kommunikation wird hierbei in erster Linie als kommunikatives Instrument betrachtet, das dazu dient, spezifische Organisationsinteressen zu realisieren. Diese Art der Forschung zeichnet sich insbesondere durch folgende Charakteristika aus:

• Sie fokussiert den Beitrag strategischer Kommunikation zur Erreichung von Organisationszielen und hier insbesondere die ökonomische Messbarmachung dieses Beitrags.

• Die Betrachtung des Untersuchungsgegenstandes erfolgt primär aus der Kommunikator- bzw. Absenderperspektive.

• Gesellschaftliche Effekte, die keine Relevanz für den (organisationalen) Absender strategischer Kommunikation haben, werden ausgeblendet.

Primäres Forschungsziel und zentrales Erfolgskriterium der Forschung ist letztlich die (Steigerung der) Effizienz und Effektivität von strategischer Kommunikation. Edwards beschreibt die Logik dieses Zugangs wie folgt:

„... as with all paradigms, the emphasis on PR as a function of formally structured organizations is productive in that it has produced a highly coherent regime of ‚truth' in the field. Within it, research questions circulate in the form of a closed logical loop: If PR is an organizational function, we should ask what role it plays; if we ask what role it plays, we should also ask whether it is successful in this role; if we ask about success, we need benchmarks, which should logically derive from organizational objectives, because this is where PR is located; if we ask about organizational objectives, we should find out how PR practitioners influence them, because this will explain and influence their success; if we ask about practitioners' influence, we need to find out more about how they work in organizations – and so on. In turn, this paradigm is logically linked to generating benefits for practitioners, because it offers them distinct advantages: it positions them as strategic advisors to the organization; it articulates how and why they may contribute to organizational effectiveness; and it positions reputation as a core organizational asset, making some kind of managed communication essential.

This in turn reinforces the validity of the functional paradigm in a virtuous circle of legitimacy (Kuhn, 1970)." (Edwards 2012, S. 13)

Die Konnotationen des Begriffs strategische Kommunikation variieren in der Literatur – ähnlich wie die des Strategiebegriffs selbst – enorm. Teils wird mit dem Begriff eine normativ problematische und aus demokratietheoretischer Sicht unerwünschte Persuasionstechnik assoziiert (z.B. Habermas 2006), teils wird argumentiert, dass strategische Intentionen jeder Kommunikation inhärent sind (z.B. Foucault 1990). Strategische Kommunikation kann grundsätzlich als ein an partikularen Nutzenkalkülen orientierter Versuch der Beeinflussung von Meinungen, Einstellungen und Haltungen und damit als strategisches Handeln (vgl. Habermas 1988) aufgefasst werden. Als solcher kann sie idealtypisch von verständigungsorientierter Kommunikation (kommunikativem Handeln), deren Ziel die Herstellung eines rational motivierten Einverständnisses auf Basis gemeinsamer Überzeugungen ist, abgegrenzt werden.

In der kommunikationswissenschaftlichen Forschung wird meist diejenige Kommunikation als „strategisch" bezeichnet, die intentional-zweckgebunden ist (z.B. Erhöhung organisationaler Legitimation oder Reputation, Erhöhung der Verkaufszahlen von Produkten oder Dienstleistungen). Kennzeichnend für strategische Kommunikation in dieser Verständnisweise ist, dass der Versuch unternommen wird, sie mit Blick auf spezifische Wirkungsziele zu steuern bzw. zu managen. Insoweit wird strategische Kommunikation verstanden als die Vertretung von Partikularinteressen mittels des intentionalen, geplanten und gesteuerten Einsatzes von Kommunikation.

Das hier zugrunde liegende Verständnis von strategischer Kommunikation basiert auf den Merkmalen der (1) idealtypischen Abgrenzbarkeit von strategischer und verständigungsorientierter Kommunikation und damit insbesondere auf ihrer (2) Intentionalität, (3) Zweckgebundenheit, (4) Persuasionsorientierung und (5) Organisationsgebundenheit. Der Begriff bezieht sich insbesondere auf die interne und externe Kommunikation in und von Organisationen (Mesoebene) und wird verstanden als „the purposeful use of communication by an organization to fulfill its mission [...]. It further implies that people will be engaged in deliberate communication practice on behalf of organizations, causes, and social movements" (Hallahan et al. 2007, S. 3 f.).

Der strategische Einsatz von Kommunikation kann sich dabei sowohl auf interne (z.B. Mitarbeiter) als auch externe (z.B. Kunden, Journalisten) Bezugs- bzw. Zielgruppen beziehen. Traditionell werden hier beispielsweise Werbung, Public Relations, interne Kommunikation, Kampagnenkommunikation oder Marketingkommunikation als Varianten strategischer Kommunikation unterschieden. Gemeinsam ist diesen verschiedenen Kommunikationsdisziplinen nicht nur, dass sie grundsätzlich gemanaged, also zweckbezogen geplant und gesteuert werden (können), sondern auch, dass sie organisational eingebunden sind und damit annahmegemäß stets Partikularinteressen vertretende Formen organisationaler Kommunikation darstellen.

2   Zu den Beiträgen dieses Bandes

Der Band ist in fünf Abschnitte unterteilt. Er beginnt mit einem Grundlagenkapitel zu zentralen Begriffen und Konzepten der strategischen Kommunikation. De facto wird strategische Kommunikation in gesellschaftlichen Handlungsfeldern bzw. Teilsystemen realisiert. Deshalb folgen drei Abschnitte, in denen anhand von mindestens zwei Beispielen praxis- bzw. entscheidungsorientierte Fragen und Aspekte strategischer Kommunikation untersucht werden. Bei den Handlungsfeldern handelt es sich um: Politik, Wirtschaft und Wissenschaft. Die Beiträge des Sammelbandes behandeln sehr unterschiedliche Aspekte im Kontext der strategischen Kommunikation aus teils sehr unterschiedlichen Perspektiven und weisen dennoch grundlegende Gemeinsamkeiten auf, die im Abschlussbeitrag der Herausgeber zusammengefasst werden.

Begriffe und Konzepte strategischer Kommunikation

Der erste Abschnitt widmet sich zentralen Begriffen strategischer Kommunikation aus unterschiedlichen theoretischen Perspektiven. Dabei wird zunächst der Handlungskontext *Öffentlichkeit* sowie die handelnden *Organisationen* aus unterschiedlichen Perspektiven konzeptualisiert. Anschließend richtet sich der Blick auf zwei zentrale Bestandteile und Charakteristika strategischer Kommunikation: *Strategie* und *Steuerung*.

Öffentlichkeit und öffentliche Meinung gelten als wesentliche Rahmenbedingung der strategischen Kommunikation von Organisationen. Die Frage, wie Öffentlichkeit bzw. unterschiedliche Öffentlichkeiten theoretisch modelliert und analytisch unterschieden werden können, ist daher aus wissenschaftlicher wie praktischer Perspektive für die strategische Kommunikation von herausragender Bedeutung. Joachim **Westerbarkey** schlägt in seinem Beitrag eine Segmentierung von Öffentlichkeit vor, die insbesondere berücksichtigt, warum und wie Öffentlichkeit entsteht. Dazu unterscheidet er auf der Handlungsebene die zwei Entstehungsmodi gemeinsame Wahrnehmung eines Ereignisses (virtuelle Öffentlichkeit) und Rezeption einer Mitteilung (kommunikative Öffentlichkeit). Beide Arten von Öffentlichkeit setzen eine gemeinsame Aufmerksamkeit voraus und werden durch gemeinsame Beobachtungen und/oder Kommunikation hergestellt. Aus der Kombination der vielfältig vorhandenen Kommunikationsbarrieren, die Beobachtungen, Mitteilungen und deren Verstehen in unterschiedlicher Art und Weise einschränken, ergeben sich in der Folge spezifische Öffentlichkeiten. Westerbarkeys Blick auf die Ursachen und Gründe eingeschränkter Öffentlichkeit verdeutlicht, dass Öffentlichkeit per se in Bezug auf Aspekte der Zugänglichkeit und Transparenz eingeschränkt ist und insofern jede Öffentlichkeit de facto eine „Teilöffentlichkeit" ist. Es ist daher nur konsequent, dass er für die Aufgabe des Begriffs der Teilöffentlichkeit und die Definition von Öffentlichkeiten anhand ihrer je spezifischen Grenzen plädiert.

Strategische Kommunikation zielt auf die Herstellung oder Verhinderung von *Öffentlichkeit* und ist regelmäßig mit unterschiedlich weitreichenden Transparenzerwartungen ihrer Stakeholder konfrontiert. Weitreichende Veröffentlichung von Informationen, die der den aktuellen öffentlichen Diskurs dominierenden Transparenzerwartung entspricht, ist aber nicht nur für die betroffenen Organisationen riskant. Bis zu welcher Grenze der Ruf nach Transparenz – im Sinne offener Kommunikation – mit dem Konzept und der Funktionsweise von Öffentlichkeit vereinbar ist, diskutiert Kerstin **Thummes** in ihrem Beitrag. In welchem Ausmaß können Organisationen Offenheit in ihrer öffentlichen strategischen Kommunikation realisieren, ohne Kommunikationsabbrüche zu riskieren oder die Umweltabgrenzung zu gefährden? Im Zuge ihrer Analyse betont sie die Relevanz bestimmter Formen der Täuschung für das Zustandekommen und die Zielerreichung der PR-Kommunikation und zeigt auf, mit welchen Einschränkungen sich Offenheit als Leitlinie strategischer Kommunikation in der Öffentlichkeit eignet.

Strategische Kommunikation wird in der Regel von einer *Organisation* vorgenommen, das heißt sie findet im Auftrag einer Organisation und mit Blick auf die Realisierung ihrer spezifischen Organisationsziele statt. Das heißt: Ohne eine Vorstellung davon, was eine Organisation ist, kann die PR-Forschung nicht operieren. Zu welchen unterschiedlichen Beschreibungen der Funktionen strategischer Kommunikation und zu welchen empirischen Forschungsfragen verschiedene Organisationsverständnisse führen, diskutieren Andres **Friedrichsmeier** und Silke **Fürst** in ihrem Beitrag. Exemplarisch betrachten sie dazu den situativen, den systemtheoretischen und den neo-institutionalistischen Ansatz der Organisationstheorie. Da Theorien notwendigerweise die Beobachtungsperspektive begrenzen, plädieren die Autoren in ihrem Fazit grundsätzlich für eine Kombination unterschiedlicher Theorien und formulieren basale Kriterien, an denen sich die Theoriesynthese orientieren muss.

Klaus **Merten** befasst sich in seinem Beitrag mit *Strategie* und zeichnet die Zusammenhänge zwischen Strategie, Management und Kommunikation nach. Dazu klärt er zunächst den Strategiebegriff unter anderem unter Bezugnahme auf frühe Beschreibungen aus dem Bereich des Militärwesens und stellt darauf aufbauend die Verbindungen zwischen Strategie und Management dar. Die Bedeutung von Kommunikation für das Management sieht Klaus Merten abschließend zum einen in der systematischen Unterfütterung des Managements mit Kommunikation und kommunikativen Tools, ohne die Management heute nicht mehr erfolgreich sein kann. Zum anderen beschreibt er die strategische Ausgestaltung von PR-Konzeptionen bzw. das strategische Kommunikationsmanagement als zweites großes Anwendungsfeld des Managements von Kommunikation.

Steuerung ist das zentrale Ziel strategischer Kommunikation und damit die systematische und zielgerichtete Beeinflussung von Wahrnehmungen, Meinungen, Einstellungen und Handlungen. Die konkreten Vorstellungen über Steuerung sind unterlegt mit

unterschiedlichen Vorannahmen über die Möglichkeiten und Grenzen von Steuerungsversuchen und je spezifischen Steuerungserwartungen. Joachim **Preusse** und Ulrike
Röttger beschreiben in ihrem Beitrag grundlegende Verknüpfungsmöglichkeiten von
allgemeiner Steuerungstheorie und PR-Forschung und zeigen auf, wie Erkenntnisse
der Steuerungstheorie für die anwendungsbezogene PR-Forschung, die allgemeine PR-
Theorie und die empirische Analyse der PR-Praxis nutzbar gemacht werden können.

Strategische Kommunikation im Handlungsfeld Politik

Eines der ältesten Handlungsfelder strategischer Kommunikation ist die Politik. Politische Akteure und Organisationen versuchen, mittels kommunikativer Maßnahmen die
Öffentlichkeit insgesamt bzw. Zielgruppen (Wähler, Mandatsträger etc.) in ihrem Sinne
zu beeinflussen. Dabei fokussiert der erste der nachfolgenden Beiträge eher eine klassische, am konkreten Akteur orientierte Variante strategischer Kommunikation, wohingegen die beiden nachfolgenden Beiträge auch Vorstellungen zu erwartender Wirkungen der strategischen Kommunikation bei der jeweiligen Zielgruppe berücksichtigen.

Thomas **Birkner** betrachtet die zielgerichtete – strategische – Kommunikation eines
besonderen und in Deutschland sehr prominenten politischen Akteurs: Er beschreibt
und analysiert, basierend auf umfangreicher Archivarbeit und Dokumentenanalysen
sowie persönlichen Gesprächen, die mediale Strategie von Helmut Schmidt. Seine de-
tailreichen und mit vielen interessanten Beispielen ergänzten Ausführungen zeichnen
ein überaus differenziertes und vielschichtiges Bild des Medienumgangs und des gezielten Agenda Settings des „Strategen Schmidt".

Am Beispiel des Wahlkampfes anlässlich der nordrhein-westfälischen Landtagswahl
2010 analysieren Frank **Marcinkowski**, Julia **Metag** und Carolin **Wattenberg**, welchen
Einfluss einerseits die persönliche Einstellung des Kommunikators (Politikers) gegenüber dem Internet und andererseits seine Vermutungen bezüglich der Wirkungen des
Internets auf die Art und Weise der eigenen strategischen Online-Wahlkampfkom-
munikation hat. Ihre vielschichtigen Befunde verdeutlichen, dass es im Online-Campaigning nicht in erster Line online-affine Außenseiter sind, die die Möglichkeiten des
‚neuen' Mediums innovativ für die direkte Wähleransprache nutzen, sondern dass es
demgegenüber – zumindest auf Landesebene – eher die Kandidaten mit Erfahrung und
einem gewissen Karrierestatus sind, die Online-Campaigning intensiv einsetzen.

Öffentlichkeit ist für politische Akteure eine zentrale Ziel- bzw. Bezugsgröße. Dies
gilt auch für soziale Bewegungen, die Kritik an spezifischen gesellschaftlichen Entwicklungen üben und damit auch die Verfasstheit der Gesellschaft insgesamt thematisieren.
Armin **Scholl** analysiert in seinem Beitrag am Beispiel der Occupy-Bewegung das Verhältnis von verständigungsorientiertem kommunikativen Handeln einerseits und erfolgsorientiertem, strategischem oder auf Herrschaft abzielendem Handeln andererseits.
Sein Plädoyer, strategische Kommunikation als mindestens zweiseitige Form zu verste-

hen und bei Befassung mit strategischer Kommunikation immer auch nicht-strategische Kommunikation mitzudenken und zu berücksichtigen, liefert instruktive neue Impulse für die PR-Forschung insgesamt.

Die gezielte Vermittlung politischer Inhalte folgt den Nutzungsgewohnheiten und medialen Präferenzen der Bürger nicht nur in Bezug auf die Online-Kommunikation. Die Charakteristika und Einsatzfelder des policy placements, das heißt der strategischen Nutzung von Unterhaltungsangeboten zur Vermittlung politischer Inhalte mit einer intendierten politischen Wirkung, analysiert Martin **Herbers** in seinem Beitrag. Dazu grenzt er den Begriff policy placement zunächst von dem verwandten, etablierten Konzept des Politainment, systematisiert die möglichen Kooperationsformen im policy placement und bewertet schließlich seine möglichen Chancen und Risiken sowohl aus Sicht der politischen Akteure als auch der Rezipienten; dazu gehört auch die Frage, inwieweit policy placement sich dem Vorwurf der Manipulation und paternalistischen Bevormundung stellen muss.

Strategische Kommunikation im Handlungsfeld Wirtschaft

Im zweiten Handlungsfeld wird der zweite klassische Bereich strategischer Kommunikation fokussiert: die Wirtschaft. Hier kommunizieren Unternehmen mit dem Ziel, ein gutes Image zu erlangen und möglichst viele Produkte und Dienstleistungen abzusetzen. Wieder nimmt der erste Beitrag den kommunizierenden Akteur, im konkreten Fall Unternehmen, in den Blick, wohingegen der zweite die Perspektive auf die anvisierte Zielgruppe der kommunikativen Maßnahmen ausweitet.

Siegfried J. **Schmidt** konzipiert in seinem Beitrag Unternehmenskultur als das für alle Unternehmensmitglieder verbindliche Programm der Bezugnahmen auf das Wirklichkeitsmodell des Unternehmens. Mit anderen Worten: Unternehmenskultur kann als Programm der Unternehmenskommunikation verstanden werden. Sein Entwurf einer Theorie der Unternehmenskultur ist überaus instruktiv und für die Kommunikationsforschung und -praxis relevant, denn „sie setzt in Unternehmen Handelnde ebenso wie Beobachter und Berater von Unternehmen in den Stand, bewusst zu beobachten und zu beschreiben, was die Kultur eines Unternehmens ausmacht, wie sie sich praktisch auswirkt und wie sie gegebenenfalls verändert werden kann" (Schmidt 2013, in diesem Band).

Während in den bisherigen Beiträgen dieses Sammelbandes insbesondere Formen der strategischen Kommunikation, die sich primär an das gesellschaftspolitische Umfeld der jeweiligen Organisationen richten, im Zentrum standen, nimmt Silke **Fürst** in ihrem Beitrag primär auf den Markt und Marktteilnehmer gerichtete strategische Kommunikation – Werbung – in den Blick. Konkret betrachtet sie eine spezifische Ausprägung von Medienwerbung: Werbung von Medienunternehmen, die das Publikum selbst zum Thema macht und in der es selbst zu einer Konstruktion wird, die Publikum anlocken und binden soll. Ziel des Beitrags ist es, die Werbestrategie der Konstruktion des Publikums in ihrem Kalkül zu identifizieren, in ihren unterschiedlichen Formen zu differenzieren und vor dem Hintergrund des Medienwandels zu reflektieren. Dies erfolgt u. a. am Beispiel der ‚Bild-Bekenner-Kampagne'.

Strategische Kommunikation im Handlungsfeld Wissenschaft

Die Wissenschaft ist ein eher neues Feld für strategische Kommunikation. Je knapper aber die Ressourcen für Wissenschaft, sprich Forschung und Lehre, werden, umso mehr sind die handelnden Akteure darauf angewiesen, kommunikativ um Akzeptanz zu werben und im Einzelfall die nötige infrastrukturelle Ausstattung, personellen Ressourcen und finanziellen Mittel zu erhalten. Dazu nimmt der erste Beitrag wissenschaftliche Organisationen und ihre veränderten Rahmenbedingungen ins Visier. Der zweite Beitrag untersucht demgegenüber Kommunikationswege und Ansprüche der anvisierten Zielgruppe.

Forschungspolitische Governance-Konstellationen mit Journalisten sowie Entscheidern in Wissenschaft und Politik andererseits stehen im Zentrum der Analyse von Andreas **Scheu**, Annika **Summ**, Anna-Maria **Volpers** und Bernd **Blöbaum**. Ausgehend von der Feststellung einer Medialisierung dieser Governance-Konstellationen fassen sie strategische Kommunikation als bedeutsame Handlungsressource von Organisationen, die in diesen jeweils spezifischen medialisierten Governance-Konstellationen interagieren. Ihre Analyse verweist einerseits auf eine wachsende Bedeutung strategischer Kommunikation auf Seiten der untersuchten Organisationen, macht andererseits aber auch deutlich, dass strukturelle Organisationsveränderungen in Folge von Medialisierung – zumindest aus Sicht der befragten Entscheider – derzeit nicht den funktionalen Kernbereich der jeweiligen Organisationen betreffen.

Im Zuge einer steigenden Öffentlichkeitsorientierung von wissenschaftlichen Einrichtungen respektive Hochschulen ist bei vielen Organisationen auch das Bewusstsein für die Bedeutung der eigenen Reputation gestiegen. Volker **Gehrau**, Ulrike **Röttger** und Johannes **Schulte** untersuchen in ihrer Studie, ob typische Erwartungen und Anforderungen von Studierenden an Hochschulen zu identifizieren sind, die positiv zur Reputation von Hochschulen beitragen und ob entsprechende Informationen typischerweise über bestimmte mediale Wege vermittelt werden. Ihre Befunde liefern für Hochschulen wichtige Anhaltspunkte, auf welche Weise sie ihre Kommunikationsmaßnahmen strategisch ausrichten können, um sich im Wettbewerb um personelle und materielle Ressourcen von ihren Konkurrenten zu differenzieren.

Bei aller Unterschiedlichkeit in den analysierten Phänomenen und in den theoretischen wie methodischen Zugängen weisen die Beiträge dieses Bandes einige grundlegende Gemeinsamkeiten auf, die Volker **Gehrau**, Ulrike **Röttger** und Joachim **Preusse** abschließend zusammenfassen. Im Zentrum steht dabei die Überwindung der je einseitigen Perspektiven der klassischen Publikums- wie PR-Forschung und die Erweiterung der Forschungsperspektiven – auf Seiten der Persuasionsforschung um Akteure und Konzeptionen, auf Seiten der kommunikatorzentrierten PR-Forschung um die Aspekte der Verarbeitung und der Folgen. Durch die damit vorgeschlagene Integration von Kommunikator- und Publikumsperspektive wird es möglich, Rückkoppelungen der gesellschaftlichen Folgen strategischer Kommunikation auf die sie initiierenden Akteure theoretisch und empirisch zu analysieren.

Literatur

Edwards, Lee 2012. Defining the ,object' of public relations research: A new starting point. *Public Relations Inquiry* 1(1): 7–30.

Foucault, Michel 1990. Was ist Aufklärung? In *Ethos der Moderne. Foucaults Kritik der Aufklärung*, hrsg. Eva Erdmann, Rainer Forst, und Axel Honneth, 35–54. Frankfurt a. M.

Habermas, Jürgen 1988. *Theorie des kommunikativen Handelns. Band 1: Handlungsrationaliät und gesellschaftliche Rationalisierung.* Frankfurt a. M.

Habermas, Jürgen 2006. Political communication in media society – Does society still enjoy an epistemic dimension? The impact of normative theory on empirical research. *Communication Theory* 16(4): 411–426.

Hallahan, Kirk, Diana R. Holtzhausen, Betteke Van Ruler, Dejan Vercic, und Krishnamurthy Sriramesh. 2007. Defining Strategic Communication. *International Journal of Strategic Communication* 1(1): 3–35.

Begriffe und Konzepte
strategischer Kommunikation

Öffentlichkeitskonzepte und ihre Bedeutung für strategische Kommunikation

Joachim Westerbarkey

1 Zum Dilemma ungeklärter Grundbegriffe

Ein nachhaltiger Geburtsfehler von Theorien der Öffentlichkeit, Öffentlichen Meinung und Public Relations ist die Verwendung von assoziationsreichen Alltagsbegriffen, und dieser Mangel ist bis heute nicht behoben. Soll das Niveau dieser Theorien verbessert werden, ist es darum geboten, hier mehr Genauigkeit, Ordnung und Übereinstimmung zu schaffen, denn die Qualität von Theorien hängt nicht zuletzt von der Präzision, Kohärenz und Anschlussfähigkeit ihrer Begriffe ab, die wiederum zentrale Gütekriterien empirischer Ergebnisse sind.[1] Doch auch die PR-Praxis krankt an diesem Mangel, der ihre Effizienz beeinträchtigt; denn PR operiert erfolgsorientiert (vgl. Habermas 1981, S. 446), und erfolgreiche (Organisations-)Kommunikation erfordert nicht nur genaue Kenntnisse über die Entstehung, Strukturen und Prozesse von Öffentlichkeiten, sondern auch deren präzise terminologische Reflexion.

Fatal ist vor allem die Mehrdeutigkeit des Begriffs Öffentlichkeit, der ursprünglich einen idealen Zustand politischer Systeme meinte (ebenso wie Freiheit, Gleichheit und Brüderlichkeit).[2] Er verdankt seine Konjunktur der Kritik an absolutistischen Kommunikationsbarrieren wie Geheimniskrämerei und Zensur (vgl. Habermas 1962; Hölscher 1979) und beansprucht Qualitäten wie Transparenz und Partizipation, also prinzipielle Zugänglichkeit, umfassende Information und die Möglichkeit allgemeiner Einfluss-

---

1 Selbstverständlich bleibt auch Theoriesprache letztlich unscharf, weil sie im Vergleich zu ihren Gegenständen stets unterkomplex ist (und sein muss, sonst wäre sie weder Struktur bildend noch erlernbar), doch Wissenschaftler versuchen immerhin, die Präzision von Begriffen durch fortschreitende Differenzierung zu verbessern (z. B. durch Einführung von Neologismen).
2 Fast alle Substantiva mit den Endungen *keit* und *heit* bezeichnen bekanntlich Zustände (Geselligkeit, Zugänglichkeit, Anwesenheit, Bekanntheit etc. pp.).

nahme. Als politisches Postulat konnte sich der viel versprechende Terminus deshalb zwar rasch etablieren, doch sein diskursiver Gebrauch offenbart eine hohe Ambiguität.[3] So werden mit ihm oft Adressaten, Publika oder alle Bürger bezeichnet, obwohl er ursprünglich gar keine Aktanten meinte: Für Politiker bedeutet Öffentlichkeit *Wähler*, für Unternehmer potenzielle *Kunden*, für Behörden ‚*die Presse*‘, für Journalisten *Leser/ Hörer/Zuschauer*, und gelegentlich ist sogar von einer *Weltöffentlichkeit* die Rede, also von allen Menschen auf unserem Globus – eine wahrlich grenzenlose Vision, die sich durch einen minimalen Informationsgehalt auszeichnet. Derart unterschiedliche und vage Vorstellungen dürften nicht zuletzt auf die lange Geschichte zurückzuführen sein, in der sich Konzepte des Öffentlichen verändert haben, ohne sich jeweils abzulösen.

2   Konzepte von Öffentlichkeit

Historisch lassen sich mindestens fünf Konzepte von Öffentlichkeit unterscheiden, von denen die ersten vier erst im Nachhinein mit diesem Begriff etikettiert wurden (vgl. auch Tab. 1):

- In der Antike reklamierte man Öffentliches für Angelegenheiten, die die Allgemeinheit betrafen, für die *res publica* im Gegensatz zum Privaten, dem Besitz des Einzelnen.
- Seitdem der Staat die Allgemeinheit repräsentiert, wird die Kategorie des *publicus* zur Bezeichnung des *Staatlichen* verwendet (Begriffe wie „öffentliche Hand" oder „öffentlicher Dienst" erinnern heute noch an dieses Verständnis).
- Im Mittelalter dominierte eine ganz andere Bedeutung, nämlich öffentlich als *offen* und *zugänglich* im Gegensatz zu *geheim*. Diese Semantik bindet Öffentlichkeit an die Möglichkeit allgemeiner Teilnahme an bestimmten Situationen und Verfahren, wie dieses z. B. im Akkusationsgericht üblich war, und sie hat sich in Begriffen wie *Publizität* und *Publizistik* erhalten, mit denen die prinzipiell unbegrenzte Zugänglichkeit medialer Angebote gemeint ist.
- *Repräsentative* Öffentlichkeit bezeichnet hingegen die fürstliche Demonstration von Macht und Reichtum *vor* dem Volk, die zugleich der Legitimation des Feudalsystems und späteren Absolutismus diente.
- Dem setzten die Bürger schließlich das Programm *demokratischer* Öffentlichkeit entgegen, also der diskursiven Ausübung und Begründung von Macht *durch* das Volk. Folgt man *Jürgen Habermas*, so wird dieses Konzept der Aufklärung jedoch längst durch eine fortschreitende Refeudalisierung der Gesellschaft unterlaufen.

---

3 Dieses erstaunt vor allem in einer wissenschaftlichen Disziplin, die Öffentlichkeit zum zentralen Forschungsgegenstand erkoren hat.

Tabelle 1   Historische Öffentlichkeitskonzepte (vgl. Donk und Westerbarkey 2009, S. 19)

Epoche	Konzept	Kriterium
antike Republik	*res publica*	Angelegenheiten der Allgemeinheit (im Gegensatz zum Privaten)
römisches Imperium	*Publicus*	Staatsangelegenheit
germanisches Recht	*Publizität*	Zugänglichkeit und Offenheit (im Gegensatz zum Geheimen)
Feudalstaat & Absolutismus	*Repräsentation*	Demonstration fürstlicher Macht *vor* dem Volk
Demokratie	*Diskurs*	Begründung und Ausübung von Macht *durch* das Volk

Gerhards und *Neidhardt* (1991) unterscheiden stattdessen drei *soziostrukturelle* Varianten von Öffentlichkeit, von denen zwei die Anwesenheit anderer voraussetzen und eine die Nutzung von Medien (s. Tab. 2).

Episodische Öffentlichkeit wird durch zufällige oder planmäßige Gespräche zwischen zwei oder mehreren Teilnehmern konstituiert, die ihre Kommunikationsrollen reziprok tauschen können, während diese in Veranstaltungen gewöhnlich festgelegt sind. Präsenzpublika können hier die monologische Struktur nur reaktiv modifizieren (durch Beifall, Lärm u. ä.) oder allenfalls sporadisch zu Wort kommen. Auch solche Möglichkeiten entfallen schließlich beim dispersen Medienpublikum, das lediglich eine virtuelle Öffentlichkeit konstituiert, die auf der Unterstellbarkeit (weil Wahrscheinlichkeit) von Kommunikation beruht.

Tabelle 2   Strukturtypen von Öffentlichkeit (i. A. a. Gerhards und Neidhardt 1991, S. 50 ff.)

Varianten	Genese
episodische Öffentlichkeit	personale Kommunikation *zwischen* Anwesenden
Veranstaltungsöffentlichkeit	organisierte Inszenierung *vor* Anwesenden
Publikumsöffentlichkeit	(massen)mediale Publikation *für* Nichtanwesende

3   Ein kommunikationstheoretischer Ansatz

Die genannten Öffentlichkeitskonzepte sind politologisch und soziologisch interessant, jedoch kommunikationstheoretisch unzureichend, da sie nicht hinreichend erklären, warum und wie Öffentlichkeit generiert wird. Zweifellos kann Öffentlichkeit schon entstehen, wenn verschiedene Beobachter das gleiche Ereignis wahrnehmen und dieses einander auch unterstellen können, weil sie sich dabei gegenseitig beobachten oder weil das Ereignis kaum zu ignorieren ist. Deshalb müssen auf der Handlungsebene zwei Entstehungsmodi unterschieden werden, nämlich (a) die gemeinsame Wahrnehmung eines Ereignisses (*virtuelle* Öffentlichkeit) und (b) die Rezeption einer Mitteilung (*kommunikative* Öffentlichkeit).

Im ersten Fall beobachten mehrere Personen Gleiches und können dieses auch einander unterstellen, im zweiten wissen sie aufgrund von Kommunikation das Gleiche.[4] In beiden Fällen ist es unerheblich, *wie viele* Aktanten beteiligt sind, und auch das Ausmaß inhaltlicher *Übereinstimmung* spielt nur eine graduelle Rolle, denn wenn auch nur zwei *meinen,* dasselbe zu beobachten bzw. dasselbe unter einer Mitteilung zu verstehen, gewinnt ein Ereignis oder ein Kommunikat die Qualität von Öffentlichkeit.[5] Die wechselseitige Bestätigung von Beobachtungen und Verstehen ist hingegen ein Sonderfall von Öffentlichkeit, der Reziprozität und Dialog erfordert, also dem o. g. Strukturtyp „episodische Öffentlichkeit" zuzuordnen ist, während er bei Veranstaltungsöffentlichkeiten nur partiell vorkommt und massenmedial keine Rolle spielt.

Betrachtet man die Voraussetzungen für die Herstellung von Öffentlichkeit genauer, können konsekutiv folgende selektive Prozesselemente (vulgo *Bausteine*) unterschieden werden:

- ein *Ereignis,* das Aufmerksamkeit provoziert, oder eine *Information,*
- die *Zugänglichkeit* des Ereignisses bzw. die kognitive *Abrufbarkeit* der Information,
- eine positive *Motivation* von Beobachtern und Kommunikanten, also ihre Wahrnehmungs- bzw. Kommunikationsbereitschaft,
- eine hinreichende kognitive/kommunikative *Kompetenz* von Beobachtern/Kommunikanten

---

4   Diese Unterscheidung ist freilich ein vereinfachtes theoretisches Modell, denn wir können nie genau wissen, was andere beobachten und verstehen.

5   Unter einem Ereignis wird hier eine Veränderung von Zuständen oder Vorgängen verstanden, die von einem Beobachter *als solche* rekonstruiert wird. Durch die räumliche und zeitliche Lokalisierung eines Ereignisses wird aus der Beobachterperspektive die (scheinbare) Gleichförmigkeit von Situationen und Abläufen unterbrochen. Bisherige Unterscheidungen zwischen Ereignis (Veränderung) und Nichtereignis (z. B. Stillstand oder Routine) dienen uns dabei als Aufmerksamkeitsstrategie und Beobachtungsmodell. Insofern sind Ereignisse prinzipiell erwartbar, können uns aber auch überraschen und zur Revision unserer Beobachtungen führen. Damit sind sie so oder so *informativ:* Entweder sie bestätigen unsere Erwartungen oder sie ,enttäuschen' sie i. S. korrektiver Information.

Abbildung 1   Bausteine von Öffentlichkeit

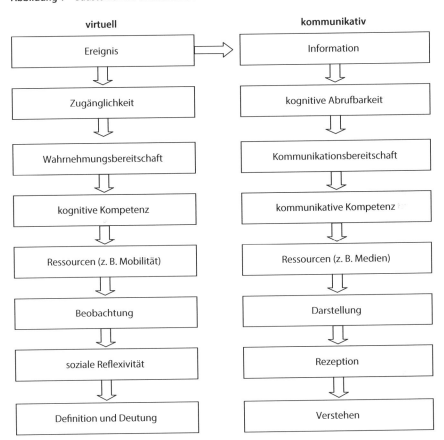

- physische, semiotische oder technische *Ressourcen* (z. B. Mobilität, Sprachen, Medien)
- die tatsächliche *Beobachtung* des Ereignisses (Konstruktion) bzw. die *Darstellung* der Information (symbolische Rekonstruktion) in Form einer Mitteilung
- die Unterstellbarkeit einer *gemeinsamer* Beobachtung des Ereignisses (soziale Reflexivität) bzw. die *Rezeption* der Mitteilung
- die *Definition* und *Deutung* des Ereignisses bzw. das *Verstehen* der Mitteilung

Beide Arten von Öffentlichkeit werden also kollektiv generiert und sind somit Sozialsysteme: Sie setzen eine *gemeinsame* Aufmerksamkeit voraus, die wechselseitig beobachtet oder aufgrund früherer Beobachtungen und Kommunikationen unterstellt werden kann, und sie werden durch gemeinsame Beobachtungen und/oder durch Kommunikation hergestellt. Wenn jemand zusammen mit anderen etwas beobachtet, kann er zumindest im Kreis der Beobachter dessen Öffentlichkeit unterstellen, also seine kollektive Bekanntheit. Und wenn er annehmen darf, dass auch Nichtanwesende dasselbe wahrgenommen haben, weil es allgemein zugänglich war oder ist, gilt das Gleiche. Und wenn jemand anderen etwas mitteilt, was er allein beobachtet hat, dann wird es öffentlich, ganz gleich, wie viele es zur Kenntnis nehmen oder ob sie es weitererzählen. Und die Wahrscheinlichkeit *allgemeiner* Aufmerksamkeit und Öffentlichkeit ist umso größer, je aufdringlicher, kontrastreicher und unerwarteter ein Ereignis oder seine Darstellung ist.

Öffentlichkeit ist also ein Ergebnis unterstellbar gleicher Beobachtungen oder verstandener Mitteilungen, nämlich eine aktuelle Publizität von Informationen,[6] und es macht wenig Sinn, hier Allgemeinheit einzufordern. Deshalb ist Öffentlichkeit im Sinne von Gesellschaft oder gar Welt ein antiquiertes Denkmodell, denn Öffentlichkeit ist keine Frage der Quantität, sondern eine soziale Qualität von Wissen, die ebenso aus einem intimen Geständnis wie der Übertragung eines Fußballspiels resultieren kann (vgl. Westerbarkey 1995, S. 156 f.). In diesem Sinne ist übrigens jede Kommunikation *Öffentlichkeitsarbeit,* denn alle Kommunikanten ‚arbeiten' aktiv an der Herstellung von Öffentlichkeit, ob sie nun reden oder zuhören, etwas zeigen oder zuschauen.

Als Leitdifferenz (Systemcode) von Öffentlichkeit operiert folglich *gemeinsame Aufmerksamkeit,* deren Funktion die gesellschaftliche Steuerung von Themen und Wissen ist und deren zentrale Leistung gemeinhin *Publizität* genannt wird. Durch gemeinsame Aufmerksamkeit und mehrseitige Teilnahmevermutungen erzeugt, regelt und definiert sie sich laufend selbst, und aus der enormen Vielfalt von Möglichkeiten der Beobachtung, Mitteilung, des Verstehens und der Akzeptanz ergeben sich dabei laufend Diffe-

---

6 Grenzfälle liegen vor, wenn (a) jemand ein Ereignis beobachtet und nicht weiß oder nicht unterstellt, dass dieses auch andere tun, und wenn (b) jemand etwas geheim hält, das ohne sein Wissen von anderen in Erfahrung gebracht und kommuniziert wird (z. B. Eintragungen in ein Tagebuch). Im ersten Fall könnte man von latenter Öffentlichkeit sprechen, im zweiten von einem öffentlichen Geheimnis.

Tabelle 3   Notwendige Bedingungen von Öffentlichkeit

Voraussetzung	Kriterium
Teilnehmer	mindestens zwei
Beobachtung und Verstehen	faktisch oder virtuell übereinstimmend
Reflexivität	Unterstellung von Teilnahme und Übereinstimmung

renzen und Differenzierungen, deren Unterscheidbarkeit durch Strukturbildung und selbstreferenzielle Prozesse erleichtert wird.

Auf diese Weise können sich kontinuierliche und relativ stabile Öffentlichkeiten entwickeln, die auf dem Beobachten von Beobachtungen beruhen, auf Mitteilungen über Mitteilungen, auf dem Verstehen von Verstehen, also auf Reflexivität und Diskursen. Die Chance einer homogenen und kontinuierlichen Öffentlichkeit ist freilich umso größer, je kleiner und überschaubarer ein Kollektiv ist, während für *massenkommunikative* Öffentlichkeit tendenziell das Gegenteil gilt, denn hier ist nicht nur das Publikum *verstreut*, sondern zum Teil auch zerstreut (also unaufmerksam), trotz aller thematischen Fokussierung und ästhetischen Attraktion der Medien.

Das hochselektive Prozessieren von Wissen bedeutet nämlich nicht nur, dass Kommunikation Öffentlichkeit erzeugt, sondern auch, dass diese mit dem Ende der Kommunikation wieder zerfällt, falls keine Anschlusskommunikation zustande kommt. Dies gilt besonders für Medienöffentlichkeiten, denkt man an den Überfluss von Medienangeboten, an die darauf zu verteilende Aufmerksamkeit potenzieller Publika und an die Orientierung der Nachrichtenmedien an *news* und *surprise*. Insofern ist mediale Öffentlichkeit höchst unbeständig und flüchtig, denn die massenhafte Aufmerksamkeit, die sie impliziert, kann programmatisch kaum auf Dauer gestellt werden.

Folglich empfiehlt es sich, nicht von *einer* gesellschaftlichen Öffentlichkeit zu sprechen, sondern von immer neuen und spezifischen Öffentlichkeiten auszugehen, seien sie noch so klein. Wir leben gleichsam auf einem kommunikativen *Rummelplatz* mit unzähligen Signalen und Attraktionen, die eine oft sprunghaft wechselnde Aktualisierung von Wahrnehmungen, Informationen und Deutungsmustern erfordern – *Ferdinand Tönnies* nannte Öffentlichkeit deshalb ein „Luftgebilde" (Tönnies 1922, S. 18 ff.; vgl. auch Hagemann 1951, S. 43 u. 77).[7]

---

7   Hinzu kommt, dass Beobachtungen und Kommunikationen *selbst* flüchtig und irreversibel sind, also kurzlebig und einmalig. Zur Veranschaulichung eignet sich vielleicht das Bild eines sich ständig verändernden Netzes aus oszillierenden Leuchtspuren, ein *Blitzgewitter,* das eine sichtbare Folge rasch wechselnder Spannungen (Erwartungen), Entladungen (Mitteilungen), Impulsen (Irritationen) und Ladungen (Informationen) ist.

4   Öffentlichkeitstypen

Typologien haben den heuristischen Wert *systematischer* Begriffsdifferenzierung und sind damit wichtige Bausteine bei der Weiterentwicklung von Theorien. Das Kernproblem bei der Entwicklung einer Typologie ist freilich, Merkmale zu finden, die besonders relevant, trennscharf und plausibel sind. Ein umfassender Versuch, Öffentlichkeiten systematisch zu ordnen, würde zudem ein multidimensionales Kategorienschema erfordern, um der Komplexität des Gegenstandes auch nur halbwegs gerecht werden zu können.

Geht man davon aus, dass längst nicht alles, was geschieht, beobachtet wird, dass die meisten Beobachtungen allein und nicht gemeinsam erfolgen und dass viele Beobachtungen niemand mitgeteilt werden, dann empfiehlt es sich zunächst einmal, verschiedene Phasen der Vorbereitung und Emergenz von Öffentlichkeit zu unterscheiden (vgl. Westerbarkey 1995, S. 156 f.; Donk und Westerbarkey 2009, S. 25):

• Sind gleiche Beobachtungen und/oder Kommunikationen zwar *möglich,* weil die Vorgänge zugänglich sind, aber niemand hingeht, können wir allenfalls von *potenzieller* Öffentlichkeit sprechen.

• Beobachtet sie jemand allein und berichtet er darüber, doch niemand hört ihm zu, dann ist seine Mitteilung lediglich *latent* öffentlich.

• Können wir gemeinsame Beobachtungen und/oder Kommunikationen unterstellen, aber nicht überprüfen (was bei medialer Kommunikation der Normalfall ist), dann handelt es sich um *virtuelle* Öffentlichkeit (vgl. Westerbarkey 1993, S. 94 f.; Merten 1999, S. 224).

• Sind schließlich gemeinsame Beobachtungen und Kommunikationen beobachtbar und überprüfbar, ist Öffentlichkeit *manifest.*

Andere typologische Varianten ergeben sich aus der Unterscheidung von mehr oder weniger habitualisierten bzw. formalisierten Kommunikationschancen und -prozessen. So etwa lassen sich Öffentlichkeiten sachlich nach *Themen,* situativ nach *Informationsmöglichkeiten* und sozial nach *Teilnehmern* definieren; hinzu kommen zeitliche Varianten (Dauer) und unterschiedliche Medien (s. Tab. 4).

Doch trotz systemtheoretischen Anschlusspunkten ist auch diese Typologie ziemlich grob strukturiert und terminologisch ungenau. Deshalb soll im Folgenden versucht werden, einen höheren Grad von Differenzierung und Präzision aus verschiedenen *Grenzen* von Öffentlichkeit zu gewinnen, also Öffentlichkeitstypen gleichsam *ex contrario* anhand diverser Kommunikationsbarrieren zu definieren. Wenn man aufzeigt, was Öffentlichkeit einschränkt, be- oder verhindert, kann man die Bereiche des Möglichen, Latenten und Faktischen genauer abstecken.

Tabelle 4   Dimensionale Varianten von Öffentlichkeit (Donk und Westerbarkey 2009, S. 26)

Dimensionen	Spezifika
sachliche Öffentlichkeit	*interessenspezifisch*
situative Öffentlichkeit	*ereignisorientiert*
soziale Öffentlichkeit	*teilnehmerspezifisch*
temporale Öffentlichkeit	*befristet*
mediale Öffentlichkeit*	*publikumsspezifisch*

* Charakteristisch für mediale Massenkommunikation ist, dass sie Öffentlichkeiten erzeugt, in denen Reales durch Fiktionales ersetzt werden kann. Öffentlichkeit beruht hier vor allem auf Vorstellungen und Annahmen und nicht auf überprüfbarem Wissen und der Rezipient ersetzt Wahrnehmungen durch kognitive Leistungen: Er weiß, dass Andere viele Angebote ebenfalls rezipieren, und er weiß, dass viele Andere das ebenfalls wissen oder wissen können. Insofern ist *öffentliche Meinung* lediglich eine Variante von Öffentlichkeit, denn sie basiert auf der Unterstellung, dass veröffentlichte Meinungen von vielen akzeptiert werden, vor allem Meinungen zu bekannten und wichtigen Angelegenheiten (vgl. Merten und Westerbarkey 1994, S. 200 ff.).

5   Kommunikationsbarrieren

Eine der Begleiterscheinungen und Folgen von Öffentlichkeit (gleichsam ihre Kehrseite) ist immer auch *Nichtöffentlichkeit,* denn jede Öffentlichkeit schließt de facto zugleich ein- und aus, sei es thematisch, situativ oder sozial (vgl. Westerbarkey 1998, S. 15 f.). Die dafür verantwortlichen Grenzen und Barrieren sind Ergebnisse unvermeidlicher oder aufgenötigter, unwillkürlicher oder gezielter Selektivität: Bei weitem nicht alles ist für jeden zugänglich oder vorstellbar, man kann nicht überall dabei sein, Aufmerksamkeit ist knapp, jeder hat eigene Vorlieben, man kann nicht über alles reden, was man weiß (und schon gar nicht gleichzeitig), vieles wird aus mancherlei Gründen ignoriert oder verschwiegen, man versteht längst nicht alles (richtig) und manches Kommunikationsangebot wird abgelehnt, weil man sich nicht einmischen möchte, weil man sich nicht in der Lage sieht oder berechtigt glaubt, es anzunehmen, oder weil es allzu unwichtig oder unglaubwürdig erscheint.

So beruhen bereits Beobachtungen auf Selektionen und Kommunikationen auf Anschlussselektionen: Man muss sich stets entscheiden, was oder wem man wann und wo seine Aufmerksamkeit schenkt, was man wem wann, wo und wie mitteilt, welche Zeichen, Kanäle und Medien man dazu benutzt, ob man jemand zuhört, ob man ihn versteht und ob man seine Mitteilung ganz oder nur teilweise annimmt bzw. ihre Annahme ganz oder teilweise verweigert.[8] All dieses hängt von situativen Gelegenheiten, eigenen

---

8   *Massenkommunikation* ist daher eine paradoxe Veranstaltung, denn die notwendig hochselektive Fokussierung thematischer Aufmerksamkeit von Produzenten und Rezipienten impliziert eine zumindest

Tabelle 5 Ursachen und Gründe eingeschränkter Öffentlichkeit (Beispiele)

Ursache	Grund
Nichtteilnahme	*Abwesenheit*
Unaufmerksamkeit	*Desinteresse*
Geheimhaltung	*Auskunftsverweigerung*
vertrauliche Kommunikation	*Diskretion*
vergebliche Mitteilung	*Ignoranz*

und fremden Motiven, Interessen, Fähigkeiten, sozialen Umständen und vielem anderen ab. Scheitert z. B. ein Mitteilungsversuch, bleibt für den anderen der Inhalt ebenso ,geheim' wie alles, was ihm nicht mitgeteilt werden konnte oder wollte.

Die Emergenz von Öffentlichkeit kann also aus vielen Gründen misslingen: Aufgrund fehlender Chancen, mangelnden Interesses, beharrlichen Schweigens, strenger Diskretion (unter dem Siegel der Vertraulichkeit) oder der Weigerung, etwas Offenkundiges zur Kenntnis zu nehmen (Ignoranz).

Solche und andere Barrieren türmen sich manchmal mächtigen Hürden auf, die uns sogar daran hindern können, Medienangebote zu produzieren oder zu rezipieren. Aus der Akteursperspektive kann man innere und äußere Barrieren unterscheiden und diese wiederum nach ihrer gesellschaftlichen Reichweite ordnen. Die folgende Aufzählung erhebt freilich keinen Anspruch auf Vollständigkeit, sondern soll lediglich einen Eindruck von der Vielschichtigkeit kommunikativer Barrieren vermitteln, die die Entstehung von Öffentlichkeiten laufend und allenthalben einschränkt:

*   *Motivationale* Barrieren (z. B. Müdigkeit oder Desinteresse) beeinträchtigen unsere Aufmerksamkeit und unsere Wahrnehmungs- und Kommunikationsbereitschaft.
*   *Emotionale* Barrieren (z. B. Angst oder Antipathie) beruhen darauf, dass wir Bedrohliches meiden oder manche nicht mögen.
*   *Kognitive Barrieren* (Inkompetenz) beeinträchtigen unser Verstehen (z. B. von Vorgängen) und unsere Darstellungsmöglichkeiten (z. B. die Sprache).
*   *Situative* Barrieren (z. B. Distanz oder *noise*) resultieren aus raumzeitlichen Entfernungen oder Rezeptionsstörungen durch konkurrierende Kommunikationsangebote.
*   *Soziale* Barrieren (Nichtzugehörigkeit) bestehen zwischen Angehörigen verschiedener Gruppen und Milieus und begünstigen Vorurteile und Diskriminierung.
*   *Organisatorische* Barrieren führen zur Intransparenz für Nichtmitglieder.

zeitweilige Ignoranz unzähliger Alternativen (= *Kontingenzproblem* von Öffentlichkeit; vgl. Westerbarkey 1998, S. 189 f.).

- *Technische* Barrieren beeinträchtigen z. B. die Möglichkeit, Medien zu nutzen.
- *Ökonomische* Barrieren begünstigen eine ungleiche Verfügbarkeit von Medien.
- *Politische* Barrieren resultieren aus ungleichen Chancen, Macht über Medien auszu-
  üben.
- *Rechtliche* Barrieren garantieren z. B. bestimmte Rede-, Schweige- und Rezeptions-
  privilegien und sollen den Staat, Journalisten oder die Jugend schützen.
- *Ideologische* Barrieren beruhen auf Weltanschauungen mit absolutem Wahrheitsan-
  spruch.
- *Kulturelle* Barrieren resultieren aus unterschiedlichen Werten, Normen und Gewohnheiten und erschweren eine interkulturelle Verständigung.

6   „Teilöffentlichkeit" – ein überflüssiger Begriff

Aus diesen Barrieren ergibt sich eine enorme Vielfalt von Kombinationsmöglichkeiten, die unsere Beobachtungen, Mitteilungen und deren Verstehen kumulativ einschränken und sehr spezifische Öffentlichkeiten konstituieren können. Diese werden gern als „Teil-öffentlichkeiten" bezeichnet, doch da eine totale Zugänglichkeit und Transparenz *aller* Angelegenheiten *für* alle, eine umfassende Information aller *über* alles und eine Par-tizipation aller *an* allem unmöglich sind, ist jede Öffentlichkeit de facto eine „Teilöf-fentlichkeit", was das Kompositum überflüssig macht. Außerdem setzt ein Teil immer ein Ganzes voraus, das zunächst definiert werden müsste, doch im Falle von Öffent-lichkeit dürfte dieses aufgrund ihrer Komplexität, Prozessualität und Flüchtigkeit kaum möglich sein.

Doch selbst wenn es gelänge, Teilöffentlichkeiten als Spezifika *einer* Öffentlichkeit zu definieren, dann sollten sie keinesfalls mit Ziel-, Bezugs- oder Anspruchsgruppen verwechselt werden (was leider häufig geschieht). *Zielgruppen* entstehen nämlich nicht durch gemeinsame Beobachtung und/oder durch Kommunikation, sondern sie sind po-tenzielle Publika mit bestimmten Persönlichkeits-, Einstellungs- und/oder Verhaltens-merkmalen. *Bezugsgruppen* wiederum werden von jenen Mitgliedern und Nichtmit-gliedern von Organisationen gebildet, die sich von deren Aktivitäten und ihren Folgen besonders betroffen sehen,[9] und *Anspruchsgruppen* sind Bezugsgruppen, deren Vertre-ter explizit ihre Ansprüche an Organisationen herantragen. Anders als Zielgruppen un-terhalten die beiden Letztgenannten mehr oder weniger dichte und stabile Kommunika-tionsnetze und stellen darüber immer wieder Öffentlichkeit her.

---

9   Zwar könnte man auch all jene gesellschaftlichen Gruppen als Bezugsgruppen bezeichnen, die (noch)
    keine Erwartungen an eine Organisation haben (z. B. weil sie nichts von ihr wissen), deren Entschei-
    dungen und Handlungen sie aber durchaus betreffen, doch da nicht selten jeder davon betroffen sein
    kann, wäre es schwierig, diese im Einzelnen abzugrenzen.

Anstatt also zu versuchen, aus einer imaginären Universalöffentlichkeit Teilöffentlichkeiten zu destillieren, schlage ich vor, Öffentlichkeiten anhand ihrer o. g. Grenzen zu definieren. Die daraus resultierende Typologie beansprucht keineswegs eine Lösung des Problems, jenes „Luftgebilde" ultimativ zu strukturieren und damit einen ‚Pudding an die Wand zu nageln', sondern soll als Anregung verstanden werden, an einem genuin kommunikationswissenschaftlichen Konzept von Öffentlichkeit weiter zu arbeiten:[10]

- *Spontane Öffentlichkeit* resultiert daraus, dass bestimmte Signale neugierig machen und Beobachter ihnen spontan Aufmerksamkeit schenken. So eilen manche zur Einsatzstelle, wenn sie einen Rettungswagen hören, und andere lesen jede Unfallmeldung.
- *Habituelle Öffentlichkeit* resultiert aus regelmäßiger Anwesenheit und Teilnahme, was wiederum räumliche und zeitliche Zugänglichkeit, Mobilität und physische Barrierefreiheit erfordert, sei es am Stammtisch, im Theater oder auf dem Sportplatz.
- *Emotionale Öffentlichkeit* beruht auf der Unterstellung positiver oder negativer Gefühle für jemand und/oder der Kommunikation von Beziehungen. Sie kann sich diskret (Intimität), indiskret (Klatsch), organisiert (Singleclubs) und medial konstituieren (Starkult).
- *Intellektuelle Öffentlichkeit* resultiert aus der gemeinsamen Aneignung von Wissen und/oder aus der Kommunikation von Themen und Informationen, deren Verstehen sachliche und sprachliche Kompetenz voraussetzt. Dieses kann sich interpersonal abspielen, in Schulen und Universitäten, in Bibliotheken oder im digitalen Netz.
- *Milieuöffentlichkeit* ergibt sich aus der Identifikation mit Gruppen und Milieus, zum Beispiel familiär, in der Nachbarschaft, in sozialen Randgruppen und in ethnischen Enklaven.
- *Organisationsöffentlichkeit* beruht auf Mitgliedschaft und der Kommunikation von Organisationsinterna. Sie entsteht am Arbeitsplatz, in Mitgliederversammlungen und mit Hilfe von Betriebs- oder Vereinsmedien.
- *Mediale Öffentlichkeit* entsteht aus der Möglichkeit und Fähigkeit, gleiche Medien zu nutzen, setzt also Medienbesitz und Medienkompetenz voraus. Aktuelle Beispiele sind der Einsatz von *notebooks* oder *iphones* zur Datenrecherche, zur Kontaktpflege oder zum gemeinsamen Spielen.
- *Marktöffentlichkeit* resultiert aus der Möglichkeit, als Produzent, Anbieter und/oder Käufer Güter zu tauschen, also aus Besitzverhältnissen. Dazu gehört auch der Handel mit Medien und Medieninhalten.

---

10 Auf eine grafische Darstellung (etwa in Form verschachtelter Kreise) wird hier verzichtet, denn diese würde die multiplen und multikausalen Verflechtungen der jeweiligen Beobachtungen und Kommunikationen allzu sehr vereinfachen. Global betrachtet prozessiert ständig eine Vielzahl heterogener Öffentlichkeiten mit rasch wechselnden Teilnehmern, Themen, Informationen und kommunikativen Aktivitäten, die sich aus vielerlei Quellen speisen und die sich immer wieder verschränken.

- *Führungsöffentlichkeit* entsteht aus der Macht, Kommunikate und/oder Medien zu steuern. Sie wird planmäßig von politischen und wirtschaftlichen Entscheidungsträgern hergestellt.
- *Privilegierte Öffentlichkeit* beruht auf Gesetzen, die den Zugang zu bestimmten Daten und Kommunikaten auf wenige beschränken. Sie legen fest, wer was beobachten, publizieren und rezipieren darf (z. B. Staatsgeheimnisse oder Pornografie) und wer nicht.
- *Ideologische Öffentlichkeit* entsteht zwischen Protagonisten und Anhängern gleicher Weltanschauungen, sei es in Gottesdiensten, Parteiversammlungen oder Protestmärschen.
- *Moralische Öffentlichkeit* beruht auf dem Geltungsanspruch von Werten, Normen und Handlungsweisen. Sie zeigt sich in bestätigenden und korrektiven Ritualen (vgl. Goffman 1974) und wird in aktuellen Wertediskursen reflektiert.

7   Folgerungen für die strategische Kommunikation

In unserer gern als ‚postmodern' etikettierten Gesellschaft zerfallen traditionelle Öffentlichkeiten zunehmend in instabile Fragmente und konkretisieren sich in unzähligen Diskursen. Diese sind zwar intern eng, untereinander aber nur locker verknüpft, und während intern intensiv und mit hohem Verständigungspotenzial kommuniziert wird, werden die spezifischen Diskurse für Externe umso unüberschaubarer, je mehr es davon gibt. Obwohl die Integrationsfunktion von Öffentlichkeiten grundsätzlich nicht zu bestreiten ist, sind ihre Funktionen und Folgen daher erheblich vielfältiger und sogar zum Teil widersprüchlich. Eines gilt jedoch als sicher: Aufgrund der starken Vernetzung und der reflexiven Struktur gesellschaftlicher Kommunikation erzeugt Öffentlichkeit gern Öffentlichkeit, und dieses umso eher, je mehr Medien im Spiel sind.

Dass professionelle Öffentlichkeitsarbeiter diesen Umstand strategisch nutzen und im Interesse ihrer Auftraggeber zu steuern versuchen, ist unmittelbar einsichtig und legitim. Sie können zwar (ebenso wie Journalisten und Entertainer) Öffentlichkeiten nicht allein herstellen, doch sie können sie zumindest teilweise beobachten (monitoring) und Kommunikationsangebote machen (issues management, agenda building), deren Nutzung und Akzeptanz Öffentlichkeit erzeugt, welche auch immer. Und wenn sie Reaktionen und Resonanz provozieren, können sie sogar feststellen, ob sie erfolgreich waren. Durch ihre Öffentlichkeitsarbeit entsteht allerdings stets auch Nichtöffentlichkeit, zumal Strategien und Methoden optimaler Selbstdarstellungen immer auch ‚Blicke hinter die Kulissen' verhindern sollen, denn beim strategischen (also erfolgsorientierten) Handeln der PR[11] geht es nun einmal primär um erwünschte Images und Beziehungen und

---

11 Während Öffentlichkeitsarbeit das Bemühen meint, Öffentlichkeit durch Kommunikation herzustellen, bezeichnet „Public Relations" eigentlich *öffentliche* (d. h. hier weitgehend virtuelle) *Beziehungen,* und

nicht um Transparenz, auch wenn diese durchaus ein strategisches Teilziel sein kann
(vgl. Westerbarkey 2004).

Jede Segmentierung von Öffentlichkeit macht dabei bestimmte strategische Möglichkeiten (vgl. dazu auch den Beitrag von Merten in diesem Band) sichtbar und blendet
andere aus. Das gilt auch für die Konstruktion von Organisationsumwelten, die jedoch
nicht mit Öffentlichkeiten identisch sind, denn sie sind lediglich Adressaten strategischer Kommunikation, während Öffentlichkeit ihr Ziel und Ergebnis sein kann. Der
entscheidende Unterschied liegt aber in der Grenzziehung: Umwelten bestehen aus *anderen* Systemen, während man in Öffentlichkeiten *selbst* involviert sein muss, will man
kommunikativ erfolgreich sein. So gehören Ziel- und Bezugsgruppen zur Organisationsumwelt (z. B. Kunden, Wähler, Stakeholder, Lieferanten, Investoren, Konkurrenten
etc.) und sind jeweils einigermaßen berechenbar, während sich Öffentlichkeiten in ihrer
Selbstreferenz und Eigendynamik der Kontrolle und Steuerung durch eine Organisation
weitgehend entziehen. Deshalb ist es angemessener, strategische Kommunikation nicht
als Praxis der *Herstellung*, sondern der *Ermöglichung* von Öffentlichkeit zu verstehen.

Aus dieser Perspektive lassen sich nun einige praktische Vor- und Nachteile der oben
erörterten Segmentierungsvarianten benennen: So ist strategische Kommunikation in
episodischen Öffentlichkeiten (vgl. Tab. 2) zwar personalintensiv, erfordert viel Zeit für
Diskussionen und die Akzeptanz besserer Argumente, doch dafür erleichtert sie eine
Entwicklung gegenseitigen Vertrauens, die Entdeckung von Problemen und die Lösung von Konflikten. Veranstaltungsöffentlichkeit ermöglicht dagegen mehr Kontakte
bei geringerem Personaleinsatz, eine Fokussierung auf bestimmte Themen und Aspekte,
ein strafferes Zeitmanagement und eine direkte Resonanzkontrolle, doch sie garantiert
keineswegs Sympathie, Konsens und Nachhaltigkeit. Mit Medienöffentlichkeit können
schließlich kontinuierlich enorme Publika erreicht werden, deren Aufmerksamkeit aber
oft sehr flüchtig ist und deren Resonanz nur indirekt und mit großem Aufwand beobachtet werden kann.

Eine differenzierte Unterscheidung von Öffentlichkeiten (vgl. Tab. 4) macht wiederum andere praktische Prioritäten und Probleme sichtbar:

- Weiß man um bestimmte thematische Interessen, kann man sich strategisch darauf
  einlassen, sollte dabei jedoch andere, d. h. thematisch anders gelagerte Öffentlichkeiten, die für die Organisation ebenfalls relevant sind, nicht ignorieren.
- Nutzt man eine günstige Situation, um sich bild- und lautstark in Szene zu setzen,
  kann man viel Aufmerksamkeit erzielen, aber auch als aufdringlicher Störer abge-
  wiesen werden.

---

zwar in zweifacher Hinsicht: zum einen die Beziehungen zwischen Organisationen und Nichtmitglie-
dern und zum andern die organisationsinternen Beziehungen zwischen Management und Mitarbeitern.
In beiden Fällen wird zwischen Innen und Außen unterschieden (ingroup/outgroup), wobei die Grenze
einmal durch Mitgliedschaft (funktional) und zum andern durch Status (vertikal) bestimmt wird. Und
in beiden Fällen beruhen die Beziehungen idealiter auf wechselseitigem Vertrauen.

- Konzentriert man sich auf bestimmte Milieus oder Medien, kann man recht zielge-
  nau operieren, schließt dadurch aber andere potenziell interessante Teilnehmer und
  Publika aus.
- Und schaltet man sich in einen laufenden Diskurs ein, kann man diesen mitgestalten,
  es sei denn, man kommt zu spät.

Um den Rahmen meiner primär *theoretisch* ambitionierten Darstellung nicht zu sprengen, mögen schließlich zur den exemplarisch angeführten zwölf Öffentlichkeitstypen
einige praktische Empfehlungen genügen: Spontane Öffentlichkeit kann man relativ
leicht mit auffälligen Signalen erzielen, habituelle Öffentlichkeit mit periodischen An-
lässen, emotionale Öffentlichkeit mit attraktiven Akteuren, intellektuelle Öffentlichkeit mit Bildungsofferten, Milieuöffentlichkeit mit der Pflege sozialer Netze, Organisationsöffentlichkeit mit Mitgliederversammlungen und Mitarbeitermedien, mediale
Öffentlichkeit mit Pressearbeit und Homepages, Marktöffentlichkeit mit Messen und
Werbung, Führungsöffentlichkeit mit exklusiven elitären Kontakten, privilegierte Öffentlichkeit mit Geheimhaltung oder Zensur, ideologische Öffentlichkeit mit Propaganda und moralische Öffentlichkeit mit Werturteilen. Und da sich diese idealtypisch
konstruierten Öffentlichkeiten im Alltag vielfältig durchdringen, empfiehlt es sich, jeweils verschiedene Maßnahmen strategisch zu bündeln, um Kommunikationserfolge zu
optimieren, doch das dürfte für versierte Praktiker nicht neu sein.

Literatur

Donk, André, und Joachim Westerbarkey. 2009. Politische Öffentlichkeit in der Mediengesellschaft: Fragmentierung, Desintegration und Depolitisierung. In *Medien – Macht – Demokratie,*
hrsg. Lothar Bisky, Konstanze Kriese und Jürgen Scheele, 18–35. Berlin: Dietz.

Gerhards, Jürgen, und Friedhelm Neidhardt. 1991. Strukturen und Funktionen moderner Öffentlichkeit. In *Öffentlichkeit, Kultur, Massenkommunikation,* hrsg. Stefan Müller-Doohm und
Klaus Neumann-Braun, 31–89. Oldenburg: Bibl.- u. Inf.-System d. Univ. Oldenburg.

Goffman, Erving. 1974. *Das Individuum im öffentlichen Austausch.* Frankfurt am Main: Suhrkamp.

Habermas, Jürgen. 1962. *Strukturwandel der Öffentlichkeit.* Neuwied u. a.: Luchterhand.

Habermas, Jürgen. 1981. *Theorie des kommunikativen Handelns.* Bd. I. Frankfurt am Main: Suhrkamp.

Hagemann, Walter. 1951. *Vom Mythos der Masse.* Heidelberg: Vowinckel.

Hölscher, Lucian. 1979. *Öffentlichkeit und Geheimnis.* Stuttgart: Klett-Cotta.

Merten, Klaus. 1999: *Einführung in die Kommunikationswissenschaft.* Bd. 1. Münster: Lit.

Merten, Klaus, und Joachim Westerbarkey. 1994. Public Opinion und Public Relations. In *Die
Wirklichkeit der Medien,* hrsg. Klaus Merten, Siegfried J. Schmidt und Siegfried Weischenberg,
188–211. Opladen: Westdt. Verl.

Tönnies, Ferdinand. 1922. *Kritik der öffentlichen Meinung.* Berlin: Springer.

Westerbarkey, Joachim. 1993. Virtuelle Publizität. In *Konzepte von Öffentlichkeit,* hrsg. Werner Faulstich, 83–100. Bardowick: Wissenschaftler-Verl. Faulstich.

Westerbarkey, Joachim. 1995. Journalismus und Öffentlichkeit. *Publizistik* 40 (2): 152–162.

Westerbarkey, Joachim. 1998. *Das Geheimnis. Die Faszination des Verborgenen.* Leipzig: Kiepenheuer.

Westerbarkey, Joachim. 2004. Illusionsexperten. Die gesellschaftlichen Eliten und die Verschleierung der Macht. In *Quo vadis Public Relations?,* hrsg. Juliana Raupp und Joachim Klewes, 30–41. Wiesbaden: VS.

Offenheit um jeden Preis?

Konsequenzen des Strukturwandels der Öffentlichkeit für den Einsatz von Täuschungen in der strategischen Kommunikation

Kerstin Thummes

1   Einleitung

Öffentlichkeit ist eines der wichtigsten Bezugssysteme strategischer Kommunikation (vgl. dazu auch den Beitrag von Westerbarkey in diesem Band). Schließlich öffnet sie, über räumliche, zeitliche und soziale Grenzen sowie über alle gesellschaftlichen Funktionsbereiche hinweg, den Zugang zu einem breiten Publikum. Auf diesen Zugang ist strategische Kommunikation im Sinne ihrer Funktion, die Zielerreichung der Auftrag gebenden Organisation kommunikativ voranzutreiben (vgl. Hallahan et al. 2007, S. 3, S. 27), insbesondere im Feld der PR angewiesen. Um erfolgreich in der Öffentlichkeit zu kommunizieren, können Public Relations nicht auf eine Orientierung an den Erwartungsstrukturen des Öffentlichkeitssystems verzichten. Eine Erwartung, die den aktuellen öffentlichen Diskurs dominiert, richtet sich an die Transparenz der Kommunikation von Organisationen wie Privatpersonen (vgl. Han 2012; Rawlins 2009; Szyszka 2009).

Das Transparenzgebot ist ein normativer Anspruch an das Öffentlichkeitssystem, der in Abhängigkeit des jeweiligen Ansatzes unterschiedliche Bedeutung erfährt. Er kann sich sowohl auf die Zugänglichkeit der Öffentlichkeit für alle gesellschaftlichen Gruppen und die damit verbundene Widerspiegelung eines vielfältigen Meinungsbildes beziehen (vgl. Neidhardt 1994, S. 8 f.), als auch die Offenheit der einzelnen Sprecher umfassen (vgl. Rawlins 2009, S. 75). Letztere wird insbesondere angesichts der Beschleunigung und Vervielfältigung von Kommunikationsmöglichkeiten in Folge der Digitalisierung vehement eingefordert (vgl. Fieseler und Meckel 2009, S. 134; Lucke 2010; Raupp 2011, S. 85). Offenheit – gleichbedeutend mit der Preisgabe persönlicher bzw. organisationsinterner Informationen und der wahrhaftigen Kommunikation von Absichten und Meinungen – übt einen unmittelbaren Einfluss auf die Privatsphäre von Personen bzw. die Umweltabgrenzung von Organisationen aus. Je offener ein Akteur kommuniziert desto stärker schrumpft seine Privatsphäre und desto weniger kann er sich von seiner Umwelt abgrenzen. Die Offenlegung brisanter Informationen birgt darüber hinaus das Risiko des Ausbruchs von Konflikten, die wiederum einen Abbruch der Kommunikation verursachen können (vgl. Hettlage 2003, S 14; Zupancic 2007, S 161 f.). Zudem kann ein Übermaß an Offenheit das Zustandekommen von Kommunikation verhindern, weil ein durchschaubarer Akteur bei seinem Gegenüber kein Interesse für Nachfragen weckt, so dass Anreize zur Kommunikation ausbleiben (vgl. Westerbarkey 1991, S. 52 f., S. 228 f.). Vor dem Hintergrund solcher dysfunktionalen Folgen erscheint fragwürdig, bis zu welcher Grenze der Ruf nach Transparenz – im Sinne offener Kommunikation – mit dem Konzept und der Funktionsweise von Öffentlichkeit vereinbar ist? Darauf aufbauend gilt es im Folgenden zu untersuchen, in welchem Ausmaß Offenheit in der öffentlichen strategischen Kommunikation von Organisationen realisiert werden kann, ohne Kommunikationsabbrüche zu riskieren oder die Umweltabgrenzung zu gefährden.

Dieser Frage geht der vorliegende Beitrag nach, indem er Öffentlichkeitstheorien und Theorien der PR verbindet, um die Konsequenzen struktureller Wandlungsprozesse der Öffentlichkeit für strategische Kommunikation zu beleuchten. Im Zuge der Analyse offenbart sich die Relevanz bestimmter Formen der Täuschung für das Zustandekommen und die Zielerreichung der PR-Kommunikation. Eine vertiefende Betrachtung der sozialen Funktionen von Täuschungshandlungen unterstreicht deren Notwendigkeit im Rahmen öffentlicher Kommunikation. Im Ergebnis wird deutlich, mit welchen Einschränkungen sich Offenheit als Leitlinie strategischer Kommunikation in der Öffentlichkeit eignet.

2   Öffentlichkeit und strategische Kommunikation

Das Zusammenspiel von Öffentlichkeit und strategischer Kommunikation wurde bislang kaum theoretisch reflektiert (vgl. Raupp 2011, S. 78). Sowohl Ansätze aus dem Feld der Öffentlichkeitstheorie als auch aus der PR-Forschung behandeln die Wechselwirkungen zwischen beiden Bereichen meist nur oberflächlich ohne konkrete strukturelle Abhängigkeiten zu benennen und zu differenzieren. Auf Seiten der PR-Forschung liegt dies vor allem in der Konzentration vieler Ansätze auf die analytische Meso-Ebene und in der damit oft einhergehenden Management-Orientierung begründet (vgl. Cutlip et al. 2001; Gruning und Hunt 1984; Schmid Lyczek 2008; Zerfaß 2010). Die gesellschaftliche Öffentlichkeit erschließt sich aus dieser Sicht über verschiedene Stakeholder-Modelle (vgl. Freeman et al. 2010), die auf eine systematische Definition des Öffentlichkeitssystems verzichten. Das Verhältnis zwischen Öffentlichkeit und strategischer Kommunikation wird dabei vorwiegend unter dem Aspekt der Beeinflussung öffentlicher Meinung durch PR betrachtet.

Auch organisationsbezogene Ansätze der PR, die das Zusammenspiel von Öffentlichkeit und PR als gegenseitige Reproduktion oder im Wechsel zwischen Steuerung und Reflexion modellieren (vgl. Hoffjann 2009; Röttger et al. 2011; Szyszka 2009; Weder

2008), gehen kaum über die Betrachtung von Öffentlichkeit als diffuse gesellschaftliche Anspruchsgruppe hinaus. Einflüsse aus der Öffentlichkeit werden unter dem allgemeinen Anstieg öffentlichen Drucks auf Organisationen infolge zunehmender gesellschaftlicher Beobachtung subsumiert, nicht jedoch systematisch vor dem Hintergrund struktureller Wandlungsprozesse im Öffentlichkeitssystem erfasst. Rhetorische und kritische Ansätze der PR-Forschung legen zwar den Fokus auf die Rolle der PR-Kommunikation im öffentlichen Diskurs (vgl. Heath 2009, 2006; Holtzhausen 2000), leisten aber ebenfalls keine vertiefende Analyse des Wechselspiels zwischen Öffentlichkeit und PR. Im Vordergrund steht vielmehr – ebenso wie in gesellschaftsorientierten PR-Ansätzen (vgl. Dernbach 2002; Ronneberger und Rühl 1992; Zühlsdorf 2002) – das Wirkungspotential der PR auf die Öffentlichkeit, wobei Einflüsse in umgekehrter Richtung vernachlässigt werden.

Obwohl vor allem die externe strategische Kommunikation von Organisationen ihr Ziel, auf andere im Sinne der eigenen Interessen einzuwirken (vgl. Hallahan et al. 2007, S. 24), nur im Wechselspiel mit dem System Öffentlichkeit erreichen kann, weist der Forschungsstand also Defizite auf. Eine Ausnahme bilden die Analysen von Raupp (2011) und Bentele und Nothhaft (2010) zu den Auswirkungen von Wandlungsprozessen in der Öffentlichkeit auf strategische Kommunikation. Sie konzentrieren sich allerdings zum einen auf grundsätzliche normative Ansprüche an öffentliche strategische Kommunikation (vgl. Bentele und Nothhaft 2010, S. 113 f.) und zum anderen auf Folgen der Digitalisierung, wie zunehmende Vernetzung und Fragmentierung (vgl. Bentele und Nothhaft 2010, S. 114; Raupp 2011, S. 83 ff.). Der vorliegende Beitrag setzt an einem anderen Punkt an, indem er von Habermas ausgehend den fortschreitenden Strukturwandel der Öffentlichkeit und seine Konsequenzen für strategische Kommunikation ins Zentrum rückt. Im Sinne der thematischen Eingrenzung werden Folgen der Digitalisierung dabei nur am Rande betrachtet.

Als Grundlage gilt es zunächst, das Verhältnis von Öffentlichkeit und strategischer Kommunikation theoretisch zu modellieren. Bezüge zum Öffentlichkeitssystem spielen insbesondere in der externen PR-Kommunikation eine zentrale Rolle, weil diese die Legitimation der Auftrag gebenden Organisation im gesellschaftspolitischen Umfeld anstrebt (vgl. Hoffjann 2009, S. 304; Röttger et al. 2011, S. 126). Deswegen konzentrieren sich die weiteren Ausführungen auf Public Relations als Teilbereich der strategischen Kommunikation.

Public Relations in der Öffentlichkeit

Public Relations, verstanden als beobachtungsbasierte Reflexionsinstanz (vgl. Röttger et al. 2011, S. 132 ff.), folgen einer doppelten Leitdifferenz. Einerseits sind sie als Teil der Organisation an deren systemspezifischen Code gebunden – im Fall von Unternehmen zahlen/nicht-zahlen. Andererseits orientieren sie sich unter der Differenz legitimierend/

nicht-legitimierend an den Erwartungshaltungen der gesellschaftlichen Anspruchsgruppen. (vgl. Hoffjann 2007, S. 102 ff.; Jarren und Röttger 2009, S. 33 ff.) Richten Public Relations ihre Beobachtungen und Steuerungsversuche auf das Öffentlichkeitssystem aus, stellt sich ihnen die Frage nach einer generalisierten Erwartungsstruktur in Form einer Leitdifferenz der Öffentlichkeit, auf die sie ihre Operationen abstimmen können.

Konzeptionen entsprechender Strukturen des Öffentlichkeitssystems liegen vor allem in systemtheoretisch geprägten Ansätzen vor (vgl. Gerhards 1994; Görke 2008; Kohring und Hug 1997; Marcinkowski 1993). Die Zuweisung eines einzelnen binären Codes zur Charakterisierung des Systems Öffentlichkeit erweist sich jedoch als problematisch. Görke (2008) gelingt es zwar das Verhältnis von Öffentlichkeit als Funktionssystem und PR als zugehörigem Subsystem zu konkretisieren; er scheitert jedoch an einer plausiblen Definition und Differenzierung von Jornalismus, PR, Werbung und Unterhaltung anhand des Codes aktuell/nicht-aktuell (vgl. Thummes 2013, S. 193 f.). Der von Kohring und Hug (1997) eingeführte Code der Mehrsystemzugehörigkeit erscheint aufgrund des gänzlichen Ausschlusses der PR aus dem Feld öffentlicher Kommunikation wenig überzeugend. Gerhards (1994) wiederum wählt mit dem Code der Aufmerksamkeit eine extrem weit gefasste Definition des Öffentlichkeitssystems. Publizität als Code, wie von Marcinkowski (1993) etabliert, erfährt aufgrund der Anlehnung an technische Verbreitungsmittel Kritik. Insgesamt festigt sich so der Eindruck, dass die Reduktion auf einen binären Code der Komplexität des Öffentlichkeitssystems nicht gerecht wird.

Jenseits einer binären Codierung lässt sich Öffentlichkeit als intermediäres System bestehend aus einer Vielzahl offener Kommunikationsarenen fassen, die Informationen aufnehmen, verarbeiten und vermitteln (vgl. Gerhards und Neidhardt 1991, S. 41 ff.). Sie entfaltet sich auf den drei Ebenen der Encounter-, der Versammlungs- und der Medienöffentlichkeit (vgl. Donges und Imhof 2010, S. 189; Gerhards und Neidhardt 1991, S. 41 ff.). Letztere hat sich in Folge gesellschaftlicher und technischer Entwicklungen immer stärker ausdifferenziert, so dass der Medienöffentlichkeit aktuell ein erhebliches Einflusspotential in der Gesellschaft zugeschrieben wird (vgl. Donges und Imhof 2010, S. 197; Imhof 2006). Durch die erweiterten Kommunikationsmöglichkeiten auf Basis der Digitalisierung haben sich zudem vertikale Verbindungen zwischen den drei Ebenen etabliert, so dass Öffentlichkeit heute durch einen hohen Vernetzungsgrad gekennzeichnet ist (vgl. Raupp 2011, S. 82 f.).

Aufgrund ihres intermediären Charakters tritt die Öffentlichkeit als Vermittlungsinstanz zwischen den Systemen der funktional differenzierten Gesellschaft auf (vgl. Gerhards und Neidhardt 1991, S. 34). Zwar genügen Informationen, die das Öffentlichkeitssystem durchlaufen, den Programmen und Regeln öffentlicher Aufmerksamkeitsgewinnung; dazu zählen Schemata wie journalistische Selektions- oder Darstellungsprogramme und Aufmerksamkeitsstrategien wie Personalisierung oder Framing (vgl. Gerhards und Neidhardt 1991, S. 46, 67, 70 ff.; Neidhardt 1994, S. 17 f.). Die Selektion der unter diesen Gesichtspunkten potentiell öffentlichen Informationen erfolgt aber durch den jeweiligen Sprecher und damit anhand der systemspezifischen Leitdifferenzen, der Organisation, die er repräsentiert (vgl. Kussin 2006, S. 90 f.; Neidhardt 1994, S. 22). Dies gilt unabhängig davon, ob der Sprecher offen in Erscheinung tritt und betrifft ebenso journalistisch recherchierte oder durch Privatpersonen kommunizierte Informationen, da die finale Auswahl der Mitteilung stets einer organisationseigenen bzw. persönlichen Logik folgt.

Aus Rezipientensicht entsteht angesichts der Vielzahl möglicher Sprecher und Absichten Unsicherheit bezüglich der Programme und Regeln des Öffentlichkeitssystems. Im Fall strategischer Kommunikation können Rezipienten zum Beispiel nicht erkennen, ob die Aussage eines PR-Managers den Regeln der Auftrag gebenden Organisation oder denen des Öffentlichkeitssystems folgt. Diese Unsicherheit verhindert die Ausbildung fester Erwartungsstrukturen. Zugleich liegt in ihr aber das besondere Potential des Öffentlichkeitssystems begründet, Kommunikation über Systemgrenzen hinweg zu ermöglichen. Die Kehrseite besteht darin, dass potentiell divergente Erwartungshaltungen in der Öffentlichkeit aufeinanderprallen können, so dass die Gefahr von Kommunikationsabbrüchen steigt und die Wahrscheinlichkeit des Zustandekommens von Kommunikation sinkt. Folglich hängt die Anschlussfähigkeit öffentlicher Kommunikation davon ab, dass die Akteure wechselseitig Rücksicht auf mögliche Differenzen ihrer Erwartungen nehmen und mitzuteilende Informationen entsprechend sorgfältig auswählen. Über das Öffentlichkeitssystem vermittelte PR-Kommunikation steht also vor der Herausforderung, einerseits den Erwartungen ihres Auftraggebers zu folgen und sich andererseits bei der Zuweisung des Codes legitimierend/nicht-legitimierend nicht nur an den Regeln öffentlicher Aufmerksamkeitsgewinnung, sondern darüber hinaus den Erwartungen ihrer jeweiligen Anspruchsgruppen zu orientieren. Nur so kann sie Differenzen mit Anspruchsgruppen vermeiden, um die Legitimation der Organisation zu sichern.

Öffentlichkeit und Offenheit

Vor dem Hintergrund des geschilderten Zusammenspiels von Öffentlichkeit und PR, ergeben sich bereits zwei zentrale Schlussfolgerungen zur Eignung von Offenheit als Leitlinie der strategischen Kommunikation. Erstens beruht jede öffentlich verbreitete Information auf einem doppelten Selektionsprozess anhand der Regeln der Aufmerksamkeitsgewinnung und der Regeln des jeweiligen Sprechers. Im Zuge dieser Selektion werden automatisch nicht-öffentliche Informationen erzeugt. Geheimnisse sind somit ein Produkt jeder Kommunikation und zugleich Anlass für weitere Kommunikation (vgl. Westerbarkey 1991, S. 75). Eine umfassende Offenlegung organisationsinterner Informationen und Prozesse durch PR ist daher aus theoretischer Perspektive nicht realisierbar. Infolge vollständiger Offenheit würden sich die Grenzen der Organisation zu ihrer Umwelt auflösen, weil ihre Existenz auf spezifischen Kenntnissen und Handlungen beruht, die außerhalb der organisationsinternen Struktur nicht reproduziert werden. Auch jenseits dieser abstrakten Zuspitzung müssen Public Relations ihre Offenheit soweit einschränken, dass der Anreiz für Kommunikation in den Anspruchsgruppen der Auftrag gebenden Organisation nicht verloren geht. So kann durch gezielte Geheimhaltung, beispielsweise im Vorfeld der Markteinführung neuer Produkte, öffentliche Aufmerksamkeit geweckt werden. Organisationen, deren Pläne jederzeit durchschaubar sind, bieten hingegen wenig Anlass zur Kommunikation.

Zweitens kann die Rücksichtnahme auf widersprüchliche Erwartungen der Akteure im öffentlichen Diskurs die Zurückhaltung konfliktträchtiger Informationen erfordern, um die Anschlussfähigkeit der Kommunikation zu sichern. Sobald authentisches Verhalten den Gesprächspartner derart irritiert, dass die Fortführung der Kommunikation gefährdet ist, muss es aus systemtheoretischer Perspektive zu Gunsten anschlussfähigen Verhaltens unterlassen werden (vgl. Luhmann 1987, S. 62, 429 f.; Nassehi 2011, S. 41). Sofern dem Kommunikator also an einer Fortsetzung der Kommunikation gelegen ist, wird er Informationen verschweigen, die vermeidbare Differenzen oder Konflikte auslösen. Demnach kann Offenheit in Interaktionen zwischen Akteuren mit widersprüchlichen Erwartungen einer der Grundfunktionen der Öffentlichkeit – der Vermittlung von Informationen über Systemgrenzen hinweg – entgegenstehen. Konkrete Auswirkungen dieses Zusammenhangs für Public Relations werden in der folgenden Analyse struktureller Wandlungsprozesse der Öffentlichkeit herausgearbeitet. Dabei ergeben sich zudem weitere Einschränkungen für Offenheit als Leitlinie der PR-Kommunikation in der Öffentlichkeit.

3   Konsequenzen des Strukturwandels der Öffentlichkeit für PR

Der fortschreitende Strukturwandel der Öffentlichkeit äußert sich in verschiedenen Entwicklungen. Habermas (1990) beobachtet in den 1950er und frühen 1960er Jahren einen sozialen Strukturwandel und einen politischen Funktionswandel der Öffentlichkeit, aus denen er die These des Zerfalls der bürgerlichen Öffentlichkeit ableitet. Mit Beginn der 1980er Jahre konstatiert Imhof (2006) einen neuen Strukturwandel in Form der Medialisierung der Öffentlichkeit. Aktuelle Analysen setzen am Prozess der Digitalisierung an und prognostizieren teils eine zunehmende Fragmentierung, teils eine steigende Vernetzung der Öffentlichkeit (vgl. Bentele und Nothhaft 2010; Münker 2009; Raupp 2011). Diese Wandlungsprozesse äußern sich einerseits in einer Veränderung der Strukturen des Öffentlichkeitssystems (3.1) und andererseits in der Auflösung der von ihr abgegrenzten Privatsphäre (3.2). Die folgende Untersuchung der Konsequenzen des Strukturwandels der Öffentlichkeit für die PR-Kommunikation legt den Schwerpunkt auf die Beobachtungen von Habermas und Imhof. Im zweiten Teil zur Auflösung der Privatsphäre wird Sennetts (1974) Analyse der Tyrannei der Intimität hinzugezogen.

3.1 Von der bürgerlichen zur medialen Öffentlichkeit

Eine grundlegende Voraussetzung für die Entstehung von Öffentlichkeit ist die Abgrenzung der öffentlichen von der privaten Sphäre (vgl. Donges und Imhof 2010, S. 200; Habermas 1990, S. 89 f.; Sennett 1974, S. 122 ff.). Die von Habermas (vgl. 1982, S. 90) fokussierte bürgerliche Öffentlichkeit entfaltet sich zwischen diesen beiden Sphären. Ihr Publikum setzt sich zwar aus Privatpersonen zusammen, diese vermitteln aber gesellschaftliche Bedürfnisse in Form der öffentlichen Meinung an den Staat und etablieren somit „eine Sphäre der Kritik an der öffentlichen Gewalt" (Habermas 1990, S. 116). In seiner Analyse des sozialen Strukturwandels der Öffentlichkeit beschreibt Habermas (vgl. 1990, S. 226) die Auflösung der Grenze zwischen privatem und öffentlichem Bereich als Folge zunehmender staatlicher Eingriffe in den privaten Warenverkehr. Dadurch bewegt sich die ursprünglich in der Privatsphäre verortete Arbeit immer stärker ins Feld der Öffentlichkeit (vgl. ebd., S. 238). Privatpersonen büßen damit ihre auf dem persönlichen Eigentum gegründete Autonomie ein und verlieren ihre Kritikfähigkeit gegenüber dem Staat (vgl. ebd., S. 250). Das Verschwinden der bürgerlichen Diskurskultur führe dazu, so Habermas (vgl. ebd., S. 248 ff.), dass der öffentliche Diskurs vom Modus der Kulturkritik in den bloßen Kulturkonsum übergehe. An diese Entwicklung schließt sich der politische Funktionswandel der Öffentlichkeit an. Er äußert sich im Bedeutungsverlust von Versammlungsöffentlichkeiten zu Gunsten einer medial hergestellten Öffentlichkeit, die von politischen und wirtschaftlichen Akteuren dominiert wird (vgl. Habermas 1990, S. 275 ff.; Imhof 2006, S. 199). Die Vereinahmung der Öffentlichkeit durch private Interessen und ihre Herstellung zu manipulativen Zwecken gingen laut Habermas (vgl. 1990, S. 316 ff.) mit einer Entmündigung der Bürger und ihrem Rückzug ins Private einher.

Der von Habermas dargelegte Strukturwandel kann vor dem Hintergrund des vorgestellten Öffentlichkeitsverständnisses (vgl. Kap. 2) als Annäherung der Selektionsregeln auf der Ebene der Versammlungsöffentlichkeiten an politische und wirtschaftliche Programme interpretiert werden. Darüber hinaus beschreibt er die Verdrängung solcher Öffentlichkeiten durch die Medienöffentlichkeit, die ebenfalls unter dem Einfluss politischer und wirtschaftlicher Regeln steht. Aus dieser Sicht erscheint PR zunächst als Nutznießer des Strukturwandels, denn es läge in ihrer Macht im Sinne des jeweiligen Auftraggebers Öffentlichkeit herzustellen und die öffentliche Meinung zu lenken (vgl. Habermas 1990, S. 288 f.). Auf eine Anpassung an Erwartungen gesellschaftlicher Anspruchsgruppen könnten Public Relations dabei weit gehend verzichten, sofern ökonomische Regeln tatsächlich den öffentlichen Diskurs bestimmten. Anstelle eines Wechselspiels zwischen Öffentlichkeit und PR stünde die einseitige Einflussnahme durch PR. Die aktuelle PR-Forschung zeigt jedoch, dass PR-Kommunikation keineswegs nach Belieben auf ihre Anspruchsgruppen einwirken kann (vgl. Röttger et al. 2011, S. 140). Die Begrenztheit ihrer Steuerungsfunktion zeigt sich zum Beispiel in der Macht gesellschaftlicher Protestbewegungen über die öffentliche Meinungsbildung (vgl. Donges und Imhof 2010, S. 201).

An diese Kritik schließt Imhof (2006) seine Analyse eines neuen Strukturwandels der Öffentlichkeit an. Habermas habe, so Imhof (vgl. 2006, S. 199 f.), nicht nur die starke Entfaltung von Gegenöffentlichkeiten in den 1960er und 1970er Jahren unterschätzt, sondern darüber hinaus die Macht von Politik und Wirtschaft angesichts der Ausdifferenzierung des Mediensystems seit den 1980er Jahren überschätzt. Ausgehend von der Deregulierung des Mediensystems beobachtet Imhof (vgl. ebd., S. 200) einen Machtzuwachs der Medien durch die Etablierung eines eigenständigen Systems mit spezifischen Regeln und wirtschaftlich agierenden Organisationen. Das neue Einflusspotential des Mediensystems äußert sich in verschiedenen Entwicklungen, die sich unter dem Phänomen der Medialisierung verorten lassen. Dazu zählt Imhof (vgl. ebd., S. 201 ff.) eine Zunahme medienwirksamer Aktionen sozialer Bewegungen, eine Intensivierung der Skandalkommunikation, eine Personalisierung politischer und wirtschaftlicher Kommunikation, einen Rückgang des öffentlichen Meinungsstreits zu Gunsten bloßer Themenresonanz sowie einen steigenden Einfluss medialer Regeln auf politische und wirtschaftliche Entscheidungen. Diese Effekte wirken sich nicht nur in vielfältiger Weise auf das Verhältnis von Öffentlichkeit und Gesellschaft aus (vgl. ebd., S. 205 ff.), sondern verändern im gleichen Zuge die Handlungsoptionen strategischer Kommunikation in der Öffentlichkeit.

Im vorliegenden Öffentlichkeitsverständnis entspricht die von Imhof analysierte Ausdifferenzierung des Mediensystems dem Bedeutungszuwachs der Ebene der Medienöffentlichkeit. Innerhalb der Medienöffentlichkeit hat sich das Leistungssystem des Journalismus mit entsprechenden Regeln und Organisationen etabliert. Diese kontrollieren den Zugang zu medialen Verbreitungskanälen, vor allem zu Print und Rundfunk. Im Zuge der Privatisierung des Rundfunks und der Etablierung neuer Online-Kommunikationskanäle bildet das System des Journalismus immer komplexere Strukturen aus. Zwar besteht vor allem über die Online-Kommunikation auch jenseits des Journalismus Zugang zur Medienöffentlichkeit; und ressourcenstarke Organisationen haben zudem die Möglichkeit, im Rahmen des Corporate Publishings eigene Printmedien anzubieten. Dennoch haben sich infolge der Medialisierung feste Regeln zur erfolgreichen öffentlichen Kommunikation etabliert, so dass Public Relations unabhängig vom Zugang zur Medienöffentlichkeit auf die Orientierung an medienspezifischen Selektions-, Interpretations- und Darstellungsregeln angewiesen sind, um öffentliche Aufmerksamkeit zu gewinnen. Im Rahmen der Pressearbeit kann zudem eine Anpassung an Erwartungen bestimmter Redaktionen oder Journalisten erforderlich sein. Zugleich verfolgen Public Relations, wie von Habermas beschrieben, mit der Herstellung von Öffentlichkeit die Interessen ihrer Auftrag gebenden Organisation. Mögliche Widersprüche zwischen den Erwartungen und Regelsystemen dieser Akteure können zu Konflikten führen, die das Legitimationsziel gefährden. So birgt Offenheit über ökonomische oder politische Motive der Organisation beispielsweise das Risiko, die Zusammenarbeit mit Journalisten zu erschweren oder die Aufmerksamkeit gesellschaftlicher Anspruchsgruppen zu verlieren. Die gezielte Ausrichtung eines Kommunikationsangebots der PR an gesellschaftlichen Erwartungen und journalistischen Nachrichtenwertfaktoren, wobei unter Umständen manche Informationen verschwiegen und andere übertrieben dargestellt werden, kann dem entgegenwirken.

Die starke Medienresonanz von Protestbewegungen zwingt PR-Kommunikation umso mehr dazu, in der Öffentlichkeit auf unterschiedlichste Ansprüche einzugehen. Auch an dieser Stelle drohen unüberwindbare Widersprüche zu den Erwartungen des Auftraggebers. Das Dilemma der PR, angesichts divergierender Ansprüche in vielen, mitunter widersprüchlichen Rollen auftreten zu müssen, verschärft sich durch die Fragmentierung digitaler Öffentlichkeiten bei gleichzeitig steigender Vernetzung (vgl. Bentele und Nothhaft 2010, S. 111 f.; Raupp 2011, S. 85). Dieses Problemfeld, das im Folgenden nicht vertieft werden kann, verweist auf das breite Ausmaß der Konsequenzen struktureller Wandlungsprozesse in der Öffentlichkeit für PR.

Angesichts der beschriebenen Auswirkungen des Strukturwandels von einer bürgerlichen zu einer medial geprägten Öffentlichkeit wird deutlich, dass Offenheit in der PR nur mit bestimmten Einschränkungen zum Ziel der Legitimation einerseits und zur Vermittlungsfunktion der Öffentlichkeit andererseits beiträgt. Organisation, deren Kerngeschäft kaum Anschlussmöglichkeiten an mediale Selektions- und Darstellungsregeln eröffnet, haben nur marginale Chancen, durch offene PR-Kommunikation Aufmerksamkeit in der Medienöffentlichkeit zu gewinnen. Durch gezieltes Framing, das eine positiv verzerrte Darstellung der Organisation und die Geheimhaltung von Informationen einschließt, kann die notwendige Anpassung an Regeln der Aufmerksamkeitsgewinnung vollzogen werden (vgl. Hallahan 1999). Im Sinne der Fortführung von Kommunikation erscheint es in der Ansprache von Medienvertretern und von Protestgruppen zudem sinnvoll, mögliche Widersprüche zu den Erwartungen des jeweiligen Gegenübers zu verbergen. Die Offenlegung von Informationen trägt also nur solange zur Vermittlungsfunktion der Öffentlichkeit bei, wie sie keine vermeidbaren Konflikte auslöst und Annäherungsversuche zwischen Akteuren nicht im Keim erstickt.

Jenseits der Problematik widersprüchlicher Regelsysteme tragen die von Imhof angeführten Effekte der zunehmenden Skandalisierung und Personalisierung öffentlicher Kommunikation zur Auflösung der Grenzen zwischen der Öffentlichkeit und der Privatsphäre bei. Die Konsequenzen dieser Entwicklung für Offenheit in der PR werden im Anschluss vertieft.

3.2 Zur Auflösung der Privatsphäre

Die von Habermas analysierte Auflösung der bürgerlichen Privatsphäre durch verstärkte staatliche Eingriffe ins Wirtschaftssystem hat sich auf die bis dato geschützten Bereiche der Familie und der Intimsphäre ausgeweitet. Die Privatisierung des Öffentlichen zeigt sich zum Beispiel in der Personalisierung politischer sowie wirtschaftlicher Kommunikation (vgl. Imhof 2006, S. 203; Szyszka 2010). Im Kampf um die Aufmerksamkeit ihrer Zielgruppen nutzen Organisationen immer öfter mediale Inszenierungsmuster, die den Charakter und das private Lebensumfeld ihrer Vertreter zur Schau stellen (vgl. Imhof 2006, S. 203). Damit einher geht die steigende Tendenz zu einer medialen Skandalisierung öffentlicher Akteure, die weit in die Intimsphäre vordringt (vgl. Imhof 2006, S. 202, 2002, S. 92 ff.). Die Authentizität der Person rückt so in der medialen Aufmerksamkeit vor die tatsächliche Handlungskompetenz derselben bzw. der Organisation, für die sie eintritt (vgl. Sennett 1974, S. 337). Diese Verlagerung des gesellschaftlichen Interesses von den Taten auf die persönlichen Motive eines Akteurs betrifft nicht nur Personen, die in der Öffentlichkeit stehen, sondern verändert die Lebensumstände jedes Einzelnen (vgl. ebd., S. 334).

Je stärker sich das Bedürfnis nach persönlicher Entfaltung ausprägt, desto weniger können die Menschen jene Distanz zueinander wahren, die für einen geselligen Umgang und damit auch für den Bestand der öffentlichen Sphäre konstitutiv ist (vgl. Sennett 1974, S. 334 f.). Angesichts der ausgeprägten Individualisierungstendenzen verliert der öffentliche Raum an Bedeutung und entleert sich in dem Maße, in dem die Isolation des Einzelnen zunimmt (vgl. ebd., S. 332). Die Entfremdung von der sozialen Umgebung und das Bedürfnis nach Abschottung liegen darüber hinaus in der fortschreitenden gesellschaftlichen Eingrenzung der Privatsphäre begründet. So setzen beengte Wohnverhältnisse Menschen in Großstädten der permanenten Nähe Fremder aus (vgl. Habermas 1990, S. 244 f.; Westerbarkey 1991, S. 163). Nicht nur während der Arbeit in Großbetrieben und in Großraumbüros sind sie fremden Blicken ausgesetzt, auch der familiäre Freizeitkonsum findet zu großen Teilen in der Öffentlichkeit statt (vgl. Habermas 1990, S. 238 ff.; Sennett 1974, S. 30). Mit dem Kontrollverlust über die persönliche Distanz zu Fremden wächst die Angst vor Konfrontationen oder unfreiwilligen Entblößungen in der Öffentlichkeit (vgl. Sennett 1974, S. 332; Westerbarkey 1991, S. 163).

Sennett (vgl. 1974, S. 30, 329) beschreibt, wie sich die Menschen angesichts der Grenzauflösung zwischen öffentlichem und privatem Bereich einerseits aus dem öffentlichen Raum zurückziehen, als Kompensation aber andererseits ein gesteigertes Bedürfnis nach Nähe entwickeln. Die Enthüllung intimer psychischer Bedürfnisse festigt sich so als Maßstab gelungener Kommunikation (vgl. ebd., S. 329). Hierin liegt einer der Gründe für die zunehmende Forderung nach Offenheit und Transparenz in persönlichen Beziehungen sowie im öffentlichen Diskurs, obwohl diese gesellige Interaktionen mit Intimitäten oder verletzenden, aber ehrlichen Aussagen belasten (vgl. Münch 1991, S. 124 ff.; Sennett 1974, S. 329, 336).

Das Streben nach Offenheit und Transparenz spiegelt sich in allen Kommunikations- und Medienformen wider. Es steckt hinter dem Erfolg diverser Reality-TV-Formate, deren Teilnehmer mit exhibitionistischen Eifer intimste Details enthüllen (vgl. Hahn 2002, S. 7 f.). Es zeigt sich in der Gewöhnung an Grenzüberschreitungen im öffentlichen Raum, zum Beispiel durch ausgedehnte private Mobiltelefonate in öffentlichen Verkehrsmitteln (vgl. Burkart 2002). Besonderen Auftrieb hat es jedoch mit dem technologischen Fortschritt der Online-Kommunikation erfahren. Der Vormarsch des Privaten ins Öffentliche verstärkt sich deutlich seitdem internetbasierte Anwendungen permanente Erreich- und Sichtbarkeit, den Zugang zur Öffentlichkeit für alle Nutzer und die potentiell lückenlose Publikation personenbezogener, privater Daten ermöglichen (vgl. Beck 2010, S. 20; Misoch 2006, S. 136 ff.).

Der so gefestigte Anspruch größtmöglicher Offenheit richtet sich aber nicht nur an Privatpersonen, sondern auch an Organisationen (vgl. Christensen und Langer 2009, S. 129 f.; Rawlins 2009). Die Erwartung an Unternehmen, Transparenz zu gewährleisten, verstärkt sich angesichts der gestiegenen Beobachtungsmöglichkeiten durch die vertikale Vernetzung zwischen den beschriebenen Ebenen des Öffentlichkeitssystems (vgl. Kap. 2). Zugleich gewinnt die Zuschreibung von Transparenz durch Anspruchsgruppen an Bedeutung, denn das Internet bietet diesen verschiedene Foren, um ihrem Gefallen oder ihrem Missfallen öffentlichkeitswirksam Ausdruck zu verleihen. (vgl. Raupp 2011, S. 82 f., 85)

Die rasche Ausbreitung von Transparenz als Leitprinzip jedweder Kommunikation entspringt der Hoffnung, auf diesem Wege einerseits intensivere Interaktionen zu ermöglichen und andererseits organisationaler Willkür entgegenzuwirken. Offenheit kann sich jedoch auf beide Aspekte ebenso kontraproduktiv auswirken. Interaktionen mit Fremden oder Formen geselligen Beisammenseins können nur gelingen, wenn die Akteure private Bedürfnisse zumindest zum Teil hinter sozialen Masken verbergen (vgl. Sennett 1974, S. 335). Zwischenmenschliche Kommunikation erfordert ein aktives Bemühen um die Gunst des Gegenübers. Dazu gehört es, in manchen Situationen Informationen zurückzuhalten oder sich selbst zu beherrschen, um die gebotene Distanz zu wahren (vgl. Westerbarkey 1991, S. 163). Ähnliches gilt für die Kommunikation zwischen Organisationen und ihren Anspruchsgruppen. Auch hier ist Transparenz als allgemeingültige Forderung verfehlt, weil sie zum einen das Zustandekommen der Kommunikation und zum anderen die Abgrenzung der Organisation gegenüber Wettbewerbern gefährdet.

So sind Public Relations von der Entgrenzung des privaten Raums in besonderer Weise betroffen, weil die Geheimhaltung von Informationen in vielen Organisationen unmittelbar mit ihrem Erfolg verknüpft ist, wie beispielsweise bei der Entwicklung technischer Innovationen oder in Verhandlungsphasen mit Geschäftspartnern (vgl. Bellebaum 1992, S. 105; Szyszka 2008, S. 313). Die erhöhte Sichtbarkeit von Unternehmen in der vernetzten Öffentlichkeit erschwert den notwendigen Schutz von Betriebsgeheimnissen. Mit der Zunahme kritischer Beobachtung bis hin zur Skandalisierung organisationaler Entscheidungen nimmt die Gefahr der Aufdeckung solcher Geheimnisse zu. Zudem steigt die Notwendigkeit, Widersprüche zu den Erwartungen einzelner Anspruchsgruppen hinter verschiedenen Rollenbildern und darüber hinaus Widersprüche zwischen diesen Rollenbildern zu verbergen (vgl. Raupp 2011, S. 85). Die Forderung nach Transparenz verstärkt das Bestreben, mögliche Diskrepanzen in der organisatio-

nalen Kommunikation nicht erkennen zulassen, und mündet so in einer Zunahme von
Intransparenz (vgl. Christensen und Langer 2009, S. 140). Anders als vielfach postuliert
muss die Forderung nach Transparenz also differenziert betrachtet werden (vgl. ebd.,
S. 145 ff.) und erfüllt entsprechend auch nur begrenzt die Funktion, organisationale
Willkür einzudämmen. Folglich liegt es nicht nur im Interesse der PR, sondern auch
der gesellschaftlichen Anspruchsgruppen, in bestimmten Situationen auf Offenheit zu
verzichten bzw. ihr Ausmaß einzuschränken, um dysfunktionale Folgen zu vermeiden.

Von der Tendenz zur Personalisierung in der Öffentlichkeit scheinen Public Relations zunächst zu profitieren, aber auch hier ergeben sich mit Blick auf die Auftrag
gebende Organisation Probleme. Organisationen zeichnen sich dadurch aus, dass sie
Strukturen ausbilden, innerhalb derer durch Mitgliedschaftsregeln und -rollen weit gehend von Privatsphäre befreite Räume entstehen (vgl. Luhmann 2000, S. 88; Schimank
2005, S. 224 f.). Die resultierende Entlastung der internen wie externen Kommunikation von privat begründeten Konflikten schwindet durch die Vermischung der öffentlichen mit der privaten Sphäre. Nur solange Mitarbeiter untereinander und gegenüber
externen Anspruchsgruppen ausschließlich ihre organisationale Rolle erfüllen, können
sie Kommunikationsabbrüche aufgrund persönlicher Unstimmigkeiten vermeiden. Die
zunehmende Personalisierung erschwert die notwendige Differenzierung zwischen Person und Rolle. Dies betrifft insbesondere Mitarbeiter, die auf der Ebene der Encounter-
Öffentlichkeit mit externen Anspruchsgruppen kommunizieren, und solche, die in der
Medienöffentlichkeit stehen, wie Vorstände oder Pressesprecher. Je weniger sie ihre Persönlichkeit aufgrund öffentlichen und gesellschaftlichen Drucks hinter der schützenden
Rolle verbergen können, desto größer wird Gefahr von Konflikten. Diese wiederum erschweren die Erreichung des Legitimationsziels seitens der PR.

Insgesamt wird deutlich, dass sich strukturelle Wandlungsprozesse der Öffentlichkeit
in hohem Maße auf die strategische Kommunikation von Organisationen auswirken.
Während der Wandel von der bürgerlichen zur medialen Öffentlichkeit mit einer Not-
wendigkeit der Anpassung der PR-Kommunikation an mediale Regeln einhergeht, birgt
die zunehmende Auflösung der Privatsphäre verschiedene Gefahren für PR und ihre
Auftrag gebende Organisation. Beide Entwicklungen verweisen auf die Relevanz von
Täuschungen in der strategischen Kommunikation und stehen damit dem Prinzip der
Offenheit in manchen Konstellationen entgegen.

4   Täuschungen strategischer Kommunikation in der Öffentlichkeit

Die analysierten Wandlungsprozesse der Öffentlichkeit führen dazu, dass Public Relations keineswegs eine gänzlich offene Kommunikationspolitik betreiben können, sondern Informationen vielmehr sorgfältig selektieren müssen. Dabei spielen Techniken
der Täuschung in Form des Verbergens möglicher Widersprüche zu den Erwartungen

von Anspruchgruppen sowie in Form des Verschweigens interner Informationen und des Zurückhaltens persönlicher Belange eine zentrale Rolle (4.1). Solche Täuschungen können wichtige soziale Schutzfunktionen erfüllen, solange sie nicht der Schädigung anderer dienen (4.2).

4.1 Formen der Täuschung

Täuschung ist ein weit gefasster Begriff, der sich auf gefälschte Gegenstände, getäuschte Sinneswahrnehmungen oder täuschende Handlungen beziehen kann (vgl. Thummes 2013, S. 30). Diesen Formen ist gemeinsam, dass eine „Differenz zwischen der Wahrnehmung einer ‚realen' bzw. ‚zutreffenden' und einer davon abweichenden fiktionalen Wirklichkeit" (Merten 2010, S. 100) vorliegt. Im Vordergrund der Analyse von Offenheit als Prinzip strategischer Kommunikation stehen täuschende Handlungen. In diesem enger gefassten Verständnis richten sich Täuschungen immer an einen Adressaten und verfolgen die Absicht, diesen in die Irre zu führen (vgl. Harrington 2009, S. 15; Thummes 2013, S. 104). Die Täuschungsabsicht kann sowohl den Intentionen des Täuschenden entspringen, als auch durch soziale Regeln und Erwartungen veranlasst werden. Somit fallen auch regelgeleitete täuschende Handlungen, die nicht unmittelbar als solche reflektiert werden, in den Bereich der Täuschung. (vgl. Thummes 2013, S. 104)

Kennzeichnend für das Vorliegen einer Täuschung ist die Unwahrhaftigkeit des Täuschenden; d. h. nicht der tatsächliche Widerspruch zur Wahrheit, sondern zum Wahrheitsverständnis des Täuschenden gibt den Ausschlag (vgl. Fallis 2010, S. 14; Liessmann 2010, S. 123 ff.). Offenheit ist damit zwar nicht das exakte Gegenteil der Täuschung; dennoch stehen täuschende Handlungen ihr entgegen, sofern Informationen mit täuschender Absicht zurückgehalten oder verfälscht werden. Aufgrund des subjektiven Charakters der Wahrhaftigkeit lässt sich das Vorliegen einer Täuschung nicht objektiv bestimmen. Dennoch besteht die Möglichkeit, Täuschungen durch die Beobachtung widersprüchlicher Aussagen oder Fakten und durch Indizien im Verhalten des Täuschenden aufzudecken.

Schließlich verbirgt sich hinter jeder Täuschung eine übergeordnete Absicht, die das mit der Irreführung angestrebte Ziel umschreibt und auf verschiedene Motive des Täuschenden, wie Altruismus oder Egoismus, hindeutet (vgl. Thummes 2013, S. 51 ff.). Mit der Berücksichtigung dieses Kriteriums wird der neutrale Charakter von Täuschungen betont, die keineswegs grundsätzlich eine Schädigung anderer beabsichtigen.

Unter diesen Täuschungsbegriff fallen die drei Unterformen der Lüge, Geheimhaltung und Verstellung. Sie unterscheiden sich anhand der Art des Ausdrucks. Während die Lüge immer in verbaler Form erfolgt, bedient sich die Verstellung non-verbaler Mittel, wie Mimik und Gestik. Die Geheimhaltung dagegen besteht in der gezielten Zurückhaltung von Informationen. (vgl. Thummes 2013, S. 104) Sie steht im Zentrum der vorliegenden Analyse, denn die bislang aufgedeckten Täuschungstechniken der

PR – Verbergen, Verschweigen, Zurückhalten – lassen sich der Geheimhaltung zuordnen. Lügen und Verstellungen werden nur insofern berücksichtigt, als dass sie dazu
beitragen können, die Geheimhaltung zu decken (vgl. Bellebaum 1992, S. 88 ff.; Dietz
2002, S. 108).

4.2 Täuschungen zum Schutz der Privatsphäre und der Gemeinschaft

Jede Täuschung ist mit der Ausübung von Macht verbunden, indem sie einen Wissens-
vorsprung erzeugt, den der Täuschende zur Erreichung eines bestimmten Ziels aus-
nutzt (vgl. Liesmann 2010: 129). Dieser Machtgewinn kann zum persönlichen Vorteil
und unter Inkaufnahme der Schädigung anderer, oder aber in altruistischer Motivation
eingesetzt werden. Die Analyse der übergeordneten Absicht verschiedener Täuschungshandlungen, zeigt Fälle auf, in denen der Täuschende seine Macht, in den Schutz einer
Person oder einer Gemeinschaft investiert (vgl. Thummes 2013, S. 64 ff.). Solche Schutzfunktionen können den Einsatz von Täuschungen rechtfertigen. Aufgrund der Machtposition des Täuschenden müssen sie sich allerdings deutlich von schädigenden Täuschungen aus persönlichem Machtstreben abgrenzen, um seitens der Getäuschten auf
Akzeptanz zu stoßen.

Für den betrachteten Fall öffentlicher strategischer Kommunikation spielt die Täuschung zum Schutz der Privatsphäre eine zentrale Rolle, weil sie eine Rechtfertigung
der aufgezeigten Einschränkungen von Offenheit ermöglicht (vgl. Dietz 2002, S. 226;
Nyberg 1994, S. 164; Westerbarkey 1991, S. 66). Darüber hinaus erweisen sich Täuschungen zum Schutz der Gemeinschaft als unverzichtbar für Public Relations in der Öffentlichkeit. Diese beiden Schutzfunktionen werden daher zunächst näher erläutert und
schließlich in Beziehung zu den analysierten Auswirkungen gesetzt, die strukturelle
Wandlungsprozesse der Öffentlichkeit in der PR-Kommunikation zeitigen.

Schutz der Privatsphäre

Täuschungen zum Schutz der Privatsphäre schirmen Individuen, aber auch Organisationen vor unzulässiger Neugier ab (vgl. Schopenhauer 1979, S. 120 f.). Durch die Bewahrung persönlicher Informationen sorgen sie dafür, dass sich die Individualität jedes Einzelnen frei entfalten kann und nicht in der Masse der Gesellschaft untergeht
(vgl. Bellebaum 1992, S. 91; Plaut 1927, S. 488). Die Abgrenzung zur Umwelt gewinnt
unter steigendem Wettbewerbsdruck auch für Unternehmen zunehmend an Bedeutung. Nur Organisationen, denen es gelingt, sich durch spezifisches Wissen, feste Regeln und Rollen von anderen Kommunikationssystemen abzusetzen, können ihren Bestand erfolgreich sichern (vgl. Thummes 2013, S. 110, 182 f.). Dazu sind sie ebenso wie
Individuen darauf angewiesen, Geheimnisse zu pflegen und Informationen zurückzuhalten, die nicht für die Öffentlichkeit bestimmt sind. Das Geheimnis, so Simmel

(1993, S. 318 f.), verleiht seinem Träger eine „Ausnahmestellung, es wirkt als ein sozial bestimmter Reiz, der [...] in dem Maße steigt, in dem das besessene Geheimnis bedeutsam und umfassend ist".

Um diese Ausnahmestellung ihrer Auftrag gebenden Organisation zu wahren, müssen Public Relations angesichts zunehmender Transparenzforderungen auf Täuschungen zum Schutz der Privatsphäre zurückgreifen. Dazu zählen zum Beispiel die Bewahrung von Betriebsgeheimnissen oder die Zurückhaltung unveröffentlichter Produktinnovationen. Sobald Informationen nach außen dringen, die gemäß geltenden Gesetzen einen ungerechtfertigten Wettbewerbsnachteil verursachen, ist die Privatsphäre eines Unternehmens, welche die organisationsinternen Strukturen und Prozesse umfasst, verletzt. Durch die erhöhte Sichtbarkeit in der vernetzten Öffentlichkeit und durch die Tendenz zur Skandalisierung können interne Informationen kaum ohne Decklügen und Verstellungen geheim gehalten werden (vgl. Kap. 3.2). Die Auflösung der Grenzen zwischen Öffentlichkeit und Privatsphäre erhöht die Notwendigkeit solcher Täuschungen, um den dargelegten Gefahren des Verlusts beider Sphären entgegenzuwirken.

Schutz der Gemeinschaft

Täuschungen zum Schutz der Gemeinschaft tragen dazu bei, den Zusammenhalt in einer Gruppe zu stärken, indem persönliche Empfindsamkeiten mit Konfliktpotential bewusst zurückgehalten werden. Auf diese Weise können Kommunikationsabbrüche in Folge gänzlich wahrhaftiger Aussagen, die der Rezipient jedoch als Angriff oder Beleidigung auffasst, vermieden werden (vgl. Zupancic 2007, S. 161 f.). Die Funktion des Schutzes der Gemeinschaft erfüllen alle Täuschungen, in denen der Handelnde seine privaten Ansichten verbirgt, um den situationsspezifischen Regeln und Erwartungen zu entsprechen (vgl. Bruder 2009, S. 11). Typische Fälle sind die Höflichkeitslüge oder Täuschungen zur Erfüllung von Rollenerwartungen, die dem persönlichen Empfinden widersprechen. So gehört es beispielsweise zur Rolle des Verkäufers, unabhängig von seiner subjektiven Meinung die positiven Eigenschaften des Produktes deutlich hervorzuheben und die negativen dabei möglichst nicht zu thematisieren (vgl. Nassehi 2011, S. 62). Solche Täuschungen sind aufgrund ihrer Verankerung in gesellschaftlichen Regeln für alle Beteiligten aus der Situation erkennbar. Sie erfüllen die Funktion, die Anschlussfähigkeit der Kommunikation trotz möglicher Diskrepanzen zwischen den Akteuren zu sichern. (vgl. Thummes 2013, S. 66)

Public Relations sind sowohl im Zuge der Auflösung der Privatsphäre, als auch infolge der Ausdifferenzierung der Medienöffentlichkeit auf Täuschungen zum Schutz der Gemeinschaft angewiesen. So können die mit der starken Tendenz zur Personalisierung einhergehenden Gefahren nur durch die Zurückhaltung privater Belange zu Gunsten der Erfüllung organisationaler Rollenerwartungen bekämpft werden (vgl. Kap. 3.2). Auch die beschriebene Überwindung von Widersprüchen durch die Anpassung an mediale Regeln und an Erwartungen von Protestgruppen erfordert den Ein-

satz von Täuschungen über die tatsächlichen Ansichten und Absichten der Organisation (vgl. Kap. 3.1). Nur auf diesem Wege können Public Relations Anschlussfähigkeit in
der Kommunikation mit Anspruchsgruppen erzielen, deren Erwartungen den Regeln
der Auftrag gebenden Organisationen zumindest teilweise entgegenstehen.

Durch die erhöhte Sichtbarkeit in der vernetzten Öffentlichkeit entsteht zudem das
Problem, dass Widersprüche beobachtbar werden, die zwischen unterschiedlichen Rollen der PR in der Kommunikation mit einzelnen Anspruchsgruppen auftreten (vgl.
Kap. 3.2). Auch hier müssen Public Relations auf Täuschungen zum Schutz der Gemeinschaft zurückgreifen, um Diskrepanzen in ihrer Kommunikation gegenüber externen
Beobachtern zu verbergen. Die Frage, inwiefern solche Täuschungen in den Rollenerwartungen an PR verankert sind und somit für die Anspruchsgruppen akzeptabel erscheinen, kann an dieser Stelle nicht vertieft werden (vgl. Thummes 2013).

5   Fazit: Einschränkungen von Offenheit

Die Analyse der Schutzfunktionen der Täuschung zeigt, dass Public Relations in Folge
der strukturellen Wandlungsprozesse der Öffentlichkeit auf bestimmte Täuschungen
angewiesen sind, um anschlussfähig in der Öffentlichkeit kommunizieren zu können.
Allerdings führen die mit dem subjektiven Charakter der Täuschung verbundenen Auf-
deckungsprobleme und die Gefahren schädigender Täuschungen zu erheblicher Unsicherheit auf Seiten der Anspruchsgruppen. Zum einen können sie Täuschungen in der
strategischen Kommunikation oft nicht identifizieren, zum anderen erheben sie unter
Umständen falsche Täuschungsvorwürfe. Vor diesem Hintergrund wird deutlich, dass
strategische Kommunikation in vielen Situationen von Offenheit profitieren kann – beispielsweise zur Vermeidung falscher Verdächtigungen. Darüber hinaus erfüllt der Anspruch an Offenheit die wichtige Funktion, eine Manipulation gesellschaftlicher Anspruchsgruppen durch öffentliche Kommunikation von Organisation zu unterbinden.
Auch die von Habermas beschriebene Vereinnahmung des öffentlichen Diskurses durch
ökonomische oder politische Interessen kann mithilfe der Durchsetzung von Offenheit
gebremst werden. Die aufgezeigten Schutzfunktionen der Täuschung erlauben daher
keineswegs eine grundsätzliche Rechtfertigung von Täuschungen, sondern gelten nur in
bestimmten Situationen und in deutlicher Abgrenzung zu schädigenden Täuschungen.

Zusammenfassend rechtfertigen die analysierten schützenden Täuschungen drei
notwendige Einschränkungen von Offenheit als Erfolgsrezept strategischer Kommunikation in der Öffentlichkeit:

1. Da öffentliche Kommunikation einem doppelten Selektionsprozess unterliegt,
können in diesem Feld bei weiten nicht alle potentiellen Informationen kommuniziert
werden. Offenheit ist insofern nur begrenzt möglich. Darüber hinaus bieten Geheimnisse Anlässe für Kommunikation, so dass Offenheit auch nur mit Einschränkungen
erstrebenswert erscheint. (vgl. Westerbarkey 1991, S. 75) Für die strategische Kommu-

nikation folgt daraus, dass Geheimnisse, mit denen keine für die jeweilige Anspruchsgruppe unmittelbar relevanten Informationen zurückgehalten werden, eine Ausnahme
vom Anspruch der Offenheit erlauben.

2. Im Öffentlichkeitssystem existieren keine übergreifenden Erwartungsstrukturen,
so dass permanent Kommunikationsabbrüche aufgrund von Differenzen zwischen verschiedenen Akteuren drohen. Als organisationale Grenzstelle müssen Public Relations
Widersprüche zu den Erwartungen von Protestgruppen verbergen und ihr Verhalten im
Zweifel durch verzerrende Selbstdarstellung an deren Erwartungen ausrichten, um in
der Öffentlichkeit anschlussfähig kommunizieren zu können. Auch die Anpassung an
mediale Selektions-, Interpretations- und Darstellungsregeln kann Täuschungen erfordern. Sie erfüllen die Funktion des Schutzes der Gemeinschaft, solange sie dazu beitragen, die Kommunikation aufrecht zu erhalten und keine schädigenden Folgen für die
Getäuschten nach sich ziehen.

3. Schließlich sind Public Relations aufgrund des starken Transparenzdrucks, der er-
höhten Sichtbarkeit in der medialen Öffentlichkeit und der zunehmenden Tendenz zur
Skandalisierung auf den Einsatz von Täuschungen zum Schutz der Privatsphäre angewiesen. Die hohe Relevanz von Geheimnissen für Organisationen und die negativen
Folgen der Personalisierung begründen die Notwendigkeit, interne Information zurückzuhalten und private Belange einzelner Organisationsmitglieder zu verbergen.

Alle drei Punkte deuten darauf hin, dass strategische Kommunikation in der Öffentlichkeit nicht ohne Geheimhaltung und mit ihr einhergehenden Decklügen sowie
Verstellungen auskommt. Die Verbindung von Öffentlichkeitstheorie und PR-Theorie
öffnet so den Blick für die Notwendigkeit bestimmter Formen der Täuschung in der
strategischen Kommunikation. Unter Berücksichtigung der beschriebenen Einschränkungen erscheint Offenheit dennoch als Erwartung an öffentliche Kommunikation und
als Leitlinie strategischer Kommunikation angebracht, um schädigende Täuschungen
zu verhindern.

Literatur

Bellebaum, Alfred. 1992. *Schweigen und Verschweigen. Bedeutungen und Erscheinungsvielfalt
einer Kommunikationsform.* Opladen: Westdeutscher Verlag.

Bentele, Günter, und Howard Nothhaft. 2010. Strategic Communication and the Public Sphere
from a European Perspective. *International Journal of Strategic Communication* 4 (2): 93–116.

Bruder, Klaus-Jürgen. 2009. Die Lüge: Das Kennwort im Diskurs der Macht. In *Lüge und Selbst-
täuschung,* hrsg. Klaus-Jürgen Bruder, und Friedrich Voßkühler, 7–65. Göttingen: Vanden-
hoeck & Ruprecht.

Burkart, Günter. 2002. Das Mobiltelefon: Grenzverschiebungen zwischen Privatsphäre und Öffentlichkeit durch technisch vermittelte Kommunikation. In *Öffentlichkeit und Offenbarung:
Eine interdisziplinäre Mediendiskussion,* hrsg. Kornelia Hahn, 149–174. Konstanz: UVK.

Carson, Thomas L. 2010. *Lying and Deception. Theory and Practice.* New York: Oxford University Press.

Christensen, Lars Thoger, und Roy Langer. 2009. Public Relations And The Strategic Use Of Transparency. Consistency, Hypocrisy, and Corporate Change. In *Rhetorical And Critical Approaches To Public Relations II*, hrsg. Robert L. Heath, Elizabeth L. Toth, und Damion Waymer, 129–153. New York, London: Routledge.

Cutlip, Scott M., Allen H. Center, und Glen M. Broom. 2001. *Effective Public Relations.* Upper Saddle River: Prentice Hall.

Dernbach, Beatrice. 2002. Public Relations als Funktionssystem. In *Systemtheorie und Konstruktivismus in der Kommunikationswissenschaft*, hrsg. Armin Scholl, 129–146. Konstanz: UVK.

Dietz, Simone. 2002. *Der Wert der Lüge. Über das Verhältnis von Sprache und Moral.* Paderborn: mentis.

Donges, Patrik, und Kurt Imhof. 2010. Öffentlichkeit im Wandel. In *Einführung in die Publizistikwissenschaft*, hrsg. Heinz Bonfadelli, Otfried Jarren, und Gabriele Siegert, 183–212. Bern, Stuttgart, Wien: Haupt.

Fallis, Don. 2010. Lying and Deception. *Philosophers' Imprint* 10 (11): 1–22.

Fieseler, Christian, und Miriam Meckel. 2009. CSR 2.0. Dialogische Moral und die Moral des Dialogs. In *Die Moral der Unternehmenskommunikation. Lohnt es sich, gut zu sein?*, hrsg. Siegfried J. Schmidt, und Jörg Tropp, 124–138. Köln: Halem.

Freeman, Edward R., Jeffrey S. Harrison, Andrew C. Wicks, Bidhan L. Parmar, und Simone de Colle. 2010. *Stakeholder Theory. The state of the art.* Cambridge: Cambridge University Press.

Gerhards, Jürgen. 1994. Politische Öffentlichkeit. Ein system- und akteurstheoretischer Bestimmungsversuch. *Kölner Zeitschrift für Soziologie und Sozialpsychologie.* Sonderheft 34: 77–105.

Gerhards, Jürgen, und Friedhelm Neidhardt. 1991. Strukturen und Funktionen moderner Öffentlichkeit: Fragestellungen und Ansätze. In *Öffentlichkeit, Kultur, Massenkommunikation. Beiträge zur Medien- und Kommunikationssoziologie*, hrsg. Stefan Müller-Dohm, und Klaus Neumann-Braun, 31–89. Oldenburg: bis.

Görke, Alexander. 2008. Perspektiven einer Systemtheorie öffentlicher Kommunikation. In *Theorien der Kommunikations- und Medienwissenschaft. Grundlegende Diskussionen, Forschungsfelder und Theorieentwicklungen*, hrsg. Carsten Winter, Andreas Hepp, und Friedrich Krotz, 173–191. Wiesbaden: VS.

Grunig, James E., und Todd Hunt. 1984. *Managing Public Relations.* Fort Worth, Philadelphia: Harcourt.

Habermas, Jürgen. 1990. *Strukturwandel der Öffentlichkeit. Untersuchungen zu einer Kategorie der bürgerlichen Gesellschaft.* Frankfurt a. M.: Suhrkamp.

Hahn, Kornelia. 2002. Einleitung: Öffentlichkeit und Offenbarung in der medialen Kommunikation. In *Öffentlichkeit und Offenbarung: Eine interdisziplinäre Mediendiskussion*, hrsg. Kornelia Hahn, 7–20. Konstanz: UVK.

Hallahan, Kirk. 1999. Seven models of framing: Implications for public relations. *Journal of Public Relations Research* 11 (3): 205–242.

Hallahan, Kirk, Derina R. Holtzhausen, Betteke Van Ruler, Dejan Vercic, und Krishnamurty Sriramesh. 2007. Defining Strategic Communication. *International Journal of Strategic Communication* 1 (1): 3–35.

Han, Byung-Chul. 2012. *Transparenzgesellschaft*. Berlin: Matthes & Seitz.

Harrington, Brooke. 2009. Introduction. Beyond True and False. In *Deception. From Ancient Empires to Internet Dating*, hrsg. Brooke Harrington, 1–16. Stanford: Stanford University Press.

Heath, Robert L. 2009. The Rhetorical Tradition: Wrangle in the Marketplace. In *Rhetorical And Critical Approaches To Public Relations II*, hrsg. Robert L. Heath, Elizabeth L. Toth, und Damion Waymer, 17–47. New York, London: Routledge.

Heath, Robert L. 2006. Onward Into More Fog: Thoughts on Public Relations' Research Directions. *Journal of Public Relations Research* 18 (2): 93–114.

Hettlage, Robert. 2003. Vom Leben in der Lügengesellschaft. In *Verleugnen, Vertuschen, Verdrehen. Leben in der Lügengesellschaft*, hrsg. Robert Hettlage, 9–49. Konstanz: UVK.

Hoffjann, Olaf. 2009. Public Relations als Differenzmanagement von externer Kontextsteuerung und unternehmerischer Selbststeuerung. *Medien- & Kommunikationswissenschaft* 57 (3): 299–315.

Hoffjann, Olaf. 2007. *Journalismus und Public Relations. Ein Theorieentwurf der Intersystembeziehungen in sozialen Konflikten*. Wiesbaden: VS.

Holtzhausen, Derina. 2000. Postmodern Values in Public Relations. *Journal of Public Relations Research* 12 (1): 93–114.

Imhof, Kurt. 2006. Mediengesellschaft und Medialisierung. *Medien- und Kommunikationswissenschaft* 54 (2): 191–215.

Imhof, Kurt. 2002. Medienskandale als Indikatoren sozialen Wandels. Skandalisierungen in den Printmedien im 20. Jahrhundert. In *Öffentlichkeit und Offenbarung: Eine interdisziplinäre Mediendiskussion*, hrsg. Kornelia Hahn, 73–98. Konstanz: UVK.

Jarren, Otfried, und Ulrike Röttger. 2009. Steuerung, Reflexierung und Interpenetration: Kernelemente einer strukturationstheoretisch begründeten PR-Theorie. In *Theorien der Public Relations. Grundlagen und Perspektiven der PR-Forschung*, hrsg. Ulrike Röttger, 29–49. Wiesbaden: VS.

Kohring, Matthias, Detlef M. Hug. 1997. Öffentlichkeit und Journalismus. Zur Notwendigkeit der Beobachtung gesellschaftlicher Interdependenz – Ein systemtheoretischer Entwurf. *Medien Journal* 21 (1): 15–33.

Kussin, Matthias. 2006. *Public Relations als Funktion moderner Organisation. Soziologische Analysen*. Heidelberg: Carl-Auer Verlag.

Liessmann, Konrad Paul. 2010. Lüge als Akt der Kommunikation. In *Kommunikation und Verständigung. Theorie – Empirie – Praxis*, hrsg. Walter Hömberg, Daniela Hahn, und Timon B. Schaffer, 119–131. Wiesbaden: VS.

Lucke, Jörn van. 2010. Transparenz 2.0 – Transparenz durch E-Government. In *Transparenz – Multidisziplinäre Durchsichten durch Phänomene und Theorien des Undurchsichtigen*, hrsg. Stephan A. Jansen, Eckhard Schröter, und Nico Stehr, 396–412. Wiesbaden: VS.

Luhmann, Niklas. 2000. *Organisation und Entscheidung*. Opladen/Wiesbaden: Westdeutscher Verlag.

Luhmann, Niklas. 1987. *Soziale Systeme. Grundriss einer allgemeinen Theorie*. Frankfurt a. M.: Suhrkamp.

Marcinkowski, Frank. 1993. *Publizistik als autopoietisches System. Politik und Massenmedien. Eine systemtheoretische Analyse*. Opladen: Westdeutscher Verlag.

Merten, Klaus. 2010. Ethik der PR: Ethik oder PR für PR. In *Kommunikation und Verständigung. Theorie – Empirie – Praxis*, hrsg. Walter Hömberg, Daniela Hahn, und Timon B. Schaffer, 95–118. Wiesbaden: VS.

Misoch, Sabina. 2006. *Online-Kommunikation*. Konstanz: UVK.

Münch, Richard. 1991. *Dialektik der Kommunikationsgesellschaft*. Frankfurt a. M.: Suhrkamp.

Münker, Stefan. 2009. *Emergenz digitaler Öffentlichkeiten. Die Sozialen Medien im Web 2.0.* Frankfurt a. M.: Suhrkamp.

Nassehi, Armin. 2011. *Soziologie. Zehn einführende Vorlesungen*. Wiesbaden: VS.

Neidhardt, Friedhelm. 1994. Öffentlichkeit, öffentliche Meinung, soziale Bewegungen. *Kölner Zeitschrift für Soziologie und Sozialpsychologie*. Sonderheft 34: 7–41.

Neumann-Braun, Klaus. 2002. Internet-Kameras/Web-Cams – die digitale Veröffentlichung des Privaten. In: *In Öffentlichkeit und Offenbarung: Eine interdisziplinäre Mediendiskussion*, hrsg. Kornelia Hahn, 175–189. Konstanz: UVK.

Nyberg, David. 1994. *Lob der Halbwahrheit. Warum wir so manches verschweigen*. Hamburg: Junius.

Plaut, Paul. 1927. Die Lüge in der Gesellschaft. In *Die Lüge in psychologischer, philosophischer, juristischer, pädagogischer, historischer, soziologischer, sprach- und literaturwissenschaftlicher und entwicklungsgeschichtlicher Betrachtung*, hrsg. Otto Lipmann, Paul Plaut, 482–504. Leipzig: Ambrosius.

Raupp, Juliana. 2011. Organizational Communication in a Networked Public Sphere. *Studies in Communication/Media* 1: 71–93.

Rawlins, Brad. 2009. Giving the Emperor a Mirror- Toward Developing a Stakeholder Measurement of Organizational Transparency. *Journal of Public Relations Research* 21 (1): 71–99.

Röttger, Ulrike, Joachim Preusse, und Jana Schmitt. 2011. *Grundlagen der Public Relations. Eine kommunikationswissenschaftliche Einführung*. Wiesbaden: VS.

Ronneberger, Franz, und Manfred Rühl. 1992. *Theorie der Public Relations. Ein Entwurf*. Opladen: Westdeutscher Verlag.

Schimank, Uwe. 2005. *Differenzierung und Integration der modernen Gesellschaft. Beiträge zur akteurzentrierten Differenzierungstheorie 1*. Wiesbaden: VS.

Schmid, Beat F., und Boris Lyczek. 2008. Die Rolle der Kommunikation in der Wertschöpfung der Unternehmung. In *Unternehmenskommunikation. Kommunikationsmanagement aus Sicht der Unternehmensführung*, hrsg. Miriam Meckel, und Beat F. Schmid, 5–152. Wiesbaden: Gabler.

Schopenhauer, Arthur. 1979. *Preisschrift über die Grundlage der Moral*. Hamburg: Felix Meiner.

Sennett, Richard. 1974. *Verfall und Ende des öffentlichen Lebens. Die Tyrannei der Intimität.* Frankfurt a. M.: Fischer.

Simmel, Georg. 1993. Das Geheimnis. Eine sozialpsychologische Skizze. In *Georg Simmel Gesamtausgabe. Band 8. Aufsätze und Abhandlungen 1901 bis 1908*, hrsg. Alessandro Cavalli, Volkhard Krech. Frankfurt a. M.: Suhrkamp.

Szyszka, Peter. 2010. Personalisierung und CEO-Positionierung. Theoretische Reflexion eines Praxisproblems. In *Personalisierung der Organisationskommunikation. Theoretische Zugänge, Empirie und Praxis*, hrsg. Mark Eisenegger, und Stefan Wehmeier, 91–113. Wiesbaden: VS.

Szyszka, Peter. 2009. Organisation und Kommunikation: Integrativer Ansatz einer Theorie zu Public Relations und Public Relations-Management. In *Theorien der Public Relations. Grundlagen und Perspektiven der PR-Forschung*, hrsg. Ulrike Röttger, 135–150. Wiesbaden: VS.

Szyszka, Peter. 2008. Organisation und Organisationsinteresse. In *Handbuch der Public Relations. Wissenschaftliche Grundlagen und berufliches Handeln*, hrsg. Günter Bentele, Romy Fröhlich, und Peter Szyszka, 309–320. Wiesbaden: VS.

Taddicken, Monika. 2011. Selbstoffenbarung im Social Web. Ergebnisse einer Internet-repräsentativen Studie des Nutzerverhaltens in Deutschland. *Publizistik* 56: 281–303.

Thummes, Kerstin. 2013. *Täuschung in der strategischen Kommunikation. Eine kommunikationswissenschaftliche Analyse.* Wiesbaden: VS.

Weder, Franzisca. 2008. Produktion und Reproduktion von Öffentlichkeit. Über die Möglichkeiten, die Strukturationstheorie von Anthony Giddens für die Kommunikationswissenschaft nutzbar zu machen. In *Theorien der Kommunikations- und Medienwissenschaft. Grundlegende Diskussionen, Forschungsfelder und Theorieentwicklungen*, hrsg. Carsten Winter, Andreas Hepp, und Friedrich Krotz, 345–362. Wiesbaden: VS.

Westerbarkey, Joachim. 1991. *Das Geheimnis. Zur funktionalen Ambivalenz von Kommunikationsstrukturen.* Opladen: Westdt. Verlag.

Zerfaß, Ansgar. 2010. *Unternehmensführung und Öffentlichkeitsarbeit. Grundlegung einer Theorie der Unternehmenskommunikation und Public Relations.* Wiesbaden: VS/GWV.

Zühlsdorf, Anke. 2002. *Gesellschaftsorientierte Public Relations. Eine strukturationstheoretische Analyse der Interaktion von Unternehmen und Kritischer Öffentlichkeit.* Wiesbaden: Westdeutscher Verlag.

Zupancic, Alenka. 2007. Lying on the Couch: Psychoanalysis and the Question of the Lie. In *Cultures of Lying. Theories and Practice of Lying in Society, Literature, and Film*, hrsg. Jochen Mecke, 155–168. Berlin, Madison (Wisconsin): Galda + Wilch.

Welche Theorie der Organisation für welche PR-Forschung?

Ein Vergleich der situativen, neo-institutionalistischen und systemtheoretischen Perspektive

Andres Friedrichsmeier & Silke Fürst

Ohne eine Vorstellung davon, was eine ‚Organisation' ist, kann die PR-Forschung nicht operieren. Das fängt bei grundlegenden theoretischen Fragen an: An welcher Stelle ‚lagert' eine Organisation eigentlich ihre strategischen Ziele? In welchem grundsätzlichen Verhältnis stehen Organisationen zu ihrer Umwelt? Aber auch konkrete Entscheidungen über den empirischen Zugriff sind davon betroffen: Erfahrt man das Wesentliche vom PR-Chef, vom Vorstandsvorsitzenden oder vom durchführenden Mitarbeiter? Sagen die Wahrnehmungen und Meinungen der Beschäftigten etwas über einen Betrieb aus oder hält man sich besser an Zählbares (Werbe- und PR-Budget, Anzahl der Pressemeldungen) und an formale Instrumente (Wikis oder Kundenblogs)? Dieser Beitrag diskutiert, wie unterschiedliche Organisationsverständnisse zu unterschiedlichen Bestimmungen der Funktion von PR und zu unterschiedlichen empirischen Forschungsfragen führen. Exemplarisch wird dies am Beispiel von drei organisationstheoretischen Perspektiven dargestellt, die jeweils unterschiedliche Aspekte von ‚Organisation' ins Zentrum stellen und dabei andere ausblenden.

Jede (Teil-)Disziplin tut sich schwer mit der Definition ihrer Grundbegriffe – ganz einfach, weil diese Begriffe den Kern des Selbstverständnisses betreffen, denn sie haben Konsequenzen für die Abgrenzung gegenüber anderen Fächern und die grundlegende theoretische Positionierung (z. B. Kohring 2009). Gleiches gilt für die Forschung zu Organisationskommunikation und PR (Röttger 2009, S. 2 f.; im Überblick Röttger et al. 2011, S. 17–34). Wie in jeder lebenden Sozialwissenschaft sind die zentralen Begriffsfragen längst nicht zum Abschluss gebracht (vgl. auch den Beitrag von Westerbarkey in diesem Band). Zu den hilfreichen Eingrenzungen der Begriffe ‚strategische Kommunikation' und ‚PR' gehört die Feststellung, dass beide grundsätzlich im Kontext von ‚Organisationen' stattfinden. Dieser Teilaspekt der Begriffsdebatte wird in diesem Beitrag gesondert aufgegriffen. Im Zentrum steht die Frage, wie sich unterschiedliche Verständnisse von ‚Organisation' auswirken.

Zunächst aber: Welchen Wert hat es für die PR-Forschung, den Begriff der Organisation explizit zu problematisieren? Man kann dieser Ambition entgegenhalten, dass jede Begriffsbestimmung ihrerseits neue Begriffe verwendet, die wiederum einer Begriffsbestimmung unterzogen werden könnten. Auf diesem Weg ließe sich jede Begriffsdiskussion ins Unendliche verschieben, weshalb in der Wissenschaftstheorie von einem ‚infiniten Regress' gesprochen wird (Chalmers 2007, S. 88). Wer also meint, dass Sozialwissenschaft nur mit vollständig geklärten Begriffen erfolgen dürfe, hält entweder gar keine Wissenschaft des Sozialen für möglich oder muss wesentliche Begriffsprobleme ignorieren. Wissenschaft auf Basis nur teilgeklärter Begriffsprobleme ist nicht nur legitim, sondern i. d. R. auch praktisch ohne Alternative. Wenn wir den Begriff der Organisation hier einer genaueren Reflektion unterziehen, erfolgt dies also nicht aus Prinzip, sondern verbunden mit der Erwartung eines Mehrwerts für die Erforschung von strategischer Kommunikation.

Da die PR-Forschung lange Zeit einen gesellschaftstheoretischen Blick auf die Rolle von Public Relations richtete, erschien eine Diskussion von Organisationsvorstellungen wenig dringlich. Erst im Laufe der 1990er Jahre, angestoßen insbesondere durch die US-amerikanischen Forschungen im Umkreis von James E. Grunig (Grunig et al. 1992), wurde auch in der deutschen Forschung vermehrt auf die *organisationalen* Bedingungen und Funktionen von PR fokussiert (Jarren/Röttger 2008, S. 25 f.). Dadurch entsteht auch ein Bedarf nach Reflektion unserer Vorstellungen von ‚Organisationen' – dieser für die moderne Gesellschaft so zentralen sozialen Strukturen (Türk 1995).

In einem pragmatischen Sinne ist ein Verständnis von Organisation in jeder Forschung zu PR bereits vorhanden, wenn auch häufig nur implizit und unproblematisiert: Wer zwischen interner und externer PR unterscheidet, muss eine Vorstellung davon haben, was zu einer Organisation gehört und was nicht. Jeder, der von strategischer PR spricht, hat Annahmen darüber, in welcher Form eine Organisation kommunizieren oder gar strategisch handeln kann, was die Ziele einer Organisation sein könnten u. ä. m. Aus der jeweiligen theoretischen Einbettung des Begriffs erwächst letztlich eine Reihe von forschungspraktischen Entscheidungen. „However, what we derive from the ‚organizational level' depends heavily on how we conceive an organization. This important point is seldom discussed in public relations research." (Theis-Berglmair 2008a, S. 112) Abhängig vom jeweiligen Organisationsverständnis werden unterschiedliche Fragen mit unterschiedlicher Methodik untersucht und werden zugleich prinzipiell mögliche Fragen und Probleme in unterschiedlichem Maße ausgeblendet. Genau deshalb ist das Verständnis von ‚Organisation' ebenso umstritten wie forschungspraktisch interessant.

1 Organisationstheorien

Die Klärung von Begriffsfragen ist die Domäne der Theorie. Das Feld der Organisationstheorie ist entsprechend der primäre Ort, an dem Organisationsverständnisse geklärt werden. ‚Geklärt' meint nicht abschließend beantwortet, denn auch die Organisationstheorie ist ein lebendiger Wissenschaftsbereich und entsprechend zerstritten über ihren Grundbegriff. ‚Geklärt' meint, dass das Feld der Organisationstheorie jener Ort ist, an dem die wesentlichen Diskussionslinien herausgearbeitet werden. Um Organisationsverständnisse systematisiert zu diskutieren, bietet sich deshalb an, diese den jeweils verwandten organisationstheoretischen Ansätzen zuzuordnen. Ein mögliches Vorgehen bestünde darin, die in der PR-Forschung eingesetzten Organisationsverständnisse zu rekonstruieren, etwa indem man ein ausgewähltes Sample von Veröffentlichungen durchsieht. Die alternative Möglichkeit ist von den Organisationstheorien aus zu starten, was in diesem Beitrag unternommen wird.

Bisher haben insbesondere PR-Forscher aus der Betriebswirtschaft ausführliche Betrachtungen zu den Konsequenzen verschiedener theoretischer Verständnisse von Organisation vorgelegt (z. B. Bruhn 2009, S. 19–50). Diese Richtung hat in der Forschung auch über lange Zeit dominiert (Ihlen und Verhoeven, S. 168). Explizit organisations*soziologische* Ansätze kommen in der PR-Forschung bisher vergleichsweise kurz, obschon ihnen große Potentiale für ein theoretisch gehaltvolleres Verständnis von PR zugesprochen werden (Röttger 2009, S. 17 f.).

Dieser Beitrag will über die Diskussion explizit organisations*soziologischer* Perspektiven eine heuristische Anregung bieten. Die Diskussion soll nicht zuletzt von Neueinsteigern im Feld der PR-Forschung zur weiteren Reflexion ihrer Schritte in diesem Forschungsgebiet herangezogen werden können.[1] Um dies zu leisten, diskutieren wir exemplarisch die Konsequenzen unterschiedlicher Organisationsverständnisse für die PR-Forschung, indem wir drei organisationssoziologische Perspektiven idealtypisch voneinander unterscheiden und ihre wesentlichen Unterschiede herausarbeiten. Die betrachteten Ansätze sind der situative, der systemtheoretische und der neo-institutionalistische Ansatz. Dem situativen Ansatz unterstellen wir, dass er implizit eine Rolle für das Organisationsverständnis zahlreicher PR-Forscher spielt (ähnliche Beobachtungen finden sich bei Theis-Berglmair 2008b, S. 37; Edwards 2012, S. 13 ff.). Der systemtheoretische Ansatz, der in der PR-Forschung weit verbreitet ist (Jarren/Röttger 2008; Theis-Berglmair 2008b), und der neo-institutionalistische Ansatz, für den u. a. Patrick Donges (2008), Swaran Sandhu (2009) und Juliana Raupp (2010) eine Präferenz erkennen lassen, sind die nach unserer Beobachtung meistdiskutierten organisationssoziologischen

---

1 Inhaltlich schließt der Beitrag an unsere gemeinsame Lehrveranstaltung im Wintersemester 2011/12 am IfK der Universität Münster an; wir sind den Teilnehmern des Seminars „Organisation und Öffentlichkeit" für argumentatives Feedback und viele hilfreiche Anregungen zu Dank verpflichtet.

Ansätze in der deutschen Kommunikationswissenschaft; für den neo-institutionalistischen Ansatz gilt dies zunehmend auch für die internationale Forschung.[2]

In diesem Beitrag stellen wir die Differenzen zwischen den drei behandelten Theorieansätzen heraus. Wir betonen also nicht die Gemeinsamkeiten und nicht die – vielleicht nur vermeintlich – gesicherten Erkenntnisse der Ansätze. Uns interessieren vielmehr die Konsequenzen unterschiedlicher Verständnisse, die sich exemplarisch über den Theorievergleich aufzeigen lassen.

2   Soziologische, psychologische und betriebswirtschaftliche Perspektive

‚Organisation' ist in erster Linie ein Gegenstand von Organisationssoziologie und Betriebswirtschaftslehre, ferner gibt es ein wichtiges Teilgebiet der Psychologie, das sich mit der Wechselwirkung von Individuen und Organisation befasst. Alle drei Richtungen gehen ineinander über, tauschen Ergebnisse aus und überschneiden sich insgesamt umfangreich. Schlägt man ein gängiges *Soziologie*lexikon unter dem Stichwort ‚Organisation' auf, stößt man allerdings unmittelbar auf Abgrenzungsversuche:

„Im Vergleich zu einem betriebswirtschaftl[lich] normativ orientierten Ansatz, dem O[rganisation] als Verfahrenstechnik im Sinne einer auf ein gesetztes Soll hin integrativen Strukturtechnik erscheint, bezeichnet der Begriff O. in der O[rganisations]soziol[ogie] ein soz[iales] System oder ein soz[iales] Gebilde nicht nur in Hinblick auf dessen organisierten Aspekt, sondern als Gesamtheit aller geplanten, ungeplanten u[nd] unvorhergesehenen Prozesse" (Hillmann 1994, S. 638).

Dem betriebswirtschaftlichen Organisationsverständnis wird hier von soziologischer Seite Normativität vorgeworfen, da es einseitig auf zielgerichtete, instrumentelle und intentional geplante Vorgänge abstelle. Wie sich zeigen wird, kommen auch die meisten Soziologen nicht um diese Aspekte herum. Aber verschiedene Soziologen sehen Zielgerichtetheit, Intentionalität etc. eher als Konzepte an, mit denen sich Organisationen selbst interpretieren und mit denen sie sich identifizieren. Berücksichtigt wird dann der feine Unterschied zwischen ‚Ziele verfolgen' und dem ‚Glauben, man handle entsprechend klar bestimmbarer Ziele' (zur Zweckrationalität von Organisationen vgl. einführend Kühl 2011b, S. 54–69).

---

2   Vgl. etwa die Beiträge im International Journal of Strategic Communication (2009, Jg. 3, Heft 2) zum Special Issue ‚Institutionalization of Strategic Communication Theoretical Analysis and Empirical Evidence'. Aktuell hat die Zeitschrift Public Relations Inquiry einen Call für das Special Issue ‚Public Relations as an institutional process' (2013, Jg. 2, Heft 3) und betont dabei die notwendige Berücksichtigung neuester Entwicklungen in der neo-institutionalistischen Theoriebildung.

In der Berufspraxis ist die Berücksichtigung dieses feinen Unterschieds nicht durchgehend produktiv. Man stelle sich vor, wie eine Vorstandssitzung reagiert, wenn man ihr mitteilt, es sei eventuell nur ein Mythos, dass die Vorstände von Organisationen von ihnen benennbare Organisationsziele verfolgen. Die Vorstände, so es sich nicht um ausgesprochene Zyniker handelt, sind nämlich von ihrer Ausrichtung an Organisationszielen überzeugt. Wären sie es nicht, nicht einmal zeitweise während ihrer tagtäglichen Arbeit, würden sie ohne Verpflichtung gegenüber den sozialen Regeln ihres Arbeitskontextes handeln. Das passiert i. d. R. aber nicht – zum Glück für die existierenden Organisationen und ferner mit der Folge, dass man in der Praxis meist gar nicht unterscheiden will, dass ‚geglaubte' und ‚reale' Ausrichtung an offiziellen Zielen nicht dasselbe sind. Mit spitzfindigen und kompliziert begründeten Zweifeln an ihrem basalen Selbstverständnis kann die Organisationspraxis nur selten etwas anfangen.

Ein weiterer relevanter Unterschied zwischen den Richtungen, also der soziologischen, der betriebswirtschaftlichen und der psychologischen, findet sich entsprechend in ihrer Praxisanbindung: Selten hört man davon, dass Privatunternehmen ihr zentrales Management unter Soziologen rekrutieren, dort sind tendenziell eher Betriebswirte gesucht. Analoges gilt für das Personalmanagement, das tendenziell als Domäne der Organisationspsychologen gelten darf. Die Unterscheidung ist holzschnittartig[3] und, je nach betrachtetem Praxisbereich, nicht in jedem Einzelfall empirisch stichhaltig. Sie verweist aber bereits auf die tendenziell unterschiedliche Theoriereichweite. Nach einer von Merton (1995) eingeführten Unterscheidung arbeiten soziologische Ansätze idealerweise mit mittleren Theoriereichweiten. Demgegenüber haben die psychologische und Teile der betriebswirtschaftlichen Richtung vorwiegend Mikrotheorien anzubieten. Jene Theorien mit geringer Reichweite sind mehr an praktischen Bedarfen ausgerichtet. Dies können sie allerdings nur angelehnt an einzelne Universalannahmen[4], welche sich, so die Sicht Mertons, überwiegend der empirischen Verifizierbarkeit entziehen. In der Organisationspraxis bedürfen die gemeinten Universalannahmen regelmäßig auch keiner Verifizierung, da sie bspw. dem Alltagsverständnis der Praktiker entgegenkommen und deshalb gar nicht als begründungspflichtig erscheinen.

Wenn diese Grobeinteilung zutrifft, ist die soziologische Theorie für die grundlegende Reflexion unterschiedlichen Herangehens in der PR-Forschung besonders qualifiziert. Gleichwohl ist der soziologische Theoriebestand selbst offensichtlich gar nicht in der Lage, den Bedarf an konkret anwendbarem PR-Wissen zu decken. Wie deutlich die soziologische Perspektive am praktischen Bedarf an Anwendungswissen vorbeigeht oder zumindest vorbeigehen kann, wird bereits am Beispiel der Themenstellung dieses

---

3 ‚Idealtypus' ist der feinere soziologische Begriff für eine Darstellungsweise, die aus Erkenntniszwecken Unterschiede zuspitzt oder sogar überzeichnet (Weber 1951, S. 146 ff).

4 Etwa die Homo-Oeconomicus-Perspektive in der Ökonomie oder in der Psychologie die Annahme, dass es kulturunabhängige Invarianten der Psyche gibt, die komplexe soziale Phänomene kausal erklären und nicht einfach nur mit diesen korrelieren.

Beitrags anschaulich: In der konkreten PR-Praxis muss i. d. R. niemals geklärt werden, was eigentlich die Organisation ist – die erteilt nämlich den Auftrag zur Durchführung von PR oder führt den PR-Praktiker als Mitarbeiter. Was ‚Organisation' meint, kann dann im Bereich des Unhinterfragten verbleiben – und muss es sogar überwiegend, wenn Organisationsmitglieder reibungslos miteinander kooperieren wollen. Über ‚Organisation' sinnieren kann i. d. R. nur, wer dem unmittelbaren Handlungsdruck praktischer Organisationsvorgänge entzogen ist. Wer dies tut, arbeitet dann nicht mehr praktisch, sondern betreibt bspw. eine wissenschaftliche, in jedem Fall aber praxisenthobene Praxis (Bourdieu 1993, S. 148 ff). Das vom praxisenthobenen Analytiker wahrgenommene „Privileg der Totalisierung" (151), also die Betrachtung der vielen Einzelzusammenhänge in einer Organisation in einem größeren (hier Meso-)Zusammenhang, ist in diesem Sinn ein unpraktisches. Dies ist aber nicht gleichzusetzen mit einem Vorgehen ‚ohne praktischen Wert': Die Reflexion größerer (Meso-)Zusammenhänge kann selbstverständlich erheblichen praktischen Wert haben. Mitunter lässt sich gerade dann eine praktisch wertvolle neue PR-Strategie entwerfen, wenn man ohne Rücksicht auf die Gewissheiten bisheriger PR-Praxis die Zusammenhänge analysiert. Mitunter findet man genau auf diesem Weg neue Ideen, wie sich bekannte Mikrotechniken in der Praxis systematischer kombinieren lassen.

Um anschauliche Beispiele für den praktischen Wert soziologischer Reflexion bemühen wir uns an dieser Stelle nicht im Detail. Die hier eingebrachte und idealtypisierende (vgl. Fußnote 3) Abgrenzung der organisationssoziologischen von der organisationspsychologischen und der betriebswirtschaftlichen Perspektive soll nicht für die Soziologie werben. Vielmehr geschieht dies zwecks Einführung in eine erste Dimension, anhand derer wir Theorieansätze miteinander vergleichen wollen. Dies ist namentlich die Dimension der Anschlussfähigkeit von Theorien an das Selbstverständnis der Praktiker bzw. – umgekehrt formuliert – ihr Verfremdungseffekt gegenüber etablierten Perspektiven der Praxis.

3   Der Verfremdungseffekt von Theorie

Es geht hier um einen Gedanken, der für die Rezeption der im Folgenden dargestellten Theorieansätze wesentlich ist. Pointierend formuliert geht es darum, dass die geringe Verständlichkeit und die Abgehobenheit einzelner theoretischer Ansätze nicht nur eine Schwäche ebendieser Ansätze darstellen, sondern gleichzeitig ihre Stärke ausmachen (Dreitzel 1966, S. 222 f.). Warum der Sinn einer theoretischen Perspektive darin besteht, von konventionellen Perspektiven abzuheben, lässt sich am anschaulichsten anhand eines fiktiven Gegenbeispiels entwickeln. Als Gedankenexperiment stellen wir uns eine unmittelbar verständliche Beschreibungsform für ein PR-begleitetes Change Management vor – aber ohne Verfremdungseffekt, d. h. im unmittelbaren Anschluss an stereotype Vorstellungen, wie sie in der Praxis vorzufinden sind. Wir entwerfen dazu eine

Typologie von Charakteren[5], um unsere Beispielsituation ‚Change Management' als ein Aufeinandertreffen der Charaktertypen ‚Macher', ‚Blockierer' u. dgl. m. zu beschreiben. So gerüstet stellen wir in unserem fiktiven Beispiel fest, Change Management sei dann erfolgreich, wenn folgende Konstellation eintritt: Die Modernisierungsimpulse gehen von einem ‚Machertyp' (bspw. der Juniorchef) aus und werden von einem ‚Spin Doctor' (etwa aus der internen PR) aufgegriffen, der sie dann strategisch so weiter kommuniziert, dass die Charaktere ‚Blockierer' (bspw. ein Betriebsratsmitglied) und ‚Bedenkenträger' (bspw. ein langjähriger technischer Abteilungsleiter) erst gar nicht mobilisiert werden. Anschließend gibt die ‚Harmoniesüchtige' (vielleicht eine Redakteurin der Betriebszeitung, jedenfalls mutmaßlich eine Frau) den auf diese Weise übergangenen Kollegen das Gefühl ungebrochener Wertschätzung.

Wissenschaftstheoretisch gesehen ist das problematische einer solchen Beschreibungsweise nicht die Typisierung und die pointierte Hervorhebung bestimmter Charaktereigenschaften der Beteiligten, denn jede theoretische Beschreibung muss einzelne Aspekte der interessierenden Situation hervorheben und andere ausblenden.[6] Problematisch ist vielmehr der fehlende Verfremdungseffekt. Die in diesem Beispiel verwendeten Klischeefiguren helfen dem Leser, sich die Situation unmittelbar vorzustellen. Ohne sich mit umständlichen Erläuterungen aufhalten zu müssen, lässt sich beim Leser eine Vielzahl normativer Implikationen und Vorurteile aufrufen: Fast jeder hat persönliche Erfahrungen, auf die sich die Figuren des ‚Blockierers' oder der ‚Harmoniesüchtigen' anwenden lassen, weshalb es Praktikern geringe Mühe bereitet, eine mit Figuren wie dem ‚Macher' oder ‚Blockierer' angereicherte Beschreibung auf ihr eigenes Arbeitsumfeld zu übertragen. Geschichten, die nach der Art unseres fiktiven Beispiels gestrickt sind, haben deshalb einen festen Platz in Fortbildungsangeboten für Praktiker.

Ihre argumentative Kraft aber entfalten sie ohne analytische Distanz; vorhandene Stereotypen werden repliziert und nicht kritisch überprüft. Die Argumentation wird in unserem fiktiven Beispiel nicht von einer Theorie gesteuert, sondern entlehnt ihre Plausibilität vertrauten Bildern und Assoziationen.[7] Eine Beschreibungsperspektive, die unmittelbare Verständlichkeit suggeriert und in keiner Weise abgehoben ist, bietet deshalb keinen analytischen Mehrwert. Erst indem uns Vertrautes – im Folgenden das Ver-

---

5   Ein solches Vorgehen ist durchaus auch in Organisationsstudien anzutreffen. Die hier angedeutete Kritik trifft nicht alle diese Studien gleichermaßen, da Charaktertypen für unterschiedliche Analysezwecke und mit variierendem Abstraktionsgrad eingesetzt werden.

6   Analytische Distanz ist nicht immer eine räumliche und die theoretische Perspektive keinesfalls automatisch eine Vogelperspektive. Die Beschreibung einer Organisation von einem bestimmten theoretischen Standpunkt aus lässt einige ihrer Konturen stärker hervortreten, aber die hervorgehobenen Konturen können auch Mikrostrukturen sein.

7   Es sei denn, die Klischeefiguren und Metaphern werden gezielt eingesetzt, um einen Verfremdungseffekt gegenüber bekannten Vorurteilen und falschen Gewissheiten der zu informierenden Praxis entgegenzuwirken (etwa, wenn es gelingt, die Sekretärin sinnvoll als ‚Managementexpertin', den Betriebsrat als ‚Spin Doctor' und den Abteilungsleiter als ‚harmoniesüchtigen Typ' zu charakterisieren). Ein solches Vorgehen würde den Leser zum analytischen Nachdenken zwingen.

ständnis von Organisation – fremd gemacht wird, entstehen neue Informationsmöglichkeiten und lassen sich neue Zusammenhänge reflektiert analysieren (Luhmann 1992,
S. 408 ff.). Wenn wir mehr (oder präziser: anderes) erfahren wollen als die praktisch
Beteiligten ohnehin schon wissen, müssen wir deren unhinterfragten Hintergrundannahmen misstrauen. Allerdings muss oder kann Forschung nie allen Hintergrundannahmen der Praktiker gleichzeitig misstrauen, weshalb sich die Theorien danach vergleichen lassen, mit welchen Hintergrundannahmen sie wie stark brechen. Außerdem
ist zu berücksichtigen, dass dieses Misstrauen die Nebenwirkung hat, blind für einen
Teil des Wissens der Praktiker zu machen.

Ohne Verfremdungseffekt aber geht es nicht, insofern man Forschung nicht mit bloßer Meinungsumfrage verwechseln will. Würde Forschung lediglich feststellen wollen,
was die Beteiligten ohnehin schon über ihre Situation wissen und denken, lieferte sie
kaum zusätzliches Reflexionspotenzial, sondern in erster Linie Meinungsbilder. Was für
Forschung im Allgemeinen gilt, gilt noch deutlicher für forschungsleitende Theorie. Sie
muss notwendig mit dem Selbstverständnis der praktisch Beteiligten brechen und sogar
einen Gutteil des Wissens der Praktiker ignorieren. Sie kann dies aber in unterschiedlichem Grad tun (und natürlich auch unterschiedlich gut begründet). Welchen Ver-
fremdungsgrad und welchen Grad der Anschlussfähigkeit an die Praxis eine Theorie
bieten soll, lässt sich nicht pauschal beantworten. Gleichwohl liegt auf der Hand, dass
all jene, die sich explizit mit Organisationstheorie beschäftigen, i. d. R. Wertschätzung
für stärkere Verfremdungseffekte zeigen. Ablesbar wird dies bspw. an Theis-Berglmairs
Kritik der bisher vorherrschenden Theorierezeption: „In both organizational communication and public relations, theories too often are developed based on organizational self-descriptions." (2008a, S. 117) Auch Ulrike Röttger beklagt einen „Überschuss an
Praktiker-Modellen oder ‚Theorien' [..], die sich überwiegend aus einer Marktlogik ergeben und Teil der professionellen Inszenierung von PR-Akteuren sind" (2009, S. 16).

Was sind nun die wichtigsten Selbstbeschreibungen von Organisationen bzw. auch
Hintergrundannahmen von Praktikern, mit denen zu brechen sich theoretisch lohnen
könnte? Erste Hinweise lieferte bereits der oben zitierten soziologische Abgrenzungs-
versuch gegenüber dem „betriebswirtschaftl[lich] normativ orientierten" Verständnis:
In jenem nämlich seien Organisationen als integriert funktionierende Struktur zu verstehen, welche „auf ein gesetztes Soll hin" orientiert sind (Hillmann 1994, S. 638). Mit
anderen Worten: Organisationen beschreiben sich als organisiert, also als rational auf
die Erreichung von Organisationszielen hin koordiniert. Diese Selbstbeschreibung hat
einen normativen Charakter, der auch von einigen klassischen Organisationstheorien
geteilt wird – etwa den oben von der Kritik Theis-Berglmairs gemeinten oder der im
Soziologielexikon kritisierten betriebswirtschaftlichen Richtung. Entsprechend haben
Wissenschaftler, die die klassische zweckrationale Perspektive übernehmen, „in der Regel keine Kommunikationsprobleme mit deren Anhängern in der Praxis" (Kühl 2011a,
S. 28). Das klassische Selbstverständnis von Organisationen und das Verständnis der
klassischen Organisationstheorien setzt, im Folgenden in der Charakterisierung durch

Niklas Luhmann, daran an, sie praktiziere „wissensbasiertes rationales Entscheiden" (2006, S. 425). Dies erfolge, um „mit bestimmten Mitteln bestimmte Ziele [zu] errei- chen" (26), indem „Output als Zweck und die benötigten Inputs als Mittel des Systems formuliert werden konnten" (29). Im Unterschied dazu erkennen viele moderne For- scher in der Praxis eher „Ziele suchende Organisationen" (28) als solche mit tatsächlich geklärten Zielen.[8] Organisationen glauben an die eigene Orientierung an klar benenn- baren Zielen, parallel aber auch an klar bestimmbare Inputs aus einer extern gegebenen Umwelt, auf die sie beständig reagieren. Um auf Umweltanforderungen reagieren zu können, wird wiederum so getan, als ob Organisationen „wie ein Individuum entschei- den können" (44). Zunächst ist es allerdings eine gänzlich unplausible Unterstellung, dass ein zusammengesetztes soziales Phänomen wie eine Organisation auf eine ähnliche Weise entscheidungsfähig sein sollte wie ein einzelnes Individuum. ‚Organisation' meint ein Zusammenspiel vieler Akteure – warum also sollte man annehmen, dass eine Dyna- mik zwischen vielen Personen so funktioniert wie eine einzelne Person? Möglich wird die Unterstellung aber, wenn man nicht sauber zwischen einer Organisation und ihrem obersten Repräsentanten unterscheidet. Konkret: Der Vorstandsvorsitzende einer Or- ganisation kann wie ein Individuum entscheiden; die Entscheidungsfähigkeit von Orga- nisationen wird primär über deren Hierarchie plausibilisiert. Aus Eigenperspektive der Organisationen fungiert „das formale Gerüst der Kompetenzen und Dienstwege als Be- dingung" (25) nicht nur um die Entscheidungen des obersten Repräsentanten zu Ent- scheidungen der gesamten Organisation zu machen, sondern auch, um eine zielgerich- tete Input-Output-Bearbeitung abzusichern. Logisch gesehen muss noch eine weitere Hilfsannahme hinzutreten, nämlich die, „dass die Spitze der Hierarchie sich mit den Zwecken der Organisation identifiziere" (26).

Modernere Organisationstheorien sind in diesen Punkten skeptischer. Skeptisch sind mutmaßlich auch viele Praktiker, wenn sie sich Zeit für eine kritische Reflexion nehmen. Aber das normative Bild, wie eine Organisation zu sein *hätte*, ist damit bereits in wesentlichen Grundzügen umrissen. Dieses *normative* Bild spielt i. d. R. eine prakti- sche Rolle in der Beurteilung von Organisationsvorgängen: Wenn in der Praxis auffällt, dass Organisationsziele unklar sind, keine rationale Verwandlung von Input in Out- put stattfindet oder die Kontrolle durch die Organisationshierarchie unklar ist, bewer- tet man dies i. d. R. als eine ernste Störung. Organisationstheorie kann an dieser Stelle zusätzliches Reflexionspotenzial offerieren, indem sie eine kontrolliert verfremdete Per- spektive auf die Vorgänge möglich macht. Theorie kann damit auf Organisationspra- xis zurückwirken. Einen spezifischen Grund dafür benennt Luhmann: „Organisationen klären den Sinn ihres Tuns […] weitgehend retrospektiv" (2006, S. 48). Dazu greifen sie – allerdings nach eigenem Belieben – u. a. auf Organisationstheorien zurück.

---

8   Das gilt unabhängig davon, ob die Organisationen ihre Ziele in Zielvereinbarungssystemen u. ä. kodi- fiziert haben bzw. sich offiziell einem „Management by Objectives" (Drucker 1998) verpflichten.

4   Der Verfremdungseffekt der soziologischen, psychologischen und der betriebswirtschaftlichen Perspektive

Zu den organisationssoziologisch zentralen Verfremdungseffekten gehört, dass sie Vorgänge in den Organisationen im Wesentlichen nicht von den persönlichen Eigenschaften der Handelnden und von den von ihnen verfolgten Zielen ableiten. In diesem Zusammenhang spricht man von Transintentionalität: Ein soziales Meso-Phänomen wie Organisation ist nach soziologischer Auffassung nicht kongruent mit den Intentionen der Beteiligten (Barlösius 2003).

Im Prinzip arbeiten auch alle anderen wissenschaftlichen Perspektiven mit Entfremdungseffekten. Um ein letztes Mal auf die holzschnitzartige Unterscheidung der soziologischen, betriebswirtschaftlichen und psychologischen Perspektive zurück zu kommen: Auch die betriebswirtschaftliche Theoriebildung stellt Transintentionalität ins Zentrum. Ein anschauliches Beispiel dafür ist das wirtschaftswissenschaftliche Theoriemodell des idealen Marktes. Auf dem idealen Markt treffen lauter egoistische Akteure zusammen. Trotzdem erzielen sie dort, in wirtschaftswissenschaftlicher Sicht, auf Basis ihrer je eigennützigen Intentionen eine gesellschaftlich günstige Allokation bzw. echte Wohlfahrtsgewinne für alle (zurückgehend auf Smith 1976). Die betriebswirtschaftlichen Modelle richten sich, verallgemeinernd gesprochen, am Ziel aus, solche Transintentionalitätsfolgen in sachlich kalkulierbare Folgen zu verwandeln. Sie versuchen dies im Wesentlichen, indem sie sie auf Marktmodelle beziehen (anschaul. Vogl 2010). Praktikern, insbesondere im Management von Organisationen, verheißt dies die Möglichkeit, intentional kalkulierend mit Transintentionalitätsphänomenen umzugehen.

Klassisches Thema der Psychologie sind die vielfältigen Grenzen rational aufgeklärter Intentionsbildung und Verhaltenssteuerung auf individueller Ebene. Einzelne dieser Grenzen lassen sich in betriebswirtschaftliche Kalkulationen einbauen. Aber schon eine geringe Auswahl psychologisch erforschter Einschränkungen rationaler Verhaltenssteuerung sprengt jede Kalkulierbarkeit auf Organisationsebene. Indem sich die Psychologie mit individuellen Aspekten von Transintentionalität auseinandersetzt, verheißt sie dem Praktiker aber zumindest auf dieser individuellen Ebene Chancen des intentionalen Umgangs damit.

In holzschnitzartiger Abgrenzung dazu gehört zu den Stärken der Soziologie, dass sie Transintentionalitätsphänomene als überindividuelle und soziale Phänomene modelliert. Im Unterschied zur Betriebswirtschaft tut sie dies ferner ohne Rücksicht auf deren Verwandelbarkeit in intentional kalkulierbare Phänomene, die mithilfe von Marktmodellen berechnet werden. Sie kommt auch ohne die Vorstellung klar bestimmbarer Organisationsziele aus. An jene Vorstellung vermochte, aus soziologischer Sicht, in der Vergangenheit „insbesondere die betriebswirtschaftliche Organisationslehre anzuknüpfen, die sich seitdem schwertut mit [...] weitergehenden organisationstheoretischen Einsichten" (Ortmann et al. 2000a, S. 15).

Spiegelbildlich zu ihrer Stärke ist die Schwäche der (Organisations-)Soziologie zu sehen: Aus Sicht der Praktiker hat sie wenig anzubieten, das ihnen individuell helfen könnte, mit Transintentionalität intentional umzugehen. Im organisationssoziologischen Fokus stehen tendenziell die Dynamiken des Zusammenspiels Mehrerer. Diese Dynamiken eröffnen zwar, abstrakt gesehen, jeweils auch neue Handlungsmöglichkeiten, konkret führen sie aber zur Bestimmung handlungsprägender Strukturen genau dort, wo sich der vermeintlich intentional nutzbare Handlungsspielraum des Einzelnen befindet.

Praktikern den intentional nutzbaren Handlungsspielraum abzusprechen, ist zunächst hochgradig unpraktisch. Verschiedene Studien haben gezeigt, dass insbesondere Manager auf den Glauben an die eigene Kontrollkompetenz und Steuerungsfähigkeit angewiesen sind (Levinthal und March 1990; March und Shapira 1990; March und Sevón 1990). Praktisch lässt sich schlecht einfordern, Manager sollten ihren Möglichkeiten misstrauen, eine Organisation zu managen. Sie verlören sonst ihre praktische Handlungsfähigkeit, wie nicht zuletzt auch psychologische Befunde rund um das Konzept der ‚Selbstwirksamkeit' nahe legen (vgl. Heckhausen und Heckhausen 2007, S. 1–3; Achtziger und Gollwitzer 2007). Im Umkehrschluss lässt sich deshalb vermuten, dass Praktiker – also bspw. PR-Verantwortliche und Manager eines Unternehmens – subjektiv am meisten mit solchen Theorien anfangen können, die die Einflussmöglichkeiten der Manager und PR-Professionellen überschätzen.

Wenn Organisationstheorien den Bedürfnissen und dem Selbstverständnis der Praktiker nicht entgegenkommen mögen und Verfremdungen einsetzen, dann geschieht dies im Normalfall nicht aus unmittelbar praktischen Gründen, aber im Idealfall gut begründet. In den oben zitierten Studien, die zur Richtung der sog. ‚Verhaltenswissenschaftlichen Entscheidungstheorie' gehören, geschah dies über die Rezeption psychologischer Befunde durch Organisationssoziologen, welche zudem auch im Bereich der Betriebswirtschaftslehre publizieren und lehren. Die zugespitzte Darstellung der Unterschiede zwischen organisationssoziologischer, -psychologischer und betriebswirtschaftlicher Richtung darf also nicht darüber hinwegtäuschen, dass die Unterschiede der drei Perspektiven graduell sind und dass alle drei Forschungsbereiche aufeinander zurückgreifen.

In der folgenden Theoriebetrachtung spielt der Verfremdungseffekt der verschiedenen Ansätze eine zentrale Rolle. Organisationstheorien wurde in der Vergangenheit teilweise *pauschal* der Vorwurf gemacht, dass sie aus der Perspektive des Managements und der ‚Macher' argumentieren (Theis-Berglmair 2008b, S. 37). Auch deshalb erscheint eine differenzierte Analyse notwendig, wie stark die Ansätze mit basalen Selbstverständnissen und typischen Selbstbeschreibungen von Organisationen brechen. Zu diesem Zweck lässt sich jeder Theorieansatz insbesondere danach befragen:

• Wie stark verwehrt sich der Ansatz einer personalisierten Deutung von Vorgängen?
• Wie optimistisch schätzt er die Fähigkeit der Organisationsführung zu intentionaler Steuerung ein und wie modelliert er die Möglichkeit von Zielorientierung?

- Werden Abläufe jenseits der formalen (hierarchischen) Struktur der Organisationen berücksichtigt?
- Werden Inputs der Organisationsumwelt als objektiv gegebene oder als sozial konstruierte interpretiert?

Diese Fragen benennen Anhaltspunkte für unseren Theorievergleich, sie sind aber nicht als Bewertungsmaßstab zu verstehen. Es gibt gute Gründe, warum sich Organisationen selbst i. d. R. als zielorientiert, durch ihre Führungspersönlichkeiten geprägt etc. auffassen. Eine Theorie ist nicht automatisch 'besser', wenn sie dem weniger folgt als eine andere. Wesentlich für das Reflexionspotenzial von Theorieansätzen ist allein, dass sie überhaupt einen Verfremdungseffekt bieten. Wie sich dieser darstellt, hängt nicht nur von der Theorie an sich ab, sondern auch von der Art, wie sie eingesetzt wird; in der empirischen Forschungspraxis werden Theorien regelmäßig nur ausschnittsweise oder stark abgewandelt rezipiert.

Uns geht es im Folgenden um einen exemplarischen Blick auf die Konsequenzen des grundlegenden Organisationsverständnisses für die PR-Forschung. Insofern steht im Folgenden auch nicht im Vordergrund, den diskutierten Theorieansätzen vollständig gerecht zu werden; die Darstellung orientiert sich i. d. R. nur an Arbeiten einzelner einflussreicher Autoren der jeweiligen Richtung und pointiert Unterschiede.

5   Der Situative Ansatz

Der Situative Ansatz (englisch auch *contingency approach*; prominente Autoren z. B. Mintzberg 1979; Burns und Stalker 1994; Pugh und Hickson 1979) nutzt die einfachste Möglichkeit, eine personalisierende Sicht auf Organisationsvorgänge zu vermeiden: Er sieht von den beteiligten Personen und ihrem Handeln zunächst einmal ganz ab und damit auch von der Möglichkeit intentionaler Steuerung. Stattdessen interpretiert er Organisation als eine weitgehend geschlossene formale Struktur – dies im Anschluss an die Bürokratiestudien Max Webers (2002, 1918), um die Erklärung von Unterschieden in der formalen (bürokratischen) Strukturierung[9] bemüht. Eine Berücksichtigung von Abläufen jenseits der formalen (hierarchischen) Struktur von Organisationen – dies war einer der oben aufgelisteten Verfremdungsmöglichkeiten von Theorie – findet also gar nicht statt. Diese Nichtberücksichtigung des Informalen wird derart konsequent vollzogen,

---

9   Zur Formalstruktur gehört alles, was formal festgelegt wurde, d. h. in der Regel schriftlich dokumentiert wurde und ferner als Strukturentscheidung identifiziert wird. Dazu gehören u. a. Struktur-, Stellen- und Haushaltsplan, Qualitätshandbücher und andere Verfahrensvorschriften, Leitbild oder PR-Konzept. Letztlich ist das, was man als Formalstruktur interpretieren kann, auch heute noch stark vom Bürokratiemodell Max Webers geprägt (2002, S. 160–161). Instrumente der Organisationsführung werden besonders dann als ebensolche erkannt, wenn sie Weberianische Eigenschaften wie Aktenförmigkeit, sachaspektbezogene Systematisierung und prozessbezogene Operationalisierbarkeit aufweisen.

dass man auch dies als einen gewissen Verfremdungseffekt verstehen könnte. Allerdings zeichnet sich diese Auslassung nicht dadurch aus, dass – im Sinne des Abstraktionsprinzips – konkrete Einzelheiten ausgespart werden, um auf ein Höheres bzw. auf allgemeine Merkmale und Strukturen zu schließen. Vielmehr setzt der Ansatz die praktisch vorfindbaren formalen Strukturen mit theoretisch relevanten Strukturen gleich. Der spezifische Fokus dieses Ansatzes entsteht weniger durch theoretisch geleitete Umordnungen als durch starke Ausblendungen. Ein Beispiel: Ob ein PR-Manager zum Vorstand gehört und wie seine Stellenbeschreibung aussieht, wird zur Organisation gezählt, da es Teil der formalen Struktur ist; nicht aber, ob der Rat des PR-Managers vom Führungspersonal anerkannt wird, weil er über wichtige informelle Kontakte und Insiderwissen verfügt. Das Verhalten in einer Organisation wird also nicht zu dieser gerechnet, sondern nur die Art, wie Verhalten strukturiert vermittelt wird. Welche Ausbildung der PR-Manager haben soll und wem er rechenschaftspflichtig ist, gilt als Teil der Organisation. Was der PR-Manager individuell in diesem Rahmen macht, fällt aus dem organisationalen Kontrollrahmen heraus. Analoges gilt für die PR, von der nur deren Einsatz formaler Instrumente und die formale Stellung gegenüber anderen Abteilungen beobachtet wird.

Welche strukturellen Unterschiede sich zeigen, wird im Wesentlichen auf die Situation zurückgeführt, daher die Bezeichnung ‚Situativer Ansatz'. Organisationen werden also in Bezug auf ihre Beziehung zur Umwelt gedeutet.[10] Die Organisationsumwelt wird als objektiv gegeben interpretiert. Damit wird der letzte der oben aufgelisteten Verfremdungsmöglichkeiten gänzlich ausgeschlagen: Man versteht Umwelt als etwas objektiv Messbares, und zwar mutmaßlich, um diese empirisch messen zu können – denn wie könnte man eine sozial konstruierte Umwelt objektiv quantifizieren?

Wie dargestellt, fokussiert der Ansatz also einseitig auf das Problem des Struktur-Umwelt-Fits. Der empirische Ansatzpunkt ist die Relation Formalstruktur-Umwelt, also im Wortsinn die Public Relations der Organisation, ohne aber die Möglichkeit gezielter *Public Relations* vorzusehen. Um eine strenge empirische Fundierung zu ermöglichen, betrachtet der Ansatz nur eine Einflussrichtung, nämlich die von der Umwelt auf die Organisation. Rekursive Beziehungen – die Umwelt wirkt auf die Organisation und die Organisation auf die Umwelt ein – lassen sich nämlich schlecht mit quantitativen Beziehungsrechnungen erfassen. Die unabhängige Variable wäre dann zugleich als abhängige Variable aufzufassen, was sich nur mühsam mit dem linearen Grundmodell vereinbaren lässt, auf dem ein Großteil der gängigen sozialwissenschaftlichen Statistik beruht.

Die Einseitigkeit des situativen Ansatzes hat allerdings klar benennbare Vorzüge. Nicht zuletzt diese Einseitigkeit des Organisationsverständnisses hat einen nennenswerten Bestand aufeinander aufbauender empirischer Forschung ermöglicht. Im Zuge

---

10 Mit Bezug auf den population ecology-Ansatz unterstellen einige Autoren, dass schlecht angepasste Organisationen untergehen (z. B. Hannan und Freeman 1989). In der Forschung wurden allerdings schon früh erhebliche Zweifel artikuliert, dass eine definierte Situation definierte Organisationsstrukturen hervorbringt (Schreyögg 1978).

dieses Ansatzes wurde ein umfangreiches begriffliches Instrumentarium entwickelt, das Struktureigenschaften von Organisationen operationalisiert. Ferner wurden Koordinationsformen und situative Einflussgrößen der Umwelt differenziert. Zwar ließ sich keinesfalls abschließend klären, welche Struktur- und Koordinationstypen zu unterscheiden seien (Schritte eines solchen Versuchs wagt z. B. Schimank 2007), aber die im situativen Ansatz entwickelten Ideen werden weit über den Bereich jener Richtung hinaus rezipiert und angewendet. Sie sind nämlich von vornherein auf die Bedürfnisse empirischer Forschung zugeschnitten. Für quantitative Forschung ist wichtig, dass die zu berücksichtigenden Kategorien und Unterscheidungen übersichtlich und nicht zu zahlreich sind. Vor diesem Hintergrund bemängelt Luhmann: „Dabei wurde jedoch die Komplexität, vor allem der Organisationssysteme selbst, aus Gründen der empirischen Methodologie unterschätzt." (2006, S. 34)

Zu den wichtigsten Ergebnissen, die im Rahmen des situativen Ansatzes erarbeitet wurden, gehören interessanter Weise in erster Linie solche, die über den Ansatz hinausweisen. Einige dieser Ergebnisse zeigen an, dass der vom Ansatz ausgeblendete Bereich des *nicht* formal Strukturierten relevant ist. Andere Ergebnisse stellen die vom Ansatz unterstellte lineare Wirkungsbeziehung zwischen Umwelt und Organisationsstruktur infrage. Einige Beispiele streifen wir im Folgenden.

Zunächst liegt auf der Hand, dass die Forschungsrichtung des situativen Ansatzes der Umwelt von Organisationen zentrale strategische Bedeutung zuspricht. Dadurch ist in den Raum gestellt, dass Organisationen „sich selbst um ihre Umwelt kümmern" (Luhmann 2006, S. 70) müssten. Auch wenn der Ansatz dies selbst nicht vorsieht, legt er doch implizit nahe, dass Organisationen Erfolge erzielen können, wenn sie zu ihren Gunsten auf ihre Umwelt einwirken, bspw. mittels PR und Marketing.

Organisationen können aber nicht nur selbst intentional auf ihre Umwelt einwirken, sondern sie können auch Einfluss darauf nehmen, *wie* die Umwelt in sie hineinwirkt. Situative Forschungsarbeiten stellen relativ direkte Hinweise zur Verfügung, wie man diese Möglichkeit kommunikationsstrategisch berücksichtigen könnte. U. a. Lawrence und Lorsch fanden, dass nicht alle Teilbereiche einer Organisation notwendig dieselbe Umwelt haben. Wie der Zuschnitt von Teilbereichen einer Organisation aussieht, ist eine Frage der Organisationsstruktur. Über die Organisationsstruktur lässt sich entsprechend die Umweltexposition variieren. Die Entwicklungsabteilung eines Unternehmens hat bspw. i. d. R. mit einer dynamischeren Umwelt zu tun als die Arbeiter am Fließband in der Produktionslinie. Empirisch fand sich in der genannten und in verschiedenen anderen Studien: Je dynamischer die Umwelt von Organisationen ist, desto weniger hierarchisch und formal sind Organisationen oder ihre Teilbereiche strukturiert (Lawrence und Lorsch 1973). Im Umkehrschluss heißt das, dass man hierarchisch strukturierte Teile gegen Irritation von außen zu einem guten Teil abschirmen kann. Gleichzeitig kann man andere Abteilungen gegenüber kommunikativen Einflüssen aus der Umwelt strukturell öffnen (Kühl 2000, S. 28–39). Bspw. könnte man Entwicklungsabteilungen anweisen, einen Kundenblog zu betreuen und auf diesem Weg die Auseinandersetzung mit organisationsexternen Ideen und Ansprüchen zu erzwingen.[11] Parallel dazu könnte man die Fertigungslinie nach Fernost transferieren, so dass die Arbeit der Fertigungslinie räumlich und sprachlich gegen Irritationen aus der westeuropäischen Organisationsumwelt abgeschottet ist, bspw. gegen die Irritation durch Arbeits- oder Umweltschutzerwartungen.

Wie genau man Organisationen kommunikativ öffnen oder abschotten sollte, lässt sich aber weder praktisch noch theoretisch vernünftig beantworten, wie Stefan Kühl am hypothetischen Beispiel von McDonald's veranschaulicht: Die Imbisskette will einerseits zeitnah alle Hinweise aufnehmen, die potenziell relevante Veränderungen von Kundenpräferenzen indizieren. Dafür muss sie sich kommunikativ öffnen, denn es ist nicht von vornherein klar, welcher Art die vorher unbekannten Informationen sind. Andererseits will die Kette nicht gleich „die gesamte Mannschaft mobilisiert" sehen (2000, S. 28), sobald mehrere Kunden nacheinander eine ungewöhnliche Burgersauce verlangen (43). Es sollen sich auch nicht alle Mitarbeiter sorgen, wenn es eine öffentliche Debatte über Massentierhaltung gibt – jedenfalls nicht während der Arbeitszeit, in der es auf die Verrichtung von Routinetätigkeiten ankommt.

Routinetätigkeiten, bei denen kaum eigenständiges Denken gefragt ist, lassen sich gut formal strukturieren: Man kann eine Vorschrift erstellen, wie man einen Burger brät. Dabei werden die Mitarbeiter – zumindest auf dem Papier – so programmiert, als handele es sich um Bestandteile einer Maschine. Deutlich unvollständiger lässt sich formal strukturieren, wie Mitarbeiter Kunden anlächeln oder wie sie eine neue Sauce entwerfen.

Situative Autoren haben herausarbeiten können, unter welchen Bedingungen Organisationen besonders wenig formal strukturiert sind, insbesondere, was eine hierarchische Strukturierung von Organisationsabläufen angeht (z. B. Mintzberg 1979). Grenzen der formalen Strukturierung werden besonders dort gefunden, wo Organisationen kundenbezogene Dienstleistungen unter Anwendung von Wissensbeständen erbringen und wo anwendungsbezogene Entwicklungen stattfinden. Ein prominentes Beispiel für solche Organisationen sind Universitäten und Fachhochschulen. Dort erbringt das Basispersonal (die Professorenschaft) ihre Lehrleistung in direktem Kontakt und sogar in einer Kooperationsbeziehung mit den Klienten (den Studenten). Typisch ist ferner, dass die wesentlichen Standardisierungen in Netzwerken mit Kollegen aus anderen Organisationen entwickelt werden: Die Standards für ein Studium der Kommunikationswissenschaft werden in der Disziplin herausgebildet und können, u. a. aus fachlichen Gründen, nicht von der Hochschulverwaltung entworfen werden. Deshalb, so der situative Forschungsbefund, lässt sich diese Arbeit schlecht über die Organisationshierarchie kontrollieren. Typisch sei deshalb, dass die Formalstruktur wesentlich an den Qualifika-

---

11 Organisationsentwickler stellen solche Maßnahmen unter das Schlagwort der „lernenden Organisation" (Senge 1996), wobei hier nichts darüber ausgesagt sein soll, ob es sinnvoll ist, ‚Lernen' als eine potenzielle Tätigkeit von Organisationen anzusehen.

tionen ansetze (z. B. Berufungsvoraussetzungen) und zusätzlich Selbstverwaltungsgremien (z. B. Fachbereichsrat etc.) vorsehe (Mintzberg 1979, S. 351–362).[12]

Wissensintensive Dienstleistungen, auf Anwenderbedürfnisse ausgerichtete Entwicklungsarbeit und Projektarbeit finden nicht in formal unstrukturierten Räumen statt, aber diese Formen von Arbeit sind erheblich weniger durch formale Strukturen geprägt als die klassische industrielle Produktion oder eine traditionelle Behörde. Nach allgemeiner Auffassung sind es aber genau solche Tätigkeiten, die in gesellschaftlichem Maßstab und auch in den meisten Organisationen an Bedeutung gewinnen; diskutiert wird dies im Rahmen des Begriffs der ‚Wissensgesellschaft‘ (z. B. Engelhardt und Kajetzke 2010).[13] Mit der ‚Wissensgesellschaft‘ rückt in den Fokus, wie Organisationen jenseits der Formalstruktur funktionieren. Der situative Ansatz interessiert sich dafür aber genau nicht.

Wie angesprochen, hat der Ansatz die empirische Forschung gerade dadurch auf Trab gebracht, dass er sich große Scheuklappen angelegt hat; mit den Scheuklappen wird viel vom potenziellen Begriffsumfang von ‚Organisation‘ konsequent ausgeblendet. Dieser Einseitigkeitsstrategie des situativen Ansatzes kann auch die empirische PR-Forschung folgen, ungeachtet der Tatsache, dass der Ansatz in seiner Reinform die Möglichkeit zielgerichteter PR ausklammert. Situativ inspirierte PR-Forschung setzt empirisch am Einsatz von formalen Instrumenten an; sie kann bspw. empirisch erheben, in welcher Umweltsituation die PR mit Werbeanzeigen, Pressemitteilungen oder Web-Kampagnen operiert. Sie registriert, in Abhängigkeit von der Organisationssituation, welcher Grad von PR-Outsourcing (Beauftragung externer Agenturen) auftritt oder welche Finanzmittel für interne Kommunikation (etwa die Betriebszeitung) vorgesehen sind. Wenn sich PR-Forschung an späteren situativen Arbeiten orientiert, wird sie ferner der Erhebung zählbarer Aspekte den Vorzug gegenüber Einschätzungen geben (Kieser 2001, S. 174); sie wird also eher die Zahl der Pressemitteilungen ermitteln als den PR-Verantwortlichen nach dem Gewicht der Pressearbeit im Vergleich zur Markenkommunikation zu fragen.

Es handelt sich hier um eine verdinglichende Perspektive, denn sie betrachtet die Beziehungen zwischen sozialen Phänomenen, als ob es sich um solche zwischen sach-

---

12 Betriebswirtschaftlich orientierte Autoren kommen deshalb mitunter zu dem Schluss, Hochschulen müssten über den Einsatz betriebswirtschaftlicher Kontrollinstrumente eine „Organisationswerdung" vollziehen bzw. erst in „normale" Organisationen verwandelt werden (z. B. Nickel 2007, S. 82; Pellert 2001, S. 346). Diese Auffassung macht offensichtlich, dass das angelegte Organisationsverständnis ein normatives und kein analytisches ist.

13 Mit ‚Wissensgesellschaft‘ wird zum Ausdruck gebracht, dass kollektives und individuelles Wissen zunehmend zur Grundlage des sozialen und ökonomischen Zusammenlebens avanciert, während vorher stoffliche Materialien und Kapital die entscheidenden Ressourcen waren. Der Begriff ist durch die an eine Arbeit von Daniel Bell (1974) anknüpfende Diskussion bekannt geworden. Bezüglich des Begriffs wird zumeist auf Lane (1966) verwiesen. Bell (1974) verwendet den Begriff „postindustrielle Gesellschaft", arbeitet aber bereits die wichtigsten Dimensionen der Bestimmung einer Wissensgesellschaft heraus.

lichen Objekten handele. Soziale Möglichkeiten – in der ursprünglichen Variante des situativen Ansatzes bspw. die Möglichkeit der Beeinflussung der Umwelt mittels PR – geraten dadurch aus dem Blick. Trotzdem ist Verdinglichung prinzipiell zulässig, denn, wie Luhmann formuliert, „unbestritten wird bleiben, dass jede wissenschaftliche Behandlung [...] auf einer Isolierung bestimmter Objekte beruht" (2006, S. 30). Bei der Formalstruktur von Organisationen handelt es sich genau um jene Aspekte, die auch die Organisation selbst wie isolierte Objekte behandelt, bspw. das Qualitätsmanagementsystem oder die Entscheidungskompetenz des Vorsitzenden.

Die formalen Aspekte von Organisation zu untersuchen, ist keinesfalls weniger sinnvoll als eine Untersuchung ihrer informellen Aspekte. Sollte man das situative Modell deshalb ergänzen, indem man es mit einem theoretischen Modell für informelle Aspekte kombiniert? Auf den ersten Blick klingt ‚Theorieergänzung' zwar ähnlich wie ‚Theorieverbesserung', allerdings werden Theorien durch Ergänzungen nicht automatisch besser. Von einer Verschlechterung wäre dann zu sprechen, wenn die durch den engen Fokus bedingte empirische Fruchtbarkeit durch Ergänzungen verloren ginge.

6   Der Neo-Institutionalistische Ansatz

Eine Begrenzung des situativen Ansatzes haben wir daran festgemacht, dass neben der Formalstruktur noch andere Aspekte von ‚Organisation' Berücksichtigung finden sollten. Interessant erscheint deshalb, die Wechselbeziehungen von Formalstruktur, Informalem und Umwelt mit einem integrierten Ansatz betrachten zu können. Dies leisten die soziologischen[14] neo-institutionalistischen Ansätze (z. B. DiMaggio und Powell 1983; Meyer und Rowan 1991; Scott 1994). Die Beziehung zwischen Umwelt, Formalstruktur und dem tatsächlichen Verhalten der Organisationsmitglieder wird von ihnen rationalitäts*skeptisch* beschrieben – also nicht konsequent rationalitäts*leugnend*. Wir werden auf diesen Punkt mehrfach zurückkommen. Rationalitätslücken werden einerseits im tatsächlichen Verhalten der Organisationsmitglieder gesehen. Im neo-institutionalistischem Ansatz wird von vornherein nicht mehr unterstellt, dass der größere Teil der Handlungen in einer Organisation (teil-)rational bestimmt ist. Vielmehr erwarten Neo-Institutionalisten, dass die Beteiligten Handlungsskripte vollziehen, die sich teilweise sprachlich gar nicht repräsentieren lassen, ergo auch nicht über neue Instrumente des Qualitätsmanagements verändern lassen. Gestützt auf einschlägige psychologische Ansätze (z. B. Rasmussen 1983; Janis 1989), sieht man das Organisationsleben wesentlich über informelle Routinen und Erwartungen strukturiert (Jepperson 1991, S. 145–147).

---

14   Es gibt auch eine deutlich abweichende betriebswirtschaftliche Richtung, die z. T. auch als ‚neo-institutionalistisch' bezeichnet wird; diese Richtung der Neuen Institutionenökonomik ist hier allerdings explizit nicht mitgemeint.

Organisationsmitglieder unterlaufen die formalen Strukturen mit ihrem Verhalten zwar zum Teil auch vorsätzlich, zumeist aber ohne explizite Intention.

Gleichzeitig geht der Ansatz von einem wesentlichen Einfluss der Formalstruktur aus: Organisationen seien im Kern bürokratisch und die Formalstruktur sei ein wesentlicher Träger für die Rationalitätsmythen einer Organisation. In neo-institutionalistischer Perspektive leitet die Formalstruktur zwar durchaus – wie schon im situativen Ansatz – Verhalten an, aber nur über eine ungefähre Kopplung. Untersucht wird deshalb u. a., unter welchen Bedingungen es wie stark zum Auftreten von Entkopplungen kommt. „Because attempts to control and coordinate activities in institutionalized organizations lead to conflicts and loss of legitimacy, elements of [formal] structure are decoupled from activities and from each other." (Meyer und Rowan 1991, S. 57)

Paradoxerweise ist es so, dass übersteigerte Rationalitätserwartungen an Organisationen diese derart überfordern, dass sie Rationalität inszenieren müssen; ein Zuviel an Rationalitätserwartung zwingt zum Aufbau von Rationalitätsfassaden und setzt der rationalen Strukturierung von Organisationen Grenzen (Meyer 1992). Überhaupt räumt der Ansatz externen Erwartungen eine große Rolle für die Strukturierung von Organisationen ein. Das macht ihn für die kommunikationswissenschaftliche Forschung interessant (vgl. Donges 2006, 2008). Ohne die Umwelt von Organisationen als reine Eigenkonstruktion der Organisationen anzusehen,[15] wird der von der Umwelt ausgehende Einfluss bzw. Druck als wenig zwingend und objektivierbar betrachtet. Dies steht in direktem Gegensatz zu situativen und betriebswirtschaftlichen Ansätzen: „Today, however, structural change in Organizations seems less and less driven by competition or by the need for efficiency." (DiMaggio und Powell 1991, S. 63–64)

Ein Schlüsselbegriff ist „Legitimation"[16]: „Organizations tend to model themselves after similar organizations in their field that they perceive to be more legitimate or successful" (Powell und DiMaggio 1991, S. 70). Organisationen sichern sich die benötigte interne Gefolgschaft und externe Unterstützung, indem sie über formale Strukturelemente ihre Effizienz behaupten und inszenieren. Organisationen betreiben also einen nennenswerten Teil von Formalstruktur in Form von „ceremonial pracitices" (Powell und DiMaggio 1991, S. 75) zu dem Zweck, die eigene Modernität darzustellen.

Ein aktuelles Beispiel aus dem universitären Bereich ist die Umstellung von kameraler auf doppische Haushaltsführung (Stratmann 2009, S. 3).[17] Das doppische System

---

15 In handlungstheoretischer Sicht ist Umwelt das Ergebnis von ‚enactment' *verschiedener* Beteiligter, also von vielen „gestaltete" Umwelt (Weick 1995, S. 237–243, S. 267). In der im nachfolgenden Abschnitt dargestellten systemtheoretischen Perspektive ist Umwelt eine Leistung allein des jeweiligen Organisationssystems.

16 Um einem verbreiteten Missverständnis vorzubeugen: Legitimation ist nichts, was Organisationen entweder haben oder nicht haben, sondern etwas, dessen Bedarf in unterschiedlichem Maß und in unterschiedlicher Ausprägung von Organisationen empfunden wird; Legitimation findet Ausdruck in der Folgebereitschaft der Mitglieder und der Kooperationsbereitschaft der Partner (Weber 2002).

17 Anschaulich und mit ähnlicher Argumentationsrichtung diskutiert (Wehmeier 2006) ein anderes aktuelles Beispiel, die Konjunktur des Instruments der Balanced Scorecard.

wurde ursprünglich für die Bedürfnisse von Teilhabern privatwirtschaftlicher Unternehmen entwickelt und informiert diese über Betriebsgewinn bzw. -verlust; Größen, die für die nicht gewinnorientierten öffentlichen Hochschulen bisher keine Rolle spielten. Schaut man in hochschulseitig verteilten Informationsbroschüren, scheint das zentrale Argument für die aufwändige Umstellung zu sein, dass die Umstellung auch von anderen wichtigen Akteuren vollzogen wird; ohne die Umstellung laufe man Gefahr, mit einem ,Auslaufmodell' dazustehen (z. B. Fudalla und Wöste 2008, S. 1). Ob die doppische Haushaltsführung mehr Vor- oder mehr Nachteile bringt, ist hier unwesentlich. Aufschlussreich ist vielmehr, dass Hochschulen und andere Organisationen des öffentlichen Sektors mit erheblichem Aufwand auf ein privatwirtschaftlich geprägtes System umstellen, ohne vorher gute Anhaltspunkte zu haben, dass dies zu Performanz- oder sonstigen Verbesserungen führt. Entsprechend beobachtet Stratmann: „Es bedarf keiner wissenschaftlich geführten Pro und Contra Diskussion zu Kameralistik und Doppik", denn die Umstellung sei ein „[i]somorphischer Prozess (,Alle wollen Doppik')" (2009, S. 6).

Der Leiter des HIS[18]-Hochschulentwicklung verwendet hier sicher nicht zufällig einen originär neo-institutionalistischen Begriff, um die Umstellungsmode an den Hochschulen zu charakterisieren: Isomorphismus als „mimetic process" (DiMaggio und Powell 1991, S. 69) meint, dass Organisationen erfolgreiche Konkurrenten nachahmen, um in Folge selbst als zeitgemäß und rational im Lichte des „state of the art" (Stratmann 2009) wahrgenommen zu werden. Dazu übernehmen Organisationen formalstrukturelle Elemente (etwa das doppische System der Haushaltsführung) oder besondere Praktiken (etwa das Abhalten einer jährlichen Pressekonferenz anlässlich der Verabschiedung der neuen Bilanz). Kopiert werden bevorzugt solche organisationalen Praktiken, die eine besonders hohe Anerkennung versprechen. Im Beispielfall der Haushaltsumstellung an den Hochschulen spielt das die letzten Jahrzehnte die Hochschulreform prägende Leitbild der „unternehmerischen Universität" (Maasen und Weingart 2006; vgl. ferner Osborne und Gaebler 1992) die entscheidende Rolle. Die Hochschulen vermuten deshalb, dass sie am ehesten dann als leistungsfähig angesehen werden, wenn sie Privatunternehmen kopieren – so jedenfalls die neo-institutionalistische Deutung. Neo-institutionalistisch gesehen geht es primär um Legitimation; Organisationen sichern sich die Unterstützung der wichtigsten Partner (darunter die öffentlichen Geldgeber), indem sie lokal und, noch häufiger, international herausgebildete Rationalitätsmythen bedienen (Meyer 2009, S. 251–260). Gleiches tun sie gegenüber den eigenen Mitarbeitern, die etwa motivierter sind, wenn sie den Eindruck haben, sich in einem gut organisierten Umfeld einbringen zu können. Sekundär ist in neo-institutionalistischer Perspektive dagegen, ob der in formale Struktur gegossene Rationalitätsmythos (z. B. doppische Haushaltsführung) für die eigenen Prozesse tatsächlich anwendbar ist.

---

18 Die Hochschul-Informations-System GmbH wird von Bund und Ländern getragen und soll die Hochschulen sowie die staatliche Hochschulpolitik durch Forschung, Beratung und Entwicklungsprojekte unterstützen.

In besonderem Maße gilt dies für Organisationen in einem nicht-technischen Umfeld, also bspw. für öffentliche Bildungseinrichtungen stärker als für einen Zulieferbetrieb, der industrielle Massenware produziert (Scott et al. 1991, S. 124). Wenn die Absicherung der internen und externen Unterstützung Priorität hat, führen Passungsprobleme zu der oben angesprochenen Entkopplung von der (dann fassadenhaften) Formalstruktur und den eingespielten tatsächlichen Abläufen – und zwar oft, ohne dass Täuschungsabsicht im Spiel ist. Legitimität versprechende Reformen werden deshalb oft nur zeremoniell oder mittels oberflächlicher Umbenennung durchgeführt. Das ist nach neo-institutionalistischer Sicht in vielen Fällen sogar gut so, denn es verhindert, dass Organisationen durch die regelmäßige Übernahme aktueller Managementmoden ihre eingespielten Abläufe stören. Letztere koppeln sich ferner gegen übertriebene Kontroll- und Steuerungsansprüche des leitenden Managements ab (Meyer und Rowan 1991, S. 57–60).

Patrick Donges (2006) hat darauf hingewiesen, dass diese Theorieperspektive vielfältige Möglichkeiten bietet, das Verhältnis von Organisationen zu medialer Öffentlichkeit zu analysieren. Die Medienberichterstattung ist ein gesellschaftlich zentraler Referenzort, an dem sich Erwartungshaltungen konstituieren und stabilisieren, mithin auch die aus neo-institutionalistischer Sicht so wichtigen Legitimationsansprüche. Sie vermitteln wirkungsmächtige Kognitionen, formen das Verständnis davon, was ein handlungsfähiger Akteur ist u. ä. m. (2006, S. 568–569). Medien konstituieren einen wichtigen Ort, an dem Organisationen dargestellt werden (DiStaso et al. 2009; Deephouse 2000). Sie nehmen darauf Einfluss, auf welche Weise sich Organisationen als legitim, leistungsfähig und up-to-date darstellen können. Entsprechend können PR-Maßnahmen nicht nur auf die Vermehrung positiver und Vermeidung negativer medialer Darstellungen abzielen, sondern auch auf die Beeinflussung der Bewertungsmaßstäbe selbst. Zumindest in gewissem Ausmaß können PR-Abteilungen durch Medienarbeit mitbeeinflussen, was als legitime Organisationspraxis gilt und dass eigene Praktiken als „best practice" präsentiert werden (Donges 2006, S. 573). Der neo-institutionalistische Ansatz bietet darüber hinaus konkrete Hinweise für PR-Ambitionen, indem er Mechanismen untersucht, auf deren Basis Organisationen legitimationsverheißende Techniken anderer kopieren. Organisationsbezogene Normvorstellungen verbreiten sich nicht zuletzt über Berufsgruppen mit akademischer Anbindung („normative pressure", DiMaggio und Powell 1991, S. 70–74). Folglich liegt ein vielversprechender Weg zur Verbesserung der eigenen Legitimation darin, Praktiken der eigenen Organisation an den Business Schools oder in den einschlägigen Fachzeitschriften und -konferenzen als erfolgreich darzustellen. Diese PR-Strategie kann allerdings meist nur von wenigen großen Firmen aussichtsreich verfolgt werden (1991, S. 72).

Wir vermuten, dass die von Donges angesprochenen Potenziale des Ansatzes für anwendungsbezogene Forschung in einer gewissen Unentschiedenheit des Ansatzes begründet sind. Einerseits stellt der Neo-Institutionalismus in Abrede, dass Organisationen vollständig rational entscheiden und sich gänzlich effizient organisieren können. Andererseits erlaubt die neo-institutionalistische Perspektive durchaus, Organisationen eine begrenzte Strategiefähigkeit zuzuschreiben, etwa die Fähigkeit, auf die Verbesserung der eigenen Legitimation hinzuwirken. Einerseits wird unterstellt, dass Organisationen deshalb in regelmäßigen Abständen relativ blind aktuellen Managementmoden ‚hinterherlaufen'. Andererseits wird nicht bestritten, dass es rationale Managemententwicklungen geben kann. Als ‚blind' kann man das Hinterherlaufen der Kopisten nur dann bezeichnen, wenn man die Möglichkeit in Betracht zieht, dass ursprünglich eine rationale Innovation stattgefunden hat (Walgenbach 2001, S. 329). Wir mutmaßen: Auch PR, die anderes sein will als betriebswirtschaftlich rationalisierte Führung, operiert mit einer unentschiedenen Haltung bezüglich der Rationalität und Zielgerichtetheit von Organisationsstrukturen. Gäbe es keinerlei strategische Handlungsfähigkeit, wäre auch die Beauftragung einer PR-Agentur als reiner Rationalitätsmythos zweiter Ordnung zu interpretieren. Wenn PR aber Sinn für Organisationen macht, muss man den Organisationen ihre Rationalität zumindest teilweise absprechen: Absatzmarketing ist nur erforderlich, wenn die Leistung von Organisationen nicht allein über eine Input-Output-Relation bemessen wird; interne Kommunikation brauchen nur solche Organisationen, bei denen die Formalstruktur nicht alles Wesentliche transportiert, etwa weil sie parallel als äußere Fassade der Organisation fungiert.

Diese Unentschiedenheit führt dazu, dass zentrale Begriffe des Ansatzes relativ weit ausgelegt werden können, darunter der Begriff der Legitimation. Frühe Arbeiten des Ansatzes waren noch stark an der empirischen Überprüfung von Hypothesen ausgerichtet, insgesamt sind im Kontext des Ansatzes aber erheblich mehr Hypothesen aufgestellt als mit einem strengen quantitativen Design abgearbeitet worden. Gerade durch seine begrifflichen Unschärfen hat der Ansatz verschiedene qualitative Studien und theoretische Erörterungen inspiriert, wiewohl auch seine Eignung für quantitative Designs vielfach demonstriert wurde (in der Hochschulforschung z. B. Blümel et al. 2011). Positiv gewendet, kann man diese theoretischen Unschärfen folglich auch als empirisch fruchtbare Offenheit interpretieren.

Scharfe Kritik findet man demgegenüber bei solchen Autoren, die um begriffliche Präzision und theoretische Konsistenz bemüht sind. Luhmann etwa erkennt den Ansatz zwar als Reaktion auf die Begrenzungen des situativen Ansatzes (2006, S. 35), allerdings bemängelt er die unscharfe begriffliche Ausarbeitung und ein zu wenig expliziertes theoretisches Fundament (36). Bevor wir im folgenden Abschnitt zum Ansatz Luhmanns kommen, werfen wir deshalb noch einen letzten Blick auf dieses Fundament und fragen die neo-institutionalistische Richtung, was mit ‚Institution' gemeint ist.[19] Dieser Begriff umfasst solche Elemente, „die bestimmten Dingen und Aktivitäten Sinn geben und Wert zusprechen und diese zugleich in einen übergeordneten Rahmen integrieren" (Walgenbach 2001, S. 323). Der Institutionenbegriff schließt damit unmittel-

---

19 Die Vorsilbe ‚Neo' dient der Abgrenzung gegenüber dem alten Institutionalismus, zu dem bspw. das Bürokratiemodell Max Webers gerechnet werden kann. Die Vorsilbe indiziert die erhebliche größere Skepsis der neuen Institutionalisten gegenüber der Formalstruktur.

bar an sozialkonstruktivistische Grundlagenwerke an, etwa die Arbeit von Berger und Luckmann (1980) oder von Goffman (1974). Das trägt zur Anwendbarkeit für qualitative Forschungsinterviews bei, sorgt aber weniger für eine weiterführende Begriffseingrenzung: „Institutions are symbolic and behavioral systems containing representational, constitutive and normative rules together with regulatory mechanisms that define a common meaning system and give rise to distinctive actors an action routines" (Scott 1994, S. 64). Demnach schließen Institutionen die Formalstruktur ein (als symbolischer und repräsentativer Rahmen des Handelns), konstituieren aber auch die einzelnen Akteure und schlagen so eine – unspezifische – Brücke zwischen Formalstruktur und Akteur. Der neo-institutionalistische Ansatz kann deshalb sowohl akteursnah mit einer Mikroperspektive als auch akteursfern mit einer Makroperspektive eingesetzt werden. Das hat Auswirkungen auf den Verfremdungseffekt des Ansatzes (vgl. die Dimensionen in Abschnitt 4): Die Objektivität der Umwelt und die organisationale Strategiefähigkeit werden mit graduellen Unterschieden relativiert; informale Vorgänge spielen eine unterschiedlich gewichtbare Rolle; nur die personalisierte Deutung ist – wie in allen hier diskutierten Ansätzen – ausgeschlossen.

Dies liegt darin, dass der Ansatz Organisationen als etwas versteht, das aus Handlungen besteht (im situativen Ansatz waren es die formalen Strukturen). Die Institutionen sind Strukturierungen des Handelns. Für den soziologischen Blick auf Organisationen ist wesentlich, dass diese nicht aus Personen bestehen; Organisationen sind keine Spezialform von Menschengruppen. Wenn Herr Meyer, Frau Müller und Frau Lehmann in einer Sitzung als Vorstand der Organisation X zusammentreffen, ist dies offensichtlich nicht dasselbe, wie wenn sich die drei abends beim Theater oder im Tennisverein über den Weg laufen. ‚Organisation' findet dort statt, wo in Funktionsrollen interagiert wird und wo zumindest überwiegend ausgeklammert bleibt, ob Herr Meyer religiös ist, Frau Müller Kinder hat usw. Gleichwohl ist auch dort, wo hochgradig professionell miteinander gearbeitet wird, das Persönliche immer präsent. Ein Vorstandsmitglied macht sich zwischendurch Gedanken über private Einkäufe, ein zweites Mitglied fragt sich, was wohl beim dritten privat los ist, der heute so zerknittert aussieht. Je hierarchischer und je formaler eine Organisation ist, desto eindeutiger ist vorentschieden, was davon Teil der Organisation sein darf und was nicht. Die klassische Vorstandssitzung klärt solche Fragen i. d. R. mit einem Blick auf die Tagesordnung. Im Unterschied dazu nötigt eine beteiligungsaktivierend moderierte Projektsitzung die Teilnehmer ggf. sogar zu Statements zu ihrem persönlichen Befinden, begrenzt dabei aber i. d. R. gleichzeitig den Raum für Persönliches auf knapp definierte Zeitfester.

Der Neo-Institutionalismus behandelt Organisationen nicht als etwas scharf Abgegrenztes. Deshalb verträgt er sich gut mit der Betrachtung, dass Organisationen in unterschiedlichem Maß auf organisationsexterne Potenziale ihrer Mitglieder zurückgreifen. Das prominente Beispiel ist die Firma Google, die den Beschäftigten der Entwicklungsabteilungen während der Arbeitszeit die Arbeit an privaten Projekten oder das Spielen von Videospielen erlaubt (Reppesgaard 2010). Die Firma will damit nicht nur die Mitarbeiter motivieren und an sich binden oder in der Öffentlichkeit als best practice-Unternehmen an Legitimität gewinnen (das auch). Die bereits angeschnittene Perspektive der ‚Wissensgesellschaft' legt nahe, dass Google auf diesem Weg auch organisationsextern situierte Fähigkeiten und Kreativitätspotenziale für das Unternehmen aktivieren will. Aufgrund seiner begrifflichen Offenheit verträgt sich die neo-institutionalistische Perspektive gut mit mutmaßlichen Veränderungstrends wie der Wissensgesellschaft (z. B. Meyer 2009, S. 206–221).

7 Systemtheorie

Die soziologische Systemtheorie nach Niklas Luhmann ist in ihrem Organisationsverständnis im Vergleich dazu deutlich weniger offen (1988, 2006). Der systemtheoretische Ansatz vermeidet schon dadurch begriffliche Unschärfen, indem er Organisationen als geschlossene soziale Systeme versteht. Luhmann zufolge interpretieren sich Organisationen zwar als Handlungssysteme, die Input von außen in Output nach außen verwandeln – aus soziologischer Beobachtungsperspektive seien sie aber als Kommunikationssysteme zu analysieren. Damit bricht der Ansatz besonders konsequent mit personalisierenden Deutungen und der Unterstellung von Intentionalität: Es ist einfacher, sich ‚Kommunikation' unabhängig von den Intentionen eines Subjekts vorzustellen, als dies bei einer ‚Handlung' möglich ist, denn „[e]inmal in Kommunikation verstrickt, kommt man nie wieder ins Paradies der einfachen Seelen zurück" (Luhmann 1994, S. 193, 207; vgl. auch Luhmann 2006, S. 124).

Besondere Aufmerksamkeit verdient die Frage, was unter ‚Kommunikation' verstanden wird. Organisationen beinhalteten in systemtheoretischer Sicht all jene Kommunikationen, die sich selbst als Kommunikation über Entscheidungen identifiziert. Entscheidungen zitieren Wahrnehmungen über das Organisationssystem, aus denen sich u. a. Erfolgskriterien oder eine spezifische Verteilung von Autorität ergeben. Es liegt nahe, hierbei Vorgänge zu verorten, die die Neo-Institutionalisten als ‚Institutionalisierung von sozialer Realität' bezeichnen würden. Für Luhmann steht allerdings nicht im Zentrum des Interesses, detailliert zu beobachten, wie sich diese Institutionalisierung aufbaut. „Soziale Realität" (2006, S. 144) haben Entscheidungen nur insofern, als über sie kommuniziert wird und sich immer weitere Kommunikation auf sie bezieht. Vergessene Entscheidungen sind deshalb keine Entscheidungen mehr. Deshalb kann es für nicht mit dem Ansatz vertraute Leser irreführend sein, wenn Systemtheoretiker davon sprechen, dass es in Organisationen Entscheidungen ‚gibt'.[20] Mit anderen Worten, man

---

20 Im Alltagsverständnis sind ‚Entscheidungen' isolierbare Akte, ausgeführt von einzelnen Personen. Wenn man den systemtheoretischen Ansatz dahingehend missversteht, dass eine solche Art von ‚Entscheidungen' gemeint sei, käme man mutmaßlich dem Ideal-Selbstbild vieler leitender Manager entgegen. Ihnen gefiele vermutlich das Bild, dass erst das beim leitenden Management zentrierte Entscheiden die Organisation zu dem macht, was sie ist – wohingegen das Gerede und Getue der nicht entschei-

sollte sprachlich darauf achten, dass Organisationen nur dann aus Entscheidungen bestehen, wenn man den systemtheoretischen Entscheidungsbegriff anlegt. Der definiert
Entscheidungen über die genannte Verkettung jener kommunikativen Episoden, aus denen die Organisation besteht. Es handelt sich also um eine kreisförmige, in gewisser
Weise tautologische Bestimmung; systemtheoretisch würde man sagen: es ist eine selbst-
referentielle Bestimmung.

Es besteht das Risiko, den konstruktivistischen Charakter des Ansatzes zu verlieren,
wenn man aus dieser Selbstreferenzialität ausbricht (Friedrichsmeier 2012, S. 130 f). In
Texten, die den systemtheoretischen Ansatz rezipieren, ist es sogar eher die Regel als
die Ausnahme, dass die kreisförmige Bestimmung von Organisation und Entscheidung
nicht ganz deutlich wird (z. B. Theis-Berglmair 2008a, S. 115 f, 2008b, S. 41; Szyszka 2009
1992, S. 62 ff.). Das führt zu begrifflicher Unschärfe, die zu vermeiden in der Tat schwierig ist, wenn man einen auch für Praktiker verständlichen Text schreiben will. Typisch
für die Systemtheorie ist, dass Unschärfen nicht in der Theorie selbst, sondern in ihrer
Anwendung auftreten. Die Systemtheorie praktiziert jene Art, wie sie ihre Gegenstände
beobachtet, selbst, nämlich Geschlossenheit[21] – und versteht dies auch als ihren wesentlichen Vorzug (Luhmann 1990, S. 31–58, 1994, S. 245, 2006, S. 49). Im Anwendungsbe-
zug lässt sich die Geschlossenheit nicht ohne Weiteres aufrechterhalten. Das den An-
wendungsbezug erschwerende Problem des Bruchs zwischen systemtheoretischem und
sonst üblichem Sprachgebrauch kompliziert auch den hier beabsichtigten Vergleich mit
anderen Organisationsverständnissen.

Im Rahmen des Theorievergleichs interessiert uns die Frage, ob Abläufe jenseits der
formalen (hierarchischen) Struktur der Organisationen berücksichtigt werden. Auch
dies lässt sich nicht trivial beantworten. Offenbar ist entscheidungsbezogene Kommunikation nicht dasselbe wie eine hierarchische Entscheidungsstruktur, obwohl sich diese
Kommunikation selbst genau hierüber identifiziert. Entscheidungsbezogene Kommunikation ist jedenfalls in gewisser Weise mit dem verbunden, was bereits im Fokus des
situativen Ansatzes stand (nämlich die Formalstruktur, vgl. Abschnitt 5) und was auch
für den neo-institutionalistischen Ansatz den bürokratischen Kern von Organisation
ausmachte (Abschnitt 6). Die systemtheoretische Skepsis gegenüber der wirklichkeits-
prägenden Kraft formaler Entscheidungen ist im Prinzip größer als bei den Neo-Institutionalisten, denn was bei jenen Zeremoniell und Mythos ist, ist bei Luhmann nur
noch aufeinander bezogene Kommunikation. In nicht-systemtheoretischen Worten auf
den Punkt gebracht: Für die Neo-Institutionalisten können Elemente der Formalstruktur den Charakter von Rationalitätsfassaden haben; für Luhmann ist Formalstruktur

---

dungskompetenten Mitarbeiter vernachlässigbar sei. Über dieses Missverständnis ergäbe sich ein Ver-
lust des Verfremdungseffekts.

21 ‚Geschlossenheit' meint hier kein logisch widerspruchsfreies Theoriegebäude, vielmehr zielt der Ansatz
auf die produktive Aufnahme von Paradoxien (vgl. Luhmann 1994, S. 491).

hingegen grundsätzlich eine Rationalitätsfassade, weshalb er diesem Begriff auch keine nennenswerte Produktivität beimisst.

An Stellen, an denen Luhmann aus der Sprache des von ihm begründeten Theorieansatzes heraustritt, zeigt er eine gewisse Präferenz für den Begriff „Labyrinth" (2006, S. 420) anstelle von Hierarchie. Das wiederum macht deutlich, dass sein Organisationsbegriff nur einen Teilaspekt von dem meint, was im allgemeinen Sprachgebrauch mit ‚Organisation' gemeint ist. Leider wird selten diskutiert, wie die Systemtheorie zu jenen Vorgängen in Organisationen steht, die sich nicht oder nicht direkt an der hierarchischen Formalstruktur[22] orientieren. Mit Blick auf die Weiterentwicklung ungenügender früherer Organisationstheorie sieht Luhmann den „Begriff der informalen Organisation [...] durch eine Theorie der Interaktionssysteme ersetzt" (2006, S. 25). Im Ansatz Luhmanns sind Interaktionssysteme aber ein anderer Typus von Sozialsystemen als Organisationen. Interaktionssysteme beobachten sich zwar selbst ebenfalls als Handlungssysteme, unterscheiden sich von Organisationssystemen aber nicht zuletzt durch ihre Instabilität, ohne aber in einem hierarchischen Verhältnis zu diesen zu stehen (Krause 1999, S. 125; vgl. auch Luhmann 1998, S. 166).

Nun darf man unterstellen, dass die in der Praxis verbreitete interne PR zumindest in Teilen auf die Gestaltung und Beeinflussung von Interaktionssystemen zielt. Organisationen wollen mitunter deren Herausbildung und Stabilisierung fördern und PR will dies, ihrem Selbstverständnis zufolge, dann auch gezielt unterstützen. In besonderem Maße ist damit zu rechnen, wenn die Organisation Gruppen- oder Projektarbeit einsetzt und somit das (offizielle) Ziel hat, interaktionsförmige Handlungssysteme in den Produktionsprozess einzubinden (z. B. Kocyba und Vornbusch 2000). Für die systemtheoretische Perspektive ist der Trend zu mehr Gruppen- und Projektarbeit in den Organisationen indes kein schlagendes Argument, um Organisationen anders als von der entscheidungsbezogenen Kommunikation her zu beobachten. Das allgemein als ‚Organisation' verstandene Phänomen (also nicht bereits in seiner systemtheoretischen Definition) müsse nämlich „über die Möglichkeit verfügen, Hierarchien einzuschalten und auszuschalten, zum Beispiel durch die Trennung von formalen und informalen Kommunikationen; und dies kann nur durch lokale Entscheidungen geschehen" (Luhmann 2006, S. 421). Mit anderen Worten, der systemische Charakter einer Organisation wird über verkettete entscheidungsbezogene Kommunikation konstruiert und nicht über informale Interaktion.

Ferner informiert die formale Organisation indirekt über die Ausmaße des Bereichs der informalen Organisation. Allerdings informiert die Betrachtung der formalen Organisation keineswegs darüber, was in Systemen der informalen Organisation passiert.

---

22 Genau genommen ist die hierarchische Formalstruktur nicht als Entscheidungsprodukt zu interpretieren. Entschieden wird nämlich nicht über die Strukturen, sondern die Strukturen ergeben sich umgekehrt durch die gegenseitige Bezugnahme von Entscheidungsereignissen aufeinander. Systemtheoretisch gedacht besteht die Realität der hierarchischen Formalstruktur nur dann bzw. nur insofern, als kommunikative Episoden aneinander anschließen.

Aus PR-Sicht würde man gern etwas über informale Vorgänge wissen, aus systemtheoretischer Sicht muss man das aber gar nicht: Dem systemtheoretischen Modell zufolge
gehen von der informalen Organisation schon prinzipiell keine gerichteten Wirkungen aus. Informale Organisation ist zwar ein ‚funktionales Äquivalent'. Bei Entschei-
dungsfragen kann sie der formalen Organisation „dazu verhelfen, die Mehrdeutigkeit
erfolgreich zu ignorieren" (Luhmann 2006, S. 254), indem eine Zeitlang Kommunikation in einem interaktionssystemischen Rahmen eingeschaltet wird. Dies aber bestimmt
nicht das Funktionieren von Organisation im systemtheoretischen Verständnis: „Sie ist
in ihrer situativen Funktion notwendig, rettet jedoch nicht gefühlsbetonte interaktive
Unmittelbarkeit hinüber in organisierte Sozialsysteme" (Krause 1999, S. 162).[23] Interne
PR versucht im eigenen Selbstverständnis, teilweise genau dies: Sie will die Nutzung
kommunikativ hergestellter, gefühlsbetonter Unmittelbarkeit für formal strukturierte
Prozesse ermöglichen. Praktische interne PR operiert – wie die neo-institutionalistische Richtung – tendenziell mit der Vorstellung fließender Grenzen zwischen formalen
und informalen Strukturierungen bzw. Institutionen. In der Rezeption von Systemtheorie für Fragen der PR ist uns bisher keine nennenswerte Auseinandersetzung mit dem
Verhältnis von Organisationssystemen und Interaktionssystemen begegnet (zu diesem
Problem und alternativen Theorieangeboten vgl. Theis 1992; sowie Röttger 2010). Ein
möglicher Grund dafür ist im Systemverständnis der Systemtheorie zu suchen: Trotz
festgestellter Notwendigkeit des einen (hier: Interaktionssystem) für das andere (hier:
Organisationssystem), wird die Möglichkeit eines gerichteten Einflusses ausgeschlossen, denn die Systeme sind als selbstreferentiell definiert. Sie sind als „[a]utopoieti-
sche Systeme […] operativ geschlossene und in genau diesem Sinne autonome Systeme"
(Luhmann 2006, S. 51).

Gemeint ist, dass alles, womit innerhalb des Systems operiert wird, seine operations-
relevante Form erst durch das System erhalten hat. Ereignisse in der Umwelt müssen dafür in systemspezifische übersetzt werden. Die Unterscheidung zwischen einem System
und seiner Umwelt ist eine Grundunterscheidung der Systemtheorie: ein System ist eine
Einheit, die sich aus der Bildung eben dieser Unterscheidung ergibt. Erst dadurch, dass
sich ein System von einer Umwelt abgrenzt bzw. seine Umwelt als ‚das Andere' selbst
konstruiert, kann es zu einem System werden. Jeder Kontakt, den eine Organisation
mit ihrer Umwelt herstellt – etwa mittels ihrer PR-Abteilung – ist in dieser Perspektive
ein Selbstkontakt. Eine der Konsequenzen dieser Perspektive ist der ersatzlose Wegfall
von außen einwirkender Ziele. Der eigentliche Zweck eines Systems ist die Fortführung

---

23 Ferner ist Kühl in der Feststellung zuzustimmen, dass Programme der formalen Organisation Program-
melemente der informellen Interaktionssysteme aufnehmen können (Kühl 2011a, S. 133). Kühl diskutiert weitere Verbindungen zwischen den beiden Systemen (Kühl 2011a, S. 113–136)) unter Rückgriff auf
eine noch weitgehend handlungstheoretische, vor der sog. ‚autopoietischen Wende' verfasste Schrift
(Luhmann 1964). In diesem Beitrag werden die frühen Schriften Luhmanns explizit nicht für die Darstellung der Systemtheorie herangezogen.

der eigenen Autopoiese. Entsprechend kann der systemtheoretische Ansatz wenig mit der neo-institutionalistischen Perspektive und ihrem Schlüsselbegriff anfangen. Ein als autopoietisch verstandenes Organisationssystem „benötigt keine Grundnorm [...] und auch (man wird das bestreiten) keine ‚Legitimation'" (Luhmann 2006, S. 421). In einem eigentümlichen Widerspruch dazu steht die systemtheoretische Bestimmung von PR bei Olaf Hoffjann und sich anschließender Autoren: „Die Funktion von PR ist die Legitimation der Organisationsfunktion gegenüber den als relevant eingestuften Umweltsystemen" (Hoffjann 2007, S. 97; vgl. ferner Röttger et al. 2011, S. 113, 126–132).

Für Luhmann ist, anders als für systemtheoretisch inspirierte Autoren wie Teubner (z. B. 1987) und Willke (z. B. 2001), die strenge Unterstellung der Autopoiesis von Systemen unverzichtbar (Luhmann 2006, S. 51). Die Möglichkeit zielgerichteter externer PR ist damit im Grunde ausgeschlossen. Mindestens streitbar ist aus systemtheoretischer Sicht, ob PR eine „Optimierung" der „Ko-Evolution" von Organisationssystem und anderen Systemen bewerkstelligen kann (Jarchow 1992, S. 62; zitiert nach Hoffjann 2007, S. 81). In der Perspektive Luhmanns darf man der PR immerhin zurechnen, dass das eigene System „mit hinreichender Unordnung versorg[t]" wird (Luhmann 1994, S. 291). Die Erforschung von PR-Praxis gewinnt aus dieser Bestimmung nur wenige anregende Anhaltspunkte. Entsprechend skeptisch äußert sich Theis-Berglmair über den forschungspraktischen Nutzen des Ansatzes: „Aufgrund des fehlenden Handlungsbezugs sind von der Systemtheorie nur wenige Impulse zum Studium von Kommunikation im Organisationskontext ausgegangen, sieht man einmal von den vergleichenden Netzwerkstudien ab" (2003, S. 184; mit deutlich mehr Präferenz für Systemtheorie vgl. Theis-Berglmair 2008b).

Allerdings bietet es sich durchaus an, systemtheoretisch die Kommunikation über PR-Entscheidungen zu analysieren; bspw. ließe sich beobachten, wie stark bei entscheidungsbezogener Kommunikation auf PR-Entscheidungen Bezug genommen wird und ob es einen Zusammenhang mit der Art der Programmierung der Kommunikation gibt. Entscheidungen sind in systemtheoretischer Perspektive Selektionen. Selektionsstrukturen werden als Programme bezeichnet, deren wichtigste weitere begriffliche Differenzierung die zwischen Zweck- (z. B. eine Zielvereinbarung) und Konditionalprogrammen (z. B. eine Verfahrensvorschrift) ist (Luhmann 2006, S. 261). Die von Organisationssystemen speziell durch PR-Abteilungen vorgenommene Beobachtung anderer Systeme kann dazu führen, dass Elemente von diesen in den „Programmvorrat" einer Organisation aufgenommen werden (Marcinkowski und Steiner 2010, S. 63). Auf diesem Weg dosiert eine Organisation, wie viel Unruhe sie aus anderen Systemen aufnimmt (auch Kussin 2009, S. 130); die fortlaufende Auseinandersetzung mit Irritationen und Unruhe wird im Übrigen als Voraussetzung der fortgesetzten Autopoiese der Systeme aufgefasst. Beleuchtet werden kann u. a. der Zusammenhang mit Inklusionsansprüchen und Komplexität – je beteiligungsoffener und komplexer Organisationen sind, desto mehr ist die Übernahme von Programmelementen zu erwarten (Marcinkowski und Steiner 2010, S. 65, 68).

Ein für Organisationen charakteristisches Instrument der Inklusion ist die Mitglied-schaft. Mitglieder bzw. Mitarbeiter zu erreichen und zu motivieren, gehört zu den gän-gigen Zielen interner PR. Dieses Ziel wird durch die systemtheoretische Perspektive weitgehend dekonstruiert und in Frage gestellt. Systemtheoretisch gesehen bestehen Or-ganisationen nicht aus Personen; Personen sind im Prinzip – wie die Formalstruktur – eine „operative Fiktion" (Luhmann 2006, S. 90). Es ist gar nicht nötig, die Personen mit Motivationsbemühungen individuell zu erreichen, denn „[d]ie historische Maschine des Sozialsystems kann die Motive ändern, die Personen zugeschrieben werden" (2006, S. 95). Die organisations*psychologische* Perspektive (vgl. Abschnitt 2) wird also konse-quent zurückgewiesen; der Begriff „historische Maschine" streicht die Eigendynamik überindividueller Prozesse heraus und ist als Relativierung jener Hoffnung zu verstehen, Organisationen ließen sich auf individueller Ebene zielgerichtet gestalten. Allerdings wird ein wichtiger Ort genannt, an dem Organisationen Motivunterstellungen praktisch bündeln: nämlich im „Konstrukt der ‚Mitgliedschaft'" (2006, S. 110). Eine systemtheore-tisch reflektierte PR könnte also bspw. für eine Aufweichung von Mitgliedschaftsregeln eintreten, wenn sie mehr Unruhe aus anderen Systemen einspeisen will.

Wo kann nun praktische PR-Forschung ansetzen, wenn nicht auf der Ebene der ein-zelnen Mitarbeiter? Luhmann benennt als systemtheoretische Alternative das Beob-achten der „strukturellen Kopplungen zwischen operational getrennten, je für sich ge-schlossenen Systemen" (2006, S. 86). Wie man konkret empirisch am Gegenstand der strukturellen Kopplungen ansetzt, ist nicht klar ausgearbeitet; die Diskussion konzen-triert sich – auch in Luhmanns wichtigstem organisationssoziologischen Werk – über-wiegend auf den Gegensatz psychisches vs. soziales System (2006, S. 80–122) und schenkt dem Thema der Interaktionssysteme vergleichsweise wenig Aufmerksamkeit.[24]

In diesem Beitrag ist nicht der Raum, alle wesentlichen systemtheoretischen Begriffe einzuführen. Gleichwohl bleibt zu diskutieren, was der Nutzen des Begriffssystems für die PR-Forschung ist: Offensichtlich verbietet der Ansatz monokausale Deutungen des Umwelteinflusses, wie sie im Gegensatz dazu den situativen Ansatz kennzeichnen. Da-mit lässt die Systemtheorie ein hohes Maß an Komplexität zu. Ferner erreicht sie einen hohen Abstraktionsgrad und eine hohe begriffliche Geschlossenheit; beides ist eindeu-tig zu den Vorzügen zu rechnen. Der Ansatz erlaubt, ein „Phänomen in einem brei-ter entwickelten, kategorialen Bezugsrahmen zu verstehen" (Marcinkowski und Steiner

---

24   Das Thema der informalen Organisation wird darüber hinaus anhand des Begriffs der „Mikrodiversität" (Luhmann 2006, S. 255) und der kritischen Auseinandersetzung mit dem Begriff der „Organisations-kultur" (Luhmann 2006, S. 240–255) diskutiert; Luhmann deutet das Thema der Organisationskultur u. a. als Beobachtung der „Abhängigkeit [einer Organisation] von der eigenen Geschichte" und somit als potenziellen „Beitrag zu einer Theorie der Evolution von Organisationen" (Luhmann 2006, S. 248). Die Idee einer intentionalen Gestaltung für Zwecke der Organisation wird aber abgelehnt, denn: „Für Zwecke interner Kommunikation bleibt die Organisationskultur unsichtbar" (Luhmann 2006, S. 248). Wenn sich Organisationen selbst zuschreiben, eine Organisationskultur zu besitzen, versuchen sie dem-nach, sich von anderen abzugrenzen (Luhmann 2006, S. 247).

2010, S. 63). Eigentümlicherweise tendiert die konstruktivistische Systemtheorie dazu, ihren kategorialen Bezugsrahmen sozialrealistisch zu interpretieren und vertritt eine „realistische Begriffsauffassung" (Marcinkowski und Steiner 2010, S. 56). Luhmann setzt nämlich die Realität der von ihm postulierten Systeme axiomatisch voraus (1994, S. 30; vgl. dazu pointiert Fuchs 2006, S. 155).[25]

Ein Theorievergleich kann diesem Glauben naturgemäß nicht folgen, da sich dann der Vergleich weitgehend erübrigen würde. Die hier interessierende Gretchenfrage ist deshalb, ob wir uns tatsächlich nur für jenen Aspekt von ‚Organisation' interessieren, den die Systemtheorie als ‚Organisation' versteht, wenn wir PR-Fragestellungen bearbeiten wollen. Liegt der Kern des Interesses ggf. abseits von Entscheidungen und der Differenzierung nach dem Sachaspekt, mit welcher Luhmann Webers Bürokratiemodell auf eine konstruktivistische Ebene gehoben hat? Dieselbe Frage ist auch an alle anderen Theorieansätze zu richten. Auch diese sind von Anwendern kritisch danach zu befragen, ob die theorieimmanente Einseitigkeit zum jeweils verfolgten Forschungsinteresse passt. Bei der Systemtheorie gewinnt die Frage dadurch an Bedeutung, dass die Ankopplung des systemtheoretischen Begriffsinventars an unseren üblichen Sprachgebrauch besondere Probleme macht (Fuchs 2006).

In konsequent systemtheoretischer Auslegung kann man nicht davon sprechen, dass Organisationen mit ihrer externen Umwelt kommunizieren oder dass sie Externen und Internen ihre Entscheidungen mitteilen. Noch ist es eine konsequent systemtheoretische Begriffsbestimmung, dass PR die organisationalen „Beziehungen zu unterschiedlichen Bezugsgruppen" mithilfe von „Fachexpertise zum interessegeleiteten Umgang" gestalte, wobei die Expertise von einzelnen Experten gehalten werde (Szyszka 2009, S. 65; auch Theis-Berglmair 2008b; Theis-Berglmair 2008a). Auch die PR-Zielsetzung einer „weitgehende[n] Harmonisierung bzw. Übereinstimmung zwischen Selbst- und Fremdbeschreibungen" zwecks Durchsetzung von Organisationsinteressen (Röttger et al. 2011, S. 128) verlässt basale systemtheoretische Annahmen und nimmt den Verfremdungseffekt zurück. Gleichwohl kann man all dies in der PR-bezogenen Adaption von Systemtheorie finden. Der systemtheoretische Vorzug einer hohen begrifflichen Geschlossenheit geht verloren, wenn Systemtheorie nur ausschnittsweise rezipiert oder in ihrer Perspektive nicht konsequent eingehalten wird. Genau dies ist bei der Bezugnahme auf Systemtheorie in der Praxis allerdings zu erwarten, paradoxerweise sogar aus systemtheoretischer Sicht. Auch die Gefahr der Verwechslung theoretischer Konstrukte mit quasi-objektiven Fakten ist genauer zu beachten – zumal in systemtheoretischer Perspektive im Grunde alle Elemente von Systemen als ereignishaft und temporär gedacht werden müssen.

---

25 Der Ansatz betrachtet sich selbst also nicht als ein wissenschaftliches Werkzeug neben anderen, auf ähnlicher Ebene einsetzbaren Theorien. Diese eigentümliche Interpretation, die der eigenen Abstraktion eine Art Wahrheitsgehalt zweiter Ordnung zuspricht, ist der im marxistischen Diskurs verwendeten Figur der ‚Realabstraktion' ähnlich (z. B. Schürmann 1974; Marx 1974, S. 25).

Eine letzte hier berücksichtigte Anwendungsfrage bezieht sich auf das Verhältnis der systemtheoretischen Perspektive zu gesellschaftlichen Veränderungstrends. Die Autopoiesis-Annahme setzt der Berücksichtigung solcher Trends enge Grenzen, wiewohl der Ansatz selbst mit der Diagnose eines gesellschaftlichen Trends verbandelt ist. Autopoiesis wird nicht nur aus einer begriffsanalytisch-philosophischen Bestimmung von ‚beobachten' abgeleitet, sondern steht ferner in Beziehung zu dem – in systemtheoretischer Sicht – ungebrochenen Trend der funktionalen Differenzierung.[26] Zu fragen ist nun, ob die Autopoiesis-Annahme dann noch wissenschaftlich produktiv ist, wenn man konkurrierende Trenddiagnosen berücksichtigen will. Die meisten der neueren soziologischen Trendbestimmungen, darunter der erwähnte Trend zur Wissensgesellschaft, behaupten zwar keinesfalls ein Verschwinden der in der Moderne herausgebildeten Wertsphären wie Wirtschaft oder Wissenschaft. Sie beobachten aber *entdifferenzierende* Tendenzen, die jene Systemgrenzen aufweichen (Nowotny et al. 2004, S. 47). Dies gilt gleichermaßen für den postulierten Ökonomisierungstrend (siehe Abschnitt 6: Leitbild der unternehmerischen Hochschule) und für die erwähnten Organisationstrends der Gruppen- und Projektarbeit. Indirekt lässt sich dies ggf. sogar für den in den letzten Jahrzehnten zu beobachtenden Trend der Ausweitung von Organisations-PR behaupten. Einzelne Autoren bringen die jüngere Entwicklung der Organisations-PR nämlich ausdrücklich mit solchen Trends in Beziehung, die funktionaler Differenzierung entgegengesetzt sind. Dazu gehören die Wiederkehr charismatischer auf Kosten von funktionaler Legitimation und die ansteigende gesellschaftliche Nachfrage nach „re-enchantment of social institutions", „emotional order" und „aura of magic" (Wæreaas 2007, S. 284). Selbstredend sind die hier zitierten Begrifflichkeiten keine systemtheoretischen. Die Systemtheorie wiederum ist als selbstreferenzielles System selbstverständlich in der Lage, auch solche Prozesse in das systemtheoretische Beschreibungssystem einzuordnen. Sie kann also auch solche Phänomene als Folgen funktionaler Differenzierung beschreiben, die sich in nicht-systemtheoretischer Perspektive als entdifferenzierende Phänomene darstellen. Sie werden dazu als „zunehmend unübersichtliche Leistungsverhältnisse" eingeordnet, welche „eine paradoxe Folge funktionaler Differenzierung" seien (Marcinkowski und Steiner 2010, S. 62; vgl. auch Nassehi 1997).

Wir haben die Systemtheorie bisher auf der Ebene von Organisationssystemen erörtert. Eine Reihe von Autoren diskutiert PR dagegen auf der Ebene gesellschaftlicher Teilsysteme, also auf der Ebene von Funktionssystemen wie Massenmedien und Wirtschaft (Rühl 2008; Ronneberger und Rühl 1992; im Überblick Röttger 2010, S. 27–35). In vielen dieser Fälle fehlt eine erkennbare Auseinandersetzung damit, dass Luhmann das Sozialsystem ‚Organisation' auf einer anderen Ebene verortet.[27] Olaf Hoffjann, der beide Ebenen systemtheoretisch diskutiert, bestimmt hingegen interne PR als ein (seinerseits autopoietisches) Subsystem der Organisation. PR als „organisationelles Sub-

---

26 In diesen ist auch der erwähnte Weber'sche Bürokratisierungstrend einzuordnen.
27 Eine Übersicht von verschiedenen Typen sozialer Systeme bietet Krause (1999, S. 27).

system" könne sich zwar sekundär bspw. an den Codes der Massenmedien orientieren (Hoffjann 2007, S. 88), bleibe aber mit seiner „Leitunterscheidung"[28] an das jeweilige Organisationssystem gebunden (89). Organisation sei deshalb das „Muttersystem" der PR (97). PR operiert demnach „primär auf der Grundlage des organisationellen Codes" (102). Dieser Interpretation folgen auch wir.[29] Es ließe sich sogar behaupten, dass gerade die PR – weit mehr als andere Organisationsbereiche – dadurch geprägt sei, als Subsystem von Organisation zu funktionieren.[30] Als Beispiel: Während ein bei Siemens beschäftigter Ingenieur ein Kraftwerk konzipiert, können ihm zugerechnete Kommunikationsepisoden regelmäßig dem Funktionssystem ‚Technik' angehören (systemtheoretisch streitbar ist, ob es ein Funktionssystem Technik ‚gibt'). Streckenweise wird sich diese ingenieurbezogene Kommunikation entlang des Aspekts ‚funktioniert für das Kraftwerk'/‚funktioniert nicht für das Kraftwerk' verketten. Für einen PR-Verantwortlichen des Organisationssystems ‚Siemens' gilt dies nicht in gleichem Maße. Die ihm zugerechnete Kommunikation orientiert sich nach unserer Auffassung am Aspekt ‚im Sinne der Organisationsziele von Siemens/nicht im Sinne der Organisationsziele von Siemens'. Auch dann, wenn in der PR-Abteilung über eine bestimmte Öffentlichkeitsmaßnahme diskutiert wird, kann ‚Siemens' weniger in den Hintergrund treten als bei der entsprechenden Kommunikation unter Kraftwerksingenieuren.

8 Zusammenfassende Betrachtung

Bei allen bis hierhin herausgestellten Unterschieden fällt die Gemeinsamkeit auf, dass die drei vorgestellten Ansätze keine expliziten Aussagen zu PR beinhalten. Organisationstheoretische Ansätze modellieren im Allgemeinen nicht ausdrücklich, welche Rolle PR in Organisationen zukommt und welche sie im Idealfall einnehmen sollte. Anwender der Theorieansätze müssen Aussagen über PR deshalb aus dem allgemeinen Organisationsverständnis *ableiten*. Wir haben herausgestellt, dass der situative Ansatz in seiner ursprünglichen Fassung keinen Raum für PR lässt, da einseitig von einem Einfluss der Umwelt auf die Organisation ausgegangen wurde. Im Zuge der Erweiterung des Ansat-

---

28 Soziale Systeme bedürfen eines symbolisch generalisierten Mediums. Die Generalisierung erfolgt über eine Codierung, d. h. es gibt eine binäre Leitdifferenz, die den Anschluss jener Kommunikation vermittelt, aus der das System besteht. Programme sind inhaltliche Zuordnungsregeln, durch die das über die Leitdifferenz Ausgeschlossene wieder eingespeist werden kann (Luhmann 1998, S. 224–226; Krause 1999, S. 92–93).

29 Für die Anwendung des Konzepts der funktionalen Differenzierung (einschließlich der Betrachtung binärer Codierung unterschiedlicher Wertsphären) auf PR-Fragestellungen bietet sich ggf. an, dies nicht in einem systemtheoretischen, sondern in einem handlungstheoretischen Rahmen zu tun, wie bspw. von Schimank (2009) vorgeschlagen.

30 Ein Nachteil dieser Modellierung ist allerdings, dass man damit den Bereich der PR auf organisationell angebundene Abteilungen beschränkt und PR-Agenturen damit aus dem Blick verliert. Dieser Nachteil resultiert aus der grundlegenden Bedeutung, die der System-Umwelt-Differenz zugesprochen wird.

zes ließe sich die Aufgabe von PR darin sehen, die gegebenen Umweltbedingungen zu beobachten und mit entsprechendem Einsatz formaler Instrumente zu reagieren. Im neo-institutionalistischen Ansatz käme PR die zentrale Aufgabe zu, zur Legitimation nach innen und außen beizutragen. In diesem Verständnis trägt PR mutmaßlich nicht nur zur Inszenierung von Rationalitätsfassaden bei, sondern antizipiert auch die Erwartungen, die auf die Notwendigkeit solcher Inszenierungen schließen lassen. Innerhalb der von der Systemtheorie konzipierten geschlossenen sozialen Systeme käme PR die Funktion zu, durch die Beobachtung anderer Systeme für ausreichende Unruhe und Irritation im System zu sorgen.

Wenn solche spezifischen Aufgaben und Funktionen erst aus den Theorien abgeleitet werden müssen, bedeutet das im Umkehrschluss aber auch, dass sich PR in organisationstheoretischer Sicht als eine zentrale Führungsaufgabe darstellt. Wenn sich die Funktion von PR aus dem grundlegenden Organisationsverständnis ableiten lässt, muss sie, logisch gesehen, auch unmittelbar mit grundlegenden Organisations- und damit auch Führungsfragen zusammenhängen – und ist demnach keine Hilfsfunktion wie etwa Facilitymanagement und EDV. Das zeigt sich bei den beiden zuletzt vorgestellten Theorieansätzen besonders deutlich: Systemtheoretisch gesehen ist Management gleich Kommunikationsmanagement. Für Neo-Institutionalisten sind Strukturentscheidungen und Legitimationsaspekte auf das engste miteinander verzahnt. PR ist gerade dann kaum vom allgemeinen Management abzugrenzen, wenn man den offiziellen Funktionszuschreibungen (‚Public Relations ist jene Abteilung/Agentur, die offiziell mit PR beauftragt ist') nur begrenzte Aussagekraft zugesteht. Dies verkompliziert und erweitert den Blick auf PR, schließt aber dennoch keine forschungspragmatische Fokussierung auf ausgewiesene PR-Stellen aus.

Wer quantitativ messen will, mit welchen Instrumenten PR die Organisationsumwelt beobachtet, ob dies mit bestimmten Umweltbedingungen korrespondiert oder mit bestimmten Typen interner Strukturentscheidungen korreliert, braucht dazu in den meisten Fällen weder eine systemtheoretische Einbettung noch eine neo-institutionalistische Perspektive. Dagegen ist der Vergleich mit ähnlichen empirischen Arbeiten sinnvoll, wie sie u. a. im situativen Ansatz entstanden sind. Wer auf ein konsistentes Begriffsgebäude zurückgreifen will, wird viel mit der Systemtheorie anfangen können und den Einwand verschmerzen, dass die begriffliche Selbstreferenzialität der Systemtheorie eine Immunisierungsstrategie gegen ihre empirische Widerlegung sei. Schließlich ist die Systemtheorie in der Lage, andere Ansätze und konträre Annahmen innerhalb des eigenen Begriffsinstrumentariums einzuordnen und dadurch in sich aufzunehmen. Diese Geschlossenheit und Selbstreferenzialität verleitet offenbar aber auch dazu, das ‚Wesen' der PR bestimmen zu wollen (im Überblick Röttger 2010, S. 27–35) und die konstruktivistisch angelegte Systemtheorie sozialrealistisch auszulegen. Im Unterschied dazu entzieht sich die neo-institutionalistische Perspektive durch die Unschärfe und flexible Handhabung ihrer Begriffe der empirischen Falsifikation. Allerdings ist bei diesem Ansatz das Falsifikationsproblem dadurch entschärft, dass auf ein ‚realistisches' Begriffsverständnis verzichtet wird. In der empirischen Umsetzung haben die Unbestimmtheit der Begriffe und der Verzicht auf klare Unterscheidungen zur Folge, dass zum Teil auch auf ähnliche Indikatoren gesetzt wird, wie sie im situativen Ansatz verwendet werden (z. B. Donges 2008, S. 147–156). Die begriffliche Unschärfe prädestiniert des Weiteren für eine ausgeprägte theoretische Offenheit.

Die bereits vorgestellten Ergebnisse des Theorievergleichs der drei organisationssoziologischen Ansätze sind in Tab. 1 komprimiert dargestellt. Zunächst werden die Unterschiede herausgearbeitet, die das jeweilige Grundverständnis von PR und Organisation betreffen. Die folgenden Zeilen der Tabelle greifen die in Abschnitt 4 vorgestellten vier basalen Fragen auf, mit denen wir dem jeweiligen Verfremdungseffekt der Ansätze nachgegangen sind. Ergänzend stellt die Tabelle dar, in welcher Form die jeweilige Theorieperspektive ein bestimmtes methodologisches Vorgehen nahelegt und welcher Organisationstyp in seinen spezifischen Ausprägungen am adäquatesten berücksichtigt wird. Ferner werden die jeweiligen Stärken und Schwächen der Ansätze vergleichend zusammengefasst, um Reflektionen zur Passung von theoretischem Ansatz und eigenem Forschungsthema zu erleichtern.

Im Prinzip lassen sich alle Theorieansätze auf nahezu jeden Organisationstyp anwenden. Gleichwohl operiert jeder Ansatz von bestimmten Grundannahmen aus. Deshalb lässt sich jedem Ansatz ein spezifischer Organisationstyp zuordnen, der diesen Grundannahmen besonders entspricht und am ehesten Problemstellungen aufweist, die sich mit dem Ansatz analysieren lassen. Die neo-institutionalistische Grundannahme, dass Organisationen auf Legitimation angewiesen sind, lässt sich am deutlichsten für öffentliche Organisationen nachvollziehen. Während der neo-institutionalistische Ansatz damit besonders für die Anwendung auf nicht-gewinnorientierte Organisationen sowie wissensintensive Privatunternehmen geeignet ist, ist die Systemtheorie aus analogen Gründen insbesondere für hochgradig formalisierte Organisationen fruchtbar. Die systemtheoretische Perspektive eignet sich also weniger für Organisationen, die intensiv auf externe Agenturen zurückgreifen und sich intern nach neoliberalem Schema durch Quasi-Märkte zergliedern. Mit dem situativen Ansatz lassen sich besonders gut große Unternehmen, die in kostensensiblen Massenmärkten agieren, in den Blick nehmen.

Ein weiterer, für den Theorievergleich wichtiger Aspekt war die Frage nach der Berücksichtigung von Vorgängen jenseits der Formalstruktur. Der situative Ansatz berücksichtigt diese gar nicht, ähnliches gilt für die Systemtheorie – allerdings nur *indirekt*. Hier ist insofern ein Unterschied zu machen, als dass ‚Entscheidungskommunikation‘ nicht mit dem herkömmlichen Verständnis von Formalstruktur identisch ist, sondern die auf formale Entscheidungen bezogene *Kommunikation* bezeichnet. Der neo-institutionalistische Ansatz erlaubt uns einen Blick auf den Übergangsbereich zwischen formaler und informaler Organisation, der nicht klar abgegrenzt wird. Wir wollen uns deshalb abschließend noch einmal der Frage stellen, ob und inwiefern sich PR in diesem Übergangsbereich bewegt und aussichtsreich bewegen kann.

Tabelle 1   Übersicht des Theorievergleichs

	Situativer Ansatz	Neo-Institutionalismus	Systemtheorie
Aufgabe von PR wird verstanden als ...	Ursprünglicher Ansatz: nicht vorhanden Erweiterte Interpretation: Beobachtung von Umweltzwängen & Einsatz formaler Instrumente	Legitimation nach innen und außen befördern	Für ausreichende Unruhe und Irritation im System sorgen
Organisation wird verstanden als ...	System der formalen Struktur	Handlungsstruktur (weites Verständnis von Institutionalisierung)	Kommunikationssystem, das sich als Kommunikation über Entscheidungen identifiziert
Umwelt wird verstanden als ...	Unabhängige Variable, deren wesentliche Ausprägungen quantitativ erfassbar sind	Symbolisch geprägter Raum, der sich in typisierbare Felder einteilen lässt	Konstruktionsleistung des Organisationssystems, mit dem die Organisation ihre eigene Rationalität und Zielbezogenheit herstellt
Haltung gegenüber Personalisierung	Mittlerer Verfremdungseffekt	Mittlerer Verfremdungseffekt	Hoher Verfremdungseffekt
Haltung gegenüber Glauben an Zielorientierung	Geringer Verfremdungseffekt	Mittlerer Verfremdungseffekt	Hoher Verfremdungseffekt
Berücksichtigung von Vorgängen jenseits der Formalstruktur	Nein	Ja	Nein
Berücksichtigung gesellschaftlicher Veränderungsprozesse	Organisationen müssen sich kontinuierlich strukturell an Umweltanforderungen anpassen; darüber hinaus keine Berücksichtigung	Effekte von Trends wie Akademisierung und Globalisierung sind Gegenstand zentraler Arbeiten des Ansatzes	Koevolution von Systemen kann im Wesentlichen nur retrospektiv beobachtet werden; fortlaufender Trend funktionaler Differenzierung
Charakterisierung der Perspektive	Führungsnahe Perspektive, Meso bis Makro	Variierbar von Mikro bis Makro	Konstruktivistisch, Meso bis Makro
Methodologische Präferenz	Quantitativ, statistische Bezugsetzung zählbarer Aspekte	Quantitativ oder qualitativ, Einbezug von Wahrnehmungen der Beteiligten	Netzwerkanalysen von Kommunikation
typische Organisation	Größeres gewinnorientiertes Unternehmen	Öffentliche Organisation mit institutionell geprägter Umwelt	Nicht „postmoderne" (Luhmann 2006, S. 240) und nicht intern mithilfe von Märkten statt Hierarchie regulierte Organisation (2006, S. 237)
Schlüsselbegriffe	Struktur und Umwelt	Institution und Legitimation	Autopoiesis und System
Stärke des Ansatzes	Operationalisierbarkeit für quantitative Verfahren	Begriffliche Offenheit	Begriffliche Geschlossenheit
Schwäche/Kritik	Ausblendungen erzeugen die Illusion objektiv messbarer, monokausaler Zusammenhänge	Unscharfes theoretisches und begriffliches Profil	Selbstreferenzialität des Ansatzes erschwert praktische Anwendung

Mit informaler Organisation und ihrem Übergangsbereich hin zur formalen Organisation ist das gemeint, was von Richard Sennett als „tacit knowledge" untersucht wird (2008, 2012) und was Jens Rasmussen als „script-based" und „rule-based behavior" bezeichnet (1983, S. 259). Es geht u. a. um solche generativen Muster, denen im Anschluss an Pierre Bourdieu (1993) mit dem Konzept des Habitus nachgegangen wird. Menschen in Organisationen handeln entlang von Gewohnheiten und Gepflogenheiten, die in unterschiedlichem Grad sprachlich geprägt sind (vgl. auch Giddens 1997, S. 81–90; zur forschungspraktischen Umsetzung Ortmann et al. 2000b; Neuberger 1995, S. 332 f).

Was gemeint ist, erlebt jeder am eigenen Leib, der neu in einen großen Betrieb kommt: Der Neue wird mit einer Fülle ungeschriebener Gesetze konfrontiert, welche nicht per Entscheidung, sondern eher via Gewöhnung und kollektiver Interpretation von Tradition zustande kommen. Diese unterschiedlich gut sprachlich explizierbaren Regeln strukturieren allerdings einen erheblichen Teil der Organisationsabläufe, weshalb sich bisweilen auch die formale Organisation an ihnen orientiert. Dies ist bspw. der Fall, wenn das Qualitätsmanagement bewährte Abläufe in Qualitätshandbüchern dupliziert, i. d. R. ohne dass dadurch das Qualitätshandbuch tatsächlich zum verhaltensvermittelnden Instrument würde. Handelt es sich hierbei um ein Handlungsfeld der PR? Dafür spricht, dass in der informalen Organisation Symbole und Identifikation eine wichtige Rolle spielen. Auch Narrative und leiblich vollzogene Rituale strukturieren die informale Organisation, über sie werden u. a. verdeckte Verhaltensanreize gesetzt. Interne PR kann – unter Einsatz formaler Instrumente – stabilisierend oder destabilisierend auf die gemeinten Strukturen einwirken. Sie unterstützt ggf. den Austausch von tacit knowledge innerhalb der Organisation über kommunikative Beteiligungsangebote an die Mitarbeiter, bspw. über die Organisation informaler Austauschgelegenheiten, darunter gemeinsame Aktivitäten und Begegnungsorte, runde Tische zur Bearbeitung von Konflikten oder Mitarbeitergespräche, die auch Raum für die je persönlichen Ziele der Mitarbeiter bieten. Ggf. sorgt sich die PR um „Aufwärtskommunikation" (Goldhaber 1993, S. 159 ff), die der formalen Hierarchie entgegengesetzt ist, z. B. in Form eines vollständigen Beteiligungs- oder zumindest Beschwerdemanagements. Eventuell organisiert die interne PR eine Zufriedenheitsabfrage, die sie vorab in den einzelnen Projektgruppen des Betriebs zur Diskussion stellt. Andernorts initiiert sie eine beteiligungsaktivierend moderierte Leitbildkonferenz der Gesamtorganisation.

Als vorläufiges Fazit: Wer relativieren will, was mit solchen strategischen Instrumenten erreicht werden kann, profitiert von Anleihen aus der Systemtheorie.[31] Mit der neoinstitutionalistischen Perspektive lässt sich der Einsatz von PR-Instrumenten noch besser im Detail analysieren. Dabei beraubt man sich nicht der Möglichkeit von Kritik: PR kann zwar als notwendige Bearbeitung von Rationalitätsfassaden verstanden werden. Es lässt sich aber auch kritisch untersuchen, wie der Einsatz bestimmter PR-Instrumente

---

31 Für allgemeine Managementfragestellungen praktiziert bspw. in (Kühl 2000, 1998) – dort allerdings in einem zumindest in Teilen handlungstheoretischem Rahmen.

zur Mode wird und PR sich gewissermaßen auf diesen Wegen nur seine eigene Legitimation verschafft (Sandhu 2009; Donges 2008, S. 139 f., 144). Solcherlei Rekursivität zu beobachten ist typisch für sozialkonstruktivistische Ansätze. Für ein pragmatisch-quantitativ ausgerichtetes Forschungsprojekt handelt es sich allerdings ggf. um unerwünschte Komplikationen. Es kann – wie im situativen Ansatz – auch produktiv sein, mit strikten Ausblendungen zu arbeiten. Dies ist zu rechtfertigen, solange die Begrenzung der eigenen Perspektive offengelegt wird. Ferner ist wichtig, dass bei breiter angelegten Forschungsfragen nicht ebenfalls automatisch auf die lediglich leicht empirisch erfassbaren und quantifizierbaren Aspekte fokussiert wird.

Insgesamt gehen wir davon aus, dass die PR-Forschung nicht vermeiden kann, mit einem gemischten Verständnis von Organisation zu operieren. Die Rezeption unterschiedlicher Theorietraditionen ist ausdrücklich zu begrüßen; unser eingangs eingeführtes Argument war schließlich, dass Theorien notwendigerweise die Beobachtungsperspektive vereinseitigen. Prinzipiell sind unterschiedliche Perspektiven legitim, um empirische Vorgänge zu reflektieren. Die Wahl eines theoretischen Ansatzes oder einer Kombination mehrerer Ansätze sollte allerdings nicht daran orientiert sein, wie man dem Selbstverständnis der Praktiker besonders reibungsarm entgegenkommt. Ferner versteht sich, dass die Kombination wissenschaftlicher Ansätze nicht willkürlich erfolgen kann, sondern begründet werden muss. Obwohl es keine wissenschaftlich konsentierten Regeln der systematischen Theoriesynthese gibt, lassen sich basale Kriterien formulieren. In unserem Verständnis ist jede Theoriesynthese dahingehend zu überprüfen, inwieweit diese a) mit dem Reflexionsanliegen des jeweiligen Vorhabens korrespondiert, b) relevante Verfremdungseffekte enthält sowie c) reflektiert und transparent macht, welcher Art sich die herangezogenen Theorieansätze widersprechen und wie diese Widersprüche verarbeitet wurden. Exemplarische Anhaltspunkte für eine solche Überprüfung bietet Tab. 1.

Eine solche Überprüfung ist aufwendig und kann nicht im Rahmen aller Publikationsformen berichtet werden. Gleichwohl braucht sie im Forschungsfeld zu Public Relations ihren Platz, denn: Obwohl und weil theoretisch fundierte PR-Forschung der Praxis Reflexionswissen anbieten soll, darf sie den in der Praxis verbreiteten Vorannahmen nur in kontrollierten und reflektierten Schritten entgegenkommen.

Literatur

Achtziger, Anja, und Peter M. Gollwitzer. 2007. Motivation und Volition im Handlungsverlauf. In *Motivation und Handeln,* hrsg. Jutta Heckhausen, und Heinz Heckhausen, 3. Aufl., 277–302. Heidelberg: Springer.

Barlösius, Eva. 2003. Bewährungspunkt: Transintentionalität. Versuch einer Verdeutlichung. In *Die Transintentionalität des Sozialen. Eine vergleichende Betrachtung klassischer und moderner Sozialtheorien,* hrsg. Rainer Greshoff, Georg Kneer, und Uwe Schimank, 339–350. Wiesbaden: Westdeutscher Verlag.

Bell, Daniel. 1974. *The coming of post-industrial society: a venture in social forecasting*. London: Heinemann.

Berger, Peter L., und Thomas Luckmann. 1980. *Die gesellschaftliche Konstruktion der Wirklichkeit. Eine Theorie der Wissenssoziologie*. Frankfurt a. M.: Fischer.

Blümel, Albrecht, Katharina Kloke, und Georg Krücken. 2011. Professionalisierungsprozesse im Hochschulmanagement in Deutschland. In *Professionalisierung im Nonprofit Management*, hrsg. Andreas Langer, und Andreas Schröer, 105–127. Wiesbaden: VS.

Bourdieu, Pierre. 1993. *Sozialer Sinn. Kritik der theoretischen Vernunft*. 1. Aufl. Frankfurt a. M.: Suhrkamp.

Bruhn, Manfred. 2009. *Relationship Marketing. Das Management von Kundenbeziehungen*. 2. Aufl. München: Vahlen.

Burns, Tom, und George Macpherson Stalker. 1994. *The Management of Innovation*. 3. Aufl. Oxford: Oxford University Press.

Chalmers, Alan R. 2007. *Wege der Wissenschaft. Einführung in die Wissenschaftstheorie*. Berlin: Springer.

Deephouse, David L. 2000. Media Reputation as a Strategic Resource: An Integration of Mass Communication and Resource-Based Theories. *Journal of Management* 26 (6): 1091–1112.

DiMaggio, Paul J., und Walter W. Powell. 1983. The Iron Cage Revisited: Institutional Isomorphism and Collective Rationality in Organizational Fields. *American Sociological Review* 48 (2): 147–160.

DiMaggio, Paul J., und Walter W. Powell. 1991. The Iron Cage Revisited: Institutional Isomorphism and Collective Rationality in Organizational Fields. In *The New Institutionalism in Organizational Analysis*, hrsg. Walter W. Powell, und Paul J. DiMaggio, 63–82. Chicago: University of Chicago Press.

DiStaso, Marcia W., und Terri A. Scandura. 2009. Organizational Legitimacy. Lessons Learned from Financial Scandals. In *An Integrated Approach to Communication Theory and Research*, hrsg. Don W. Stacks, und Michael B. Salwen, 406–417. Mahwah: Lawrence Erlbaum.

Donges, Patrick. 2006. Medien als Institutionen und ihre Auswirkungen auf Organisationen. Perspektiven des soziologischen Neo-Institutionalismus für die Kommunikationswissenschaft. *Medien & Kommunikationswissenschaft* 54: 563–578.

Donges, Patrick. 2008. *Medialisierung politischer Organisationen. Parteien in der Mediengesellschaft*. 1. Aufl. Wiesbaden: VS.

Dreitzel, Hans Peter. 1966. Wege in die soziologische Literatur. In *Wege zur Soziologie*, hrsg. Hans Paul Bahrdt, 219–256. München: Nymphenburger.

Drucker, Peter Ferdinand. 1998. *Die Praxis des Managements. Ein Leitfaden für die Führungs-Aufgaben in der modernen Wirtschaft*. 6. Aufl. Düsseldorf: ECON.

Edwards, Lee. 2012. Defining the ‚Object‘ of Public Relations Research: A New Starting Point. *Public Relations Inquiry* 1 (1): 7–30.

Engelhardt, Anina, und Laura Kajetzke. 2010. *Handbuch Wissensgesellschaft. Theorien, Themen und Probleme*. Bielefeld: Transcript.

Friedrichsmeier, Andres. 2012. *Die unterstellten Wirkungen der universitären Steuerungsinstrumente. Zur hochschulischen Dauerreform und den Möglichkeiten ihrer Entschleunigung.* Münster: LIT.

Fuchs, Peter. 2006. Soziale Systeme, Systemtheorie – Was leisten Hochabstraktionen? In *Soziologische Basics. Eine Einführung für Pädagogen und Pädagoginnen,* hrsg. Albert Scherr, 154–158. Wiesbaden: VS.

Fudalla, Mark, und Christian Wöste. 2008. *Doppik schläg Kameralistik. Fragen und Antworten zum doppischen Haushalts- und Rechnungswesen.* 5. Auf. Köln: KPMG.

Giddens, Anthony. 1997. *Die Konstitution der Gesellschaft.* 3. Aufl. Frankfurt a. M.: Campus.

Goffman, Erving. 1974. *Frame Analysis. An Essay on Organization of Experience.* 1. Aufl. New York: Harper.

Goldhaber, Gerald M. 1993. *Organizational Communication.* Madison: Brown & Benchmark.

Grunig, James E., David Dozier, William Ehling, Larissa Grunig, Fred Repper, und Jon White (Hrsg.). 1992. *Excellence in Public Relations and Communication Management.* Hillsdale: Lawrence Erlbaum.

Hannan, Michael T., und John Freeman. 1989. *Organizational Ecology.* 1. Aufl. Cambridge: Harvard University Press.

Heckhausen, Jutta, und Heinz Heckhausen. 2007. Motivation und Handeln: Einführung und Überblick. In *Motivation und Handeln,* hrsg. Jutta Heckhausen, und Heinz Heckhausen, 3. Aufl., 1–9. Heidelberg: Springer.

Hillmann, Karl-Heinz. 1994. *Wörterbuch der Soziologie.* 4. Aufl. Stuttgart: Kröner.

Hoffjann, Olaf. 2007. *Journalismus und Public Relations. Ein Theorieentwurf der Intersystembeziehungen in sozialen Konflikten.* 2. Aufl. Wiesbaden: VS.

Ihlen, Øyvind, und Piet Verhoeven. 2012. A Public Relations Identity for the 2010s. *Public Relations Inquiry* 1 (1): 159–176.

Janis, Irving L. 1989. *Crucial Decisions: Leadership in Policymaking and Crisis Management.* New York: Free Press.

Jarchow, Klaus. 1992. *Wirklichkeiten, Wahrheiten, Wahrnehmungen.* Bremen: WMIT.

Jarren, Otfried, und Ulrike Röttger. 2008. Public Relations aus kommunikationswissenschaftlicher Sicht. In *Handbuch der Public Relations. Wissenschaftliche Grundlagen und berufliches Handeln,* hrsg. Günter Bentele, Romy Fröhlich, und Peter Szyszka, 19–36. Wiesbaden: VS.

Jepperson, Ronald L. 1991. Institutions, Institutional Effects, and Institutionalism. In *The New Institutionalism in Organizational Analysis,* hrsg. Walter W. Powell, und Paul J. Dimaggio, 143–163. Chicago: University of Chicago Press.

Kieser, Alfred. 2001. Der Situative Ansatz. In *Organisationstheorien,* hrsg. Alfred Kieser, 4. Aufl., 169–198. Stuttgart: Kohlhammer.

Kocyba, Hermann, und Uwe Vormbusch. 2000. *Partizipation als Managementstrategie. Gruppenarbeit und flexible Steuerung in Automobilindustrie und Maschinenbau.* Frankfurt a. M.: Campus.

Kohring, Matthias. 2009. Alles Medien, oder was? Eine öffentlichkeitstheoretische Standortbestimmung. In *Konstruktion von Kommunikation in der Mediengesellschaft*, hrsg. Klaus Merten, 71–82. Wiesbaden: VS.

Krause, Detlef. 1999. *Luhmann-Lexikon. Eine Einführung in das Gesamtwerk von Niklas Luhmann*. 2. Aufl. Stuttgart: Ferdinand Enke.

Kühl, Stefan. 1998. *Wenn die Affen den Zoo regieren. Die Tücken der flachen Hierarchie.* 5. Aufl. Frankfurt a. M.: Campus.

Kühl, Stefan. 2000. *Das Regenmacher-Phänomen. Widersprüche und Aberglaube im Konzept der lernenden Organisation.* Frankfurt a. M.: Campus.

Kühl, Stefan. 2011a. *Organisationen. Eine sehr kurze Einführung.* Wiesbaden: VS.

Kühl, Stefan. 2011b. *Spezifikationen zum Sudoku-Effekt. Überlegungen zur Komplexitätssteigerung in den Bologna-Studiengängen.* Working Paper 7/2011. Bielefeld.

Kussin, Matthias. 2009. PR-Stellen als Reflexionszentren multireferentieller Organisationen. In *Theorien der Public Relations. Grundlagen und Perspektiven der PR-Forschung*, hrsg. Ulrike Röttger, 117–133. Wiesbaden: VS.

Lane, Robert E. 1966. The Decline of Politics and Ideology in a Knowledgeable Society. *American Sociological Review* (31/1966): 649–662.

Lawrence, Paul R., und Jay W. Lorsch. 1973. *Organization and Environment: managing differentiation and integration.* 7. Aufl. Homewood: Irwin.

Levinthal, Daniel, und James Gardner March. 1990. Ein Modell für adaptives organisatorisches Suchverhalten. In *Entscheidung und Organisation. Kritische und konstruktive Beiträge, Entwicklungen und Perspektiven*, hrsg. James G. March, 209–244. Wiesbaden: Gabler.

Luhmann, Niklas. 1964. *Funktionen und Folgen formaler Organisation.* 1. Aufl. Berlin: Duncker & Humblot.

Luhmann, Niklas. 1988. Organisation. In *Mikropolitik. Rationalität, Macht und Spiele in Organisationen*, hrsg. Willi Küpper, und Günther Ortmann, 165–215. Opladen: Westdeutscher Verlag.

Luhmann, Niklas. 1990. *Soziologische Aufklärung: 5. Konstruktivistische Perspektiven.* Opladen: Westdeutscher Verlag.

Luhmann, Niklas. 1992. *Die Wissenschaft der Gesellschaft.* Frankfurt a. M.: Suhrkamp.

Luhmann, Niklas. 1994. *Soziale Systeme: Grundriß einer allgemeinen Theorie.* 4. Aufl. Frankfurt a. M.: Suhrkamp.

Luhmann, Niklas. 1998. *Die Gesellschaft der Gesellschaft. Erster Teilband.* 1. Aufl. Frankfurt a. M.: Suhrkamp.

Luhmann, Niklas. 2006. *Organisation und Entscheidung.* 2. Aufl. Wiesbaden: VS.

Maasen, Sabine, und Peter Weingart. 2006. Unternehmerische Universität und neue Wissenschaftskultur. *die hochschule* 15 (1): 19–45.

March, James G., und Guje Sevón. 1990a. Unterhaltung, Information und Entscheidungsfindung. In *Entscheidung und Organisation. Kritische und konstruktive Beiträge, Entwicklungen und Perspektiven*, hrsg. James G. March, 479–494. Wiesbaden: Gabler.

March, James G., und Zur Shapira. 1990b. Risiko und Risikoübernahme aus Sicht des Managements. In *Entscheidung und Organisation. Kritische und konstruktive Beiträge, Entwicklungen und Perspektiven*, hrsg. James G. March, 89–112. Wiesbaden: Gabler.

Marcinkowski, Frank, und Adrian Steiner. 2010. Was heißt „Medialisierung"? Autonomiebeschränkung oder Ermöglichung von Politik durch Massenmedien? In *Von der Politisierung der Medien zur Medialisierung des Politischen? Zum Verhältnis von Medien und Politik im 20. Jahrhundert*, hrsg. Klaus Arnold, Christoph Classen, Susanne Kinnebrock, Egard Lersch, und Hans-Ulrich Wagner, 51–76. Leipzig: Leipziger Universitätsverlag.

Marx, Karl. 1974. *Grundrisse der Kritik der politischen Ökonomie*. 2. Aufl. Berlin: Dietz.

Merton, Robert King. 1995. *Soziologische Theorie und soziale Struktur*. Berlin: de Gruyter.

Meyer, John W. 1992. Conclusion. In *Organizational Environments. Ritual and Rationality*, hrsg. John W. Meyer, und W. Richard Scott, 262–282. Newbury Park: Sage.

Meyer, John W. 2009. *World Society*. Oxford: Oxford University Press.

Meyer, John W., und Brian Rowan. 1991. Institutionalized Organizations: Formal Structure as Myth and Ceremony. In *The New Institutionalism in Organizational Analysis*, hrsg. Walter W. Powell, und Paul J. Dimaggio, 41–62. Chicago: University of Chicago Press.

Mintzberg, Henry. 1979. *The Structuring of Organizations. A Synthesis of the Research*. Eaglewood Cliffs: Prentice-Hall.

Nassehi, Armin. 1997. Inklusion, Exklusion – Integration, Desintegration. Die Theorie funktionaler Differenzierung und die Desintegration. In *Was hält die Gesellschaft zusammen? Bundesrepublik Deutschland: Auf dem Weg von der Konsens- zur Konfliktgesellschaft; Bd. 2*, hrsg. Wilhelm Heitmeyer, 113–148. Frankfurt a. M.: Suhrkamp.

Neuberger, Oswald. 1995. *Mikropolitik: Der alltägliche Aufbau und Einsatz von Macht in Organisationen*. Stuttgart: Enke.

Nickel, Sigrun. 2007. *Partizipatives Management von Universitäten. Zielvereinbarungen, Leitungsstukturen, Staatliche Steuerung*. Mering: Rainer Hampp.

Nowotny, Helga, Peter Scott, und Michael Gibbons. 2004. *Wissenschaft neu denken: Wissen und Öffentlichkeit in einem Zeitalter der Ungewißheit*. Weilerswist: Velbrück.

Ortmann, Günther, Jörg Sydow, und Klaus Türk. 2000a. Organisation, Strukturation, Gesellschaft. Die Rückkehr der Gesellschaft in die Organisationstheorie. In *Theorien der Organisation. Die Rückkehr der Gesellschaft*, hrsg. Günther Ortmann, Jörg Sydow, und Klaus Türk, 15–34. Wiesbaden: Westdeutscher Verlag.

Ortmann, Günther, Jörg Sydow, und Arnold Windeler. 2000b. Organisation als reflexive Strukturation. In *Theorien der Organisation. Die Rückkehr der Gesellschaft*, hrsg. Günther Ortmann, Jörg Sydow, und Klaus Türk, 315–354. Wiesbaden: Westdeutscher Verlag.

Osborne, David, und Ted Gaebler. 1992. *Reinventing Government: How the Entrepreneurial Spirit is Transforming the Public Sector*. Reading: Addison-Wesley.

Pellert, Ada. 2001. Organisationsentwicklung. In *Grundbegriffe des Hochschulmanagements*, hrsg. Anke Hanft, 342–347. Neuwied: Luchterhand.

Powell, Walter W., Paul DiMaggio (Hrsg.). 1991. *The New Institutionalism in Organizational Analysis*. Chicago: University of Chicago Press.

Pugh, Derek S., und David J. Hickson. 1979. *Organizational Structure in its Context*. The Aston Programme; 1, reprint Aufl. Westmead: Saxon House.

Rasmussen, Jens. 1983. Skills, Rules, and Knowledge; Signals, Signs, and Symbols, and other Distinctions in Human Performance Models. *IEEE Transactions on Systems, Man and Cybernetics* (13/3): 257–266.

Raupp, Juliana. 2010. Die Legitimation von Unternehmen in öffentlichen Diskursen. In *Handbuch CSR. Kommunikationswissenschaftliche Grundlagen, disziplinäre Zugänge und methodische Herausforderungen*, hrsg. Juliana Raupp, Stefan Jarolimek, und Friederike Schultz, 97–114. Wiesbaden: VS.

Reppesgaard, Lars. 2010. *Das Google-Imperium*. 2. Aufl. Hamburg: Murmann.

Ronneberger, Franz, und Manfred Rühl. 1992. *Theorie der Public Relations: ein Entwurf*. Opladen: Westdeutscher Verlag.

Röttger, Ulrike. 2009. Welche Theorien für welche PR? In *Theorien der Public Relations. Grundlagen und Perspektiven der PR-Forschung*, hrsg. Ulrike Röttger, 9–25. Wiesbaden: VS.

Röttger, Ulrike. 2010. *Public Relations – Organisation und Profession. Öffentlichkeitsarbeit als Organisationsfunktion; eine Berufsfeldstudie*. 2. Aufl. Wiesbaden: VS.

Röttger, Ulrike, und Joachim Preusse, Jana Schmitt. 2011. *Grundlagen der Public Relations. Eine kommunikationswissenschaftliche Einführung*. Wiesbaden: VS.

Rühl, Manfred. 2008. Systemtheoretisch-gesellschaftsorientierte Ansätze. In *Handbuch der Public Relations. Wissenschaftliche Grundlagen und berufliches Handeln*, hrsg. Günter Bentele, Romy Frohlich, und Peter Szyszka, 2. Aufl., 125–135. Wiesbaden: VS.

Sandhu, Swaran. 2009. Legitimitätsexperten in eigener Sache? Zur sozialen Konstruktion der PR-Beratung. In *PR-Beratung. Theoretische Konzepte und empirische Befunde*, hrsg. Ulrike Röttger, und Sarah Zielmann, 151–171. Wiesbaden: VS.

Schimank, Uwe. 2007. Elementare Mechanismen. In *Handbuch Governance. Theoretische Grundlagen und empirische Anwendungsfelder*, hrsg. Arthur Benz, Susanne Lütz, Uwe Schimank, und Georg Simonis, 29–45. Wiesbaden: VS.

Schimank, Uwe. 2009. Wie sich funktionale Differenzierung reproduziert: eine akteurstheoretische Erklärung. In *Hartmut Essers erklärende Soziologie: Kontroversen und Perspektiven*, hrsg. Paul Hill, 201–226. Frankfurt a. M.: Campus.

Schreyögg, Georg. 1978. *Umwelt, Technologie und Organisationsstruktur. Eine Analyse des kontingenztheoretischen Ansatzes*. Bern: P. Haupt.

Schürmann, Axel. 1974. *Wertgesetz und gesellschaftliche Entwicklung*. Gießen: Achenbach.

Scott, Richard W., und John W. Meyer. 1991. The Organization of Societal Sectors: Propositions and Early Evidence. In *The New Institutionalism in Orgnaizational Analysis*, hrsg. Walter W. Powell, und Paul J. Dimaggio, 108–140. Chicago: University of Chicago Press.

Scott, W. Richard. 1994. Institutions and Organizations: Toward a Theoretical Synthesis. In *Institutional Environments and Organizations: Structural Complexity and Individualism*, hrsg. W. Richard Scott, unb John W. Meyer, 55–80. Thousand Oaks: Sage.

Senge, Peter M. 1996. *Die fünfte Disziplin. Kunst und Praxis der lernenden Organisation*. 3. Aufl. Stuttgart: Klett-Cotta.

Sennett, Richard. 2008. *The craftsman*. New Haven: Yale University Press.

Sennett, Richard. 2012. *Together: the rituals, pleasures and politics of co-operation*. London: Allen Lane.

Smith, Adam. 1976. *An Inquiry into the causes and the Nature of the Wealth of Nations*. Reprint Aufl. Oxford: Clarendon.

Stratmann, Friedrich. 2009. *Kaufmännisches Rechnungswesen an Hochschulen – „state of the art".* Vortrag auf der HIS-Tagung „Finanzmanagement", 28.–29. 9. 2009. Hannover: HIS.

Szyszka, Peter. 2009. Kommunikationsberatung als Beobachtung dritter Ordnung. In *PR-Beratung. Theoretische Konzepte und empirische Befunde*, hrsg. Ulrike Röttger, und Sarah Zielmann, 59–71. Wiesbaden: VS.

Teubner, Gunther. 1987. Hyperzyklus in Recht und Organisation. Zum Verhältnis von Selbstbeobachtung, Selbstkonstitution und Autopoiese. In *Sinn, Kommunikation und soziale Differenzierung*, hrsg. Hans Haferkamp, und Michael Schmid, 89–128. Frankfurt a. M.: Suhrkamp.

Theis-Berglmair, Anna Maria. 2003. *Organisationskommunikation. Theoretische Grundlagen und empirische Forschungen*. Münster: LIT.

Theis-Berglmair, Anna Maria. 2008a. Organizational Communication and Public Relations: A Conceptual Framework for a Common Ground. In *Public Relations Research. European and International Perspectives and Innovations*, hrsg. Ansgar Zerfass, Betteke van Ruler, und Krishnamurthy Sriramesh, 111–123. Wiesbaden: VS.

Theis-Berglmair, Anna Maria. 2008b. Public Relations aus organisationssoziologischer Perspektive. In *Handbuch der Public Relations. Wissenschaftliche Grundlagen und berufliches Handeln*, hrsg. Günter Bentler, Romy Fröhlich, und Peter Szyszka, 2. Aufl., 37–49. Wiesbaden: VS.

Theis, Anna-Maria. 1992. Inter-Organisations-Beziehungen im Mediensystem. Public Relations aus organisationssoziologischer Perspektive. *Publizistik* 37 (1): 25–36.

Türk, Klaus. 1995. *„Die Organisation der Welt". Herrschaft durch Organisation in der modernen Gesellschaft*. Opladen: Westdeutscher Verlag.

Vogl, Joseph. 2010. *Das Gespenst des Kapitals*. 1. Aufl. Zürich: Diaphanes.

Wæreaas, Arild. 2007. The re-enchantment of social institutions: Max Weber and public relations. *Public Relations Review* 33 (3): 281–286.

Walgenbach, Peter. 2001. Institutionalistische Ansätze in der Organisationstheorie. In *Organisationstheorien*, hrsg. Alfred Kieser, 4. Aufl., 319–353. Stuttgart: Kohlhammer.

Weber, Max. 1918. *Parlament und Regierung im neugeordneten Deutschland: Zur politischen Kritik des Beamtentums und Parteiwesens*. München: Duncker und Humblot.

Weber, Max. 1951. *Gesammelte Aufsätze zur Wissenschaftslehre*. 2. Aufl. Tübingen: Mohr.

Weber, Max. 2002. *Wirtschaft und Gesellschaft: Grundriß der verstehenden Soziologie*. 5. Aufl. Thübingen: Mohr.

Wehmeier, Stefan. 2006. Dancers in the Dark: The Myth of Rationality in Public Relations. *Public Relations Review* 32 (3): 213–220.

Weick, Karl E. 1995. *Der Prozeß des Organisierens*. Frankfurt a. M.: Suhrkamp.

Willke, Helmut. 2001. *Systemisches Wissensmanagement*. 2. Aufl. Stuttgart: Lucius & Lucius.

Strategie, Management und strategisches Kommunikationsmanagement

Klaus Merten

Der Begriff der *Strategie* teilt das Schicksal vieler modischer Grundbegriffe[1] – er ist nicht geklärt, so dass er an vielen Stellen für viele Zwecke gebraucht werden kann, dort eine diffuse, aber willkommene Aura höherer Wichtigkeit verbreitet, ohne dass jemals geklärt werden muss was sich genau dahinter verbirgt. Zwar gibt es Jahrtausende alte Regeln, die den großen Nutzen von Strategien für Kriege belegen (vgl. Sun Tsu 2007). Doch der Transfer auf kommunikative Handlungsfelder hat gerade erst begonnen und der begriffliche Aufwand, den man hier für die Klärung von Grundbegriffen treibt, hält sich in bescheidenen Grenzen. Das gilt nicht nur für den Begriff der Kommunikation oder den PR-Begriff, sondern das gilt erst recht für komplexe Begriffe wie Reputation, Strategie und Management. Die mit Abstand häufigste und zugleich banalste Benutzung des Begriffs „strategisch" ist die als Synonym für „relevant" resp. für „wichtig".

Im Folgenden soll daher zunächst der Versuch unternommen werden, den Begriff der Strategie zu klären und in einem zweiten Schritt den Zusammenhang von Strategie und Management zu umreißen – Begriffe, die laufend aufeinander verweisen. In einem dritten Schritt wird, aufbauend auf den Arbeiten von Mintzberg (1973; 2009) und anderen geprüft, welche Rolle die Kommunikation generell für das Management spielt, insbesondere bei dynamischen Strategien, die sich zwischen Kontingenz und Komplexität zu behaupten haben und dabei völlig neuen Anforderungen irrationaler Art begegnen müssen.

Es zeigt sich: Für Organisationen besitzt das Management von Kommunikation derzeit zwei große Anwendungsfelder: Zum einen die systematische Unterfütterung des Managements mit Kommunikation und kommunikativen Tools, ohne die Management heute nicht mehr erfolgreich sein kann (vgl. dazu auch den Beitrag von Preusse und Röttger in diesem Band). Zum anderen das konzeptionelle ‚Strategische Kommu-

---

1 Andere Begriffe sind Kommunikation, Kompetenz, Komplexität, Management oder Performance.

nikationsmanagement', also die strategische Verfassung von PR-Konzeptionen, früher schlicht ‚Konzeptionierung' genannt.

1   Zum Begriff der Strategie

Manche Autoren sammeln fleißig hunderte von Strategien und publizieren sie in Handbüchern, doch zum Begriff „Strategie" selbst heißt es meist nur „Der Begriff ist schillernd" (vgl. Scheuss 2008, S. 11) oder „Das Wort klingt bedeutsam" (vgl. Szyszka und Dürig 2008, S. 15) oder der Begriff Strategie wird einfach durch den Begriff „strategisch" definiert.[2] Oder Strategie wird definiert durch mehr oder weniger simple, rein nominale Synonyme: „A strategy, then, is an appoach, design, scheme or system" (Grunig und Repper 1992, S. 123), was wenig Fortschritt verheißt: „Die Vielzahl dieser Konzeptionen von Strategien korreliert mit der Vielzahl von Aktivitäten, die von entsprechenden Managern oder Forschern als strategisch eingeordnet werden" (Von Arx 2008, S. 11 ff.).

Der einfachste Zugriff auf Strategie ist das zielgerichtete Handeln, das schon immer ein „denkgesteuertes Handeln" (Klix 1991, S. 63 ff.) darstellt und daher bereits einen Plan (Modell) voraussetzt. Strategie ist demnach zumindest das Planen von Plänen unter zusätzlichen Bedingungen: 1) Es handelt sich um eine oder mehrere Entscheidungen, die für den Entscheider (die Person, das Unternehmen, den Staat etc.) grundlegend, also hochrelevant sind, 2) Der Plan hat die *realisierbare* (erreichbare) Lösung eines Problems (üblicherweise: das Erreichen eines Zieles) zum Gegenstand, 3) die Strategie verfolgt nicht nur die Lösung, sondern immer auch eine Optimierung dieser Lösung und 4) sie stellt paradoxe Anforderungen: Konstanz und Variation sind gleicherweise beteiligt, Erwartungen für Unerwartetes sind Standard. Welch komplexe Struktur eine Strategie auszeichnet, erkennt man unschwer, wenn man berücksichtigt, dass Planung selbst schon ein Typ reflexiver Entscheidung und Entscheidung ein Typ reflexiven Handelns ist (vgl. Luhmann 1970, S. 113 ff.). So gesehen markiert eine Strategie eine reflexive Handlungsstruktur in vierter Potenz und schon daraus lässt sich folgern, dass Strategien zuallererst dort Verwendung finden, wo es um maximale Relevanzen, um Sein oder Nichtsein geht: in Kriegen.

2   Strategie und Stratagem

Es ist kein Zufall, dass der Begriff der *Strategie* zuallererst im Militärwesen auftaucht, denn der Krieg war stets die größte denkbare aller Unternehmungen und gilt zu Recht als „Vater aller Dinge". Doch der Begriff der Strategie reicht heute viel weiter: Es gibt Wahl*kämpfe* im politischen System und Übernahme*schlachten* im Wirtschaftssystem

---

2   „Als Strategie werden […] strategische Pläne […] bezeichnet" (Grünig und Kühn 2009, S. 7).

und der, der *siegt*, wird nicht nur militärisch, sondern längst auch politisch, wirtschaftlich und kommunikativ als Star, zumindest aber als Stratege, gefeiert.

Abstrakt gesehen basiert jede Strategie zunächst auf einer temporalen Strukturierung von Zukunft, d. h. sie versucht, Ereignisse *in der Zukunft* zu modellieren durch Entwicklung eines *Plans* in der Gegenwart, der auf Erfahrungen aus der *Vergangenheit* beruht. Der Vorteil ist groß: Man kann das Eintreten zukünftiger Ereignisse anhand des Plans bzw. der darauf aufbauenden Strategie nun nicht nur versuchen, zu berechnen (ob), sondern auch zu prognostizieren (wann, wie) und man gewinnt Zeit für notwendige Anpassungsleistungen: Oder mit den Worten von Sun Tsu (2007, S. 79): „Wenn deine Strategie tiefgründig und umfassend ist, dann ist das, was du aus deinen Berechnungen gewinnst, viel, und du kannst gewinnen, bevor du überhaupt kämpfst."

Nach Brunken (2007, S. 35) gehören zu einer Strategie fünf Kernfaktoren: 1) die Wahl des richtigen Zeitpunkts, 2) das richtige Vorgehen, 3) hohe Motivation des Angreifers, 4) Schnelligkeit und 5) Interdependenzen (Beachtung von Nebenwirkungen). Das ‚richtige Vorgehen' beinhaltet Verschwiegenheit, List und Täuschung. Einfachste Bausteine für List/Täuschung sind die Strategeme, weil sie nur *ein* Element der List oder der Täuschung enthalten. Chinesische Feldherren haben insgesamt 36 Strategeme aufgestellt, sozusagen als Sammlung militärischer Erfahrungen und viele haben, unter verschiedenen Bezeichnungen, längst Eingang in zivile Bereiche gefunden. So lautet das siebte Strategem von Sun Tse (vgl. von Senger 2009, S. 69 ff.) „Aus einem Nichts etwas erzeugen" und ist uns als „Aus einer Mücke einen Elefanten machen" bekannt. Einen ersten Versuch, diese Strategeme nach der Kategorie Täuschung/Nicht-Täuschung zu ordnen, zeigt Tab. 1.

Dabei zeigt sich, dass diese 36 Strategeme, deren Sammlung dem chinesischen General Tan Daoji († 436) zugeschrieben wird, fast durchgängig auf dem Prinzip der *Täuschung* und der *List* beruhen. In den Ausführungen zur Strategie sagt Tan Daoji: „Jede militärische Operation beinhaltet Täuschung. Selbst wenn du fähig bist, erscheine unfähig. Selbst wenn du tätig bist, erscheine untätig" (Sun Tsu 2007, S. 70). Eine List[3] ist die Schaffung oder Nutzung einer polysemen Wirklichkeit, wobei die Wahl der für den Listigen günstigeren Alternative zunächst geheim gehalten (verborgen) wird. Dreiviertel aller Strategeme (27 von 36) basieren auf dem Prinzip der Täuschung.[4]

Zu prüfen wäre allerdings, ob diese 36 Strategeme nur eine nicht abgeschlossene Sammlung darstellen, die sich realen Erfahrungen verdankt (sozusagen eine empirische Liste), oder ob sie die erschöpfende Menge aller Strategeme darstellen. Im letzteren Fall müsste es dann Regeln oder einen Satz von Kriterien geben, die eineindeutig auf die Zahl von 36 Strategemen führen. Die zweite Frage ist: Gelten diese Strategeme auch für einige

---

3 Der Begriff ist im Großen Brockhaus oder anderen Lexika nicht (!) vertreten.

4 So etwa das 32te Strategem („List der offenen Stadttore"): „Wenn Du den Feind erwartest, dann öffne Deine Stadttore, sitze auf der Mauer und schlage die Laute. Dann werden die Spione des Feindes denken, dass Du stark bist und Dich nicht fürchtest und werden vom Angriff abraten."

Tabelle 1   Die 36 Strategeme des Tan Daoji

Eigene Aktivität (List) (Täuschung (+))	Situation ausnutzen (Keine Täuschung (−))

Täuschung am Ereignis/durch die Tat
2 Wei belagern um Zhao zu retten
3 Mit dem Messer eines anderen töten
6 Im Osten lärmen, im Westen angreifen
11 Der Pflaumenbaum verdorrt statt des Pfirsich-
   baums
25 Balken stehlen, gegen morsche Stützen aus-
   tauschen
30 Die Rolle des Gastes in die des Gastgebers um-
   kehren
	Gelegenheit beim Schopfe packen (Minimax)
	12 Mit leichter Hand das Schaf wegführen

Köder, List/Finte 15 Den Tiger vom Berg in die Ebene locken 17 Einen Backstein hinwerfen, um Jade zu erlangen 24 Einen Weg für einen Angriff gegen Guo ausleihen (= erst der kleine Finger, dann die ganze Hand) 29 Dürre Bäume mit künstlichen Blüten schmücken 31 Die List der schönen Frau 32 Die List der offenen Stadttore 33 Die List des Zwietrachtsäens (Doppelagenten) 34 Die List der Selbstverstümmelung	**Günstige Situation ausnutzen** 4 Ausgeruht den erschöpften Feind erwarten 5 Ein Feuer für einen Raub ausnützen

Ablenkung/Tarnung/Heimlichkeit
8 Heimlich nach Chencang marschieren
16 Will man etwas fangen, muss man zunächst los-
   lassen
19 Das Brennholz heimlich unter dem Kessel weg-
   nehmen
20 Das Wasser trüben, um die Fische zu ergreifen
21 Die Zikade wirft ihre goldglänzende Haut ab
	Bessere Gelegenheit abwarten/Auf Lauer liegen
	9 Das Feuer am gegenüberliegenden Ufer be-
	   obachten

Täuschung d. Wahrnehmung einer Person 1 Den Kaiser täuschen und das Meer überqueren 7 Etwas aus einem Nichts erzeugen (Mücke/Elefant)	**Den Anführer fangen** 18 Den Gegner durch Gefangennahme des Anführers unschädlich machen

Drohung
14 Für die Rückkehr der Seele einen Leichnam aus-
   leihen
	Dem Gegner den Fluchtweg abschneiden
	22 Die Türe schließen, um den Dieb zu fangen
	28 Auf das Dach locken, um dann die Leiter weg-
	   zuziehen

Täuschung durch Kommunikation
10 Hinter dem Lächeln den Dolch verbergen
13 Das Gras schlagen, um die Schlange aufzu-
   scheuchen
26 Akazie schelten, dabei auf den Maulbeerbaum
   zeigen
27 Verrücktheit mimen ohne Gleichgewicht zu ver-
   lieren
	Verbündete suchen
	23 Sich mit dem fernen Feind verbünden, um Nach-
	   barn anzugreifen

35 Kettenstrategie: *Mehrere* Strategeme	36 Weglaufen, Rückzug
Summe: 27	**Summe: 9**

oder gar alle nichtmilitärischen Bereiche? Eine Antwort darauf ist schwierig, denn es stellt sich sofort die Frage, ob diese Strategeme einfach 1:1 in andere Bereiche wie Wirtschaft und Politik übersetzt werden dürfen oder ob aus funktionaler Perspektive und in genügender Abstraktion Entsprechungen zu suchen und zu finden sind. Zimmermann (1997, S. 31) geht davon aus, dass für die Kommunikation zusätzliche Randbedingungen hinzukommen, die durch Themen oder Typen von Inhalten gesetzt werden.

Sun Tsu (2007) sieht eine Strategie als einen Typ von Plan an, der im Kopf des fähigen Generals nach vielen „Berechnungen" entsteht. Strategien sind – das wird an vielen Beispielen deutlich – stets auf die Zukunft gerichtet, sie sind also zumindest auf der Ebene der Planung anzusiedeln. Auf jeden Fall verweist Planung auf die Zukunft, benötigt mehr Zeit, macht aber die Zukunft sichtbar und erwartbar, erlaubt daher Folgerungen, was jetzt geschehen muss und was erst später, sie generiert also temporale Struktur.

Eine Strategie baut aber nicht nur auf Planung auf, sondern stellt weitere Forderungen, die zueinander in einem paradoxen Widerspruch stehen: Konstanz und Veränderung. Zum einen verlangt eine Strategie, dass das Ziel trotz aller vorhersehbaren und unvorhersehbaren Störungen unverändert verfolgt und erreicht wird und zum anderen muss sie gerade deshalb flexibel, also veränderlich gehandhabt werden können.

Daher muss ein Plan entweder a priori mit allen möglichen Alternativen, die fixiert sind, ausgestattet sein (das wäre etwa das Schachspiel) oder aber der Plan muss auf geeignete Weise Variationen zulassen und verarbeiten können – zum Beispiel dadurch, dass man den Zufall als Varianzgenerator einkalkuliert, so dass zu jedem gegebenen Zeitpunkt im Sinne einer optimalen Anpassung über diese Varianz entschieden werden kann. Strategie gewinnt Flexibilität offenbar dadurch, dass man sie als Plan zur Entscheidung über Pläne strukturiert. Sie besitzt damit deutlich systemischen Charakter, denn die Varianz muss über ein valides Feedback beschafft werden und erzeugt Lerneffekte. Genau dadurch wird auch sichergestellt, dass eine Strategie lernfähig ist und auch, dass suboptimale Lösungen gefunden und ggf. als optimale Lösungen anerkannt werden können.

Damit liegt die Grundstruktur einer Strategie zwar offen (Planung der Planung!), aber die Definition einer Strategie lässt weiterhin viel Spielraum – so viel, dass Mintzberg (2005, S. 37 ff.) ungestraft gleich 10 Strategieschulen nebeneinander stellen und miteinander wetteifern lassen kann. Dazu Mintzberg (2005, S. 22 f.): „Wenn Sie jemanden um eine Definition des Begriffes „Strategie" bitten, werden Sie wahrscheinlich zu hören bekommen, dass eine Strategie ein Plan oder dergleichen sei – eine Richtung, ein Leitfaden oder ein Aktionskurs für die Zukunft, ein Weg, der von hier nach da führt ... So zeigt sich, dass Strategie eines jener Wörter ist, die wir gern auf eine bestimmte Weise definieren, jedoch auf eine andere Weise verwenden". Mintzberg (2005, S. 22–28) nennt fünf Grundpfeiler einer Strategie, nämlich Plan, Muster, Position, Perspektive und List, versäumt es aber zu begründen, warum gerade dies die „Grundpfeiler" seien und in welchem theoretischen Zusammenhang sie stehen. Von Arx (2008, S. 9 ff.) nennt gleichfalls sehr unterschiedliche Sichtweisen auf Strategie und kritisiert, dass das, was generell als wichtig gilt, einfach mit dem Etikett ‚Strategie' oder ‚strategisch' ausgestattet wird. „Dieses Verständnis ist wahrscheinlich der Grund für die Inflation von Konzeptionalisierungen von Strategie. Jeder Strategieforscher will wichtige Prozesse und Aktivitäten erforschen und rahmt daher seine Konstrukte als ‚strategische'." Gleichwohl lassen sich zumindest folgende Kriterien für das Vorliegen einer Strategie benennen:

1) das (mögliche) Finden der Lösung eines zuvor gestellten Problems und
2) das Optimieren dieser Lösung.

Eine Strategie setzt damit mindestens zwei Entscheidungen voraus: Eine einfache Problemlösung kann sich schon dann zufrieden geben, wenn eine Entscheidung auf die Lösung führt. Eine Strategie begnügt sich jedoch nicht mit irgendeiner Lösung, sondern verlangt eine *optimale* Lösung: Gut sein heißt immer besser als gut sein. Weil der Sieg möglichst schnell, möglichst verlustfrei, möglichst vollständig gelingen, der Unternehmensgewinn möglichst hoch ausfallen soll, ist Optimierung immer Bestandteil von Strategie. Ein mögliches drittes Kriterium liegt darin, dass

3) eine Strategie oft auch ein dynamisches Gegenüber (den Feind, die Konkurrenz, den Markt) oder zumindest eine Situation impliziert, auf die Rücksicht zu nehmen ist und die sich laufend *verändert*. Militärische Strategien sind daher der Prototyp der Berücksichtigung von Change Management, weil hier die Veränderung stets als Verhalten des Gegners mitgedacht werden muss.
4) Zusätzlich kommt die Notwendigkeit von Feedback (Controlling) bindend hinzu: Sowohl die Optimierung als auch die Forderung der Durchsetzung der Strategie (Konstanz durch Veränderung) setzen ein permanentes Feedback voraus. Oder anders: Eine Strategie ist nur dann gut, wenn alles, was de facto passieren kann, schon in der Planung der Strategie als Möglichkeit vorkommt. Umgekehrt darf nichts passieren, was die Strategie *nicht* vorsieht. Eine robuste Strategie muss daher auch das Unerwartete erwarten und also, um Kontinuität sicherzustellen, auch mit Diskontinuitäten hantieren können.

Wir unterscheiden daher zwei Typen von Strategie. Der *einfachere* Typ wird meist als Weg-Ziel-Problem beschrieben, der das Erreichen eines Ziels unter Planung der zu gehenden Schritte und der Berücksichtigung von störenden, aber bekannten und konstanten Randbedingungen beinhaltet. Der zweite, *komplexere* Typ von Strategie liegt dann vor, wenn sich die Randbedingungen oder sogar das Ziel selbst laufend ändern und dies reziprok zum eigenen Handeln – wenn also der Gegner als Handelnder (nicht: als Folge von stationären Ereignissen) oder die Umwelt des Systems als reziprok reagierender Handelnder des eigenen Handelns mitgedacht werden muss. Interessanterweise liegt dann genau die Struktur vor, die wir aus der Analyse dyadischer Kommunikation kennen: Aus den Aktionen von zwei Akteuren entsteht die Interaktion bzw. ein System aufeinander verweisender Handlungen.[5]

Die Zukunft kann sich dabei in der stationären Problemlösung erschöpfen (das Weg-Ziel-Problem) oder aber auf fortlaufend flexible Zustände führen, deren Struktur eine variierbare Gegenposition voraussetzt (Verhalten von Gegnern, Wettbewerbern) und daher systemisch angelegt ist. Wenn Hannibal Rom angreift und dabei nicht mit Schiffen vorfährt, sondern heimlich die Elefanten über die Alpen schickt – so lernt man in der Konzeptionslehre der PR – dann ist das „Strategie" (vgl. Dörrbecker und Fissenewert 1997, S. 57), – allerdings in der simpelsten Form (nur eine einzige Entscheidung wird für Täuschung (Überraschung) bemüht).

Der Strategiebegriff, lange Zeit nur im Militärwesen heimisch, wurde von der Betriebswirtschaftslehre im 20. Jahrhundert übernommen und stark erweitert. Strategie ist hier die „mittel- bis langfristige Grundsatzentscheidung mit Instrumentalcharakter. Ihr kommt die Aufgabe zu, einen Orientierungsrahmen für nachgeordnete Entscheidungen zu schaffen und damit den Einsatz unternehmerischer Aktivitäten auf die Erreichung der Ziele hin zu kanalisieren" (Nieschlag et al. 2002, S. 1313 f.).

Für die PR-Branche stellt Dörrbecker zwar zutreffend fest, dass diese „bisher ‚Strategie' nie allgemeinverbindlich definiert [hat]", liefert aber mit der weiteren Aussage „Die Kommunikationsstrategie ist das denkerische Lösungsprinzip des definierten Problems" (Dörrbecker 1997, S. 53) dann eine Definition, die nur auf den Begriff „Problemlösung" und nicht auf „Strategie" passt. Denn während das Lösungsprinzip (nur) der Weg ist, *eine* Lösung zu finden, impliziert die Strategie nicht nur eine beste unter allen möglichen Lösungen, also eine wertende Auswahl, sondern auch das Durchhalten (Konstanz) der gefundenen Lösung gegen Widerstände durch laufende Anpassung (Variation)[6] etc.

Rafft man die wesentlichen Aussagen über Strategie zusammen, so lassen sich hier mindestens die folgenden Aspekte festhalten:

---

5   Dass die Wirkung von Randbedingungen ggf. falsch eingeschätzt wird, ist ärgerlich und ggf. nur aufwendig zu korrigieren, macht aber nicht den Charakter einer dynamischen Strategie aus.

6   „Als einfaches Beispiel: „Wie spät ist es? Die Problemlösung besteht im Auffinden einer genau gehenden Uhr. Das Lösungsprinzip könnte demnach heißen „Laufe solange herum, bis Du eine Uhr siehst". Die Lösung wäre dann z. B. die Uhr im Wohnzimmer oder am Kirchturm. Eine Strategie hierfür sähe ganz anders aus. Sie würde zunächst angeben müssen, welche *Möglichkeiten* es gibt, Uhren zu finden: Nicht nur, in dem man herumläuft und eine Uhr sucht, sondern indem man (auf einer höheren Ebene der Reflektion) generalisiert und überlegt WO man überhaupt Uhren finden könnte. Das Herumlaufen (in Wohnungen, in der Stadt etc.) ist dann nur *ein* Weg. Eine Strategie würde prinzipiell nach allen Wegen fragen (also: Umherlaufen, die eigene Armbanduhr konsultieren, die Auskunft anrufen, den PC einschalten, den Nachbarn fragen, den Sonnenstand abschätzen etc.) und zugleich versuchen, vorab auf relevante Kriterien hin zu optimieren: Wie geht das am schnellsten, wie geht das am billigsten, wie geht das am zuverlässigsten etc.? Richtig komplex würde die Strategie ausfallen, wenn Uhren nicht tote, stationär fixierte Gegenstände wären, sondern lebendige Wesen, die z. B. ihren Standort zufällig oder gar vorsätzlich verändern, die hinterhältig die falsche Uhrzeit anzeigen oder sich – noch hinterhältiger – einfach vor dem menschlichen Blick verstecken könnten.

Eine Strategie ist

1) Die Vorbereitung eines Planes zur optimalen Lösung eines relevanten Problems (Wann/Wie/Wo/Was?)

Strategie heißt

2) ein bestimmtes Instrument oder eine bestimmte Idee (Strategem) listig anwenden (z. B. „Überraschungsangriff" oder „Scheingefecht")
3) langfristige Entscheidungen planen
4) vorbereitet sein auf Störungen aller Art, um korrigierende Entscheidungen zu treffen
5) Pläne dynamisch zu strukturieren um die Veränderungen der Situation zu berücksichtigen (Nebenwirkungen)
6) bei den eigenen Plänen die (mutmaßlichen) Pläne des Gegners (bzw. der Situation) mitzuerwarten und mit zu berücksichtigen
7) vorbereitet sein, um die Initiative zu ergreifen und sie zu behalten und schnell zu sein
8) ein geeignetes Controlling installieren.

Ex negativo findet man bei Mintzberg (2005, S. 83 f.) eine Auflistung der „sieben Todsünden" der strategischen Planung[7]. All das zeigt, dass Strategiedefinition und Strategiekonstruktion bislang weitgehend auch ohne notwendige Kalibrierung sehr geschätzt werden. Und schließlich: Da Strategie ein so wichtiger Prozess ist, gibt es erwartbar den reflexiven Umschlag, also (Meta-)Strategien für das Konstruieren von Strategien (vgl. von Arx 2008, S. 14 ff. u. S. 247 ff.).

Noch zum Verständnis: Eine Strategie (als Oberbegriff) umfasst die eigentliche Strategie der Planung und Durchsetzung relevanter Entscheidungen und, in einem Folgeschritt, *auch* die nachgeordneten Entscheidungen, die gemeinhin mit dem Namen „Taktik" belegt werden. Wo keine Strategie, da auch keine Taktik.

---

7   Sie lauten: 1) Die Stabsstellen dominierten den Prozess, 2) Der Prozess dominierte die Stabsstellen, 3) Die Planungssysteme wurden praktisch so gestaltet, dass sie keine Ergebnisse bringen konnten ... 4) Die Planung konzentrierte sich auf das weitaus spannendere Spiel der Fusionen, Akquisitionen und Ausgliederungen auf Kosten der Entwicklung des Kerngeschäfts, 5) Die Planungsprozesse waren außerstande, echte strategische Wahlmöglichkeiten aufzuzeigen...6) Die Planung ignorierte die organisatorischen und kulturellen Notwendigkeiten im Zusammenhang mit der Strategie...und 7) Isolierte Prognosen waren in einer Zeit der Umstrukturierungen und der Unsicherheit eine ungeeignete Planungsbasis.

3   Planung und Strategie

Wiederum aus systemischer Sicht beginnen wir zunächst beim schlichten Handeln und fragen, ob man Handeln auf Handeln anwenden kann. Die Antwort ist JA und das, was dabei herauskommt, nennen wir *Entscheidung*. Die Entscheidung ist ein Typ von Meta-Handeln und der bei dieser Reflexivisierung des Handelns sich einstellende Vorteil ist die Nutzung von Selektivität – Alternativen werden sichtbar und eine Entscheidung erlaubt es, zu optimieren, weil man die günstigste Alternative aus allen Entscheidungen wählen kann. Wichtig: Die Entscheidung über ein Handeln geht dem jeweiligen Handeln voraus, sie braucht als solche zwar Zeit, aber sie macht das mehr als wett dadurch, dass sie dabei die Zukunft schon in die Gegenwart hinein holt.

Wendet man Entscheidungen auf Entscheidungen an, so wiederholt sich die Struktur und man erhält einen Typ von Meta-Entscheidung, der uns sehr vertraut ist und der als Planung bekannt ist (Luhmann 1970, S. 98 ff.): Planung verweist noch stärker in die Zukunft, braucht noch mehr Zeit, macht aber die Zukunft sichtbar und erwartbar, erlaubt Folgerungen, was jetzt geschehen muss und was erst später, generiert also Struktur. Strategien müssen also eine noch höhere Komplexität als Pläne besitzen, sie müssen selbst dynamisch formuliert werden können um Strukturen zu erzeugen (Struktur folgt Strategie!).

Eine Strategie ist, mathematisch gesprochen, ein Typ von Plan und zugleich ein Typ von Differenzbildung (1. Ableitung) dieses Plans. Strategie gewinnt diese Flexibilität offenbar, indem man sie als Entscheidung über Pläne oder sogar als Plan zur Entscheidung über Pläne strukturiert. Sie besitzt damit deutlich systemischen Charakter, denn die Varianz muss über ein geeignetes Feedback beschafft werden und erzeugt dann Lerneffekte. Genau dadurch wird aber sichergestellt, dass eine Strategie lernfähig ist und auch, dass suboptimale Lösungen gefunden und als optimale Lösungen anerkannt werden können. Mit der Bedeutung von Strategien hat die Zahl der Versuche, Strategiemodelle zu konstruieren, erwartbar zugenommen.

Insgesamt zählt allein Mintzberg (2005, S. 65 ff.) zehn Denkschulen für die Ableitung von Strategien auf, die er systematisiert und kritisiert. Relevant sind hier Designschule und Planungsschule: Beide werden von Mintzberg (2005, S. 65) unbarmherzig kritisiert: Die *Designschule* gilt als die einflussreichste Denkschule der Strategie-Entwicklung. Sie gilt als präskriptiver Ansatz, der eher vorschreibt *wie* eine Strategie formuliert werden *soll* und nicht, wie sie sich bildet. Die Designschule unterscheidet eine innere Situation der Organisation, der mit der externen Situation (Umwelt) einer Organisation in Einklang zu bringen ist. Stärken und Schwächen der (internen) Organisation werden mit Bedrohungen und Chancen der externen Situation verknüpft – das war die Geburtsstunde der SWOT-Analyse. Die Strategie muss explizit *formuliert* sein und deshalb muss sie einfach sein und sie kann erst implementiert werden, wenn sie formuliert ist. Damit ist der Hauptkritikpunkt schon sichtbar: Die Designschule blendet (notwendige) Lernprozesse aus, weil die Formulierung der Strategie bindet und Inflexibilität in Kauf nehmen muss. Das gilt umso mehr, je stärker Organisationen dem sozialen Wandel unterworfen sind. Und: Eine Organisation beginnt nicht erst dann zu funktionieren, wenn sie eine Strategie besitzt („Struktur folgt Strategie"), sondern sie muss schon funktionieren bevor die Strategie gefunden ist (ebd. S. 50 f.). Oder anders: Denken und Handeln lassen sich nicht ungestraft trennen.

Auch die *Planungsschule,* parallel zur Designschule entstanden und geprägt von H. Igor Ansoff, denkt präskriptiv und versteht Planung als formalisiertes Verfahren, das möglichst fein ausdifferenziert wird bis hinunter zu vielen Checklisten. „Das Versagen der strategischen Planung ist das Versagen der Formalisierung, das Versagen [...] der Prognosen, Diskontinuitäten vorauszusagen, das Versagen der Institutionalisierung bei dem Versuch, Innovatives hervorzubringen, das Versagen [...] terminierter Pläne, die auf dynamische Faktoren reagieren sollen" (ebd. S. 91).[8] Mintzberg sieht hier den ganz großen Trugschluss und sagt „dass Planung nicht nur keine neuen Strategien produzieren kann, sondern dass keine Planung möglich ist, wenn nicht vorher Strategien existieren" (ebd. S. 95).

Als resümierende Alternative formuliert Mintzberg dann die *Konfigurationsschule* (Strategieentwicklung als Transformationsprozess), die den Anspruch erhebt, alle anderen Denkschulen integrieren zu können. Sie verfolgt zwei Denkrichtungen: *Konfiguration* als Beschreibung des Zustandes einer Organisation und ihrer relevanten Umwelt und *Transformation* als Strategieentwicklungsprozess (ebd. S. 340). Sie versteht Strategie als Plan, um ein bestimmtes Verhalten der Organisation festzulegen (eine Richtung zu fixieren) – das wäre die Konfiguration. Und sie betreibt Strategiegestaltung als Bestreben, Richtungen zu *verändern* – das ist die Transformation. Dieser duale Antagonismus ist theoretisch verräterisch (denn er verweist auf Systemisches) und historisch auf berühmte Dualismen: Statik und Dynamik, Konstanz und Veränderung/Neues und auch die Konstanz der Veränderung. „Wie Karren und Pferd [...] gehören Konfiguration und Transformation zwar zusammen, sind aber im Grunde sehr verschieden [...] Das Pferd (der Prozess) muss den Karren (den Zustand) von Zeit zu Zeit weiterziehen" (ebd. S. 341). Dabei können dann gelegentlich auch „Quantensprünge" erfolgen.

---

8   Dazu Mintzberg (2005, S. 85) sarkastisch: „Ein Mann, der zwischen 1903 und 1950 als Forscher im britischen Außenamt tätig war: ‚Jahr für Jahr kamen Kriegslüsterne und Lamentierer aller Art mit ihren düsteren Prophezeihungen eines bevorstehenden Kriegsausbruchs zu mir. Ich habe sie stets abgewimmelt. Geirrt habe ich mich dabei nur zweimal'" (ebd. S. 85).

4 Management

Das Management hat sich aus der Planung entwickelt.[9] Im klassischen Sinn ist Management ein Mix von aufeinanderbezogenem Handeln, Entscheiden, Organisieren und Kontrollieren. Bleicher ([5]1999, S. 31) versteht Management als „Handhabung von Komplexität", ohne[10] dabei genau zu sagen, was eigentlich den Unterschied zwischen Handhabung und Management ausmacht.[11] Strategisches Management ist dagegen ein Management, dass mit „bedeutenden Entscheidungen und Veränderungen [in und von Unternehmen, Anm. d. Verf.] befasst ist" (Von Arx 2008, S. 9), die wegen ihrer Bedeutung nicht dem Zufall überlassen bleiben, sondern eben gemanagt werden müssen.

Management im anspruchsvollen Sinn ist zudem ein Handeln, das die Lösung von Problemen stark auf die kluge Anwendung von Kommunikation stützt (vgl. Mintzberg 1973, S. 39 ff.; Mintzberg 2010, S. 121 ff.). Die besondere Funktion des Managers scheint es dabei zu sein, dass er a) immer dann gefordert ist, wenn sich *Veränderungen* aller Art einstellen (etwa als Störung, Krise, Innovation) und er b) zu allererst für Ordnung der dadurch bedingten Unordnung zu sorgen hat, also zur möglichst störungsfreien Beharrung auf der Fortsetzung des Erreichens von gesteckten Zielen. Weick und Sutcliffe (2001) nennen dies „Managing the Unexpected". Das ist eine ständig in Anspruch genommene, sehr robuste Funktion, die bei Luhmann in größerem Kontext „Reduktion von Komplexität" heisst (vgl. Mintzberg 2009, S. 234; Luhmann 1970, S. 115 f.). Oder anders: Das „Einfache" ist einerseits das „Simple", kann aber aus anderer Sicht genauso als Ergebnis einer geeigneten „Reduktion von Komplexität" verstanden werden.

Kennzeichnend für Management ist auch, dass nicht einfach ein set von bestimmten Funktionen in bestimmten Rollen in bestimmter Ordnung (subsequent, gleichzeitig oder gar fraktioniert) abgearbeitet werden kann, sondern eher mit zufälligem oder gar chaotischem Zuschnitt (vgl. Mintzberg 2009, S. 135 ff.). Weick und Sutcliffe (2001, S. 42) bezeichnen diese Art von Handlungsstruktur als „mindfulness" und verstehen darunter „the combination of ongoing scrutiny of existing expectations, continuous refinement and differentiation of expectations, based on newer experiences".

---

9 Nach Scheuss (2008, S. 25) erfolgte dies in fünf Phasen: 1) Der Phase der Budgetplanung (1950 ff.), 2) der Phase der „Langfristplanung" (1960 ff.), 3) der Phase der strategischen Planung (1970 ff.), 4) der Phase des strategischen Managements (1980 ff.) und 5) der Phase der „Strategischen Initiativen". Wenn man so will, kann man in dieser Abfolge den Siegeszug des strategischen Denkens erkennen.

10 Wie beim Strategiebegriff gilt auch für das Management: Es ist eine bestimmte Form des Handelns, von der immer dann gesprochen wird, wenn das jeweilige Handeln relevant und/oder komplex ist.

11 Der Begriff" Management" lässt sich zurückführen auf das Lateinische „manum agere", also an der Hand führen, handhaben. Mintzberg (2009, S. 23) erklärt dazu aber ausdrücklich, dass das Management „mit Sicherheit keine Wissenschaft" sei (!).

5   Management und Kommunikation

Überraschend hat sich in den letzten 30 Jahren gezeigt, dass gerade das Management als eine ursprünglich im unbedingten Befehlston geübte Realisierung von Plänen ganz besonders auf leistungsfähige Kommunikation angewiesen ist. Kommunikation im strategischen Management ist an drei Stellen wirksam: Zum ersten basiert Management vor allem auf funktionierender Kommunikation in den bekannten Rollen des Managers (vgl. dazu erstmalig Mintzberg 1973, 39 ff.).

Zum zweiten hat sich im Lauf des sozialen bzw. kommunikativen Wandels („Mediengesellschaft"!) die Steuerung von Organisationen vollkommen verändert, nämlich von der klassischen Anweisungshierarchie zum Prozess dialogischer Entscheidungsfindung: „Kommunikation" heißt die neue Kompetenz. Kommunikationsmanagement ist daher nicht nur das Management von Kommunikation, sondern das Management von Kommunikation *durch* Kommunikation.[12]

Zum dritten sind die wichtigsten Bedingungen, vor allem der soziale und der mediale Wandel, unter dem Strategien derzeit ständig an Relevanz gewinnen[13], besonders zu betrachten. Anders gesagt: Alle Relevanz, die sich ereignet, wird *zuerst* durch Kommunikation in den Medien abgebildet.[14] Wenn man neue Relevanzen sucht – was immer diese sein mögen – wird man bei den Medien stets *zuerst* fündig. Genau daher ist das Mediensystem heute das wichtigste gesellschaftliche Teilsystem[15], denn es bildet immer als allererstes Relevanz ab – wo immer auch diese auftritt.

Dass der kluge und gezielte Einsatz von Kommunikation im Management so wichtig ist, zeigt sich an vielen Stellen und unbeschadet der jeweils zugrunde liegenden Theorie. Man kann daher annehmen, dass erfolgreiche Strategie auf erfolgreiche Kommunikation angewiesen ist, ja, dass das Kommunikationsmanagement wesentlicher Bestandteil des gesamten Managements sein muss. Das lässt sich aus zumindest fünf Perspektiven gleicherweise belegen:

5.1   Die emiprische Perspektive (Mintzberg)

In empirischer Perspektive ist hier zunächst Mintzberg zu würdigen. Mintzberg hat zu seiner großen Überraschung durch Tagesablaufstudien von Managern ermittelt, dass die Funktion des Troubleshooters nicht nur die wichtigste Funktion des Managers ist, sondern dass dies zuallererst eine Kommunikationsfunktion ist, die viele und ganz andersartige Rollen erzeugt. „Wenn Du einen Manager fragst, was genau er macht, so wird

12 Insofern ist die Definition von Public Relations durch Grunig und Hunt (1980, S. 6) unvollständig.
13 Das erkennt man z. B. daran, dass zielgerichtetes Handeln generell schon als Management bezeichnet wird: Zeitmanagement, Konfliktmanagement, Kostenmanagement, Personalmanagement etc.
14 „Abbilden" ist dabei nicht als Abbildung 1:1 zu verstehen, sondern als kontingente Konstruktion.
15 Diese klassische Funktion ist einer der Treiber für die Evolution der Medien.

er vermutlich sagen er plant, organisiert, koordiniert und kontrolliert. Dann schau hin, was er wirklich macht. Wundere Dich nicht, dass Du das, was Du siehst, überhaupt nicht mit den vier Wörtern verbinden kannst" (Mintzberg 1973, S. 49).

Der tägliche Job eines Managers besteht vor allem aus vielen, immer wiederkehrenden Routinen (z. B. Kundenakquise, Mitarbeitergespräche, Organisation von Arbeitsabläufen, Lösen von Konflikten) und unvorhersehbaren „Störungen" (Anrufe, Anfrage nach Hilfe, Problemlösung, Problemmeldungen etc.). Nur 10 % aller Arbeitsabläufe werden länger als eine Stunde durchgehalten und mehr als die Hälfte aller Aktivitäten dauert weniger als 9 Minuten (vgl. Mintzberg 1973, S. 33). Das überraschendste Ergebnis der Untersuchung: Die verbale Kommunikation (Telefonate, Gespräche) macht 70 bis 90 Prozent der gesamten Arbeitszeit aus. Das Gros allen Managements besteht also in der Kommunikation mit anderen. Schlüsselt man die Kommunikation auf, so besteht der größte Teil aus Fragen, Zuhören und Informieren und zum geringsten Teil aus „Anweisungen geben". Dabei geht es nicht nur um die Kommunikation mit den Mitarbeitern. Diese nimmt zwar den größten Teil ein, macht aber gleichwohl nur etwa 50 % der gesamten Zeit aus.

Als Antwort auf diese von ihm festgestellten und analysierten Aktivitäten entwickelt Mintzberg ein Rollenmodell von zehn verschiedenen Rollen, die ein Manager ausfüllen können muss. Dies sind:

1) *Die Galionsfigur (figure head):* Der Manager wirkt als Symbolfigur, als Personalisierung des von ihm vertretenen Unternehmens: Er unterschreibt, empfängt, hält Eröffnungsreden. Wichtig ist vor allem seine Anwesenheit – unabhängig von seinen Aktivitäten.

2) *Der Vorgesetzte (leader):* Der Manager gibt Anweisungen an seine Mitarbeiter, er motiviert und informiert sie, leitet sie an und wirkt als Vorbild.

3) *Der Vermittler/Vernetzer (liaison):* Der Manager arbeitet ununterbrochen an der Verbesserung eines Kommunikationsnetzwerks innerhalb und außerhalb der Organisation

4) *Der Beobachter:* Der Manager sammelt kontinuierlich Informationen über interne und externe Entwicklungen (z. B. Markt- und Konkurrenzbeobachtung) und wertet diese für die Zwecke des Unternehmens aus.

5) *Der Sender (disseminator):* Der Manager interpretiert relevante Informationen und gibt diese nach innen an die Mitarbeiter und Kollegen sowie nach außen weiter.

6) *Der Sprecher (spokesman):* Der Manager vertritt die Organisation und deren Ziel nach außen.

7) *Der Innovator (entrepreneur):* Der Manager sucht nach innovativen Problemlösungen, die zum Wohl des Unternehmens umgesetzt werden (z. B. in Form eines neuen Produkts).

8) *Der Problemlöser (disturbance handler):* Der Manager entschärft, reduziert und löst Konflikte.

9) *Der Entscheider über Ressourcen:* Der Manager verfügt per Anweisung über drei Typen von Ressourcen: a) Verteilung von Arbeitszeit, b) Verteilung von Aufgaben/ Kompetenzen und c) Verteilung von Mitteln.

10) *Der Verhandler (negotiator):* Der Manager übernimmt ebenfalls die Rolle desjenigen, der versucht, für sein Unternehmen die besten Konditionen auszuhandeln

Mintzberg zufolge treten die genannten Rollen grundsätzlich in allen Managementbereichen auf, allerdings in unterschiedlicher Gewichtung und in Abhängigkeit von Branche, Hierarchiestruktur, Ressort, Persönlichkeit etc. Dieser Ansatz ist – wie der von Barnard – ebenfalls ein systemtheoretischer Ansatz. Er unterscheidet die Tätigkeit des Managements in ein Aussen (Umwelt) und ein Innen (System). So sind die Rollen Galionsfigur (1), Vermittler (3), Beobachter (4), Sender (5), Sprecher (6) und Verhandler (10) mehr oder minder deutlich auf die Umwelt gerichtet, während die übrigen Rollen vor allem innerhalb der Organisation wirksam werden.

Was wir bei Mintzberg lernen können, ist der beständige Verweis darauf, dass Gegensätze in irgendeiner Weise zueinander kompatibel sein können: Dem Gesetz der berühmten „*Requisite Variety*" von Ashby (Jede Organisation muss eine genügend hohe Flexibilität besitzen) steht die KISS-Regel (keep it stupid and simple) gegenüber und das gilt auch für Strategien: Es geht bei der Strategie stets um ausreichende Komplexität und gleichzeitig um das Austarieren von Veränderung und Stabilität (Mintzberg 1973, S. 33 f.).

5.2 Steuerung von Organisationen

Die zweite Perspektive betrifft die Steuerung von Organisationen. Bis etwa 1980 erfolgte sie entlang einer mehr oder minder strengen Anweisungshierarchie (vgl. Krusche 2008, S. 88). Der Wandel von der Industriegesellschaft zur Mediengesellschaft[16] und das allgemein gesteigerte Bildungsniveau[17] verlangen eine neue Kompetenz für die Unternehmensführung: Kommunikation. Mitarbeiter sind nicht mehr Leibeigene, sie ersetzen

---

16 Verkürzt ist hier damit das Eindringen kommunikativer Kompetenz in allen Lebensbereichen gemeint, dazu aber auch die vorwegnehmende Funktion der Kommunikation: Es sind die Medien, die mehr als je zuvor als erste über Neues und Relevantes berichten. Folglich verlagert sich die gesellschaftliche Aufmerksamkeit immer mehr auf die Medien und verleiht diesen und auch der Kommunikation ständig mehr Einfluss. Vor allem gilt, dass das Mediensystem aus den geschilderten Gründen – vor Politik und Wirtschaft – sich zum wichtigsten funktionalen Teilsystem der Gesellschaft entwickelt hat.

17 Die Einführung der allgemeinen Schulpflicht (Preußen 1763) muss man als reichsweite Pflicht zum Erlernen grundlegender Kommunikationstechniken (Lesen und Schreiben) verstehen. Die heutigen Spätfolgen sind u. a. Spezialisierung und Arbeitsteilung, die an Stelle des „ungelernten Arbeiters" den Spezialisten hervorgebracht haben, der auf Grund seiner Spezialisierung (derzeit besonders sichtbar: im EDV-Sektor) völlig neue Interessen artikulieren und Ansprüche stellen kann.

fremdbestimmtes Wohlverhalten durch eigenbestimmtes Engagement – wenn es denn geweckt und darum geworben wird. Seit 1938 ist bekannt, dass eine sensible Mitarbeiterkommunikation die relevante Stellschraube für die Erzeugung von Wir-Gefühl und die Erbringung von Leistung ist (vgl. Roethlisberger 1964). Kommunikation ist gefragt und der Trend in der Unternehmensführung geht heute bis hin zu einer Architektur kommunikativer Räume (vgl. Rautenberg 2010, S. 180).

5.3 Kommunikation als eigenständige Managementfunktion

Auch das Managementverständnis des „St. Gallener Modells" hat sich geändert. Bislang war man davon ausgegangen, dass das Soziale dem Ökonomischen zugeordnet sei; mittlerweile aber hat sich diese Perspektive gedreht und in der Neukonzeptionierung steht die soziale Dimension im Vordergrund der Bemühungen (vgl. Bleicher 1999, S. 62 ff.). Damit verbunden ist eine deutlich stärkere Berücksichtigung der Kommunikation (vgl. Will 2007, S. 47 ff.). Die Etablierung der Organisationskommunikation als „eigenständiges organisationales Funktionssystem steht nun gleichberechtigt neben dem Controlling-, dem Human Ressources- und dem Marketing-Management" (Will 2007, S. 51).

5.4 Erkenntnisse der Komplexitätstheorie

Schließlich gibt es überraschende Erkenntnisse aus der Komplexitätstheorie, dass das Management durch Hierarchien nur begrenzt handlungsfähig sein kann, weil es zu wenig Komplexität verarbeiten kann und daher eine horizontale Komplexitätsverarbeitung durch Teams klar überlegen ist. „Das Team gilt als Widerpart der Hierarchie. Das kann nicht überraschen, stellt es doch explizit auf horizontale Kommunikation ab [...] Kommunikation ist der entscheidende Punkt. Das Team ist eine Reduktion auf einfache Komplexität, in dem es innerhalb einer Organisation alles kontingent zu setzen erlaubt, Führungsstrukturen, Ressourcenlage, Technologiezugriff und so weiter. Nur eines nicht: Die Kommunikation innerhalb des Teams" (Baecker 1997, S. 36 f.). Basis dieser Überlegungen ist die „Entdeckung, dass Management sich weder in technischen Fragen der Problemlösung, noch in ökonomischen Fragen der Kostenrechnung, noch in psychologischen Fragen der Motivation erschöpft, sondern darüber hinaus als *Kommunikation* zu begreifen ist" (Baecker 2003, S. 219).

5.5 PR als Kommunikationsmanagement

Der Vollständigkeit halber sei schließlich angemerkt, dass Grunig und Hunt (1984, S. 6), in Anlehnung an Cutlip (1994, S. 3) Public Relations seit langem als „management of communication" definieren. Da Public Relations aber selbst ein Modus von Kommunikation sind, müsste es korrekterweise heißen „management of communication by communication".[18]

6   Strategische Konzeption

Die Grundidee aller Konzeptionen ist: Kommunikationsprozesse werden als Instrumente definiert, mit denen kommunikative Ziele – also *Wirkungen* von Kommunikation – erreicht werden sollen, wobei die gezielte Planung dieser Wirkungen und die vorsätzliche Beeinflussung bestimmter, angepeilter Zielgruppen als „strategisch" gilt. Ob sie das ist, bleibt aber zunächst offen. Folglich ist ein Plan (eine Konzeption), der angibt, wie das sinnvoll erfolgen soll, eine strategische Konzeption. Demgemäß definieren wir:

Eine Konzeption ist ein „Plan zur Erzeugung vorzugebender Kommunikationswirkungen bei vorzugebenden Zielgruppen mit vorzugebenden Maßnahmen unter vorgegebenen Fristen und Ressourcen" und mit selbstreferenter Struktur (Merten und Künneth 2011).

Soweit absehbar, findet sich der erste Ansatz einer PR-Konzeptionslehre bereits 1947 bei Edward Bernays als „Engineering Approach", zu verstehen als Forderung, PR-Handeln „only on thorough knowledge of the situation and on the application of scientific principles and tried practices to the task of getting people to support ideas and programs" (Bernays 1947, S. 114) zu betreiben. Dabei unterscheidet Bernays vier Positionen:

1)   Manpower, monetäre Ressourcen und verfügbare Zeit,
2)   Gründliches Wissen um das Erkenntnisobjekt,
3)   Bestimmung von Zielen und
4)   Die Analyse von Zielgruppen, um zu lernen, warum und wie diese handeln – sowohl als Individuum als auch als Gruppe (vgl. Bernays 1947, S. 116).

Der früheste Ansatz einer deutschsprachigen PR-Konzeptionslehre ist vermutlich der von Bläse (1982), der erstmals von „konzeptioneller PR-Planung" spricht und dabei 10 Positionen (Ist-Analyse, Soll-Analyse, Soll/Ist-Vergleich, Zielgruppen, Botschaften unter Berücksichtigung der Zielsetzung, Budget, Maßnahmenkatalog, Zeitplan, Operationalisierung und erstmals auch Wirkungskontrolle) unterscheidet. Anzumerken ist, dass Bläse diese Planung als kontinuierliche Aufgabe der PR-Abteilung von Unternehmen gegenüber der Öffentlichkeit versteht: Konzeptionelle PR-Planung ist also hier nicht die einfache Planung einer zeitlich begrenzten PR-Kampagne, sondern das ge-

---

18   Hier zeigt sich die besondere, ausgezeichnete Leistung von Kommunikation daran, dass sie nicht nur auf alle Objekte (Themen, Ereignisse, Ideen) angewendet werden kann, sondern zugleich auch auf sich selbst: Kommunikation erlaubt den selbstreferenten Bezug.

zielte langfristige Verhalten der Kommunikationsabteilung von Unternehmen gegenüber deren Öffentlichkeiten, also strategische Planung.

Für die umfassende Planung einer PR-Konzeption ist Dörrbecker die maßgebliche Adresse. Sein Buch zur Konzeptionstechnik (Dörrbecker und Fissenewert 1997) hatte Kultstatus und repräsentierte lange Zeit den „state of the art".

Dörrbecker[19] war der Erste, der uneingeschränkt den strategischen Status von PR-Konzeptionen forderte.[20] Er definiert die Kommunikationsstrategie als das „denkerische Lösungsprinzip des definierten Problems. Sie legt fest, so Dörrbecker, wie Kommunikationspolitik (gemeint sind Public Relations! Anm. d. Verf.) optimal für die übergeordneten Zwecke der Organisation einzusetzen ist. Sie hat damit grundsätzlichen, langfristigen und steuernden Charakter" (Dörrbecker und Fissenewert 1997, S. 53). Und: „Die vollständige Kommunikationsstrategie besteht aus diesen verbindlichen vier Teilen: Strategische Zielsetzung, Dialoggruppen, Kommunikationsinhalte nebst Positionierung und strategische Umsetzung/Kräfteeinsatz" (ebenda, S. 54).

Damit sind Wirkungen (Zielsetzung), Rezipienten (Dialog- resp. Zielgruppen, die den Inhalten der Kommunikation ausgesetzt werden), Inhalte der wirken sollenden Kommunikation und erzielte Wirkung (Positionierung) sowie die Wirksamkeit der eingesetzten Instrumente[21] (Umsetzung/Kräfteeinsatz) gemeint.

Dabei fällt auf: Dörrbecker spricht von „strategischer" Zielsetzung und „strategischer" Umsetzung, begründet „Strategie" aber stets nur mit Rückverweis auf das Militär (vgl. Dörrbecker und Fissenewert 1997, S. 49 ff.; S. 57 f.; S. 73 f.) und lässt nicht erkennen, warum gerade diese beiden Positionen „strategisch" sein sollen.

Die erste Position (Ziele) ergibt sich aus der Situations- oder Ist-Analyse, wo eine Faktensammlung und deren anschließende Bewertung stattfindet. An dieser Stelle wird in der PR gern die SWOT-Analyse herangezogen, die in Form einer Vierfeldertabelle eine Potentialanalyse (Stärken und Schwächen, intern) und eine davon unabhängige Risikoanalyse (Chancen und Risiken, extern) leistet.[22] Allerdings sind die methodischen Schritte aufwendig, so dass ein Einsatz für Zwecke der PR nur sehr selten valide ist[23]. Dörrbecker selbst vermischt hier unzulässig beide Analyse-Tools, wenn er sagt: „Die Analyse der relevanten Stärken und Schwächen heißt, diese als Chancen und Risiken zu

---

19 Dörrbecker war Autodidakt und verstand sich als Trainer, nicht als Dozent.

20 Das äußerte sich nicht nur im Motto seines Buches oder in Sätzen wie „Die Strategie ist das zentrale Element jeder Konzeption. Sie ist unbestritten ihr intellektuelles Herzstück" (Dörrbecker und Fissenewert 1997, S. 49).

21 Unter Instrument soll hier der Typ von Kommunikationsinstrument (etwa: Gespräch, Pressekonferenz, Folder, Dixiband, Rede) verstanden werden.

22 Stärken sind z. B. Leistungen, die beim Benchmarking über dem Durchschnitt liegen oder zumindest besser ausfallen müssen als die des Besten der Konkurrenten. Das setzt voraus, dass ein Vergleich mit (allen) Konkurrenten am Markt und mit einer Vielzahl von zu bewertenden Items möglich ist – in der PR eine sehr unrealistische Annahme.

23 Sie wurde an der Harvard Business School entwickelt, gilt jetzt aber als veraltet. Vgl. dazu Scheuss (2008, S. 38 f.).

begreifen" (ebenda: 42). Die SWOT-Analyse gilt im Übrigen als überholt (vgl. Scheuss 2008, S. 39). Auch die Bestimmung von Zielen als Differenz von Ist- und Soll-Analyse enthält Probleme, weil sie die Zeitdimension und die damit verbundene mögliche Erreichbarkeit des Ziels ausblendet.

Die Bestimmung von Zielgruppen und der für die Erreichung des Ziels sinnvollen Kommunikationsinhalte ist daher nicht als strategisch, sondern allenfalls als planerisch zu bezeichnen. Die Positionierung (welche Botschaften sollen die Mitglieder der Zielgruppe nach Umsetzung der Konzeption in Kopf, Herz und Bauch haben?) bezeichnet die angestrebte Wirkung. Wirkungen können aus theoretischer Perspektive jedoch nie vorausgesagt werden und setzen daher ganz große Erfahrung bei deren Prognose voraus. Der Konnex zur Strategie ist auch hier nicht sichtbar. Die letzte Position wird von Dörrbecker nur sehr kurz angerissen, wenn er sagt „die strategische Umsetzung/der Kräfteeinsatz formuliert den Weg, auf dem das Kommunikationsproblem gelöst wird und der zum Ziel führt" (ebenda, S. 74). Gemeint ist damit offensichtlich die ausreichende Wirkmächtigkeit der kommunikativen Instrumente, die zum Einsatz kommen, mit „Kräfteeinsatz" eher eine „Arbeitsanweisung" (ebenda, S. 75). Das Feedback – notwendiger Kontrollwert bei jeder Umsetzung von Strategie – fehlt vollkommen.[24] Unter Strategie versteht Dörrbecker mithin nur eine „zentral wichtige Maßnahme: dann, wenn sie für die Zielerreichung entscheidend ist, also strategische Bedeutung hat" (ebenda, S. 75). Strategische Konzeption ist von daher nicht die Formulierung oder Anwendung einer Strategie, sondern nurmehr ein Planungsprozess. Dazu kritisch Mintzberg (2005, S. 65): „Doch die meisten Modelle lassen sich letztlich auf dieselben Grundideen zurückführen: Man nehme das SWOT-Modell, unterteile es in übersichtliche Schritte, ergänze diese Schritte durch jede Menge Checklisten und Techniken und lege speziellen Wert darauf, an den Anfang Ziele zu setzen und am Ende die Ausarbeitung von Budgets und operativen Plänen". Im Ergebnis heißt das: „Strategische Konzeptionierung" in der PR und auch anderswo ist ein Schlagwort aus dem Wording der PR, hinter dem meist nur die avancierte Formulierung der Planung von erwünschten Wirkungen steht.[25]

Baut man solche Feedbacks in die Planung einer Konzeption mit ein, ist es möglich, das Erreichen des Ziels bei allfälligen Abweichungen oder beim Versuch zu optimieren, zu kontrollieren und ggf. zu korrigieren. Wenn es dabei um grundlegende Veränderung mentaler Parameter geht (etwa: Kenntnis oder Image von einem Objekt O (Person, Unternehmen, Produkt, Leistung, Ereignis)), Glaubwürdigkeit eines Unternehmens oder

---

24 Auch die Dörrbeckersche Metapher von einer Konzeption als „Rakete" (S. 263) ist rein metaphorisch und nicht zielführend, denn deren Abschuss liefert zwar ein Riesenspektakel, aber eben kein Feedback. Konzeptionen werden in der Regel nur einmal und zeitlich begrenzt realisiert. Von daher kommt den Ergebnissen des Feedbacks nur eine eingeschränkte Bedeutung für eine Strategie (die stets ein fortlaufendes Feedback erfordert), zu.

25 Vgl. für die Werbung analog etwa Pepels (1996, S. 197 f.). Immerhin gehört es mittlerweile zur Routine, Feedbacks zu installieren: Als Resonanzanalyse oder mit Hilfe anderer Instrumente, die dem Begriff „Controlling" zuzurechnen sind.

Abbildung 1   Strategische Konzeption

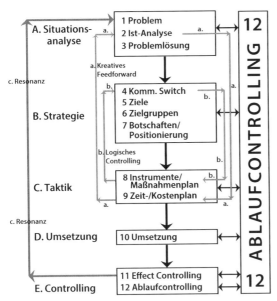

Quelle: Merten (2010)

Performance von wichtigen zu erbringenden Leistungen etc. bei relevanten Zielgruppen (Anspruchsgruppen), wird aus der Planung von Kommunikation – cum grano salis – eine strategische Konzeptionsplanung. In Abb. 1 sind die dabei die vorgesehenen Konzeptionsschritte als Ablaufplan in zwölf Schritten und mit vier Feedbackschleifen modelliert.

Zwar zahlt Kommunikation in vielen Fällen auf den Unternehmenserfolg ein oder unterstützt das Erreichen von Unternehmenszielen. Gleichwohl ist zu Anfang einer Konzeptionsplanung stets zu prüfen, ob Kommunikation wirklich hilft. Aus einschlägigen Unterlagen (Geschäftsbericht, Imageanalysen, Befragung der Belegschaft, Medienberichte etc.) werden relevante Parameter herausgezogen, die für das zu lösende Problem (Punkt (1) in Abb. 1) und für die Ist-Analyse (2) aussagekräftig sind. In Punkt (3) wird eine Problemlösung skizziert, für die in Schritt 4 geprüft wird, ob Kommunikation helfen kann.[26] Ist das der Fall, können in den nächsten drei Schritten (5, 6 und 7) *kom-*

---

26 Die Schritte 3,4 und 5 könnte man in einem einzigen Schritt formulieren. Aus Gründen der sorgfältigen Trennung von kommunikativen und nichtkommunikativen Zielen werden diese Schritte je getrennt vorgestellt.

munikative Ziele, Zielgruppen und Botschaften resp. die analoge Positionierung formuliert werden.[27] Damit ist der „strategische Teil" abgeschlossen (vgl. Dörrbecker und Fissenewert 1997, S. 73 ff.).[28]

Anzumerken ist auch, dass die Positionierung als die zu erzielende Wirkung bei der jeweiligen Zielgruppe nicht zweifelsfrei definiert ist. Dörrbecker und Fissenewert (1997, S. 71) verstehen sie als „das gewünschte Resultat der [...] vermittelten Kommunikationsinhalte", also als das, was an Zielen, Erwartungen und Meinungen in den Köpfen der Zielgruppe nach Vermittlung der Botschaften vorhanden ist bzw. gedacht wird. Genauer besehen ist es aber nicht das, was die Zielgruppe denkt, sondern das, was der Konzeptioner denkt, was die Zielgruppe denkt, also ein Fall, der durch den „Third-Person-Effect" („what we think that others think") erklärt wird (vgl. Perloff 1993) und spezifische Überlegungen erfordert. Zudem versteht Pepels (1996, S. 252), aus Sicht des Marketings, eine Positionierung völlig anders, nämlich als „Abgrenzung eines Angebots", also als eine Art Unique Selling Proposition (USP).

Der Taktik-Block formuliert sodann die Maßnahmen mit den dafür benötigten Instrumenten[29] (8), die zur Erreichung der im Strategie-Block formulierten Wirkungen (7) getroffen werden müssen sowie Kosten und Dauer (9) dieser Maßnahmen.

Von Anfang an laufen vier Feedbackprozesse mit: Zum einen das formale Ablaufcontrolling (12), bei dem noch während des Ablaufs geprüft wird, ob alle Punkte auch wirklich wie vorgesehen erfüllt sind. Desweiteren a) ein Prozess kreativen Denkens,[30] der im Grunde schon bei der Problemstellung einsetzt (Dörrbecker und Fissenewert 1997, S. 55 f. sprechen hier von „Planungskreativität"), b) ein Prozess logischer Kontrolle sowie das inhaltliche Feedback (c). Die Umsetzung (Operationalisierung) aller Planung (10) und das Feedback (Punkt (11) und (12)) beschließen die Konzeptionsplanung.

Die Erstellung einer Konzeption gilt als Königsweg aller PR und setzt neben umfangreicher Erfahrung ein enormes Wissen und viel Kreativität voraus. Wenn die hier zu fällenden Entscheidungen relevante (grundsätzliche) Entscheidungen sind, wenn die

---

27 Formal wird eine Konzeption in vier Blöcke differenziert. Deren zweiter ist der „Strategieblock" weil dort die relevanten Parameter (Ziele, Zielgruppen, Lösungsprinzip und Wirkungen (Positionierung)) festgelegt werden. Im einfachsten (quantifizierbaren) Fall lässt sich das Ziel als Ist/Soll-Differenz formulieren unter notwendiger Angabe, wie lange es mutmaßlich in der Realität dauern wird, vom Ist zum Soll zu gelangen.

28 Dass hier erhebliche Unsicherheiten verborgen werden, erkennt man daran, dass zwar über die Bedeutung von Strategie gern gesprochen wird, dass aber Beispiele, wie eine Konzeption praktisch abläuft, merkwürdigerweise fast überall fehlen. Vgl. Merten (2013).

29 Instrumente sind bei der Konzeption grundsätzlich Kommunikationsprozesse, die im Rahmen der Maßnahmen initiiert werden. Das kann im Einzelfall eine Pressemitteilung, eine Pressekonferenz oder aber (für Aktions-PR) z. B. eine Dixie-Band sein.

30 Schon bei der Problemstellung beginnt unser Verstand auf Grund von Erfahrung, kreativer Anteilnahme etc. mit der Entwicklung von Überlegungen zur Lösung des Problems. Das symbolisiert die Feedback-Schleife a in Abb.1. Eine weitere Feedbackschleife (Schleife b) symbolisiert die logische Kontrolle aller getroffenen Entscheidungen. Schleife c signalisiert den Abgleich der erzielten mit der geplanten Wirkung (Resonanz).

Optimierung der erreichten Ziele strategisch verfolgt wird und wenn Diskontinuitä-ten durch Kontinuität von Variabilität begegnet werden kann („Expecting the Unex-pected"), ist die Entwicklung von Konzeptionen ein Akt strategischer Kommunikation. Ansonsten handelt es sich eher nur um die seit Aristoteles geübte und heute avancierte Kunst, Wirkungen von Kommunikation möglichst präzise vorauszusagen.[31]

7 Zusammenfassung

Der Begriff der Strategie setzt die Planung von Plänen (Strategieentwicklung) voraus und stellt formal eine Reflexivisierung von Handeln in der vierten Potenz dar. Wir defi-nieren daher die Eigenschaft „strategisch" zunächst durch drei Kriterien. Genauer: Wir wollen von einer strategischen Situation/Entscheidung sprechen, wenn drei Bedingun-gen erfüllt sind: 1) die zu fällenden strategischen Maßnahmen/Entscheidungen sind von sehr hoher Relevanz, 2) Die Entscheidungen sollen optimal ausfallen, 3) die gewählte Strategie muss paradoxiefest sein und setzt die Erwartung von Unerwartetem, das Den-ken von Undenkbarem und die Ordnung der Unordnung unter Aufbau selbstreferenter Struktur voraus.

Das Adjektiv *strategisch* wird sehr missverständlich fast immer als Synonym für „wichtig" gebraucht. Der Begriff *Strategie* bezeichnet dagegen einen selbstreferenten Plan zur Planung zueinander anschlussfähiger Entscheidungen hoher Relevanz zur op-timalen Erreichung von Zielen bzw. von Problemlösungen in bestimmter Frist und mit bestimmten Ressourcen. Da die Problemlösung ein Optimum sein soll, sind weitere strategische Entscheidungen notwendig. Zugleich hat eine Strategie das Potential, Para-doxien zu managen: Sie muss das Undenkbare denken, Kontinuität durch Diskontinui-tät sichern und dazu selbstreferente Strukturen (Feedback) entwickeln.

Leistungsfähiges Management ist zudem grundsätzlich auf Kommunikation ange-wiesen, so dass jedes erfolgreiche Management von einem erfolgreichen Kommunika-tionsmanagement begleitet und getragen sein muss. Folglich wiederholt sich der Ruf nach strategischem Vorgehen auf der Kommunikationsebene. Management lässt sich daher auch literarisch mit Bezug auf von Kleist als „Allmähliche Verfertigung der Orga-nisation beim Reden" (Kieser 1998) kennzeichnen.

---

31   Aristoteles entwarf bekanntlich die Rhetorik als „Kunst der Rede [die] besitzt, wer bei jedem Gegen-stand die durch ihn möglichen Überzeugungsmittel zu überblicken weiß" (Aristoteles 1959, S. 32)

Literatur

Abell, Derek F. 1980. *Defining the Business. The Starting Point of Strategic Planning*. Englewood Cliffs: Prentice Hall.

Althaus, Marco. 2001. Strategien für Kampagnen. Klassische Lektionen und modernes Targeting. In *Kampagne! Neue Strategien für Wahlkampf, PR und Lobbying*, hrsg. ders., 11–44. Münster: Lit.

Aristoteles. 1959. *Rhetorik* (ediert von P. Gohlke). Paderborn: Schöningh 1959.

Arx, Widar von. 2008. *Die dynamische Verfertigung von Strategie*. Berlin: MW-Verlag.

Baecker, Dirk. 1997. Einfache Komplexität. In *Komplexität managen*, hrsg. Heinrich W. Ahlemeyer, und Roswita Königswieser, 37–50. Wiesbaden: Gabler.

Baecker, Dirk. 2003. *Organisation und Management*. Frankfurt: Suhrkamp.

Bentele, Günter. 2005. Konzeption. In *Handbuch der Public Relations. Wissenschaftliche Grundlagen und berufliches Handeln*, hrsg. Günter Bentele, Romy Fröhlich, und Peter Szyska, 590–591. Wiesbaden: VS Verlag.

Behrent, Michael, und Peter Mentner. 2001. *Public Campaigning*. Münster: Lit.

Behrent, Michael. 2005. Konzeption strategischer PR-Arbeit. In *Handbuch der Public Relations. Wissenschaftliche Grundlagen und berufliches Handeln*, hrsg. Günter Bentele, Romy Fröhlich, und Peter Szyska, 508–520. Wiesbaden: VS Verlag.

Bernays, Edward L. 1947. The Engineering of Consent. *The Annals of the American Academy of Political and Social Science* 250: 113–120.

Bläse, Dirk. 1982. Methodischer Rahmen für Planung, Durchführung und Kontrolle von Öffentlichkeit. In *Öffentlichkeitsarbeit*, hrsg. Günther Haedrich, Günter Barthenheier, und Horst Kleinert, 187–199. Berlin: De Gruyter.

Bleicher, Knut. 1999. *Das Konzept Integriertes Management*. 5. Aufl. Frankfurt: Campus.

Brunken, Ingmar P. 2007. *Die 6 Meister der Strategie*. Berlin: Ullstein.

Cutlip, Scott, Allen H. Center, und Glen M. Broom. [7]1994. *Effective Public Relations*. Englewood Cliffs.

Deekeling, Egbert, und Olaf Arndt. 2006. *CEO-Kommunikation. Strategien für Spitzenmanager*. Frankfurt: Campus.

Dörrbecker, Klaus, und Theo Rommerskirchen (Hrsg.). 1990. Kommunikationsmanagement. Perspektiven und Chancen der Public Relations. Remagen-Rolandseck: Verlag Rommerskirchen.

Dörrbecker, Klaus, und Renée Fissenewert-Goßmann. [3]1997. *Wie Profis PR-Konzeptionen entwickeln. Das Buch zur Konzeptionstechnik*. Frankfurt: F.A.Z.-Institut.

Ehrmann, Thomas. [2]2007. *Strategische Planung*. Berlin: Springer.

Grünig, Rudolf, und Richard Kühn. [5]2009. *Die Methodik der strategischen Planung*. Bern.

Grunig, James E., und Todd Hunt. 1984. *Managing Public Relations*. Fort Worth: Harcourt Brace.

Grunig, James E. (Hrsg.). 1992. Excellence in Public Relations and Communication Management. Hillsdale: Lawrence Erlbaum.

Grunig, James E. und Fred C. Repper. 1992. Strategic Management, Publics, and Issues. In *Excellence in Public Relations and Communication Management*, hrsg. James E. Grunig, 117–157. Hillsdale: Lawrence Erlbaum.

Kieser, Alfred. 1998. Über die allmähliche Verfertigung der Organisation beim Reden: Organisieren als Kommunizieren. *Industrielle Beziehungen* 3: 45–75.

Klewes, Joachim, und Claudia Langen. 2006. *Strategisch kommunizieren und führen – eine methodische Einführung*. In Strategisch kommunizieren und führen, hrsg. Claudia Langen, und Holger Sievert, 11–21. Gütersloh: Verlag Bertelsmann-Stiftung.

Klix, Friedhart. 1993. *Erwachendes Denken. Geistige Leistungen aus evolutionspsychologischer Sicht*. Heidelberg/Berlin/Oxford: Spektrum.

Krusche, Bernhard. 2008. *Paradoxien der Führung. Aufgaben und Funktionen für ein zukunftsfähiges Management*. Heidelberg: Auer.

Leipziger, Jürg W. ²2007. *Konzepte entwickeln. Handfeste Anleitungen für bessere Kommunikation*. Frankfurt: FAZ-Institut.

Luhmann, Niklas. 1970. *Soziologische Aufklärung*. Opladen: Westdeutscher Verlag.

Luhmann, Niklas. 2002. *Einführung in die Systemtheorie*. Darmstadt: Wissenschaftliche Buchgesellschaft.

Merten, Klaus. 2000. Zur Konzeption von Konzeptionen. *prmagazin* 31(1): 33–42.

Merten, Klaus. ³2008. *Einführung in die Kommunikationswissenschaft*. Münster/London: Lit.

Merten, Klaus. 2008a. Die Mediengesellschaft und ihre Folgen. *Focus-Jahrbuch 2008*: 333–360.

Merten, Klaus. 2008b. Zur Definition von Public Relations. *Medien & Kommunikationswissenschaft* 56(1): 42–59.

Merten, Klaus. 2012. Konzeption von Kommunikation. Strategische Planung von Kommunikation. In *Kommunikationsmanagement*. Strategien, Wissen, Lösungen (Loseblattwerk), hrsg. Günter Bentele, Gregor Schönborn, und Manfred Piwinger: Theorie und Praxis des strategischen Kommunikationsmanagements. Neuwied: Luchterhand

Merten, Klaus. 2013. *Konzeption von Kommunikation*. Wiesbaden: Verlag für Sozialwissenschaften.

Merten, Klaus, und Sarah Schulte. 2007. Begabung contra Ausbildung. Muss das Qualifikationsprofil für Public Relations neu geschrieben werden? *prmagazin* 38(9): 55–62.

Merten, Klaus, und Christina Künneth. 2011. Zur Konzeption von PR-Konzeptionen. *prmagazin* 42(9): 64–69.

Mintzberg, Henry. 1973. *The Nature of Managerial Work*. New York: Harper & Row.

Mintzberg, Henry. 2009. *Managen*. Offenbach: Gabal.

Mintzberg, Henry, Bruce Ahlstrand, und Joseph Lampel. 2005. *Strategy Safari. Eine Reise durch die Wildnis des strategischen Managements*. Heidelberg: Redline Wirtschaft.

Nieschlag, Robert, Erwin Dichtl, und Hans Hörschgen. 2002. *Marketing*. 19. Aufl. Berlin: Duncker & Humblot.

Quirke, Bill. 2002. *Making Connections – Using Internal Communication to turn Strategy in Action*. London: Gower.

Pepels, Werner. [2]1996. *Kommunikations-Management*. Stuttgart: Schäffer-Poeschel.

Perloff, Richard M. 1993. Third-Person Effect Research 1983–1992. A Review and a Synthesis. *International Journal of Public Opinion Research* 5(2): 167–184.

Pringle, John William S. 1951. On the Parallel between Learning and Evolution. *Behavior* 3: 174–215.

Raschke, Joachim, und Ralf Tils (Hrsg.). 2007. *Politische Strategie*. Wiesbaden: VS-Verlag.

Rautenberg, Michael. 2010. *Der Dialog in Management und Organisation – Illusion oder Perspektive*. Auer: Heidelberg.

Roethlisberger, Fritz J.. 1964) *Management and the worker*. Cambridge (MA): Harvard University Press.

Röttger, Ulrike (Hrsg.). 1997. *PR-Kampagnen. Über die Inszenierung von Öffentlichkeit*. Opladen: Westdeutscher Verlag.

Scheuss, Ralph. 2008. *Handbuch der Strategien*. Frankfurt: Campus.

Schmidbauer, Klaus, und Eberhard Knödler-Bunte. 2004. *Das Kommunikationskonzept*. Potsdam: UMC Press.

Senger, Harro von. [10]2000. *Strategeme. Lebens- und Überlebenslisten aus drei Jahrtausenden*. Bern, München, Wien: Scherz.

Senger, Harro von. [4]2004. *Die Kunst der List*. München: List.

Senger, Harro von. 2006. *36 Strategeme für Manager*. München: Piper Verlag.

Sieper, Marc. 2008. *Strategische Planung in Nonprofit-Organisationen*. Hamburg: Diplomica.

Sun Tsu (Sunzi). 2007. *Wahrhaft siegt, wer nicht kämpft. Die Kunst des Krieges*. 3. Aufl. München: Piper.

Szyszka, Peter, und Uta-Micaela Dürig (Hrsg.). 2008. *Strategische Kommunikationsplanung*. Konstanz: UVK.

Tschopp, Lukas. 2008. Optimierung von PR-Konzeptionen: Befunde und Schlussfolgerungen. In *Strategische Kommunikationsplanung*, hrsg. Peter Szyszka, und Uta-Micaela Dürig, 75–89. Konstanz: UVK.

Weick, Karl E., und Kathleen M. Sutcliffe. 2001. *Managing the Unexpected*. San Francisco: Jossey-Bass.

Welge, Martin K., und Andreas Al-Laham. [5]2008. *Strategisches Management*. Gabler Verlag: Wiesbaden.

Will, Markus. 2007. *Wertorientiertes Kommunikationsmanagement*. Stuttgart: Schäffer-Poeschel.

Zimmermann, Rainer. 1997. Sichtbar die Holzstege wieder instand setzen, heimlich nach Chencang marschieren. *PR-Forum* 3(2): 30–31.

Steuerungstheorie und PR-Forschung: Verknüpfungsmöglichkeiten und Forschungsbedarf

Joachim Preusse & Ulrike Röttger

1   Einleitung

Sowohl in der sozialtheoretisch fundierten PR-Theoriebildung als auch in der anwendungsbezogenen Forschung spielen je spezifische Steuerungsverständnisse eine gewichtige Rolle – stehen doch die beabsichtigte und zielgerichtete Beeinflussung von Wahrnehmungen, Meinungen, Einstellungen und Handlungen von Anspruchsgruppen durch PR-Funktionsträger fast ausnahmslos im Zentrum der Beschreibung von Public Relations bzw. strategischer Kommunikation. Dabei zeigt sich allerdings, dass das jeweilige Steuerungsverständnis insbesondere in Beiträgen der anwendungsbezogenen Forschung nicht immer expliziert wird. Die mangelnde Explikation erweist sich als Problem, das nicht nur für die Theoriebildung, sondern auch für die Praxis negative Folgen hat, hängen doch die an die PR-Praxis gerichteten Erwartungen ihrer Auftraggeber wesentlich davon ab, welche Steuerungserwartungen die PR weckt bzw. welche Erfolgsaussichten von Steuerungsversuchen sie bewusst oder unbewusst in Aussicht stellt.

Dieser Beitrag verfolgt das Ziel, grundlegende Verknüpfungsmöglichkeiten von Steuerungstheorie und PR-Forschung zu benennen und auf diesem Wege Optionen der Nutzbarmachung der Steuerungstheorie für die PR-Forschung zu systematisieren und zukünftigen Forschungsbedarf zu benennen.[1] Dazu wird in Kapitel 2 zunächst der Steuerungsbegriff knapp eingeführt und zentrale Argumentationslinien der Steuerungstheorie werden benannt. Anschließend werden diejenigen Fragekomplexe der PR-Forschung, innerhalb derer steuerungstheoretische Ansätze und steuerungspraktische Konzepte eine Rolle spielen, identifiziert und konkrete Beispiele für die Verknüpfung

---

1   Einzelne Passagen dieses Beitrags basieren auf den Überlegungen der Autoren in (Röttger et al. 2011) und (Preusse et al. 2013).

von Steuerungstheorie und PR-Forschung genannt (Kapitel 3). Im Fazit (Kapitel 4) wird das Potential einer Bezugnahme auf die Steuerungstheorie für die PR-Forschung zusammengefasst und zukünftiger Forschungsbedarf konkretisiert.

2   Zum Steuerungsbegriff

In den deutschsprachigen Sozialwissenschaften findet der Begriff der Steuerung seit den 1970er Jahren verstärkt Verwendung (für einen Überblick siehe Mayntz 2005). In der allgemeinen sozialwissenschaftlichen Steuerungstheorie wird Steuerung verstanden als das „Einwirken eines Systems auf ein anderes, wodurch dessen Verhalten, Struktur, Funktion oder Eigenschaften entsprechend dem Programm oder Algorithmus des steuernden Systems festgelegt oder verändert werden." (Haufe 1989, S. 993) Ein Bedarf nach Steuerung – und Steuerungsmodellen – entsteht immer dann, wenn

„der bloße naturwüchsige Ablauf der Ereignisse von Beobachtern/Akteuren – aus welchen Gründen auch immer – als nicht akzeptabel beurteilt wird. Steuerung zielt immer auf eine verändernde Beeinflussung des naturwüchsigen Ablaufs der Ereignisse" (Willke 2001, S. 81).

Im Zentrum der Steuerungstheorie stand und stehen dabei vor allem das politische System und die Voraussetzungen, Möglichkeiten und Grenzen einer gesamtgesellschaftlichen Planung. Grundsätzlich ist der Steuerungsbegriff aber keinesfalls nur auf das politische System beschränkt. Mit der wachsenden Bedeutung unterschiedlicher Formen der Kooperation von staatlichen und privaten Akteuren (Stichwort kooperativer Staat) ist der mit einer impliziten top-down-Perspektive unterlegte Steuerungsbegriff jedoch partiell vom Governancebegriff als „Oberbegriff verschiedener Modi sozialer Ordnung bzw. sozialer Handlungskoordination" (Mayntz 2008, S. 45) abgelöst worden (vgl. dazu u. a. König 2008).

Der Steuerungsbegriff unterscheidet sich zudem je nach theoretischer Basis – bedeutsam sind hier insbesondere System- und Handlungstheorien – ganz erheblich (für einen Überblick siehe Jarren und Donges 2000; Donges 2002, S. 65 ff.). Auf einer allgemeinen sozialtheoretischen Ebene lassen sich mit Donges (2002, S. 65 ff.) sowie im Einklang mit der Lehrbuch- und Überblicksliteratur (1) handlungs- bzw. akteurs-, (2) interpenetrations- und (3) systemtheoretische Zugänge voneinander abgrenzen. Diese sind im Wesentlichen im Hinblick auf politische Steuerung ausgearbeitet. Akteurstheoretische Ansätze sind insbesondere mit den Namen *Fritz W. Scharpf, Renate Mayntz* sowie, mit Einschränkungen, *Uwe Schimank* verbunden; der interpenetrationstheoretische Zugang wird vor allem von *Richard Münch* vertreten. Systemtheoretisch fundierte Steuerungsüberlegungen stammen insbesondere von *Niklas Luhmann, Georg Kneer* und *Jürgen Willke*.

Den Zugängen liegen unterschiedliche Prämissen und Basisbegriffe sowie unterschiedliche analytische Ausgangspunkte zu Grunde, die sowohl im Hinblick auf die allgemeine politikwissenschaftliche Steuerungstheorie (vgl. im Überblick Braun 2001; Mayntz und Scharpf 2005; Görlitz und Burth 1998 sowie die Beiträge in Lange und Braun 2000) als auch im Hinblick auf Anwendungsfelder, z.B. die Rundfunkpolitik (vgl. u.a. Marcinkowski 1993; Grothe 2000 für systemtheoretische Zugänge und Donges 2002; Jarren und Donges 2000; Donges 2007 für eher akteurs- bzw. handlungstheoretische Zugänge). Einige wenige Bemerkungen zu dieser hochgradig differenzierten Debatte sollen hier genügen: Systemtheoretischen Zugängen wird gemeinhin ein „Steuerungspessimismus" attestiert, während akteurstheoretischen Zugängen eine tendenziell optimistischere Einschätzung der politischen Steuerungsfähigkeit und Steuerbarkeit durch Politik zugeschrieben wird. In der Gesamtsicht ist seit einiger Zeit eine Annäherung beider Positionen zu beobachten. So haben beispielsweise im Kern systemtheoretisch argumentierende Autoren wie Willke bestimmte Basisannahmen der autopoietischen Systemtheorie aufgeweicht und gelangen so zu optimistischeren Einschätzungen hinsichtlich politischer Steuerungsfähigkeit und der Steuerbarkeit durch Politik; umgekehrt hat auch die akteurszentrierte Steuerungstheorie Einsichten der (orthodoxen) Systemtheorie übernommen (vgl. Donges 2007, S. 67 f.). Interpenetrationstheoretische Zugänge unterscheiden sich von systemtheoretischen Zugängen durch die Ablehnung des Konzeptes selbstreferentieller und autopoietischer Systeme. Politische Steuerung wird definiert als „Faktorinput in die nichtpolitischen Systeme" (Münch 1994, S. 387). Mittels politischer Macht kann das politische System in Umweltsysteme eingreifen, z.B. in die Ressourcenallokation der Wirtschaft (vgl. ebd.). Die Politik kann nach Münch zwar nicht unmittelbar ökonomische Fehlleistungen korrigieren, wohl aber die „politischen Probleme" (Münch 1994, S. 393) innerhalb des Wirtschaftssystems. Als „politisch" gelten diejenigen Koordinationsprobleme, bei denen „Entscheidungen über Zielsetzungen unter der Bedingung einander widerstreitender Ziele getroffen werden müssen." (Donges 2002, S. 74 f.) Insofern weisen interpenetrationstheoretische Zugänge eine größere Nähe zu akteurstheoretischen als zu systemtheoretischen Zugängen auf.

Im Folgenden geht es unabhängig von spezifischen steuerungstheoretischen Perspektiven um die Frage, in welchen Teilbereichen der PR-Forschung Steuerung eine Rolle spielt bzw. in welchen Teilbereichen der PR-Forschung steuerungstheoretische Perspektiven einen Erkenntnisgewinn liefern können.

3   Steuerung als Gegenstand der PR-Forschung

Es lassen sich drei Fragekomplexe der PR-Forschung identifizieren, innerhalb derer Steuerung als Gegenstand relevant ist (s. Tab. 1).

Im Folgenden werden die drei Fragekomplexe aufgegriffen und Antwortoptionen skizziert. Dabei kann und soll es nicht darum gehen, erschöpfende Antworten zu geben, sondern die Notwendigkeit einer systematischen Forschung zu den o. g. Fragekomplexen aufzuzeigen und weitere Forschung, die sich mit dem Zusammenhang von PR und Steuerung befasst bzw. sich PR aus einer steuerungstheoretischen Perspektive nähert, anzuregen.

Tabelle 1   Steuerung als Gegenstand der PR-Forschung: Fragekomplexe

Analytischer Fokus	Leitfrage	Forschungsbedarf	Vorgehensweise
Anwendungsbezogene PR-Forschung	Welches Steuerungsverständnis liegt Konzepten, die in der anwendungsbezogenen Forschung generiert werden, zu Grunde?	• Systematisierung der expliziten und impliziten Steuerungsverständnisse in anwendungsbezogenen Konzepten z. B. im „Kommunikations-Controlling" oder Reputationsmanagement • Beurteilung der Funktionalitäten und Dysfunktionalitäten zu Grunde liegender Steuerungsverständnisse für die PR-Praxis	„aufdeckend"/ rekonstruierend
PR-Theorie	Welches Steuerungsverständnis liegt PR-theoretischen Ansätzen zu Grunde?	• Systematisierung der expliziten und impliziten Steuerungsverständnisse der PR-Theoriebildung • Systematisierung der sozialtheoretischen Anknüpfungspunkte, die spezifische Steuerungsverständnisse begründen • Welche Konsequenzen ergeben sich aus den verschiedenen steuerungstheoretischen Ansätzen für ein PR-spezifisches Steuerungsverständnis?	„aufdeckend"/ rekonstruierend
PR-Praxis	In welchen Praxisfeldern/Arbeitsbereichen der PR spielen Fragen der Steuerungsfähigkeit und Steuerbarkeit eine Rolle?	• Welche Praxisfelder der PR beinhalten Steuerungsbemühungen bzw. profitieren von einer anwendungsbezogenen Steuerungstheorie? • Wie müssten adäquate anwendungsbezogene steuerungstheoretische Ansätze aussehen? • Auf welche sozialtheoretischen Grundlagen kann die anwendungsbezogene Steuerungsdiskussion zurückgreifen?	„entwerfend"

3.1 Zum Steuerungsverständnis der anwendungsbezogenen PR-Forschung

Im analytischen Blick auf die anwendungsbezogene PR-Forschung ergibt sich die Leit-frage, welches Steuerungsverständnis den hier generierten Konzepten zu Grunde liegt. Generell ist festzustellen, dass das Steuerungsverständnis in der anwendungsbezogenen PR-Forschung oftmals nicht expliziert und/oder problematisiert wird, sondern meist implizit enthalten ist. Darüber hinaus ist festzustellen, dass die – wenn auch nicht de-zidiert so bezeichneten – Steuerungsannahmen der anwendungsorientierten PR- bzw. Kommunikationsmanagementforschung überwiegend einem einfachen Steuerungsver-ständnis folgen, das unidirektionale, direkte Wirkungszusammenhänge im Sinne „Steu-erungsimpuls x führt zu Wirkung y" annimmt.

Unterkomplexe Steuerungsannahmen werden regelmäßig beispielsweise im For-schungsfeld Kommunikations-Controlling unterstellt. Im Frühjahr 2009 haben die Berufsverbände DPRG (Deutsche Public Relations Gesellschaft) und ICV (Internatio-naler Controller Verein) einen Anlauf genommen, um kommunikations- und betriebs-wirtschaftliche Verfahren des „Kommunikations-Controllings" unter ein gemeinsames Dach zu stellen. In einem gemeinsamen Arbeitskreis haben sie ein Wirkstufenmodell für PR-Kommunikation verabschiedet, das die konzeptionelle Grundlage für anwen-dungsbezogene Verfahren des Kommunikations-Controllings bilden soll (vgl. Rolke und Zerfaß 2010; Pfannenberg 2010). Es bildet zu erwartende Wirkungen und Messgrö-ßen von PR-Kommunikation idealtypisch ab und dient insofern als Bezugsrahmen für entsprechende Verfahren. Mit der Verabschiedung des Bezugsrahmens wurde zugleich die grundlegende „Theoriedebatte" zum Kommunikations-Controlling von der Praxis für beendet erklärt (vgl. Köhler 2009). Wie Preusse und Thummes (2010) gezeigt ha-ben, sind in der Ausarbeitung des Bezugsrahmens im Vergleich zu Vorgängermodellen wichtige Relativierungen und Entschärfungen zentraler Annahmen, insbesondere hin-sichtlich der Kausalität und Steuerbarkeit von Kommunikationswirkungen, vorgenom-men worden. Diese spiegeln sich jedoch, wie sich in der Betrachtung des im Arbeits-kreis „Wertschöpfung durch Kommunikation" der DPRG entwickelten Verfahrens (vgl. in der Übersicht Pfannenberg 2010; Schönefeld/DPRG 2007) zeigt, bisher noch nicht in der Ausgestaltung der darauf basierenden Verfahren wider. Dies wird im Folgenden ex-emplarisch gezeigt (vgl. dazu ausführlicher Preusse und Thummes 2010).

Das DPRG-Modell des Kommunikations-Controllings beruht auf dem derzeit bei Unternehmen im deutschsprachigen Raum sehr weit verbreiteten allgemeinen Manage-mentinstrument der „Balanced Scorecard". Die Balanced Scorecard wurde 1992 an der Harvard Business School von Robert S. Kaplan und David P. Norton (1992) entwickelt und versteht sich als ganzheitliches Steuerungsinstrument, das eine Brücke von der Vi-sion und der Unternehmensstrategie bis hin zu strategischen Einzelprogrammen in den verschiedenen Funktionsbereichen und deren praktische Umsetzung schlägt. Zum ganzheitlichen Ansatz der Balanced Scorecard gehört dabei, das Unternehmen aus un-terschiedlichen Perspektiven zu betrachten und dabei sowohl monetäre als auch nichtmonetäre Faktoren, die für die Unternehmensentwicklung relevant sind, zu berücksichtigen. So werden bei der Balanced Scorecard „die traditionellen finanziellen Kennzahlen durch eine Kunden-, eine interne Prozess- und eine Lern- und Entwicklungsperspektive ergänzt" (Weber 2002 [1988], S. 203). Für jede der vier Perspektiven werden ausgehend von den allgemeinen Unternehmenszielen und der übergeordneten Unternehmensstrategie Ziele benannt, die jeweiligen Werttreiber, Leistungskennzahlen und Zielvorgaben definiert und zudem Maßnahmen bestimmt, mit denen die genannten Ziele erreicht werden sollen (vgl. Kaplan und Norton 2004, S. 45 ff.; Weber 2002 [1988], S. 204). Zentral ist dabei die Identifikation von Wirkungszusammenhängen zwischen verschiedenen Werttreibern und Kennzahlen. „Zwischen den Kennzahlen müssen in der sogenannten Strategy Map aufgezeichnete Ursache-Wirkungs-Zusammenhänge bestehen und zwar insofern, dass jede Perspektive direkt oder indirekt zum Erfolg auf finanzieller Ebene beiträgt (vgl. Kaplan und Norton 2004, S. 28 f.; Weber 2002 [1988], S. 203 ff.; Pfannenberg 2010)." (Preusse und Thummes 2010, S. 9)

Für die Bereiche der Finanzkommunikation, der internen und der externen Kommunikation sowie der Marketing-Kommunikation liegen seitens des Kommunikations-Controlling-Modells der DPRG ausformulierte Strategy Maps mit Werttreibern, Wertverbindungen und Key Performance Indicators (KPIs) vor (vgl. Pfannenberg 2010). Ausgehend von übergeordneten Unternehmenszielen bzw. übergeordneten Strategy Maps des Unternehmens beschreiben diese kommunikationsspezifischen Strategy Maps mit Blick auf die jeweils zu erreichenden Ziele Wirkungszusammengänge zwischen einzelnen Erfolgsfaktoren bzw. Wertreibern für die genannten vier Kommunikationsbereiche und differenzieren dabei zwischen den Wirkungsebenen Output (Wissen und Wahrnehmungen), Outcome (Kommunikationswirkungen im Bereich Einstellungen und Verhalten) und Outflow (betriebswirtschaftliche Wirkungen).

Abb. 1 zeigt exemplarisch die von der DPRG entwickelte Strategy Map im Bereich der externen Kommunikation. Die externe Kommunikation ist – wie andere Bereiche des Unternehmens auch – darauf ausgerichtet, die „operative Exzellenz" des Unternehmens zu maximieren. Konkret ist es Ziel und Aufgabe der externen Kommunikation, Bedingungen zu schaffen, die es dem Unternehmen ermöglichen, seine Ziele bestmöglich zu erreichen (Outflow-Ebene). Wie die externe Kommunikation diesem Auftrag gerecht werden kann, skizziert die Strategy Map in vier Teilschritten (siehe Abb. 1). Ausgangspunkt ist die Bekanntheit des Unternehmens. Dieser Werttreiber trägt in der Strategy Map einerseits maßgeblich dazu bei, das Wissen der relevanten Zielgruppen über das Unternehmen, seine Ziele und Strategien zu vergrößern und kann zudem die Wahrnehmung des sozialen Wertbeitrags des Unternehmens seitens der Zielgruppen beeinflussen. Diese Effekte auf der Output-Ebene sind unmittelbar reputationsrelevant und zahlen direkt auf die zentrale Messgröße (Key Performance Indikator) in der vorgestellten Strategy Map ein: die Unternehmensreputation. Die Reputation beeinflusst wiederum direkt weitere Werttreiber wie Akzeptanz und Vertrauen, die dann letztlich den Outflow bestimmen (vgl. Pfannenberg 2010).

Abbildung 1   Werttreiber, Value Links und KPIs der externen Kommunikation

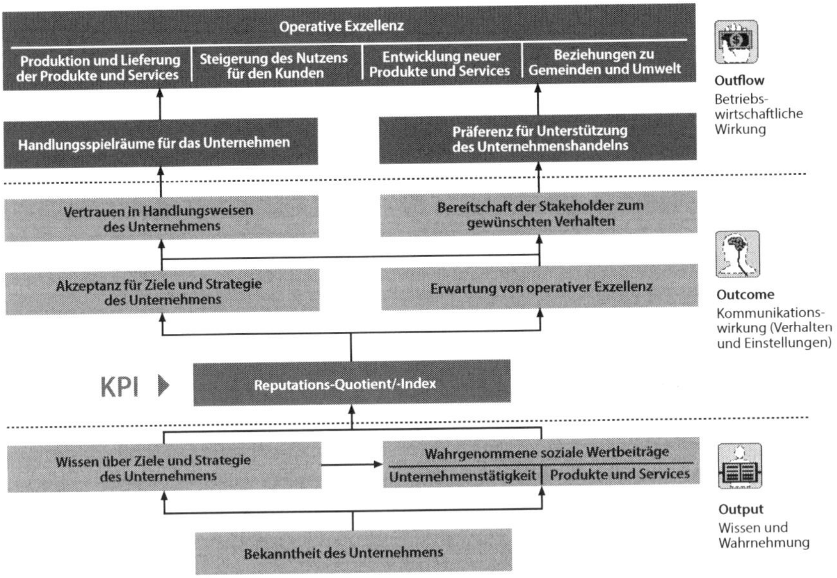

Quelle: Schönefeld/DPRG 2007

Die hier exemplarisch vorgestellte Strategy Map der externen Kommunikation verdeutlicht anschaulich die grundsätzliche Logik, die dem Kommunikations-Controlling zu Grunde liegt. Sog. „Werttreiberbäume" postulieren Kausalverbindungen zwischen Output, Outcome und Outflow. Problematisch daran ist, dass die postulierte unidirektionale Wirkungsperspektive nur auf intendierte Steuerungsresultate fokussiert und intervenierende Variablen ebenso wie nicht-beabsichtigte Steuerungseffekte, die in der Organisationspraxis zweifelsohne auftreten, nicht berücksichtigt.

Die in den Strategy Maps abgebildeten Wirkungsketten basieren im Wesentlichen auf Erfahrungswerten, die jedoch als Beleg bzw. Begründung der unterstellten Zusammenhänge nicht ausreichen. So kann beispielsweise die angenommene Beeinflussung der Reputation durch das Wissen über Ziele und Strategien des Unternehmens und seine Bekanntheit ebenso plausibel auch umgekehrt vorliegen. Wechselwirkungen und interrelationale Aspekte spielen aber in der Logik von Strategy Maps im Prinzip keine Rolle. Hier zeigt sich, dass Strategy Maps mit Konzepten und Begriffen der US-amerikanischen *Management Sciences* arbeiten, denen aus managementtheoretischer Sicht plausibel entgegengehalten werden kann, dass sie zur „alte[n] Welt mit ihren Kausalitäts- und Rationalitätsvorstellungen, mit ihrem Glauben an eine mathematisierte Modellierbar-

keit der Welt, an die Quantifizierbarkeit von Erkenntnis und an die diesbezüglichen empirischen Forschungsmethoden" gehören (Wimmer 2011, S. 520).

Zur latenten Funktion von Steuerungsutopien

Trotz der in analytischer Perspektivierung erforderlichen Zurückweisung allzu unter-
komplexer Steuerungsbegriffe darf nicht aus dem Blick verloren werden, dass Mach-
barkeitsbehauptungen und Steuerungsutopien, die in Konzepten der anwendungsbezogenen Forschung, teils aber auch in der PR-Praxis bestehen, gleichwohl eine *latente
Funktion* haben können. Diese latente Funktion entspricht prinzipiell der latenten Funktion der Steuerungsutopie des politischen Systems:

> „Das politische System betreibt mit seinem Steuerungsutopismus eine Art unintendierte, aber
> sehr nützliche ‚Unsicherheitsabsorption' für die Gesellschaft und jedes einzelne ihrer Teil-
> systeme. Kein anderes System bietet sich an, die zunehmende Risikokommunikation zum
> Beispiel in Fragen der Arbeitsplatzsicherheit, der Ökologie-, der Technik- oder der Wissen-
> schaftsentwicklung zumindest eine Zeitlang zu binden. Insbesondere die Absorption mo-
> ralischer Kommunikation durch die Politik und ihre Abkühlung der emotional erhitzten
> Gemüter durch wie auch immer illusionäre oder von vornherein nur symbolisch gemeinte
> Steuerungsversuche ermöglicht es den anderen Funktionssystemen, verhältnismäßig unge-
> stört weiter zu operieren." (Lange 2002, S. 188)

Für die PR-Forschung eröffnet sich damit ein weiteres Betätigungsfeld: Ausgehend von
der (sicher nicht in jedem Einzelfall zutreffenden) Annahme, dass explizite und implizite Steuerungsverständnisse der anwendungsbezogenen Forschung und in Teilen der
PR-Praxis tendenziell unterkomplex sind, stellt sich die Frage, wie sich möglicherweise
bestehende latente Funktionen eines solchen Steuerungsverständnis beschreiben und
differenzieren lassen. Hier bieten sich Bezugnahmen z. B. auf Forschung zu „Manage-
ment-Moden" (vgl. z. B. Abrahamson und Fairchild 1999) und in theoretischer Hinsicht
auf den soziologischen Neo-Institutionalismus (vgl. zuletzt Sandhu 2009; Sandhu 2012;
Wehmeier und Röttger 2011) an. Insofern hat Saxers Forderung aus den 1990er Jahren
auch heute noch Gültigkeit:

> „Zwar wird auch fachintern das Potential der Publizistikwissenschaft, Schwierigkeiten der
> Kommunikationspraxis lösen zu helfen und damit einen Beitrag an die Bewältigung ver-
> schiedenster sozialer Probleme zu leisten, unterschiedlich beurteilt. Kein Zweifel kann aber
> daran bestehen, dass […] die Disziplin diesbezüglich stärker gefordert worden ist. Allent-
> halben muss freilich die Wissenschaft noch vermehrt lernen, die Problemdefinitionen der
> Praktiker nicht einfach zu übernehmen, aber auch nicht besserwisserisch als unzulänglich
> abzulehnen, sondern als Ausdruck einer anderen Perspektive zu interpretieren und in wis-
> senschaftsfähige Fragen umzuformulieren. Nur auf diese Weise wird die mögliche Kom-

plementarität der wissenschaftlichen und der Problemsicht von Auftraggebern erkennbar"
(Saxer 1994, S. 42; i. O. t. k.).

3.2 Steuerungsverständnis der PR-Theorie

In PR-theoretischer Hinsicht ermöglicht eine detailliertere und differenziertere Auseinandersetzung mit dem Steuerungsbegriff, so unsere These, die *Verknüpfung von analytischer Meso- und Makroebene* und damit die Verkleinerung einer oftmals beklagten For-
schungs- bzw. Theorielücke. Ein hinreichend komplexer Steuerungsbegriff ermöglicht
der PR-Theoriebildung eine weitere Abkehr vom instrumentellen Paradigma bzw. von
der funktionalistischen Theoriebildung und Forschung, die darauf abstellt, wie PR möglichst effektiv und effizient die Zielerreichung von Organisationen ermöglichen oder
optimieren kann, mithin dem Problem unterliegt, dass die Praxis weitgehende Teile
der wissenschaftlichen Forschungsagenda bestimmt. Im Zentrum dieser funktionalistischen PR-Forschung[2] steht der konkrete Leistungsbeitrag von PR für die jeweils auftrag-
gebende Organisation, d. h. Kommunikationsangebote und -prozesse werden jeweils
aus Organisationsperspektive anhand der Kriterien ihrer Effizienz und Effektivität bewertet (vgl. Wehmeier und Röttger 2011, S. 199). In diesem Sinne ist die funktionalistische PR-Forschung primär an Interessen der organisationalen Absender von PR ausgerichtet. Gesellschaftliche Folgen von PR-Kommunikation, die keinen direkten Einfluss
auf die organisationale Zielerreichung haben, spielen in dieser Forschungsperspektive
ebenso wie nicht-intendierte Effekte der Kommunikation keine Rolle. Typisch für funktionalistische PR-Forschung ist zudem ein nicht reflektierter Kommunikationsbegriff
bzw. ein unterkomplexes Verständnis von Kommunikation im Sinne eines einfachen
Input-Output-Modells.

Zu dieser Art der Theoriebildung und der empirischen Forschung bietet eine an
einem hinreichend komplexen, d. h. sozialtheoretisch fundierten, Steuerungsbegriff
orientierte PR-Forschung eine adäquate, stärker soziologisch orientierte Alternative, die
nicht primär auf die Verwertbarkeit der PR-Praxis bezogen ist: „Contrary to most public
relations approaches, a sociological oriented view is not so much oriented at management problems, but at the relationship public relations has with respect to the societies
in which it is produced and to the societal systems it co-produces." (Ihlen und Van Ruler
2007, S. 244) Es ist, so unsere These, nicht Aufgabe der PR-Theoriebildung und -For-
schung, eine Prestige- und Legitimationserhöhung des Berufsstandes herbeizuführen
oder PR-Praktikern Begriffe an die Hand zu geben, mittels derer sie ihre Dienstleistun-

---

2   Der hier verwendete Funktionalismusbegriff bezieht sich nicht auf den systemtheoretischen Funk-
    tionalismusbegriff in Anlehnung an Luhmann, sondern knüpft an den internationalen Begriff des
    Funktionalismus an , der eine positivistische, unkritische und theoriearme Forschung beschreibt (vgl.
    Wehmeier und Röttger 2011, S. 198).

gen besser vermarkten können. Diese analytische Distanz zu ihrem Gegenstand hat die PR-Forschung zum Teil zu lange vernachlässigt.

Die (deutschsprachige) PR-Theoriebildung folgt im Einklang mit der internationalen Forschung (vgl. im Überblick Edwards 2012, S. 14 ff.) mehrheitlich dem organisationsbezogenen Paradigma und betrachtet Public Relations als Kommunikationsfunktion von Organisationen. Die theoretisch konstatierte Aufgabenzuweisung der PR lautet demnach, organisationale Partikularinteressen mittels des intentionalen, geplanten Einsatzes von Kommunikation zu vertreten und durchzusetzen. Organisationsbezogenen PR-Ansätzen liegt – wenn auch in sehr unterschiedlichen Ausprägungen – grundsätzlich die Annahme der Möglichkeit der systematischen Beeinflussung (Steuerung) insbesondere des Wissens, der Einstellungen, Vorstellungen und Meinungen von relevanten Bezugsgruppen bzw. Teilöffentlichkeiten zu Grunde. Dass PR Steuerungsversuche im Sinne ihres Auftraggebers unternimmt, kann als konsensuale Grundprämisse dieser Ansätze angesehen werden. Zugleich ist aber zu beobachten, dass eine explizite und differenzierte Auseinandersetzung mit den Voraussetzungen, Möglichkeiten und Effekten von Steuerung in der Regel nicht stattfindet. Der Steuerungsbegriff wird in vorliegenden PR-theoretischen Ansätzen nur selten reflektiert; vorhandene steuerungstheoretische Ansätze und Erkenntnisse werden kaum aufgegriffen. Es besteht darüber hinaus der Eindruck, dass zwar durchgängig Steuerungsversuche der PR angenommen werden, der Steuerungsbegriff selbst jedoch ausdrücklich vermieden wird. Vermutlich spielen hier mögliche assoziative Bezüge von Steuerung zu Manipulation, Propaganda und anderen als unzulässig angesehenen Formen der (Massen-)Beeinflussung eine Rolle (vgl. Jarren und Röttger 2009, S. 38). Mit der Zurückhaltung der PR-theoretischen Forschung gegenüber dem normativ grundsätzlich neutralen Steuerungsbegriff bleibt sein großes heuristisches Potenzial, d. h. die systematische Analyse von Steuerungszielen und -modi, der Steuerungsressourcen und -instrumente sowie der beteiligten Akteure, ungenutzt (vgl. dazu allgemein Willke 2001). Eine Systematisierung und Durchsicht sozialtheoretischer Steuerungsverständnisse im Hinblick auf ihre Eignung, PR insgesamt und einzelne Praxisfelder/Arbeitsbereiche adäquat zu beschreiben, steht bislang noch aus.

Hinsichtlich der Steuerungsleistungen der PR liegt der analytische Fokus klassischerweise auf der Umweltsteuerung und damit auf den Versuchen, Wirkungen in der Organisationsumwelt zu erzielen. Die ebenfalls unterstellten internen Steuerungsversuche der PR werden früh bereits in US-amerikanischen Ansätzen betont. Long und Hazleton (1987, S. 6) beispielsweise beschreiben PR als „communication function of management through which organizations adapt to, alter or maintain their environment for the purpose of achieving organizational goals." Auch Grunig et al. betonen die internen Steuerungsfunktionen der PR, die organisationsintern als „advocates of the publics' interests" (Dozier et al. 1995, S. 13) auftreten solle. In der deutschsprachigen PR-Theoriebildung wurden demgegenüber zwar interne Steuerungsleistungen von Beginn an erwähnt, jedoch erst in jüngerer Zeit umfangreicher ausgearbeitet (so insbes. bei Hoffjann 2009a; Hoffjann 2011). Als Pendant zur externen Kontextsteuerung kann die interne Steuerung

Abbildung 2 Strategieoptionen bei unterstellter Lernunwilligkeit bzw. Lernwilligkeit

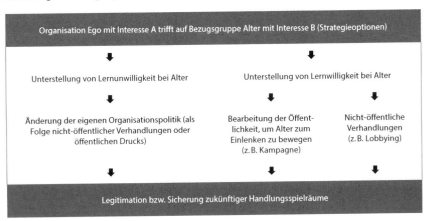

Organisation Ego mit Interesse A trifft auf Bezugsgruppe Alter mit Interesse B (Strategieoptionen)

Unterstellung von Lernunwilligkeit bei Alter	Unterstellung von Lernwilligkeit bei Alter	
Änderung der eigenen Organisationspolitik (als Folge nicht-öffentlicher Verhandlungen oder öffentlichen Drucks)	Bearbeitung der Öffentlichkeit, um Alter zum Einlenken zu bewegen (z. B. Kampagne)	Nicht-öffentliche Verhandlungen (z. B. Lobbying)

Legitimation bzw. Sicherung zukünftiger Handlungsspielräume

Quelle: Hoffjann 2009b, S. 12

bzw. organisationale Selbststeuerung durch PR modelliert werden. Während im Zuge der externen Kontextsteuerung versucht wird, Erwartungen, Meinungen und Einstellungen von Akteuren in der Organisationsumwelt zu beeinflussen, versucht PR im Zuge der internen Steuerung, die Organisationspolitik zu beeinflussen und so letztlich die Organisation zu verändern. Der Selbststeuerungsaspekt der PR ist daher zu verstehen als Steuerung der Organisationsleitung, das heißt als Einflussnahme auf organisationspolitische Entscheidungen. Voraussetzung dieser Einflussnahme auf die Organisationsführung ist zum einen die Fähigkeit der PR, interne Beratungsleistungen erbringen zu können und zum anderen die Nachfrage dieser Beratungsleistungen durch die Organisationsführung.

Organisationsbezogene Selbststeuerung und externe (Umwelt-)Steuerung können als funktional äquivalente Strategien zur Erreichung des obersten Ziels der PR – der Legitimation der Organisation in ihrer Umwelt – angesehen werden (vgl. Hoffjann 2009a, S. 309). Beide Steuerungsformen sind prinzipiell in der Lage, Legitimation zu schaffen oder zu sichern. Extern ausgerichtete Legitimationssicherungsstrategien bestehen zum Beispiel im Fall einer legitimationsrelevanten Konfliktkonstellation darin, die Erwartungsstrukturen von Bezugsgruppen durch Selbstdarstellung und gezielte PR-Kommunikation im Sinne der Organisation zu beeinflussen. Neben öffentlicher Kommunikation können zudem Formen nicht-öffentlicher Kommunikation, zum Beispiel im Rahmen des Lobbying, eingesetzt werden (siehe Abb. 2). Intern ausgerichtete legitimationsbezogene Strategien bestehen darin, organisationsintern Einfluss auf die Organisationspolitik zu nehmen, um so den legitimationsgefährdenden Konflikt zu entschärfen. Sie spielen insbesondere dann eine Rolle, wenn die Legitimation der gesamten Organisation grundlegend gefährdet scheint oder eine Beeinflussung der Erwartungen und Positionen von Bezugsgruppen aufgrund ihrer normativen Erwartungshaltung bzw. „Lernunwilligkeit" (Hoffjann 2009b, S. 12; siehe Abb. 2) nicht möglich ist. Beispiele für derartige intern ausgerichtete legitimationsbezogene Strategien sind laut Hoffjann „der Ausstieg aus der Kernenergie, um den Fortbestand des Unternehmens nicht zu gefährden; der Verzicht auf die Versenkung der Ölplattform, um den Absatz nicht zu gefährden; eine Strukturierung und damit höhere Investitionen in CSR-Aktivitäten, um künftige Konflikte mit Stakeholdern zu vermeiden bzw. das Vertrauen in das Unternehmen zu erhöhen; ein Verzicht auf Kinderarbeit in Südamerika, um Diskussionen mit Verbraucherschutzorganisationen zu beenden." (Hoffjann 2009a, S. 309)

Diejenigen PR-theoretischen Überlegungen, die den Steuerungsbegriff explizit berücksichtigen, favorisieren unterschiedliche systemtheoretische (vgl. insbesondere Röttger et al. 2011, S. 126–144; Jarren und Röttger 2009; Hoffjann 2009a; Hoffjann 2007 [2001]) und soziokybernetische (vgl. insbesondere Nothhaft und Wehmeier 2009; Nothhaft und Wehmeier 2007) Ausprägungen des Steuerungsbegriffs. Diese sind idealtypisch von einem Steuerungsverständnis, das die Beziehungen von Organisation und Umwelt als unidirektionale Kausalitätsannahme von Ursache und Wirkung auffasst, zu unterscheiden.

Aus dem Spektrum der systemtheoretischen Steuerungsbegriffe wird in der PR-Theorie insbesondere auf den Steuerungsbegriff von Willke (2001; 2005) zurückgegriffen. Auf komplexe Systeme gerichtete Steuerungsversuche haben, so die Grundannahme, in der Regel nur dann Aussicht auf Erfolg, wenn es ihnen gelingt, als extern induzierte „Irritationen" die interne Selbststeuerung des zu steuernden Systems anzuregen (vgl. dazu Willke 2001; Willke 2005; Luhmann 1988). Komplexe Systeme, so die Annahme, verarbeiten Input intern eigenständig, autonom und nach ihrer eigenen Logik. Die Wirkungen von externen Interventionen, das heißt von Steuerung, sind – bei Annahme der Geschlossenheit autopoietischer Systeme im Hinblick auf die Selbststeuerung der eigenen Reproduktion – vom internen Operationsmodus des jeweiligen Systems, das Gegenstand von Steuerung ist, abhängig (vgl. Willke 2005). Komplexe Systeme können entsprechend nicht direkt und gezielt von außen umgepolt oder verändert werden. Steuerung im Fall nicht-trivialer Systeme ist ausschließlich denkbar in Form von interner Selbststeuerung und externer Kontextsteuerung (vgl. Willke 2001).

Jarren und Röttger (2009) beispielsweise dient Willkes Steuerungsbegriff neben dem Begriff der „Interpenetration" und „Reflexierung" zur umfassenden Beschreibung der Funktionen und Leistungen der PR im organisationalen Kontext (vgl. Jarren und Röttger 2009, S. 35 ff.). Im Ergebnis gelangen sie mit Willke (2001)[3] zu dem Schluss, dass die Steuerung nicht-trivialer Systeme, zu denen auch Organisationen zu zählen sind, ausschließlich als interne Selbststeuerung oder externe Kontextsteuerung möglich ist. Ein

---

3   Hier beziehen sich Jarren und Röttger auf die zweite Auflage von 1998.

Tabelle 2   Triviale und komplexe Systeme

Merkmal	Triviale Systeme	Komplexe Systeme
Variablen	wenige gerichtet	mittel bis viele unterschiedliche
Wissensbereich	klassische Naturwissenschaften	Wahrscheinlichkeitsberechnungen, komplexe Prozesse in Verhandlungssystemen
Zeitdimension/ Reversibilität	linear, reversibel	nicht-linear, irreversibel, nicht dekomponierbar
Prognosen	sehr genau	wenn überhaupt statistische Wahrscheinlichkeit

Quelle: Nothhaft und Wehmeier 2009, S. 154

unmittelbarer steuernder Eingriff in nicht-triviale Systeme hingegen ist ausgeschlossen. Mithin sei der Steuerungsprozess der PR auch nur unter der Berücksichtigung inter-relationaler Aspekte zwischen Steuerungssubjekt (Organisation) und Steuerungsobjekt (System in der Organisationsumwelt bzw. Zielgruppen wie z. B. Meinungsführer, Journalisten) angemessen zu verstehen (vgl. Jarren und Röttger 2009, S. 40). Als zentrale(s) Steuerungsmedium bzw. -ressource der PR betrachten die Autoren Kommunikation. Dieser Begriff wird dem Begriff der Information als Steuerungsmedium bzw. -ressource vorgezogen, da PR nicht ausschließlich Informationen einsetzt, sondern Informationen „vielfach mit spezifischen Formen der Interaktion" (Jarren und Röttger 2009, S. 40) verknüpft.

Der soziokybernetische Steuerungsbegriff nimmt in den PR-theoretischen Überlegungen von Nothhaft und Wehmeier (2009) eine zentrale Rolle ein. Hinsichtlich der Steuerbarkeit von Umweltsystemen gelangen sie zu ähnlichen Einsichten wie die Autoren, die sich auf den Steuerungsbegriff von Willke beziehen. Ausgangspunkt ihrer Überlegungen ist die in Anlehnung an Klassiker der Kybernetik vorgenommene Beschreibung von Organisationen und ihrer Umwelten als „komplexe" soziale Systeme, die insbesondere von „trivialen" sozialen Systemen zu unterscheiden sind (siehe Tab. 2). Triviale Systeme, wie z. B. Maschinen, können insofern als berechenbare Systeme bezeichnet werden, als dass ein spezifischer Input, der über eine gleichbleibende Operation verarbeitet wird, einen gleichbleibenden Output hervorbringt. (vgl. von Foerster 1993, S. 244 ff.) In komplexen – nichttrivialen – Systemen sind Ursache und Wirkung demgegenüber nur lose miteinander verknüpft, d. h. „unterschiedliche Ausgangszustände können zu gleichen Zielzuständen und gleiche Ausgangskonstellationen zu verschiedenen Ergebnissen führen" (Theis-Berglmair 2003 [1994], S. 86). Komplexe Systeme können aus neuem Input bzw. Erfahrungen lernen, d. h. die Operationen, nach denen sie Input verarbeiten, verändern sich. Wie komplexe Systeme Input verarbeiten, hängt nicht vom Input an sich, sondern in erster Linie von der Bedeutung ab, die das System dem Input zumisst. Die Bedeutung wird durch die internen Strukturen des Sys-

tems zugeschrieben, die sich im Laufe der Zeit durch verschiedene Erfahrungen gebildet haben: Das autopoietische System reagiert demzufolge autonom, sein Verhalten ist
strukturdeterminiert. Es reagiert auf die systeminternen Veränderungen, die durch externe Faktoren lediglich ausgelöst wurden. (Vgl. Simon 2009, S. 51 ff.) Komplexe Systeme verarbeiten Input insofern intern eigenständig, autonom und nach ihrer eigenen
Logik. Dies hat zur Konsequenz dass sie „analytisch unbestimmbar, vergangenheits-
abhängig und nicht im Sinne geradliniger Ursache-Wirkungs-Beziehungen steuerbar"
sind (Simon 2009, S. 40). Komplexe Systeme können daher nicht einfach und gezielt
von außen umgepolt oder verändert werden und Prognosen hinsichtlich der zukünftigen Systementwicklung sind stets mit großer Unsicherheit behaftet. Auch das Kommunikationsmanagement bzw. die PR agiert regelmäßig im Kontext komplexer Systeme,
wie z. B. Organisationen oder der Öffentlichkeit. Dies hat zur Folge, dass die Ergebnisse ihrer Steuerungsversuche in die Organisationsumwelt nicht exakt vorhersagbar
sind. Nothhaft und Wehmeier schlagen daher das Konzept der Kontextkontrolle bzw.
Kontextsteuerung vor:

> „Unter Kontextkontrolle ist kontinuierliches, kreatives Arbeiten an Bedingungen zu verste-
> hen, die dazu führen, dass sich günstige, im besten Fall sogar die gewünschten Resultate nach
> und nach von selbst, auf Grund der Eigendynamiken des Systems einstellen. Das heißt zum
> einen, dass der Kommunikationsmanager, wie der Gärtner, die Eigengesetzlichkeiten des
> Systems bis zu einem Grad kennen, ja kontinuierlich beobachten, lernen und wiedererlernen
> muss. [...] zum anderen aber auch, dass er sich von der Vorstellung vollständiger Kontrolle
> verabschieden muss." (Nothhaft und Wehmeier 2009, S. 163)

Mittels Kontextkontrolle lassen sich folglich Bedingungen schaffen und erhalten, die es
ermöglichen, „dass sich günstige oder sogar gewünschte ‚Resultate' gemäß ihrer Eigen-
gesetzlichkeiten, entlang der Systemdynamiken entwickeln. Ein Image zu kultivieren
anstatt es zu konstruieren; Vertrauen fördern statt es zu bauen." (ebd., S. 168 f.)

> „Aus soziokybernetischer Perspektive ist zu diagnostizieren, dass viele der existierenden PR-
> Theorien noch immer direkte, persuasive Kommunikation als das Wirkungsziel von Public
> Relations identifizieren. Krude interpretiert, gehen sie implizit oder explizit davon aus, dass
> der modus operandi der Öffentlichkeitsarbeit der ist, mit verschiedenen Gruppen zu ‚kom-
> munizieren' – und zwar insofern, als dass man Kunden, Mitarbeiter, Aktionäre, Anrainer und
> andere Stakeholder dazu bringt, etwas zu denken, sagen oder tun, was dem PR-Manager in
> seiner Kommunikationsplanung vorschwebt. Die Wirkung wird dabei manchmal indirekt,
> vermittels Journalisten, manchmal aber auch direkt und ohne Umwege angestrebt. Sie basiert
> manchmal auf geschickter Rhetorik (Überredung), manchmal auf der Kraft des einleuchten-
> den Arguments (Überzeugung) – immer verbunden aber ein Pfeil den Kommunikator mit
> dem Rezipienten, und der Pfeil bedeutet: Wirkung." (Nothhaft und Wehmeier 2009, S. 167)

3.3   Zur Relevanz des Steuerungsbegriffs für die Analyse der PR-Praxis

Im analytischen Blick auf die PR-Praxis stellt sich die Frage, in welchen Praxisfeldern/
Arbeitsbereichen der PR Fragen der Steuerungsfähigkeit und der Steuerbarkeit eine
Rolle spielen. Es lassen sich vier Praxisfelder identifizieren, die unter steuerungstheoretischen Gesichtspunkten von Interesse sind und in denen, mitunter implizit, auf unterschiedliche Steuerungsverständnisse zurückgegriffen wird (s. Tab. 3). Diese Praxisfelder
werden sowohl in der anwendungsbezogenen Forschung als auch in der sozialtheoretisch fundierten PR-Theoriebildung untersucht.

Es scheint, als ob ein systemtheoretischer Zugang zu den genannten vier Praxisfeldern besonders fruchtbar ist. So liegen zum Beispiel bezogen auf externe PR-Beratung
verschiedene „systemische" (vgl. im Überblick Wimmer 2011) bzw. systemtheoretische
(vgl. insbes. Luhmann 1989a; Willke 1992; Fuchs 2002; Mohe und Seidl 2011; im Überblick auch Seidl und Van Aaken 2007; Saam 2007) Beratungsansätze vor. Ebenso finden
sich unterschiedliche „systemische" (im Überblick Wimmer 2011; Seidl 2007) und systemtheoretische (vgl. u. a. Baecker 1994; Baecker 2003; Vos 2005) Managementansätze.
Zudem existieren ausdifferenzierte systemtheoretische Überlegungen zur Steuerbarkeit
von Umweltsystemen aus Sicht fokaler Organisationen (vgl. Luhmann 1988; Luhmann
1989b; Görlitz und Adam 2003; Willke 2001; Willke 2005).

Der Vorteil systemtheoretischer Zugänge lässt sich an einem Beispiel verdeutlichen:
Bezogen auf die erste Fragestellung aus Tab. 3, d. h. die Frage nach den Möglichkeiten
und Grenzen beraterischer Interventionen in Klientensysteme, sensibilisiert der systemtheoretische Steuerungsbegriff für die Möglichkeiten und insbesondere Grenzen bera-

Tabelle 3   Steuerungsbezogene Fragestellungen zur Analyse der PR-Praxis

Exemplarische Praxisfelder	Steuerungstheoretische Haupt-fragestellung	Perspektive auf PR
(externe) PR-Beratung	Was sind die Möglichkeiten und Grenzen beraterischer Intervention in Klientensysteme?	Steuerungsfähigkeit von Beratern Steuerbarkeit von Klienten
Führung/Leitung von PR-Abteilungen	Wie können PR-Abteilungen effizient und effektiv geführt und strukturiert werden?	Organisationsinterne(s) Steuerung/ Management der PR-Abteilung durch die Abteilungsleitung
Beitrag der PR zur Führung/ Leitung von Organisationen	Welchen Beitrag kann PR zur Füh-rung/Leitung von Organisationen leisten?	Organisationsinterne(s) Steuerung/ Management durch PR bzw. mit Hilfe der PR
Beeinflussung der öffent-lichen Wahrnehmung von Organisationen durch PR	Was sind die Möglichkeiten, Grenzen und Erfolgsaussichten der Beeinflus-sung von Meinungen, Einstellungen und Werthaltungen in der Organisa-tionsumwelt durch PR?	Umweltsteuerung durch PR/mit Hilfe der PR

terischer Interventionen und des Berater-Einflusses auf die Problemlösung des Klienten. Grundsätzlich gilt, und dies kann kaum überbetont werden, bei der Annahme der Geschlossenheit autopoietischer Systeme im Hinblick auf die Selbststeuerung der eigenen Reproduktion, dass eine direkte Einflussnahme auf die Klientenorganisation durch Berater ausgeschlossen ist: „Es gibt keine einfachen, direkt ‚steuernden' bzw. determinierenden Interventionen von Beratern in eine von ihnen beratene Organisation." (Königswieser und Exner 2001, S. 22). Intervention im systemtheoretischen Verständnis ist nicht die Vermittlung fertiger Lösungen oder Informationen, sondern besteht aus Veränderungsimpulsen. Um entsprechende Veränderungsimpulse geben zu können, muss der Berater in der Lage sein, sich ein adäquat komplexes Bild von den Systemoperationsweisen des Klientensystems zu machen, um sich mit dessen Operationslogik koppeln zu können. Dies geschieht im Rahmen des Beratungssystems, welches zwischen Klienten- und Beratersystem vermittelt: „Nur in diesem eigen kreierten, professionellen Kommunikationszusammenhang passiert Beratung und sonst nirgends. Wenn also in diesem Zusammenhang von Intervention gesprochen wird, dann sind damit alle Kommunikationen gemeint, die in diesem neugeschaffenen Kontext stattfinden." (Wimmer 1991, S. 82 f.)

Während in klassischen Beratungsansätzen die Funktion von Beratung sehr eng an eine konkrete Problemlösung gekoppelt ist – Berater sollen demnach z. B. Expertenwissen zur Problemlösung einbringen –, kommt Beratung im systemischen Verständnis vor allem eine reflexive Funktion zu. Die entscheidungsbezogene Steigerung von Reflexion und Reflexivität (vgl. Steiner 2009, S. 63 ff.) stellt im systemtheoretischen Verständnis die zentrale Funktion von Beratung dar. Die in der klassischen, nicht-systemtheoretisch ausgerichteten Beratungsliteratur überwiegend genannten Funktionen von Beratung – u. a. Wissenstransfer-, Kapazitätserweiterungs-, Neutralitäts-, Legitimations- und Durchsetzungsfunktion (vgl. u. a. Biedermann und Seidel 2007, S. 251 ff.; Nicolai 2000, S. 246 ff.) – sind vor diesem Hintergrund eher als mögliche, empirisch beobachtbare Erwartungen von Klienten an die Leistungen von Beratern bzw. als Gründe für die Inanspruchnahme von Beratern zu interpretieren und weniger als idealtypische Funktionen von Beratung zu verstehen.

Für Beratung in dem hier erörterten systemtheoretischen Verständnis ist die zugrunde liegende Leitdifferenz von Rat und Tat zentral (vgl. Steiner 2009, S. 30). Beratung ist demnach bezogen auf das Problem des Ratsuchenden Rat und nicht Tat:

„Die Unterscheidung von Rat und Tat muss [.] als eine Differenz von Reflexionsstellen oder Beobachtungsstandpunkten verstanden werden: Die Tätigkeit des Beratens bezieht sich reflexiv auf die Tat des Ratsuchenden und setzt die Reflexion dieser Tat und ihrer Umstände aus einer anderen Perspektive voraus." (Steiner 2009, S. 32)

Die idealtypische Beschreibung von Beratung als umsetzungsferner Rat trifft allerdings auf eine empirische Wirklichkeit, in der fast durchgängig fließende Übergänge von Rat

zu Tat zu beobachten sind und Beratung in Reinform nicht oder nur eingeschränkt anzutreffen ist (vgl. Steiner 2009, S. 13). Dies stellt den hier skizzierten systemtheoretisch
fundierten Beratungsbegriff jedoch keineswegs in Frage: „Der Idealtypus bildet gleichsam die identische Projektionsfläche, auf der die ausschlaggebenden Unterschiede empirischer Beratung beobachtet werden." (Steiner 2009, S. 13) Die fließenden Übergänge
von Rat und Tat bei empirischer vorfindbarer Beratung sind auch vor dem Hintergrund
der faktischen Erwartungen der Klienten an Beratung zu sehen. Steiner (2009, S. 121)
stellt dazu fest:

„Der Ratsuchende erwartet lösungsorientierte Instruktionen (empirisch), Beratung verspricht dagegen problemorientierte Reflexion (idealtypisch). Diese lösungsorientierte Erwartungshaltung der Klienten ist für Beratung und Berater folgenreich, stellt sie doch die
grundsätzliche Funktionalität von Beratung in Frage: Die Gefahr, dass einseitige, lösungsorientierte Erwartungen des Ratsuchenden die Beratung deformieren, ist somit nicht von der
Hand zu weisen. Sie ist umso ausgeprägter, je stärker der Berater auf den Ratsuchenden bzw.
auf bestimmte Beratungsmandate angewiesen ist. (..) Die Inklusion des Beraters in den Kontext des Ratsuchenden führt dann dazu, dass der Berater seine externe Beobachtungsposi-
tion verliert."

4   Fazit

In diesem Beitrag wurden drei Fragekomplexe der PR-Forschung, innerhalb derer steuerungstheoretische Ansätze und steuerungspraktische Konzepte eine Rolle spielen oder
in denen ihre Berücksichtigung einen Erkenntnisgewinn liefern könnte, dargestellt. Betrachtet man die *anwendungsbezogene Forschung* aus analytischer Distanz, wird deutlich, dass dieser Forschungsbereich – und darüber vermittelt auch die PR-Praxis – vor
allem von einer Systematisierung der Kausalitätsvorstellungen, die sich aus den expliziten und impliziten Steuerungsverständnissen, die ihren Techniken und Verfahren zu
Grunde liegen, profitieren könnte.

Im Hinblick auf die *allgemeine PR-Theorie* geht es neben der Systematisierung der
expliziten und impliziten Steuerungsverständnisse einzelner Ansätze auch um die Beantwortung der Frage, welche sozialtheoretischen Anknüpfungspunkte einzelne Steuerungsverständnisse der PR-Theorie ermöglichen. Dass sich „die eine" angemessene
theoretische Beschreibung der Steuerung durch PR identifizieren lässt, ist freilich unwahrscheinlich. Zu gegensätzlich sind die mit bestimmten Steuerungsverständnissen
verbundenen Basisannahmen und zu unterschiedlich die jeweils attestierbaren Vor-
und Nachteile. Gewinnbringend wäre es für die PR-Theoriebildung zudem, (sozialtheoretische) Steuerungstheorien in ihrer Gesamtheit an den Anfang der Analyse zu stellen
und danach zu fragen, welche sozialtheoretischen Steuerungsverständnisse wie geeignet
sind, um PR insgesamt sowie einzelne Praxisfelder/Arbeitsbereiche der PR adäquat zu

beschreiben. Dies setzt voraus, die Charakteristika zentraler Zugänge zu systematisieren, insbesondere im Hinblick auf die Fragen, ob und inwieweit sie auf PR übertragbar sind und welche Konsequenzen sich jeweils für die Möglichkeiten (und Grenzen) von PR-Steuerungsversuchen ergeben.

Hinsichtlich der empirisch-analytischen Auseinandersetzung mit der *PR-Praxis* gilt es zu identifizieren, in welchen Praxisfeldern und Arbeitsbereichen der PR Fragen der Steuerungsfähigkeit und Steuerbarkeit in welchem Ausmaß eine Rolle spielen, um im Hinblick auf die Entwicklung einer den Steuerungsbegriff inkludierenden PR-Theorie nicht auf der Ebene empirisch ungesättigter, häufig normativ motivierter Zuschreibungen verbleiben zu müssen. Ein erster Ansatzpunkt könnte hier sein, die Forschung zum Verhältnis von PR und Journalismus explizit unter steuerungstheoretischen Gesichtspunkten in den Blick zu nehmen. Im Hinblick auf die theoretische Beschreibung und empirische Analyse der Steuerungsbemühungen von Organisationen heißt das, sich von den Interessen der organisationalen Absender und deren intendierten Steuerungsresultaten zu lösen und auch die nicht-beabsichtigten Kommunikationseffekte in den Blick zu nehmen und diese nicht nur dann zu beachten, wenn sie organisationale Handlungsspielräume tangieren. Die Überwindung einer Forschungsperspektive, die den Erfolgsbegriff und die Steuerungsziele des PR-Absenders zum alleinigen oder doch zumindest ausschlaggebenden Maßstab macht, ist notwendige Bedingung für eine gehaltvolle organisationsbezogene PR-Forschung, die PR-Wirklichkeit umfassend, das heißt unter Berücksichtigung der unterschiedlichen gesellschaftlichen Kontexte, in die sie eingebunden ist, erfassen und erklären kann (vgl. zu dieser Forderung auch Preusse et al. 2013). Eine stärkere Fokussierung der organisations*internen* Steuerungsbemühungen der PR erlaubt zudem, die der Her- und Bereitstellung von PR-Mitteilungen vorgelagerten Prozesse stärker in den Blick zu nehmen als dies bislang in der Mehrzahl der vorliegenden PR-Theorieansätze der Fall ist.

Literatur

Abrahamson, Eric, und Gregory Fairchild. 1999. Management fashion: lifecycles, triggers, and collective learning processes. *Administrative Science Quarterly* 4: 708–740.

Baecker, Dirk. 1994. *Postheroisches Management: ein Vademecum.* Berlin.

Baecker, Dirk. 2003. *Organisation und Management: Aufsätze.* Frankfurt am Main.

Biedermann, Marc, und Axel Seidel. 2007. Aller Anfang ist schwer – Problem- und Zieldefinition in der Organisationsberatung. *Gruppendynamik und Organisationsberatung* 3: 247–256.

Braun, Dietmar. 2001. Diskurse zur staatlichen Steuerung. Übersicht und Bilanz. In *Politische Steuerung in Theorie und Praxis,* hrsg. Hans-Peter Burth, und Axel Görlitz, 101–131. Baden-Baden.

Donges, Patrick. 2002. *Rundfunkpolitik zwischen Sollen, Wollen und Können. Eine theoretische und komparative Analyse der politischen Steuerung des Rundfunks.* Wiesbaden.

Donges, Patrick. 2007. Governance und Steuerung – zwei Theorienansätze im Vergleich. In *Von der Medienpolitik zur Media Governance?*, hrsg. Patrick Donges, 67–84. Köln.

Dozier, David. M., Larissa A. Grunig, und James E. Grunig. 1995. *Manager's Guide to Excellence in Public Relations and Communication Management*. Mahwah/NJ.

Edwards, Lee. 2012. Defining the ‚object‘ of public relations research: A new starting point. *Public Relations Inquiry* 1: 7–30.

Fuchs, Peter. 2002. Hofnarren und Organisationsberater. Zur Funktion der Narretei, des Hofnarrentums und der Organisationsberatung. *Organisationsentwicklung* 3: 4–15.

Görlitz, Axel, und Silke Adam. 2003. „Strukturelle Kopplung" als Steuerungstheorie: Rekonstruktion und Kritik. In *Das System der Politik. Niklas Luhmanns politische Theorie*, hrsg. Kai-Uwe Hellmann, Karsten Fischer, und Harald Bluhm, 271–289.

Görlitz, Axel, und Hans Peter Burth. 1998. *Politische Steuerung. Ein Studienbuch*. 2., überarb. u. erw. Aufl. Opladen.

Grothe, Thorsten. 2000. *Restriktionen politischer Steuerung des Rundfunks. Systemtheoretische und handlungstheoretische Analysen*. Wiesbaden.

Haufe, Gerda. 1989. Steuerung. In *Politikwissenschaft. Theorien, Methoden, Befunde*, hrsg. Dieter Nohlen, und Rainer-Olaf Schultze, 933. München.

Hoffjann, Olaf. 2007 [2001]. *Journalismus und Public Relations. Ein Theorieentwurf der Intersystembeziehungen in sozialen Konflikten*. 2., erw. Aufl. Wiesbaden.

Hoffjann, Olaf. 2009a. Public Relations als Differenzmanagement von externer Kontextsteuerung und unternehmerischer Selbststeuerung. *Medien & Kommunikationswissenschaft* 3: 299–315.

Hoffjann, Olaf. 2009b. Public Relations in der Gesellschaft. Legitimationsprobleme der Legitimationsproduzenten. In *Kommunikationsmanagement. Strategien, Wissen, Lösungen (Loseblattwerk)*, Günter Bentele, Manfred Piwinger, und hrsg. Gregor Schönborn, Beitrag 8.33. Neuwied.

Hoffjann, Olaf. 2011. Vertrauen in Public Relations. *Publizistik. Vierteljahreshefte für Kommunikationsforschung* 1: 65–84.

Ihlen, Øyvind, und Betteke van Ruler. 2007. How public relations works: Theoretical roots and public relations perspectives. *Public Relations Review* 3: 243–248.

Jarren, Otfried, und Patrick Donges. 2000. *Medienregulierung durch die Gesellschaft? Eine steuerungstheoretische und komparative Studie mit Schwerpunkt Schweiz*. Wiesbaden.

Jarren, Otfried, und Ulrike Röttger. 2009. Steuerung, Reflexierung und Interpenetration: Kernelemente einer strukturationstheoretisch begründeten PR-Theorie. In *Theorien der Public Relations. Grundlagen und Perspektiven der PR-Forschung*, hrsg. Ulrike Röttger, 29–49. 2. akt. u. erw. Aufl. Wiesbaden.

Kaplan, Robert. S., und David P. Norton.1992. The Balanced Scorecard – Measures That Drive Performance. *Harvard Business Review* 1: 71–79.

Kaplan, Robert S., und David P. Norton.2004. *Strategy Maps. Converting Intangible Assets into Tangible Outcomes*. Boston, Massachusetts.

Köhler, Kristin. 2009. Auf dem Weg zu einheitlichen Standards für Kommunikations-Controlling. http://www.communicationcontrolling.de/nc/aktuelles/meldungen/singleview/datum/2009/04/08/auf-dem-weg-zu-einheitlichen-standards-fuer-kommunikations-controlling. html. Zugegriffen: 09. Januar 2010.

König, Klaus. 2008. Governance- und Managementkonzepte des Regierens. In *Führen Regierungen tatsächlich? Zur Praxis gouvernementalen Handelns,* hrsg. Everhard Holtmann, und Werner J. Patzelt, 21–34. Wiesbaden.

Königswieser, Roswita, und Alexander Exner. 2001. *Systemische Intervention. Architekturen und Designs für Berater und Veränderungsmanager.* 6. Aufl. Stuttgart.

Lange, Stefan. 2002. Die politische Utopie der Gesellschaftssteuerung. In *Theorie der Politik. Niklas Luhmanns politische Soziologie,* hrsg. Kai-Uwe Hellmann, und Rainer Schmalz-Bruns, 171–193. Frankfurt a. M.

Lange, Stefan, und Dietmar Braun. 2000. *Politische Steuerung zwischen System und Akteur. Eine Einführung.* Opladen.

Long, Larry W., und Vincent Hazleton. 1987. Public Relations: A Theoretical and Practical Response. *Public Relations Review* 2: 3–13.

Luhmann, Niklas. 1988. *Die Wirtschaft der Gesellschaft.* Frankfurt a. M.

Luhmann, Niklas. 1989a. Kommunikationssperren in der Unternehmensberatung. In *Reden und Schweigen,* hrsg. Niklas Luhmann, und Peter Fuchs, 209–227. Frankfurt a. M..

Luhmann, Niklas. 1989b. Politische Steuerung. Ein Diskussionsbeitrag. *Politische Vierteljahresschrift* 1: 4–9.

Marcinkowski, Frank. 1993. *Publizistik als autopoietisches System. Politik und Massenmedien. Eine systemtheoretische Analyse.* Opladen.

Mayntz, Renate. 2005. Governance Theory als fortentwickelte Steuerungstheorie? In *Governance-Forschung,* hrsg. Folke Gunnar Schuppert, 11–20. Baden-Baden.

Mayntz, Renate. 2008. Von der Steuerungstheorie zu Global Governance. In *Governance in einer sich wandelnden Welt,* hrsg. Folke Gunnar Schuppert, und Michael Zürn, 43–60. *Politische Vierteljahresschrift, Sonderheft 41.*

Mayntz, Renate, und Fritz W. Scharpf, 2005. Politische Steuerung – Heute? *Zeitschrift für Soziologie* 3: 236–243.

Mohe, Michael, und David Seidl. 2011. Theorizing the client-consultant relationship from the perspective of social-systems theory. *Organization* 1: 3–22.

Münch, Richard. 1994. Politik und Nichtpolitik. Politische Steuerung als schöpferischer Prozeß. *Kölner Zeitschrift für Soziologie und Sozialpsychologie* 3: 381–405.

Nicolai, A. T. 2000. *Die Strategie-Industrie: systemtheoretische Analyse des Zusammenspiels von Wissenschaft, Praxis und Unternehmensberatung.* Wiesbaden.

Nothhaft, Howard, und Stefan Wehmeier. 2007. Coping with Complexity: Sociocybernetics as a Framework for Communication Management. *International Journal of Strategic Communications* 3: 151–168.

Nothhaft, Howard, und Stefan Wehmeier. 2009. Vom Umgang mit Komplexität im Kommunikationsmanagement. Eine soziokybernetische Rekonstruktion. In *Theorien der Public Relations. Grundlagen und Perspektiven der PR-Forschung*, hrsg. Ulrike Röttger, 151–171. 2. akt. u. erw. Aufl. Wiesbaden.

Pfannenberg, Jörg. 2010. Strategisches Kommunikations-Controlling mit der Balanced Scorecard. In *Wertschöpfung durch Kommunikation. Kommunikations-Controlling in der Unternehmenspraxis*, hrsg. Jörg Pfannenberg, und Ansgar Zerfaß, 61–83. Frankfurt a. M..

Preusse, Joachim, und Kerstin Thummes. 2010. Erfordernisse zur Weiterentwicklung aktueller Verfahren des Kommunikations-Controllings. In *Kommunikationsmanagement. Strategien, Wissen, Lösungen* (Loseblattwerk), hrsg. Günter Bentele, Manfred Piwinger, und Gregor Schönborn, Beitrag 4.34. Neuwied.

Preusse, Joachim, Ulrike Röttger, und Jana Schmitt. 2013. Begriffliche Grundlagen und Begründung einer un-praktischen PR-Theorie. In *Organisationskommunikation und Public Relations. Forschungsparadigmen und neue Perspektiven*, hrsg. Ansgar Zerfaß, Lars Rademacher, und Stefan Wehmeier, 117–142. Wiesbaden.

Rolke, Lothar, und Ansgar Zerfaß. 2010. Wirkungsdimensionen der Kommunikation: Ressourceneinsatz und Wertschöpfung im DPRG/ICV-Bezugsrahmen. In *Wertschöpfung durch Kommunikation. Kommunikations-Controlling in der Unternehmenspraxis*, hrsg. Jörg Pfannenberg, und Ansgar Zerfaß, 50–60. Frankfurt a. M..

Röttger, Ulrike, Joachim Preusse, und Jana Schmitt. 2011. *Grundlagen der Public Relations. Eine kommunikationswissenschaftliche Einführung*. Wiesbaden.

Saam, Nicole J. 2007. *Organisation und Beratung. Ein Lehrbuch zu Grundlagen und Theorien*. Münster.

Sandhu, Swaran. 2009. Strategic Communication: An institutional perspective. In *International Journal of Strategic Communication* 2: 72–92.

Sandhu, Swaran. 2012. *Public Relations und Legitimität. Der Beitrag des organisationalen Neo-Institutionalismus für die PR-Forschung*. Wiesbaden.

Saxer, Ulrich. 1994. Kommunikations-/Medien-/Publizistikwissenschaft: State of Art. In *Medienwissenschaft Schweiz* 2: 40–43.

Schönfeld, Ludwig/DPRG. 2007. Werttreiber, Value Links und Key Performance Indicators in der externen Kommunikation. http://www.communicationcontrolling.de/fileadmin/communicationcontrolling/pdf_thesenpapiere/DPRG-Thesenpapier-Externe-Kommunikation-22-02-2007.pdf. Zugegriffen: 11. Oktober 2012.

Seidl, David. 2007. General strategy concepts and the ecology of strategy discourses: a systemic-discursive perspective. *Organization Studies* 2: 197–218.

Seidl, David, und Dominik van Aaken. 2007. Praxistheorie vs. Systemtheorie: Alternative Perspektiven der Beratungsforschung. *Arbeit* 3: 177–190.

Simon, Fritz B. 2009. *Einführung in Systemtheorie und Konstruktivismus*. Heidelberg.

Steiner, Adrian. 2009. *System Beratung. Politikberater zwischen Anspruch und Realität*. Bielefeld.

Theis-Berglmair, Anna Maria. 2003 [1994]. *Organisationskommunikation. Theoretische Grundlagen und empirische Forschungen.* 2. Aufl. Hamburg, Münster, London.

von Foerster, Heinz. 1993. *Wissen und Gewissen. Versuch einer Brücke.* Frankfurt a. M.

Vos, Jan-Peter. 2005. Strategic Management from a Systems-Theoretical Perspective. In *Niklas Luhmann and Organization Studies,* hrsg. David Seidl, und Kai Helge Becker, 365–385. Copenhagen.

Weber, Jürgen. 2002 [1988]. *Einführung in das Controlling.* 9., komplett überarb. Aufl. Stuttgart.

Wehmeier, Stefan, und Ulrike Röttger. 2011. Zur Institutionalisierung gesellschaftlicher Erwartungshaltungen am Beispiel CSR. Eine kommunikationswissenschaftliche Skizze. In *Ebenen der Kommunikation. Mikro-Meso-Makro-Links in der Kommunikationswissenschaft,* hrsg. Thorsten Quandt, und Bertram Scheufele, 195–216. Wiesbaden.

Willke, Helmut. 1992. Beobachtung, Beratung und Steuerung von Organisationen in systemtheoretischer Sicht. In *Organisationsberatung: Neue Wege und Konzepte,* hrsg. Rudolf Wimmer, 17–42. Wiesbaden.

Willke, Helmut. 2001. *Systemtheorie III: Steuerungstheorie. Grundzüge einer Theorie der Steuerung komplexer Sozialsysteme.* 3., bearb. Aufl. Stuttgart.

Willke, Helmut. 2005. *Systemtheorie II: Interventionstheorie. Grundzüge einer Theorie der Intervention in komplexe Sozialsysteme.* 4., bearb. Aufl. Stuttgart.

Wimmer, Rudolf. 1991. Organisationsberatung. Eine Wachstumsbranche ohne professionelles Selbstverständnis. Überlegungen zur Weiterführung des OE-Ansatzes in Richtung systemischer Organisationsberatung. In *Theorie und Praxis der Unternehmensberatung. Bestandsaufnahme und Entwicklungsperspektiven,* hrsg. Michael Hofmann, 45–137. Heidelberg.

Wimmer, Rudolf. 2011. Die Steuerung des Unsteuerbaren. Rudolf Wimmer über den Konstruktivismus in der Organisationsberatung und im Management. In *Schlüsselwerke des Konstruktivismus,* hrsg. Bernhard Pörksen, 520–547. Wiesbaden.

Strategische Kommunikation
im Handlungsfeld Politik

Stratege Schmidt

Strategische Kommunikation in Politik
und Publizistik am Beispiel Helmut Schmidt

Thomas Birkner

1 Einleitung

Das erste Buch von Helmut Schmidt trägt den Titel *Verteidigung oder Vergeltung*. Es erschien zu Beginn der 1960er Jahre und insbesondere die englischsprachige Übersetzung machte ihn zu einem bekannten Experten in Verteidigungsfragen. So bekannt, dass er den Artikel „Bedingt abwehrbereit", der 1962 die Spiegel-Affäre auslösen sollte, vorab zu lesen bekam und deshalb im Verlauf der Affäre der Beihilfe zum Landesverrat angeklagt wurde. Doch Schmidt, damals Innensenator von Hamburg, ließ sich von der Adenauer-Regierung und dem Verteidigungsminister Franz Josef Strauß nicht einschüchtern. Als Bundesbeamte am 26. Oktober 1962 die Räume der Spiegel-Redaktion besetzten, zeigte Schmidt deutlich, auf wessen Seite er stand: „Statt gegen den SPIEGEL setzte der Innensenator hamburgische Kriminalpolizisten auf Bundesbeamte an: Die Hamburger Kripo sollte untersuchen, ob Telephonleitungen überwacht und Ferngespräche blockiert würden." (Bundesländer 1962, S. 76)

Schmidts Rolle in der *Spiegel*-Affäre, die in seinen Augen eine „Strauß-Affäre"[1] war (hierzu ausführlich Birkner 2012), verdeutlicht, dass Schmidt schon früh in seiner politischen Karriere ein spezielles Verhältnis zu den Medien hatte. Im Rahmen eines von der Helmut und Loki Schmidt-Stiftung geförderten Forschungsprojekts werden verschiedene Aspekte dieses speziellen Verhältnisses untersucht. Im Folgenden soll insbesondere Schmidts strategische Kommunikation beleuchtet werden. Dabei sind zwei Aspekte zentral. Zum einen geht es darum, für Schmidts Umgang mit den Medien möglichst eine generelle Gesamtstrategie herauszuarbeiten und dies an einigen Beispielen zu verdeutlichen. Zum anderen soll, ebenfalls an konkreten Beispielen, untersucht werden, wie Schmidt ganz bewusst versucht, für Themen, die ihm wichtig erscheinen, Öffent-

---

1 Helmut Schmidt im Interview mit dem Autor am 6. Januar 2011.

lichkeit herzustellen. Auf das hier einleitende Beispiel bezogen: Schmidt hatte bereits zu Beginn der 1960er Jahre als Politiker, „der auf Feldern tätig war, die die Journalisten interessierten und der seinerseits deren Interesse benutzte, um für seine Ziele mehr öffentliche Wirkung zu erreichen" (Soell 2004, S. 427) ein funktionierendes Netzwerk zum Journalismus, insbesondere in seiner Heimatstadt, der Medienmetropole Hamburg (Führer 2008) aufgebaut und nutzte dieses auch ganz konkret. Um sein Anliegen, eine Diskussion in der Bundesrepublik über die Strategie der NATO, zu erreichen, flankierte er sein Buch *Verteidigung oder Vergeltung* mit Artikeln in der Wochenzeitung *Die Zeit* (Schmidt 1962a, 1962b). Beides sind Formen strategischer Kommunikation eines Politikers, die im Folgenden genauer analysiert werden sollen.

2   Forschungsstand

Strategische Kommunikation, „defined as the purposeful use of communication" (Hallahan et al. 2007, S. 3), ist zunächst ein Begriff vornehmlich aus der Forschung zu Organisations- und Unternehmenskommunikation. Weil aber „persuasion [...] the essence of strategic communication" (S. 24) ist, lässt sich dieses Konzept auch im Bereich der politischen Kommunikation nutzbar machen. Denn Kommunikation ist der „zentrale Operationsmodus" (Marcinkowski 2001, S. 238) von „jeder strategisch angelegten Politik" (Sarcinelli 2010, S. 271). Dabei lassen sich generell zum einen übergeordnete strategische Kommunikationsziele identifizieren und zum anderen konkrete kommunikative Maßnahmen.

Da in der kommunikationswissenschaftlichen Forschung zur strategischen Kommunikation zumeist Unternehmen oder Organisationen im Vordergrund stehen, wird diese vornehmlich auf der Mesoebene analysiert (zur Relevanz der Mesoebene vgl. Röttger et al. 2011, S. 113 ff.). Mit der Person Helmut Schmidt wird hier nun stärker die bislang eher wenig beforschte Mikroebene in den Fokus genommen, wobei selbstverständlich zumindest während der Kanzlerschaft von 1974 bis 1982 Schmidt in den Kommunikationsapparat auch des Presse- und Informationsamtes der Bundesregierung eingebunden war (u. a. Walker 1982; Grunden 2009; Korte 2010).

Willy Brandt trat am 6. Mai 1974 als Bundeskanzler zurück, nachdem Günter Guillaume im Kanzleramt als Agent der DDR enttarnt und verhaftet worden war. Brandt meinte, der Helmut müsse das jetzt machen (Rupps 2004, S. 221) und so wurde Helmut Schmidt am 16. Mai 1974 zum fünften Kanzler der Bundesrepublik Deutschland gewählt. Schmidts Pressesprecher und der Leiter des Presse- und Informationsamtes war Klaus Bölling, die beiden gelten Heinz-Dietrich Fischer (1993, S. 105) als „siamese twins of politics". Bölling war ein angesehener und durchaus prominenter Print- und vor allem Fernsehjournalist, Redakteur des *Berliner Tagesspiegels*, NDR-Chefredakteur, Leiter des Washingtoner *ARD*-Studios und Intendant von *Radio Bremen*. In seinem Buch *Weggefährten* beschreibt Schmidt (1996, S. 491–492) Bölling als „Staatsdiener von altpreußischer, liberaler Staatsräson", der mit der Leitung des Presse- und Informationsamtes 600 bis 700 Personen vorstand und zugleich „für die über 700 in Bonn akkreditierten Journalisten persönliche Anlaufstelle war." Er stand den Journalisten Tag und Nacht zur Verfügung und er „genoss das absolute Vertrauen des Kanzlers und hatte unmittelbaren Zugang zu ihm" (Rosumek 2007, S. 136). Heute erklärt Bölling, dass er gleich zu Beginn mit Schmidt vereinbart habe, ihn jederzeit sehen zu können.[2] Schwelien schreibt über Böllings Kommunikationsstil, dass sich dieser stets bemühte, das gesamte Pressecorps inklusive der ausländischen Korrespondenten zu bedienen und dass dennoch nur das aus dem Kanzleramt nach außen drang, „was nach außen dringen" sollte (Schwelien 2003, S. 208).

Neben dem intensiven Austausch mit der überregionalen Qualitätspresse von *Süddeutscher Zeitung* bis *Frankfurter Allgemeiner Zeitung* und auch der kleinen Lokalpresse bemühte sich Bölling darum, auch mit *Bild* einen guten Umgang zu pflegen, „schon weil Millionen von *Bild*-Lesern SPD-Wähler waren und noch heute sind" (zitiert nach Rosumek 2007, S. 151). Damit, so Rosumek (2007, S. 138), „praktizierte Schmidts PR-Stab eine strategische Medienorientierung: die Auswahl der Dialogpartner nach Reichweitenstärke und Rezipientenschaft und nicht nach politischer oder inhaltlicher Ausrichtung. Die Strategie ‚Bild und Glotze' ist also keine Neuerfindung von Gerhard Schröder." Bölling versuchte, die Kontakte möglichst breit zu fächern und „nicht nur die erste und die zweite Garnitur der Bonner Journalisten gut zu bedienen [...], sondern auch noch die dritte und vierte" (Grunenberg 1975a).

Außerdem war Bölling daran gelegen, „ein differenzierteres Schmidt-Bild"[3] zu vermitteln und auch den Menschen Schmidt gelegentlich gegenüber dem „Macher-Image" in den Vordergrund zu rücken. Weil Bölling sich bemühte, in seiner Kommunikationspolitik über die klassische politische Öffentlichkeitsarbeit (vgl. Bentele 1998) hinauszugehen, ist es sicher kein Zufall, dass die erste wissenschaftlich fundierte Auseinandersetzung mit der organisierten Öffentlichkeitsarbeit der Bundesregierung mit Franz Ronnebergers *Legitimation durch Information* (1977) in Schmidts Amtszeit fällt.

Denn um Legitimation durch Information ist es Schmidt in besonderem Maße und von Beginn seiner politischen Laufbahn an immer gegangen. Ohne hier vertiefend darauf eingehen zu können, haben ihn die Propaganda-Erfahrung während des Nationalsozialismus und die Unmöglichkeit, an andere Informationen zu gelangen, enorm geprägt (hierzu ausführlich Birkner 2013). Schmidt, Jahrgang 1918, war 14 Jahre alt, als die Nazis an die Macht kamen und 26, als das so genannte Dritte Reich unterging. Er wandte sich nach dem Krieg der SPD zu, suchte gleich die Öffentlichkeit, indem er für Parteiblätter schrieb und mahnte bereits in ersten Artikeln für Hamburger SPD-Blätter um 1950 Transparenz in der Politik an (Schmidt 1949, 1950a, 1950b). Viele solcher Artikel fanden sich bei intensiven Recherchen in seinem Privatarchiv bei Schmidt zu Hause

---

2   Klaus Bölling im Interview mit dem Autor am 18. November 2011.
3   Klaus Bölling im Interview mit dem Autor am 18. November 2011.

in Hamburg Langenhorn.[4] Und die Erfahrungen aus der angesprochenen *Spiegel*-Affäre ließen ihn 1964 ein extrem liberales Landespressegesetz für Hamburg durchsetzen, welches vor allem Beschlagnahmungen durch den Staat so gut wie unmöglich machen sollte. Seiner strategischen Kommunikation entsprechend veröffentlichte er seine Rede vor der Bürgerschaft der Hansestadt zunächst in Auszügen in einem Artikel in der *Zeit* (Schmidt 1964) und später vollständig in einem Buch (Schmidt 1967).

Schmidts Bemühen um Öffentlichkeit für die ihm wichtigen Themen wird durch sein umfangreiches publizistisches Werk deutlich. Während sein Werk nach wie vor stetig wächst, ist die Forschung über ihn noch recht überschaubar. Aber bei Büchern von Kollegen bei der *Zeit*, wie Michael Schweliens *Helmut Schmidt – ein Leben für den Frieden* (2003) und Theo Sommers *Unser Schmidt – Der Staatsmann und der Publizist* (2010) ist der Bezug zum Medienmenschen Schmidt durchaus gegeben. Bei Lars Rosumek (2007) schließlich, der sich allgemeiner mit den deutschen Kanzlern von Adenauer bis Merkel und dem jeweiligen Umgang mit den Medien auseinandergesetzt hat, wird deutlich, dass auch Schmidts Medienumgang in einem sich wandelnden Medienumfeld zu sehen sind. Es entspricht dem „Münsteraner Ansatz zur strategischen Kommunikation", die Rahmenbedingungen und die gesellschaftliche Eingebundenheit von strategischer Kommunikation zu berücksichtigen.

Im Folgenden werden vor allem Beispiele des strategischen Umgangs mit den Medien und der Thematisierungsstrategien aus der Kanzlerschaft von Helmut Schmidt behandelt. Hierfür wurden auch Akten aus dem Bundeskanzleramt aus Schmidts Amtszeit ausgewertet, die heute im Archiv der sozialen Demokratie der Friedrich-Ebert-Stiftung lagern.[5] Außerdem wurden Interviews mit Helmut Schmidt, seinem Regierungssprecher Klaus Bölling, dem langjährigen Politik-Redakteur der *Zeit* Dieter Buhl und dem SPD-Politiker Peer Steinbrück geführt. Schmidts Umgang mit den Medien unter Normalbedingungen wird dann am Beispiel von *Zeit* und *Spiegel* (Kap. 3) beleuchtet, für den Medienumgang in Krisenzeiten werden die Entführung von Hanns Martin Schleyer im September 1977 (Kap. 4) und der so genannte NATO-Doppelbeschluss (Kap. 6) herangezogen. Besondere Beachtung verdient dazwischen Schmidts Vorschlag eines fernsehfreien Tages 1978 als Bespiel für eine bewusste Themensetzung (Kap. 5). Sein Vorschlag, die SPD möge doch im Jahr 2013 Peer Steinbrück zum Kanzlerkandidaten küren (Kap. 7), stellt dann den Anschluss zur Gegenwart her.

---

4 Herzlichen Dank an Heike Lemke für die hervorragende wissenschaftliche Betreuung im Privatarchiv von Helmut Schmidt.
5 Herzlichen Dank an Christoph Stamm und Sven Haarmann für die hervorragende wissenschaftliche Betreuung im Archiv der sozialen Demokratie der Friedrich-Ebert-Stiftung.

3   Die Kommunikationsstrategie gegenüber *Zeit* und *Spiegel*

Ende September 1975 erhielt die *Zeit*-Journalistin Nina Grunenberg die Möglichkeit, vier Tage mit dem Kanzler zu verbringen. Die Bande zur *Zeit* bestanden schon lange, vor allem über Marion Gräfin Dönhoff und Theo Sommer. Seit 1973 war Sommer Chefredakteur der *Zeit* und schrieb am 2. Juni 1975 in einem Brief an Schmidt:

„Vielleicht haben Sie die Ausgabe der ‚New York Times' gelesen, in der John Hersey über eine Woche an der Seite des Präsidenten Ford berichtete. Er war sechs oder sieben Tage lang ständig bei Ford, ausgeschlossen nur, wenn es um Personalangelegenheiten ging. Das Ergebnis ist ein großartiges Stück politischen Journalismus. Wir würden gerne etwas Ähnliches mit Ihnen machen, wenn Sie sich dazu verstehen könnten. Am liebsten würde ich Ihnen Nina Grunenberg als Autorin vorschlagen."[6]

Schmidt antwortete am 18. Juni:

„Die Geschichte von John Hersey habe ich gelesen. Es ist, wie Sie sagen, sicher eine besondere journalistische Leistung, die allerdings von dem, der da Modell stehen muss, eine Menge Geduld verlangt. Mit den notwendigen Einschränkungen, die auch Präsident Ford gemacht hat, bin ich, wenngleich ohne Überschwang, mitzutun bereit. Frau Grunenberg ist mir als Autorin besonders willkommen."[7]

Es entstand ein einfühlsames Porträt aus der Nähe, welches Grunenberg als „Kiebitz auf der Kommandobrücke" in insgesamt vier Teilen in der *Zeit* veröffentlichte (Grunenberg 1975b):

„Zu Mittag will er nur eine Suppe essen – wie gewohnt. Er bekommt eine ‚doppelte Kraftbrühe' von Lacroix aus der Dose. Die Hausdamen in der Pantry machen sie heiß. Manchmal kochen sie auch ‚wie bei Muttern' Bratkartoffeln mit Bouletten oder braten dem Kanzler ein Steak. Aber zum Kummer von Hannelore Schmidt geschieht dies nicht oft genug. Aus dem zweihundert Meter entfernten Bungalow verfolgt sie die Eßgewohnheiten ihres Mannes mit Argwohn und doch hilflos. Er ißt zuwenig und trinkt zuviel – Kaffee, Tee, Säfte, Buttermilch; alles außer Alkohol, aus dem er sich nicht viel macht. [...] Keine Mark, die der Kanzler privat für Zigaretten, Suppen, Würstchen, Schokolade, Schnupftabak und Buttermilch braucht, wird vom Amt bezahlt."

---

6   Theo Sommer an Helmut Schmidt, Hamburg am 2. Juni 1975. Archiv der sozialen Demokratie der Friedrich-Ebert-Stiftung. Bestand HSA. 1/HSAA010631.
7   Helmut Schmidt an Theo Sommer am 18. Juni 1975. Archiv der sozialen Demokratie der Friedrich-Ebert-Stiftung. Bestand HSA. 1/HSAA010631.

Schmidt gab hier ziemlich viel von sich preis, ließ die Journalistin und damit die Leser, die Bürger, die Wähler nah an sich heran. Das war Teil der Strategie, den Menschen gegenüber dem Macher zu betonen, wie es auch Bölling wünschte.

Die Nähe zur *Zeit* lässt sich besonders gut mit der Distanz zum *Spiegel* kontrastieren und diese wiederum lässt sich anschaulich illustrieren mit einem Artikel des *Spiegel*-Journalisten Jürgen Leinemann, der 1977 nach Schmidts Ferienhaus am Brahmsee in Schleswig-Holstein suchte. Das Stück war mit den Worten „Da kommen Sie doch nicht ran" (Leinemann 1977, S. 25) überschrieben:

> „Wo liegt der Brahmsee? Wo wohnt Schmidt?
>
> Den Trick kennen die Langwedeler aber schon. Verstehen gar nicht. ‚Brahmsee: da hinten', vages Fuchteln, der See muß irgendwo zwischen Dänemark und Irland liegen, aber höher. ‚Schmidt, Bernhard Schmidt wohnt da unten hinterm Campingplatz.'
>
> Nein, nicht Bernhard – Helmut, nun ist es raus. Die Abwehr wird unverhüllt: ‚Den lassen Sie man in Ruhe.' Kühler, meist blauer Blick: ‚Da kommen Sie doch nicht ran, sehen können Sie auch nichts, alles zugewachsen.'."

Auch wenn der *Spiegel* auf Distanz gehalten wurde, hatte er doch Schmidts Rolle in der *Spiegel*-Affäre nicht vergessen und erinnerte zum Beginn von Schmidts Kanzlerschaft in der Hausmitteilung vom 20. Mai 1974 noch einmal daran. Zum Autor von „Bedingt abwehrbereit", Conrad Ahlers, bestand ein loser Kontakt, ebenso zum *Spiegel*-Gründer Rudolf Augstein. Als Augstein (1970) einen Artikel unter dem Titel „Helmut und die große Koalition" schrieb, war sich der damalige Verteidigungsminister Helmut Schmidt (1970) nicht zu schade, sogleich in einem Leserbrief Grundsätzliches über Rechte der Presse und Rechte des Politikers zu schreiben:

> „Die drei Spalten, in denen Rudolf Augstein sich im SPIEGEL mit mir beschäftigt, enthalten eine Reihe persönlicher Urteile und Werturteile. Solche zu äußern, ob sie nun zutreffend sind oder unzutreffend, ist nach Art. 5 GG jedermanns Recht; Politiker müssen die Ausübung dieses Rechts ertragen, auch wenn sie sich darin sehr falsch abkonterfeit finden. Sie selbst haben jedoch ein Recht darauf, sich gegen unzutreffende Tatsachenbehauptungen zu wehren [...]."

Schmidt war nach den Erfahrungen im Nationalsozialismus und auch der *Spiegel*-Affäre von der Notwendigkeit einer größtmöglichen Freiheit für die Presse überzeugt, wusste aber auch darum, wie viel Unheil die Presse anrichten konnte. Und dann musste man sich wehren. Augstein schrieb Schmidt einmal, es liege „in der Natur der Sache, daß Sie sich über uns ärgern und wir uns über Sie ärgern".[8]

Schmidts Umgang mit den Medien war also einerseits durch Distanz gekennzeichnet, er zeichnete sich aber auch durch Offenheit und Transparenz aus. Diese Offenheit,

---

8   Rudolf Augstein an Helmut Schmidt am 13. Juni 1979. *Archiv Helmut Schmidt Hamburg. Korrespondenz.*

so ist sich der ehemalige *Zeit*-Journalist Dieter Buhl sicher, habe aber insgesamt dann in der Zeit der Kanzlerschaft gelitten, denn hier musste es Dinge geben, die nicht gleich in den Medien landen durften.[9] Es gibt eben Unterschiede zwischen „Verhandlungslogik und Öffentlichkeitslogik" (Spörer-Wagner und Marcinkowski 2011, S. 417) und die Dichotomie von „Darstellungspolitik oder Entscheidungspolitik" (Korte und Hirscher 2004; Sarcinelli 2011, S. 119–135). Der insgesamt jedoch offene Kommunikationsstil, den auch Bölling stets betrieb, wurde insbesondere in der Hochphase des Terrorismus in Deutschland 1977 auf eine harte Probe gestellt.

4   Krisenkommunikation im „deutschen Herbst"

Noch am Abend des 5. September 1977, an dem Tag, an dem Hanns Martin Schleyer in Köln von der RAF entführt worden war, wandte sich Schmidt in der *ARD* an die Bürger und an die Entführer:

> „Während ich hier spreche, hören irgendwo sicher auch die schuldigen Täter zu. Sie mögen in diesem Augenblick ein triumphierendes Machtgefühl empfinden. Aber sie sollen sich nicht täuschen. Der Terrorismus hat auf Dauer keine Chance, denn gegen den Terrorismus steht nicht nur der Wille der staatlichen Organe, gegen den Terrorismus steht der Wille des ganzen Volkes."[10]

Von Beginn an funktionierte die schwierige Kommunikation mit den Entführern auch über die Medien. Der Regierungssprecher Bölling bat die Chefredakteure der großen Zeitungen und Zeitschriften und die Intendanten von *ARD* und *ZDF* darum, „ihren Einfluss auf die verantwortlichen Redaktionen im Sinne einer sachlich ruhigen und balancierten Darstellung geltend zu machen, weil jedes Ausgleiten der elektronischen Medien in den Sensationsjournalismus in den nächsten Tagen schlimme Folgen haben" (Soell 2008, S. 666) könne. Schwelien (2003, S. 263) schreibt hierzu:

> „Die Chefredakteure der großen Zeitungen und Zeitschriften werden um Verständnis für das gebeten, was praktisch auf eine Nachrichtensperre hinausläuft. Das Fernsehen sendet nur, was die Regierung genehmigt. Solche freiwillige mediale Zurückhaltung wäre heute beim Hundert-Kanal-TV und der Konkurrenz im ‚Enthüllungsjournalismus' wohl kaum noch denkbar."

---

9   Dieter Buhl im Gespräch mit dem Autor am 14. September 2012.
10 Erklärung des Bundeskanzlers: Erschütterung und Empörung über den Mordanschlag in Köln und die Entführung von Dr. Schleyer. Bulletin, Presse- und Informationsamt der Bundesregierung, Nr. 84/S. 789, Bonn, 7. September 1977. *Archiv Helmut Schmidt Hamburg. Eigene Arbeiten.*

Dieser Hinweis ist deshalb so wichtig, weil strategische Medienkommunikation selbstverständlich vor dem jeweils historischen Setting des Medienensembles zu betrachten ist. In seiner Regierungserklärung vom 15. September 1977 dankte Schmidt auch den „Redaktionen in den Medien", „von denen ein hohes Maß an Zurückhaltung und Kooperationsbereitschaft erwartet, aber in den meisten Fällen auch tatsächlich geleistet worden ist" (Deutscher Bundestag 1977a, S. 3164). Bölling erinnert sich heute, dass natürlich in einer solchen Gefahrensituation gute Journalisten argwöhnen müssten, der Staat wolle manches nicht sagen. Schmidt habe vorgeschlagen, dass „um die Fahndung nicht durch Indiskretionen zu gefährden, nur einer sich äußern oder nicht äußern soll, nämlich ich und dem hat dann auch Strauß zugestimmt."[11] Dennoch ließ Schmidt auch in dieser schweren Zeit nicht von seiner Gewohnheit, sich in der *Bergedorfer Zeitung* in einer eigenen Kolumne zu äußern und auch diese Öffentlichkeit zu unterrichten. Seiner in der Regierungserklärung geäußerten Absicht entsprechend, schrieb er hier jedoch – Schleyer war seit zwei Wochen in der Gewalt der Entführer – unter der Überschrift „Die Arbeit im Lande geht weiter" (Schmidt 1977a) über Arbeitslosigkeit und Wirtschaftswachstum, denn: „Wir werden uns von den Terroristen keine Vernachlässigung unserer Aufgaben, keine Untätigkeit, aufzwingen lassen."

Es war dies Teil einer Strategie der Regierung, Zeit zu gewinnen, was recht gut funktionierte, auch weil die Medien nicht alles berichteten, was sie wussten. Bis am 13. Oktober, in der sechsten Woche der Schleyer-Entführung, die Lufthansa-Maschine Landshut über Italien von einer Sondergruppe der palästinensischen PLFP entführt wurde. Als die „Ahnung einer Verbindung zwischen diesem Kommando und der RAF zur Gewissheit" wurde, war schnell klar, dass „die Strategie des Zeitgewinns sich erledigt hatte" (Soell 2008, S. 671–672).

Der Irrflug der Landshut endete schließlich in der somalischen Hauptstadt Mogadischu, wo die Maschine am 17. Oktober landete. Die deutsche Regierung schickte nicht nur den Staatsminister im Bundeskanzleramt, Hans-Jürgen Wischnewski – wegen seiner guten Kontakte in der arabischen Welt ‚Ben Wisch' genannt – nach Mogadischu, sondern auch ein Sonderkommando der GSG 9 hinterher. So stand es auch in der *Welt*. Helmut Schmidt erinnert sich, die *Welt*

„hatte in Ihrer Ausgabe für den kommenden Tag die Nachricht, dass wir ein Spezialkommando nach Mogadischu senden würden und diese wurde schon spätabends in Bonn verteilt. Wenn irgendjemand die Zeitung abends um 22:15 in Bonn gekauft hätte und hätte sich sofort ans Telefon oder ans Funkgerät gesetzt […], wäre die Entsetzung schiefgegangen. Der terroristische Kommandeur hatte ja schon die ganze Besatzung und die ganzen Passagiere verdrahtet und mit Alkohol übergossen damit sie schön brennen und wollte sich selber mit in die Luft sprengen. Und da habe ich etwas gemacht, was ganz eindeutig ein Verfassungsver-

---

11 Klaus Bölling im Interview mit dem Autor am 18. November 2011.

stoß war. Ich habe den Chefredakteur der Welt angerufen, der hieß Hertz-Eichenrode, und habe ihm gesagt, er soll all seine Redakteure und sonstiges Personal ausschicken und versuchen, die wenigen Exemplare die bereits ausgegeben waren wieder einzusammeln. Und wenn er das nicht täte, habe ich ihm Schreckliches angedroht. [...] Jedenfalls war diese Drohung ein Verstoß gegen das Grundgesetz. Aber der Mann hat funktioniert. Er hat das alles wieder einsammeln lassen."[12]

Auch Klaus Bölling (2011) erinnert den Sachverhalt, bewertet ihn jedoch nicht als Eingriff in die Pressefreiheit, lobt dagegen Hertz-Eichenrode in einem Artikel zu dessen 90. Geburtstag:

„Die Veröffentlichung wäre lebensgefährlich für die fast hundert Passagiere gewesen, denn die Terroristen waren zur Sprengung der Maschine bereit. Bundeskanzler Schmidt hat das Hertz-Eichenrode in starken Worten plausibel gemacht. Es war ein Notruf. Hertz-Eichenrode verstand. Ein Eingriff in die Pressefreiheit? Nein. Es ging um Menschenleben und nicht um ,hot news'. Respekt auch deswegen vor einem Chefredakteur, der seine Verantwortung erkannte und Weisung gab, alle Exemplare in die Redaktion zurückzuholen."

Schmidts scharfe Selbstkritik in dieser Frage zeigt, wie hoch er das Gut der Pressefreiheit schätzt und wie kritisch er sein eigenes Handeln beurteilt, sehr wohl es hierfür gute Gründe gab. Das Beispiel verdeutlicht, dass das Regierungshandeln in dieser Krise und auch die Kommunikation nicht in jeder Situation Offenheit und Transparenz verträgt, auch wenn diese prinzipiell stets einzufordern ist. Insgesamt bewertet Schmidt die Rolle der Medien heute durchaus positiv:

„Die großen deutschen Zeitungen, und das gilt auch für die überregionalen und wahrscheinlich gilt das auch, aber ich bin nicht ganz sicher, für die damalige *Bild*-Zeitung und jedenfalls gilt es für die Fernsehkanäle Erstes, Zweites Fernsehen und [...] Drittes Programm, haben sich in dem ganzen langen Kampf gegen die Baader-Meinhof-Leute – das fing ja nicht mit Schleyer an – sehr vernünftig verhalten. Und sie haben auch auf Anregung und Bitten hin kooperiert. Wir haben ja indirekt zum Teil über die Medien mit den Entführern korrespondiert, haben ihnen auch manches vorgetäuscht, was in Wirklichkeit ganz anders war. Wir haben ihnen zum Beispiel vorgetäuscht, da war das Flugzeug schon nach Mogadischu entführt, das wir bereit waren zum Austausch [...]. Das haben die Medien mitgemacht."[13]

Strategische politische Kommunikation umfasst durchaus nicht nur das Zurückhalten von Informationen, sondern „schließt kalkulierte Publizität durch gezielte Indis-

---

12 Helmut Schmidt im Interview mit dem Autor am 6. Januar 2011. Vgl. Schmidt und Steinbrück 2011, S. 192.
13 Helmut Schmidt im Interview mit dem Autor am 6. Januar 2011.

kretion oder auf Publizität zielende diskrete Teil- oder Fehlinformationen ausdrücklich ein" (Sarcinelli 2010, S. 277). Es ist hierbei wichtig zu betonen, dass für Schmidt
zu keinem Zeitpunkt eine staatliche Einschränkung der Pressefreiheit in Frage gekommen war, wohl aber die verantwortungsvolle Selbstbeschränkung der Medien.[14] Obschon Schmidt an die Entführer appellierte, ermordeten sie Schleyer noch am 18. Oktober 1977. Schmidt sprach am 20. Oktober im Deutschen Bundestag (1977b, S. 3760):
„Die Bundesregierung wird noch Gelegenheit nehmen, alle ihre Entscheidungen, ihre
Gründe – auch ihre Zweifel – öffentlich darzulegen." Und er sprach (ebd.: 3759) sehr generell über die Medien:

„Die Artikulierung der unterschiedlichen politischen Strömungen ist auch Aufgabe der Medien: der Presse, des Rundfunks, des Fernsehens. Dazu benötigen die Medien die unge-
hinderte Information. Um so mehr gilt vielen Zeitungen und anderen Medien des In- und
Auslands unser Dank dafür, daß sie durch ihre Selbstbeschränkung bei der Befreiung der
Geiseln und der Aufklärung der Verbrechen außerordentlich geholfen haben. (Beifall aller
Fraktionen)
    Der Ablauf terroristischer Verbrechen wird wesentlich erschwert, wenn sich die Täter
nicht der Massenkommunikationsmittel bedienen können, wenn sie sich nicht der weitestge-
streuten Publizität bedienen können. Dafür sind jetzt Maßstäbe gesetzt. Ich füge hinzu: Diejenigen Medien im In- und Ausland, die zeitweilig glaubten, sich diese Selbstbeschränkung
nicht auferlegen zu sollen, und damit Gefährdungen ausgelöst haben, sollten selbstkritisch
prüfen, wieweit sie tatsächlich den Erfolg gefährdet haben."

Öffentlichkeit war ihm wichtig und schützenswert, in Zeiten der akuten Gefahr für
Menschenleben aber nicht um jeden Preis. Schmidt kündigte eine Dokumentation an,
die „einen vollständigen Überblick über den tatsächlichen Hergang der Ereignisse" verschaffen solle, bei der allerdings einiges ausgespart werden müsse „aus Gründen der
Diplomatie und der Außenpolitik."[15] Er machte damit klar, dass es Grenzen der Transparenz gebe, an die sich eine deutsche Bundesregierung gebunden fühle. In seiner Bergedorfer Kolumne schrieb Schmidt nach der Befreiung der Landshut (Schmidt 1977b):

„Deshalb dürfen wir selbst im Kampf gegen den Terrorismus keine Freiheiten aufs Spiel setzen, auch nicht den Preis der Gedankenfreiheit zahlen. In Deutschland sind viele kluge Gedanken zustande gebracht worden, viele gefährliche auch. Es gehört zur Freiheit, daß dies
möglich bleibt. Eine Hexenjagd auf Kritiker darf es nicht geben."

---

14 Helmut Schmidt im Interview mit dem Autor am 6. Januar 2011.
15 Diskussionsbeitrag Bundeskanzler Helmut Schmidt in der Sitzung der SPD-Bundestagsfraktion am
    25. Oktober 1977. Manuskript, *Archiv Helmut Schmidt Hamburg*.

Schmidt wollte an keiner Stelle die Freiheiten der Gesellschaft unter dem Druck des Terrors gefährden und insofern war ihm und auch Bölling die eingeschränkte Öffentlichkeit in den Wochen der Krise zuwider, er mühte sich, diese schnell wieder herzustellen. Und doch hatte sich insgesamt bei Schmidt über Jahre eine kritische Sicht auf die mediale Durchdringung des Alltags und den Medienkonsum der Deutschen entwickelt.

5   Der Vorschlag eines „fernsehfreien Tages"

Um den Menschen etwas mehr Zeit zu geben, zu lesen und zum persönlichen Gespräch, hielt der Bundeskanzler Helmut Schmidt am 26. Mai 1978 in der *Zeit* ein „Plädoyer für einen fernsehfreien Tag" (Schmidt 1978). Es ist sicherlich ungewöhnlich, dass sich ein Regierungschef zu einem solchen Thema äußert. Schmidt erklärte zu Beginn, zu Fragen „des zwischenmenschlichen Klimas […], dazu, wie die Menschen miteinander umgehen, ob sie sich verstehen, kurz: wie es um ihre Kommunikation steht", erwarte man vom Bundeskanzler „allenfalls einen unverbindlichen Satz in der Neujahrsansprache". Er dagegen wählte die Wochenzeitung *Die Zeit*, um sich in diesem gesellschaftlichen Diskurs prominent zu positionieren.

Dabei konstatierte er zunächst, dass die Leute nicht genug miteinander reden würden und insgesamt ein „Defizit an Kommunikation", verursacht durch übertriebenen Fernsehkonsum. Hierzu führte er Statistiken an, die die gestiegene Mediennutzung belegten. Schnell stellte er klar, er sei kein „Fernsehfeind", schließlich verdanke „ich diesem Medium in meinem politischen Wirken viel", oft mache „das Fernsehen ungeheuer viel Spaß" und es habe „Politik und Kultur popularisiert und demokratisiert." Dennoch stellte er die Gefahren in den Vordergrund, zum Beispiel, dass die „unerfreulichen Einflüsse des Fernsehens auf Kinder empirisch belegt" seien und die Frage „nach der direkten Wirkung von Gewalt auf dem Fernsehschirm" zumindest umstritten sei in der Forschung und er sprach von „Nachlässigkeiten gegenüber dem Gewaltproblem" von der „Tagesschau bis tief in die Unterhaltungssendungen." Deshalb prophezeite Schmidt: „Unsere Gemeinschaft, unser Land würde dabei gewinnen, wenn der Fernseher häufiger ausgeschaltet bliebe, wenn wir lebendiger miteinander umgingen."

Diesen Vorschlag hatte er, wenige Tage bevor der Artikel in der *Zeit* erschien, bereits in ähnlichem Wortlaut auf dem Bundeskongress des Deutschen Gewerkschaftsbundes (DGB) den Delegierten unterbreitet und dabei erzählte er auch von Gesprächen mit Fachleuten über den Fernsehkonsum und die Folgen (Schmidt 1979a, S. 279):

„Bei der Diskussion der letzten Woche habe ich in meinem Beitrag, den will ich auch dieser Tage in einer Zeitung veröffentlichen, ein Experiment vorschlagen. Nämlich das Experiment, ob man nicht in jeder Familie in jeder Woche einmal einen Abend das Fernsehen von sich aus und freiwillig und auf gemeinsamen Beschluß ausläßt. Der Beifall war spärlich. Es ist auch zum Nachdenken und nicht zum sofortigen Beklatschen."

Schmidts Vorschlag basierte in der Bewertung von Zipfel (2005, S. 213), „auch auf PR-taktischen Überlegungen", ist aber vor allem ein Beispiel für die strategische Kommunikation von Schmidt, die sich nicht an rein taktischen Erwägungen orientierte, sondern strategisch langfristige Ziele verfolgte. Schmidt wollte „Multiplikatoren- und Opinion-Leader-Effekte über Elite-Medien" erreichen und suchte daher „die Platzierung in überregionalen Qualitätszeitungen und politischen Magazinen" (Sarcinelli 2010, S. 287). Der mediale Gesamtzusammenhang seiner strategischen Kommunikation wird deutlich, wenn man diesen Schmidtschen Einwurf in die damals aktuellen Debatten um die Einführung von privatem Hörfunk und insbesondere Fernsehen einordnet (Soell 2008, S. 800 ff.).

Der private Rundfunk wurde Ende der 1970er Jahre von den Presseverlegern und der konservativen Opposition mit immer stärkerem Nachdruck gefordert (u. a. Hickethier 1998; Steinmetz 1999). Die sozialdemokratisch geführte Regierung stand solchen Plänen extrem kritisch gegenüber und konnte sie lange erfolgreich abwehren. Schmidts Plädoyer für einen verantwortungsbewussten Umgang mit dem Fernsehen kann hierbei durchaus als intellektuelle Unterfütterung der Regierungsposition verstanden werden. Das wird auch dadurch deutlich, dass er das Thema immer wieder im Diskurs mit Wissenschaftlern vortrug. Bei einer Ansprache vor der Deutschen Physikalischen Gesellschaft 1979 in Ulm beklagte er, unter Rückgriff auf Elisabeth Noelle-Neumann, die Medienwirkungsforschung sei „unkoordiniert und unsystematisch" (1979b, S. 205). Dabei sei sie gerade im Zusammenhang mit den „Kabeltechniken, die ich nicht mehr verstehe" (ebd., S. 203) von Nöten. Schmidt fürchtete (ebd., S. 204), dass „niemand mehr ordentlich liest, sondern sich nur noch berieseln läßt und es dann darauf ankommt, wer am Fernsehen den sympathischsten Eindruck macht."

Die Befürchtung, dass in Zukunft nur noch Sympathie und Telegenität zählen würden, spielte hier ebenso eine Rolle, wie jene um einen Rückgang des Lesens. Hierzu äußerte er sich 1982, wieder vor Wissenschaftlern, vor der Max-Planck-Gesellschaft in Bonn. Er machte sich Sorgen, dass sich durch „die uferlose, schnelle Ausbreitung" neuer Techniken in der „sogenannten Informations- und Unterhaltungselektronik", die „Lesekultur" auflösen könnte und fürchtete, dass nur noch Zeit für „das Durchblättern von Boulevardzeitungen" übrig bleibe (Schmidt 1983, S. 311–312). All dies war kein Kulturpessimismus, sondern Teil einer Kommunikationsstrategie des Regierungschefs, die darauf abzielte, die eigene Position einer Ablehnung der Kabelprojekte in Deutschland zu stärken und intellektuell breiter aufzustellen. Dass er dabei sehr persönlich argumentierte, verdeutlicht, wie sehr ihm das Thema tatsächlich am Herzen lag. Schmidt antizipierte sozusagen den bevorstehenden Medienwandel und versuchte, hierüber eine breite gesellschaftliche Diskussion anzustoßen. Er scheiterte damit zunächst vordergründig, weil dieser Vorschlag von den Bürgern vor allem als Bevormundung empfunden wurde und von den Medienschaffenden geradezu als Angriff auf ihre Lebenswelt. Schmidts Regierungssprecher Bölling erinnert sich heute, von Beginn an abgeraten zu haben: „Herr Bundeskanzler, das ist nicht durchzusetzen. Das werden die Deutschen nicht mitmachen, sich vorschreiben zu lassen, wann sie fernsehen."[16] Doch darum war es Schmidt nicht gegangen:

> „Das war, wenn Sie so wollen, ein familienpolitischer Vorschlag, keine Kritik am Fernsehen. Aber natürlich haben einige Fernsehjournalisten empört aufgeschrien und gesagt, der will uns hier verbieten. So ein Quatsch. Dummes Zeug. Aber so ist das Leben."[17]

Er bezog öffentlichkeitswirksam Position gegen die vermuteten negativen Auswirkungen einer TV-Gesellschaft inklusive einer kritischen Haltung gegenüber dem angenommenen politischen Einfluss konservativer privater Fernsehveranstalter. Damit hatte er ein Thema, ein Anliegen, dass er verfolgen wollte, strategisch gesetzt und eine – seine – Linie festgelegt und fundiert. Gleiches sollte er auch auf einem viel exponierteren Feld, der Verteidigungspolitik, machen und dabei letztlich auch sein Amt riskieren.

6   Der NATO-Doppelbeschluss

Ende Oktober 1977 war die deutsche Öffentlichkeit noch völlig paralysiert durch die Ereignisse des so genannten „deutschen Herbst". Die innere Sicherheit und der Kampf gegen die RAF standen deutlich im Vordergrund des Interesses. Hanns Martin Schleyer, Gudrun Ensslin, Jan Carl Raspe und Andreas Baader waren erst seit wenigen Tagen tot, da hielt Bundeskanzler Helmut Schmidt am 28. Oktober am Internationalen Institut für Strategische Studien in London eine Rede über die Sicherheit Europas. Er hatte bereits drei Jahre zuvor, beim Labour Parteitag 1974 eine bedeutende Londoner Rede gehalten (Birkner 2005). Damals hatte er mit britischem Humor und starken Worten die Briten zum Verbleib in der europäischen Gemeinschaft bewogen. Diesmal ging es darum, wie der Stationierung der sowjetischen SS 20-Raketen in Osteuropa zu begegnen sei.
    Schmidt hatte erkannt, dass die sowjetischen Mittelstreckenraketen ein strategisches Ungleichgewicht in Mitteleuropa erzeugten, das den Frieden bedrohte. Er sah zwei Möglichkeiten, dieser Bedrohung zu begegnen: eine massive Aufrüstung des Westens im Bereich der Mittelstreckenraketen oder aber ein Abrüsten des Ostens und er „machte keinen Hehl daraus, dass er – wie er dies seit Ende der fünfziger Jahre stets getan hatte – die zweite Möglichkeit bevorzugte" (Soell 2008, S. 711). Schmidt hat sich mit dem Thema der Verteidigung des Westens seit seinem Buch *Verteidigung oder Vergeltung* (1961) und dessen Fortsetzung *Strategie des Gleichgewichts* (1969), in seiner Zeit als Verteidigungsminister und als Kanzler intensiv beschäftigt. Auch hier suchte er wieder mit einer ihn drängenden Problematik den öffentlichen Diskurs, setzte ein Thema, obschon die Schwierigkeiten absehbar waren. „Seine Londoner Rede", so Schwelien (2003,

---

16   Klaus Bölling im Interview mit dem Autor am 18. November 2011.
17   Helmut Schmidt im Interview mit dem Autor am 6. Januar 2011.

S. 331), „das wusste er, war quasi öffentlich, es war nur eine Frage der Zeit, wann ihre wichtigsten Passagen in die Öffentlichkeit dringen würden."

Der langjährige Politik-Redakteur der *Zeit* Dieter Buhl hält die Rede Schmidts und die daran anknüpfende Kommunikationstrategie für die größte Leistung von Schmidts Kanzlerschaft.[18] Bei einem Treffen der westlichen Staatschefs der USA, Großbritanniens und Frankreichs, allesamt Atommächte, auf der französischen Antillen-Insel Guadeloupe saß Schmidt mit Jimmy Carter, James Callaghan und Valéry Giscard d'Estaing am Tisch. Dies bedeutete einen enormen außenpolitischen Einflusszuwachs, den Schmidt sehr defensiv für seine Strategie zu nutzen verstand. Er stellte sich und die deutschen Interessen nicht in den Vordergrund, sondern ließ „bewusst den Sprechern der beiden europäischen Nuklearmächte den Vortritt" (Soell 2008, S. 731).

Schmidts strategische Kommunikation zielte darauf, außenpolitisch die westlichen Verbündeten in eine Richtung zu lenken, die die Sicherheitsinteressen der BRD berücksichtigte und gleichzeitig versuchte er, innenpolitisch für diese Politik zu werben. Letztlich entstand aus schwierigen Verhandlungen heraus der so genannte NATO-Doppelbeschluss, der Nachrüstung bei gleichzeitigem Abrüstungsangebot vorsah, was Schmidts Vorstellung der Sicherheitsbedürfnisse seines Landes sehr nahe kam. Aber dieser Beschluss brachte den Regierungschef innenpolitisch in einen Konflikt mit großen Teilen der SPD und der Friedensbewegung. Dies verdeutlicht die gesellschaftliche Eingebundenheit und Folgenhaftigkeit von strategischer Kommunikation. Die eigene Partei folgte Schmidt in dieser Frage nicht, doch der blieb seiner Linie treu. Schwelien (2003, S. 349) resümiert, Schmidt habe sein Friedensziel „über sein Amt gestellt. Er war damit der einzige deutsche Bundeskanzler, der nicht im entscheidenden Moment populären Reflexen nachgab, sondern für den Frieden, so wie er ihn erkämpfen wollte, unterging."

Während also Schmidts strategische Kommunikation international höchst erfolgreich war und viele heute im NATO-Doppelbeschluss den Anfang vom Ende der Sowjetunion sehen, kann der innenpolitische Teil von Schmidts strategischer Kommunikation als gescheitert angesehen werden. Das Ende seiner Kanzlerschaft aber bewirkte der Koalitionswechsel der FDP hin zu CDU (Soell 2008, S. 859–901). Dass sein Nachfolger Helmut Kohl den außenpolitischen Kurs fortsetzte, relativiert Schmidts Scheitern an dieser Stelle sicherlich. Denn im politischen Ergebnis war seine strategische Kommunikation erfolgreich.

7   Peer Steinbrück kann es

Schmidt wurde am 1. Oktober 1982 durch ein konstruktives Misstrauensvotum in Deutschen Bundestag abgewählt und am 1. Mai 1983 Mitherausgeber der Wochenzeitschrift *Die Zeit*. Schmidts publizistisches Wirken bei der *Zeit* verdient eine eigene Untersu-

---

18 Dieter Buhl im Interview mit dem Autor am 14. September 2012.

Zug um Zug, Titel von *Spiegel* und *Frankfurter Allgemeiner Sonntagszeitung*

chung. Hier soll vielmehr sein Vorschlag, Peer Steinbrück als Kanzlerkandidaten zu no-
minieren, die Analyse abschließen.

Das Medienecho war enorm und konzentrierte sich auf Seite 157 des Gesprächsban-
des von Helmut Schmidt und Peer Steinbrück (2011, S. 157):

> „Und ob Ihnen das nun sonderlich in den Kram passt oder nicht, Peer, ich bin [...] der Auf-
> fassung, dass die SPD gut beraten wäre, Sie als den Kandidaten für das Amt des Bundeskanz-
> lers zu nominieren."

Die Berichterstattung ging dabei vor allem in eine Richtung: „Kanzlermacher Altkanz-
ler" (Der Spiegel 24. Oktober 2011, S. 6). Helmut Schmidt erklärt den Deutschen seit
1983 als Mitherausgeber der Wochenzeitung *Die Zeit* die große Politik, die Weltwirt-
schaft, die deutsche Geschichte und nun auch, wer sie in Zukunft am Besten regieren
solle. Jedenfalls schrieb *Der Spiegel*, das Buch solle eine Botschaft befördern: „Schmidt
hält Steinbrück für kanzlertauglich" (Kurbjuweit 2011, S. 27). Das *Hamburger Abendblatt*
sah Schmidt „auf bestem Wege, mit dem Hamburger Peer Steinbrück ‚seinen' Kanzlerkandidaten für die Bundestagswahl 2013 in Position zu bringen" (Meyer-Odewald
2011, S. 12).

War die Berichterstattung in diesen beiden Hamburger Medien *Abendblatt* und *Spiegel* für den „Water-Kant", wie ihn *Bild* einst nannte (Stolle 1986, S. 250) durchaus positiv,
so kam Kritik von der *Frankfurter Allgemeinen Zeitung (FAZ)*, die sich einst rühmte, sowieso die einzige kritische Stimme gegenüber Schmidt zu sein (Zastrow 1989). Die *FAZ*
thematisierte die geographische Nähe der Protagonisten Schmidt und Steinbrück, des
Buchverlages *Hoffmann und Campe* und der berichtenden Organe *Spiegel, Zeit, Nord-
deutscher Rundfunk (NDR)* in Hamburg (Altenbockum 2011). An anderer Stelle sprach

die *FAZ* von Schmidtscher Kraftmeierei „mit der er Steinbrück zum Kanzlerkandidatenkraftmeier ernannte, der der Kraftmeierin Merkel Paroli bieten soll" (Frankfurter Allgemeine Zeitung, 5. Dezember 2011, S. 1) und davon, dass Schmidt hierzu geradezu „crossmedial" (Sattar 2011, S. 2) unterwegs gewesen sei. Tatsächlich war die Medienpräsenz mit Fernsehauftritten und Interviews in Zeitungen und Zeitschriften umfassend (Sturm 2012, S. 271), in den Augen Steinbrücks jedoch durchaus dosiert:

> „Wir sind nur in eine Talkshow gegangen. Wir haben nur ein großes Interview gemacht. Wir haben eine Vorabberichterstattung in der Zeit zugelassen. Und wir haben zwei gemeinsame Auftritte gehabt, im Berliner Ensemble und im Thalia Theater. Aber das in der Zielsetzung eines Marketings des Buches und nicht einer Promotion der Person Steinbrück als Kanzlerkandidat."[19]

Es ist auffällig, dass die mediale Berichterstattung sich darum drehte, es sei Schmidt und nicht etwa Steinbrück, der hier für sein Anliegen massenmediale Aufmerksamkeit erzeuge. Dabei erklärte Schmidt den Zeitpunkt seiner Äußerung in der ARD-Sendung *Menschen bei Maischberger* am 7. August 2012 damit, er habe unter dem Eindruck des Todes seiner Frau das Gefühl gehabt, vielleicht könne er das im nächsten Jahr „nicht mehr sagen, weil ich dann nicht mehr lebe". Nach Steinbrücks Wahrnehmung ist es so, dass Schmidt sich „im Vergleich in Frage kommender Figuren innerhalb der SPD mit Blick auf den ökonomischen, finanziellen Hintergrund in den Kompetenzen" jemanden wie ihn am besten vorstellen könne, wobei er nicht ausschließen mag, dass für Schmidt die Zeit überzeugender Kanzlerfiguren vielleicht sowieso vorbei sei.[20]

Keine Frage: Wenn Helmut Schmidt sich äußert, ist ihm die Aufmerksamkeit der ganzen Republik sicher. Für Gunter Hofmann (2011) basiert Schmidts Popularität heute als einmalige „Ikone im Lande" darauf, dass er „mit seinen Wortmeldungen als Herausgeber der ZEIT, aber auch in zahlreichen Büchern, Interviews und Vorträgen mit einer wahrhaft Weberschen ‚Leidenschaft' sehr klar und sehr unmissverständlich in den großen nationalen und internationalen Streitfragen seine eigene Position zu klären sucht, und damit dann beiträgt zur Orientierung." Vielmehr noch als zu seiner Zeit als Kanzler wird Schmidts Analyse und Einordnung nachgefragt, was sicherlich auch daran liegt, dass er noch immer für seine Anliegen Öffentlichkeit herzustellen weiß.

19 Peer Steinbrück im Interview mit dem Autor am 26. April 2012.
20 Peer Steinbrück im Interview mit dem Autor am 26. April 2012.

8   Fazit

Es ist versucht worden, sich dem Medienumgang und der Medienkommunikation des fünften Bundeskanzlers mit dem Konzept der strategischen Kommunikation zu nähern. Natürlich lässt sich dieses Konzept nicht vollständig auf Helmut Schmidt übertragen, da es sich vor allem mit Organisationen beschäftigt. Doch „absichtlich und zielgerichtet" (Wessler und Brüggemann 2012, S. 137) ist auch die strategische Kommunikation Helmut Schmidts immer gewesen. Die hier analysierten Fallbeispiele werfen deshalb unterschiedliche Schlaglichter auf sein strategisches Kommunikationskonzept. Dazu gehören zum einen gute Kontakte zu den Medien, besonders in seiner Hamburger Heimat und auch der Kampf für ihre Unabhängigkeit. Zum anderen hatte sich Schmidt schon früh darum bemüht, ihm wichtige Themen in der Öffentlichkeit zu platzieren und so Debatten auszulösen und seine eigene Position zu verdeutlichen. Dieses Konzept verfolgte er auch als Kanzler und darüber hinaus.

Das umfangreiche Porträt von Nina Grunenberg in der *Zeit* steht für die Nähe, die die strategische Kommunikation Schmidts gegenüber den Medien durchaus vorsah, während der Umgang mit dem *Spiegel* eher von einer professionellen Distanz gekennzeichnet war. Schmidts Korrespondenz mit dem *Spiegel*-Herausgeber Rudolf Augstein ist dabei durchaus in hohem Maße von gegenseitigem Respekt geprägt. Im Vergleich zur *Zeit* sind die unterschiedlichen Rollen, der *Spiegel* als Kontrollinstanz der Macht und der Kanzler als deren Inhaber deutlicher konturiert.

Der jedoch insgesamt offene Umgang mit den Medien half dem Kanzler im so genannten „deutschen Herbst". Das aufgebaute Vertrauen konnte so strategisch vom Regierungssprecher Klaus Bölling genutzt werden, um die öffentlich-rechtlichen Anstalten und die Zeitungen zur Kooperation zu bewegen. Hier wird vielleicht besonders deutlich, wie sehr die gesamtgesellschaftliche Konstellation zu berücksichtigen ist, denn Strategien sind immer auch das „Ergebnis komplexer Interaktionsbeziehungen zwischen Akteur und System, Person und Institution" (Sarcinelli 2010, S. 281). Dass in dieser Phase Schmidts Kolumne in der *Bergedorfer Zeitung* weiter erschien, kann ebenfalls als Teil einer Medienstrategie gewertet werden, die versuchte, in dieser Zeit Normalität zu suggerieren. Auch hier war Schmidt darum bemüht, die Thematisierung vorzugeben und den Terroristen nicht die Agenda zu überlassen.

Wie sehr er heute noch ein Gespür dafür hat, wie er die journalistische Agenda steuern kann, davon zeugt sein Buch mit Peer Steinbrück. Schmidt konnte ein Thema sehr prominent platzieren und dafür viel Aufmerksamkeit generieren. Kam Schmidt also durch „Herstellung und Bereitstellung von Themen zur öffentlichen Kommunikation" (Rühl 1980, S. 322) durchaus der Aufgabe des Journalismus in einer arbeitsteilig organisierten Gesellschaft nach, dann sieht er sich auch nach 30 Jahren bei der *Zeit* noch nicht als Journalist, denn er habe sich nicht abgewöhnen können, „gründlich zu arbeiten" (Schmidt und Di Lorenzo 2009, S. 76).

Das ist Teil seiner Medienkritik, die auch dem „Plädoyer für einen fernsehfreien Tag" zu Grunde liegt. Dennoch ist dies in einen größeren Zusammenhang einzuordnen, denn damit wich er zugleich ab von seinem Macher-Image und zeigte eine Fürsorglichkeit gegenüber der Gesellschaft, die über rein politische und ökonomische Zuständigkeiten hinausging. Dass ihm dies als Bevormundung ausgelegt wurde, konnte er verkraften. Während er sich hier Sorgen um die Mediennutzung seiner Mitbürger machte, nutzte er dabei ganz selbstverständlich ein Medium für seine Zwecke. Vor allem aber gab er dem politischen Ziel, die Einführung von Privatfernsehen zu verhindern oder doch so lange wie möglich hinauszuzögern, hier mittels strategischer Kommunikation eine intellektuelle Unterfütterung.

Schmidt ist dieser Linie treu geblieben, hat immer wieder vor negativen Medieneinflüssen, insbesondere durch das Fernsehen, gewarnt. Durch die weitere Entwicklung des Privatfernsehens und einer von ihm konstatierten Verflachung der Politikberichterstattung sah er sich in seiner Kritik und seinem Vorschlag prinzipiell bestätigt.

Das Bild eines einseitigen Medienkritikers Helmut Schmidt ist jedenfalls unbegründet (vgl. hierzu ausführlich Birkner 2013). Vielmehr war der Politiker Helmut Schmidt stets nah dran an den Medien, ohne dabei die nötige Distanz zu verlieren. Beides ist wichtig für seinen strategischen Medienumgang. Er hat stets seine Themen eigenständig in der Öffentlichkeit platziert und Aufmerksamkeit für sie generiert, denn er wusste als Bundestagsabgeordneter und später als Bundeskanzler um das demokratische Potenzial der Medien. Auch wenn sich die Forschung zumeist auf Organisationen und weniger auf Individuen beschränkt, lässt sich von Schmidt sicherlich als einem ausgesprochen strategischen Kommunikator sprechen.

Literatur

Altenbockum, Jasper von. 2011. Hamburg dreht an einem großen Schachbrett. *Frankfurter Allgemeine Zeitung*, 28. Oktober 2011: 8.

Augstein, Rudolf. 1970. Helmut und die große Koalition. *Der Spiegel*, Nr. 31, 27. Juli 1970: 22. http://www.spiegel.de/spiegel/print/d-44916170.html. Zugriff: 16. 11. 12.

Bentele, Günter. 1998. Politische Öffentlichkeitsarbeit. In *Politikvermittlung und Demokratie in der Mediengesellschaft. Beiträge zur politischen Kommunikationskultur*, hrsg. U. Sarcinelli, 124–145. Opladen/Wiesbaden: VS.

Birkner, Thomas. 2005. *Comrades for Europe? Die „Europarede" Helmut Schmidts 1974*. Bremen: Temmen.

Birkner, Thomas. 2012. Vaterlandsverräter? Presseverteidiger! Die Rolle Helmut Schmidts in der Spiegel-Affäre. In *Die Spiegel-Affäre 1962*, hrsg. J. Ludwig, V. Lilienthal, S. Weichert und R. Schulz-Schaeffter. http://www.spiegel-affaere.de/pressefreiheit/vaterlandsverrater-presseverteidiger. Zugriff: 16. 11. 12.

Birkner, Thomas. 2013. *Mann des gedruckten Wortes. Der Politiker & Publizist Helmut Schmidt und die Medien*. Bremen: Edition Temmen. Im Erscheinen.

Bölling Klaus. 2011. Der Nationalliberale. Er führte die „Welt" durch den „Deutschen Herbst": Wilfried Hertz-Eichenrode wird 90. *Welt Online*, 9. April 2011, http://www.welt.de/print/die_welt/kultur/article13121642/Der-Nationalliberale.html. Zugriff: 16.11.12.

Bundesländer – Hamburg – Rebellion im Norden. *Der Spiegel*, Nr. 46, 14. November 1962: 76–78. http://www.spiegel.de/spiegel/print/d-45124838.html. Zugriff: 16.11.12.

Deutscher Bundestag 1977a. *8. Wahlperiode*, 42. Sitzung, Bonn, Donnerstag, den 15. September 1977.

Deutscher Bundestag 1977b. *8. Wahlperiode*, 50. Sitzung, Bonn, Donnerstag, den 20. Oktober 1977.

Fischer Heinz-Dietrich. 1993. Zur kommunikativen Funktion des Regierungssprechers. In *Public Relations. Öffentlichkeitsarbeit. Geschichte, Grundlagen, Grenzziehungen*, hrsg. H.-D. Fischer, und U. G. Wahl, 95–113. Frankfurt am Main/Berlin/Bern/New York/Paris/Wien: Peter Lang.

Führer, Karl Christian. 2008. *Medienmetropole Hamburg. Mediale Öffentlichkeiten 1930–1960*. München/Hamburg: Dölling und Galitz.

Grunden, Timo. 2009. *Politikberatung im Innenhof der Macht. Zu Einfluss und Funktion der persönlichen Berater deutscher Ministerpräsidenten*. Wiesbaden: VS.

Grunenberg, Nina. 1975a. Regieren bei Suppe und trocken Brot. *Die Zeit*, Nr. 43, 17. Oktober 1975, http://www.zeit.de/1975/43/regieren-bei-suppe-und-trocken-brot. Zugriff: 16.11.12.

Grunenberg, Nina. 1975b. Ins Gelingen verliebt und in die Mitte, *Die Zeit*, Nr. 44, 24. Oktober 1975, http://www.zeit.de/1975/44/ins-gelingen-verliebt-und-in-die-mitte. Zugriff: 16.11.12.

Hallahan, Kirk, Derina Holtzhausen, Betteke van Ruler, Dejan Verčič, und Krishnamurthy Sriramesh. 2007. Defining Strategic Communication. *International Journal of Strategic Communication* 1(1): 3–35.

Hickethier, Knut. 1998. *Geschichte des deutschen Fernsehens*. Stuttgart/Weimar: Metzler.

Hoffmann-Riem, Wolfgang. 2000. Politiker in den Fesseln der Mediengesellschaft. *Politische Vierteljahresschrift* 41(1): 107–127.

Hofmann, Gunter. 2011. Schmidt gegen Guttenberg. *Cicero Online*, 6. Dezember 2011, http://www.cicero.de/schmidt-gegen-guttenberg/47503?seite=1. Zugriff: 16.11.12.

Korte, Karl-Rudolf. 2010. Strategie und Regierung. Politikmanagement unter Bedingungen von Komplexität und Unsicherheit. In *Strategie in der Politikwissenschaft. Konturen eines Forschungsfelds*, hrsg. J. Rasche, und R. Tils, 211–231. Wiesbaden: VS.

Korte, Karl-Rudolf, Hirscher, G. (Hrsg.). 2000. *Darstellungspolitik oder Entscheidungspolitik. Über den Wandel von Politikstilen in westlichen Demokratien*. München: Hanns-Seidel-Stiftung.

Kurbjuweit, Dirk. 2011. Paarlauf der Weltweisen. *Der Spiegel*, Nr. 43, 24. Oktober 2011: 26–28.

Leinemann, Jürgen. 1977. „Da kommen Sie doch nicht ran". *Der Spiegel*, Nr. 35, 22. August 1977: 25–27. http://www.spiegel.de/spiegel/print/d-40763978.html. Zugriff: 16.11.12.

Marcinkowski, Frank. 2001. Politische Kommunikation und politische Öffentlichkeit. Überlegungen zur Systematik einer politikwissenschaftlichen Kommunikationsforschung. In *Politik der Massenmedien*, hrsg. F. Marcinkowski, 237–256. Köln: Halem.

Meyer-Odewald, Jens. 2011. Stammtisch-Politiker. *Hamburger Abendblatt*, 18. November 2011: 12.

Ronneberger, Franz. 1977. *Legitimation durch Information*. Düsseldorf/Wien: Econ.

Rosumek, Lars. 2007. *Die Kanzler und die Medien. Acht Porträts von Adenauer bis Merkel*. Frankfurt am Main: Campus.

Röttger, Ulrike, Joachim Preusse, und Jana, Schmitt. 2011. *Grundlagen der Public Relations. Eine kommunikationswissenschaftliche Einführung*. Wiesbaden: VS.

Rühl, Manfred. 1980. *Journalismus und Gesellschaft. Bestandsaufnahme und Theorieentwurf*. Mainz: Hase & Koehler.

Rupps, Martin. 2004. *Troika wider Willen – Wie Brandt, Wehner und Schmidt die Republik regierten*. Berlin: Propyläen.

Sarcinelli, Ulrich. 2010. Strategie und politische Kommunikation. In *Strategie in der Politikwissenschaft. Konturen eines Forschungsfelds*, hrsg. J. Raschke, R. Tils, 267–298. Wiesbaden: VS.

Sarcinelli, Ulrich. 2011. *Politische Kommunikation in Deutschland. Zur Politikvermittlung im demokratischen System* (3. Aufl.). Wiesbaden: VS.

Sattar, Majid. 2011. Schmidts Geschichtsstunde. *Frankfurter Allgemeine Zeitung*, 5. Dezember 2011: 2.

Schmidt, Helmut. 1949. Publizität statt Geheimwissenschaft. *Hamburger Echo*, 6. Juli 1949.

Schmidt, Helmut. 1950a. Die Rechte des Parlaments. *Hamburger Echo*, 7. Januar 1950.

Schmidt, Helmut. 1950b. Der Volkshaushalt. *Neuer Vorwärts*, 5. Mai 1950.

Schmidt, Helmut. 1961. *Verteidigung oder Vergeltung – ein deutscher Beitrag zum strategischen Problem der NATO*. Stuttgart: Seewald.

Schmidt, Helmut. 1962a. Die unvermeidbare neue Strategie. *Die Zeit*, Nr. 33, 17. August 1962. http://www.zeit.de/1962/33/die-unvermeidbare-neue-strategie. Zugriff: 16.11.12.

Schmidt, Helmut. 1962b. Die unvermeidbare neue Strategie. *Die Zeit*, Nr. 34, 24. August 1962. http://www.zeit.de/1962/34/die-unvermeidbare-neue-strategie. Zugriff: 16.11.12.

Schmidt, Helmut. 1967. Rede vor der Hamburger Bürgerschaft am 15. Januar 1964 zur Einbringung des Senatsentwurfes eines neuen Pressegesetzes, das der Verfasser mit seinen Beamten erarbeitet hatte. Der Entwurf hat inzwischen Gesetzeskraft erlangt; er gilt als europäisches Musterbeispiel für ein liberales Presserecht. In *Beiträge*, H. Schmidt, 303–327. Stuttgart: Seewald.

Schmidt, Helmut. 1969. *Strategie des Gleichgewichts: Deutsche Friedenspolitik und die Weltmächte*. Stuttgart: Seewald.

Schmidt, Helmut. 1970. Deutsch sein. *Der Spiegel*, Nr. 33, 10. August 1970: 12–14.

Schmidt, Helmut. 1977a. Die Arbeit im Lande geht weiter. *Bergedorfer Zeitung*, 20. September 1977.

Schmidt, Helmut. 1977b. Gemeinsam den Kampf gegen die Terroristen führen. *Bergedorfer Zeitung*, 28. Oktober 1977.

Schmidt, Helmut. 1978. Plädoyer für einen fernsehfreien Tag. Ein Anstoß für mehr Miteinander in unserer Gesellschaft. *Die Zeit*, 26. Mai 1978. http://www.zeit.de/1978/22/Plaedoyer-fuer-einen-fernsehfreien-Tag. Zugriff: 16.11.12.

Schmidt, Helmut. 1979a. DGB-Bundeskongreß. Ansprache vor dem 11. Ordentlichen Bundeskongress des Deutschen Gewerkschaftsbundes am 22. Mai 1978 in Hamburg, In *Der Kurs heißt Frieden*, H. Schmidt, 263–284. Düsseldorf/Wien: Econ.

Schmidt, Helmut. 1979b. Ansprache vor der Deutschen Physikalischen Gesellschaft. Gehalten am 28. September 1979 in Ulm. In *Der Kurs heißt Frieden*, H. Schmidt, 197–227. Düsseldorf/Wien: Econ.

Schmidt, Helmut. 1979c. Verantwortung der Forschung für die Gesellschaft. Ansprache auf der Festveranstaltung anlässlich der Jahresversammlung der Deutschen Forschungsgemeinschaft am 28. Juni 1977 im Auditorium Maximum der Universität Hamburg. In *Der Kurs heißt Frieden*, H. Schmidt, 173–195. Düsseldorf/Wien: Econ.

Schmidt, Helmut. 1983. Soziale Verantwortung und Moral des Forschers und Wissenschaftlers. Ansprache auf der Festversammlung der 33. Ordentlichen Hauptversammlung der Max-Planck-Gesellschaft am 14. Mai 1982 in Bonn. In *Freiheit verantworten*, H. Schmidt, 309–319. Düsseldorf/Wien: Econ.

Schmidt, Helmut. 1992. Politischer Rückblick auf eine unpolitische Jugend. In *Kindheit und Jugend unter Hitler*, H. Schmidt, 188–254. Berlin: Siedler.

Schmidt, Helmut. 1996. *Weggefährten – Erinnerungen und Reflexionen*. Berlin: Siedler.

Schmidt, Helmut, Giovanni di Lorenzo. 2009. *Auf eine Zigarette mit Helmut Schmidt*. Köln: Kiepenheuer und Witsch.

Schmidt, Helmut, Peer Steinbrück. 2011. *Zug um Zug*. Hamburg: Hoffmann und Campe.

Schwelien, Michael. 2003. *Helmut Schmidt – ein Leben für den Frieden*. Hamburg: Hoffmann und Campe.

Spörer-Wagner, Doreen, und Frank Marcinkowski. 2011. Politiker in der Öffentlichkeitsfalle? Zur Medialisierung politischer Verhandlungen in nationalen Kontexten. In *Politik als Beruf*, hrsg. M. Edinger, und W. J. Patzelt, 416–438. Wiesbaden: VS.

Soell, Hartmut. 2004. *Helmut Schmidt. Band 1: Vernunft und Leidenschaft*. München: Deutsche Verlags-Anstalt.

Soell, Hartmut. 2008. *Helmut Schmidt. Band 2: Macht und Verantwortung*. München: Deutsche Verlags-Anstalt.

Sommer, Theo. 2010. *Unser Schmidt – Der Staatsmann und der Publizist*. Hamburg: Hoffmann und Campe.

Steinmetz, Rüdiger. 1999. Initiativen und Durchsetzung privat-kommerziellen Rundfunks. In *Mediengeschichte der Bundesrepublik Deutschland*, hrsg. J. Wilke, 167–191. Bonn: Bundeszentrale für politische Bildung.

Sturm, Daniel Friedrich. 2012. *Peer Steinbrück*. München.

Walker, Horst O. 1982. *Das Presse- und Informationsamt der Bundesregierung. Eine Untersuchung zu Fragen der Organisation, Koordination und Kontrolle der Presse- und Öffentlichkeitsarbeit der Bundesregierung.* Frankfurt am Main: Haag und Herchen.

Wessler, Hartmut, und Michael Brüggemann. 2012. *Transnationale Kommunikation. Eine Einführung.* Wiesbaden: VS.

Zastrow, Volker. 1989. Ein widersprüchlicher Kanzler. Gedanken über Helmut Schmidt. *Frankfurter Allgemeine Zeitung,* 6. Mai 1989.

Zipfel, Astrid. 2005. *Der Macher und die Medien. Helmut Schmidts politische Öffentlichkeitsarbeit.* Tübingen/Stuttgart/Heidelberg: WF-Edition Journalismus.

Online-Campaigning als Wahlkampfstrategie

Zum Erklärungswert der Theorie geplanten Verhaltens für die Strategische Kommunikation von Kandidaten

Frank Marcinkowski, Julia Metag & Carolin Wattenberg

1   Einleitung

Seit Barack Obamas erfolgreichem Präsidentschaftswahlkampf von 2008 gilt das Internet bei Parteien, Kandidaten und Kampagnenmanagern aller westlichen Demokratien als Wunderwaffe im Kampf um Wählerstimmen. Deutschland trat spätestens mit dem Bundestagswahlkampf 2009 in das Internetzeitalter ein. Dabei erwies sich die zeitliche Nähe zu Obamas Kampagne als folgenreich. Mit seinem Erfolg, den Politik und Medien maßgeblich auf eine ausgefeilte Online-Strategie zurückführten, stiegen auch in Deutschland die Ansprüche an die Online-Auftritte der Parteien. Nicht nur Wahlkampfplattformen im World Wide Web, sondern auch die Nutzung von Web 2.0-Anwendungen wie Twitter oder Facebook waren angesagt wie nie zuvor (vgl. Bieber 2011; Lilleker und Jackson 2011; Schweitzer und Albrecht 2011). Seitdem betonen deutsche Wahlkampfmanager unisono die Relevanz des Internets als „eine der tragenden Säule[n] der CDU-Kampagne,"[1] als „zentraler Bestandteil unseres Wahlkampfes"[2] oder als „Herzstück der Kampagne."[3]

Die internationale Wahlkampfforschung beschäftigt sich seit einigen Jahren verstärkt mit der Bedeutung des Internets für den politischen Prozess (vgl. Chadwick und Howard 2009; Davis et al. 2009; Schweitzer 2006). Empirische Studien zu der Frage, wie politische Akteure die Relevanz des Internets bewerten, zeigen, dass sie es mehrheitlich für ein wichtiges Wahlkampfinstrument halten (vgl. Faas 2003; Gellner und Strohmeier 2002; Lilleker und Jackson 2011; Wolling, Schmolinsky und Emmer 2010). Betrachtet man die tatsächliche Nutzung des Internets im Wahlkampf, zeigt sich al-

---

1   Klaus Schüler, CDU-Bundesgeschäftsführer (zitiert nach Schneider 2009).
2   Robert Heinrich, Leiter Öffentlichkeitsarbeit Bündnis 90/Die Grünen (zitiert nach Biermann 2009).
3   Kajo Wasserhövel, dam. SPD-Bundesgeschäftsführer (zitiert nach Wiegold 2009).

lerdings eine deutliche Diskrepanz zwischen dessen absoluter und relativer Bedeutung (vgl. Schweitzer und Albrecht 2011, S. 37). Zum einen rangiert das Netz als strategisches Wahlkampfmittel nach wie vor hinter traditionellen Massenmedien wie dem Fernsehen oder der Presse (vgl. Faas 2003; Maier, Tenscher und Schüller 2010; Schmitt-Beck und Mackenrodt 2009; Zittel 2009a), zum anderen bleiben auch im Internet die klassischen Top-Down-Kommunikationsmuster weitgehend intakt. Politische Akteure und Wahl-kampfmanager nutzen interaktive und partizipative Angebote nur zurückhaltend, der Kampagnenaufbau ist auch im Internet hierarchisch strukturiert (vgl. Kunze, Bauer und Becker 2011; Lilleker und Jackson 2011; Zittel 2009a). Diese wissenschaftlichen Beob-achtungen spiegeln sich in der mehrheitlich kritischen Berichterstattung der deutschen Presse wider, die die in US-Präsidentschaftswahlkämpfen gesetzten Standards weder bei der Bundestagswahl 2009 noch bei der NRW-Landtagswahl 2010 im Ansatz erfüllt sah („No we can't,"[4] „Obama hilft!,"[5] „Müder Wahlkampf im Netz"[6]).

Die kommunikationswissenschaftliche Forschungsliteratur erklärt das Ausmaß der Internetnutzung im Wahlkampf zum einen mit strukturellen Faktoren wie der sozio-demographischen Zusammensetzung der Wählerschaft des Wahlkreises (vgl. Lev-On 2011; Zittel 2009b) oder dem Budget, das den Kandidaten im Wahlkampf zur Verfügung steht (vgl. Zittel 2009b). Außerdem spielen die institutionellen Bedingungen der Wahl, die zwischen Ländern und föderalen Ebenen variieren können, eine Rolle (vgl. Metag und Marcinkowski 2012). Zum anderen werden individuelle Faktoren wie Alter und Ge-schlecht der politischen Akteure untersucht. Während einige Studien zu dem Ergebnis kommen, dass jüngere Kandidaten und Männer eher einen Online-Wahlkampf führen (vgl. Åström und Karlsson; Zittel 2009b), argumentieren andere, dass diese Faktoren für grundsätzliche Entscheidungen der Wahlkampfplanung bedeutungslos seien (vgl. Wolling, Schmolinsky und Emmer 2010).

Auch die strategischen Bedingungen einer Kandidatur haben einen Einfluss auf po-litische Onlinestrategien. Die Frage, ob es sich um einen Amtsinhaber oder einen Her-ausforderer handelt, ist ebenso erklärungskräftig (vgl. Lev-On 2011), wie das Ausmaß der Onlineaktivitäten relevanter Wettbewerber (vgl. Sudulich und Wall 2010). Die zu-rückhaltende Nutzung interaktiver Elemente im Onlinewahlkampf wird damit erklärt, dass die politischen Akteure durch die stärkere Einbindung und Aktivität der Nutzer befürchteten, die Kontrolle über ihre Darstellung im Netz zu verlieren (vgl. Russmann 2011; Schweitzer und Albrecht 2011). Andererseits seien motivationale Gründe entschei-dend für die Ausgestaltung der Online-Aktivitäten. So nutzten Politiker das Internet vor allem zu Zwecken der Selbstdarstellung, was dazu führe, dass sie aufwändigere Formen der Interaktion und Partizipation nicht für notwendig hielten und dementsprechend kaum nutzten (vgl. Faas 2003; Lilleker und Jackson 2011; Wolling, Schmolinsky und

---

4   freitag.de (derFreitag 2009).
5   süddeutsche.de (Weißmüller 2009).
6   Zeit Online (Hippler 2009).

Emmer 2010). In der Tradition des Uses and Gratifications-Ansatzes begründen Wolling, Schmolinsky und Emmer (2010) die Entscheidung deutscher Landtagsabgeordneter für eine eigene Website als Teil einer Kosten-Nutzen-Abwägung, die Motive wie Selbstdarstellung, aber auch erhaltene Gratifikationen wie Unterstützung und Feedback für ihre politische Arbeit einbezieht. Neben diesen Faktoren, so die Autoren, seien situationelle Bedingungen wie zeitliche und finanzielle Ressourcen sowie soziale Einflüsse mitbestimmend für die Entscheidung und die Art, sich im Internet zu präsentieren (vgl. Wolling, Schmolinsky und Emmer 2010).

Studien wie diese, die sich mit den politischen Akteuren als Kommunikatoren und den Motiven ihrer Internetnutzung auseinandersetzen, spielen in der Forschung zum Online-Wahlkampf bisher nur eine marginale Rolle. Stattdessen liegt der Schwerpunkt der wissenschaftlichen Auseinandersetzung auf Angebotsstudien und dort meist auf der inhaltsanalytischen Untersuchung von Partei- und Kandidatenwebsites (vgl. Kellermann 2005; Russmann 2011; Schweitzer 2010). Trotz aller hoffnungsfrohen Aufgeschlossenheit der Wahlkampfakteure gegenüber dem Internet sind die Unterschiede im Online-Engagement zwischen Ländern, Parteien und Kandidaten bemerkenswert. Gerade den deutschen Politikern wird dabei immer wieder vorgeworfen, sie würden das Netz für Wahlkampfzwecke noch nicht oder nicht richtig nutzen. Damit ist die Frage aufgeworfen, warum manche Kandidaten ihre Wahlkampfstrategie sehr stark auf das Internet ausrichten, andere aber weniger oder gar nicht?

2 Von der Einstellung zur Aktion: Online-Campaigning als geplantes Verhalten

Im Unterschied zur vorliegenden Literatur setzen wir bei der Beantwortung dieser Frage nicht an institutionellen, sondern an individuellen Faktoren an. Die zentrale Annahme dieses Beitrags besagt, dass jede strategisch gemeinte Kommunikation wesentlich auf Einstellungen des Kommunikators gegenüber den verfügbaren Kommunikationsmitteln und auf seinen Annahmen über die Funktions- und Wirkungsweise von Kommunikation beruht. Solche Wahrnehmungen beeinflussen die Gestaltung der Botschaft, das Timing und die Intensität von Kommunikation und nicht zuletzt auch die Auswahl der für passend gehaltenen Kommunikationskanäle. Die Entschlüsselung von Einstellungen und Einschätzungen ist also unverzichtbar, wenn man verstehen will, warum ein Kommunikator so kommuniziert, wie er kommuniziert. Dabei geht es nicht darum, den faktischen Wahrheitsgehalt solcher Annahmen zu hinterfragen, denn auch abwegige Vorstellungen werden – dem berühmten Thomas-Theorem zufolge – verhaltenswirksam, wenn jemand nur fest genug daran glaubt. Entscheidend für das Verständnis strategisch gemeinter Kommunikation ist also nicht, dass Kommunikation tatsächlich so funktioniert, wie der Kommunikator meint, entscheidend für sein Verhalten ist allein, dass er es meint. Solche indirekten (und häufig paradoxen) Effekte Medien bezogener Perzeptionen werden von kommunikationswissenschaftlichen Konzepten wie dem *hostile media phenomenon* (Vallone et al. 1985), dem *third person effect* (Davis 1983) oder dem *influence of presumed media influence* (Gunther und Storey 2003) thematisiert. Im Folgenden bauen wir diese Überlegungen in den Rahmen einer *Theorie des geplanten Verhaltens* (TPB) ein, um so zu einer theoretisch fundierten Vorstellung von der strategischen Planung des Medieneinsatzen in Kandidatenwahlkämpfen zu gelangen.

Die *Theory of planned behavior* (u. a. Ajzen 1991) ist eine Erweiterung der Theorie überlegten Handelns (Ajzen und Fishbein 1980). Beide Ansätze verstehen sich als Reaktion auf inkonsistente Forschungsergebnisse zur Verhaltenswirksamkeit von Einstellungen (u. a. LaPiere 1934; Wicker 1969). Kurz gesagt geht der Ansatz davon aus, dass kein Verhalten ohne vorherige Herausbildung einer entsprechenden Verhaltensabsicht erfolgt. Die Absicht ist ihrerseits das Ergebnis eines Nachdenkens über das Handeln, das von bestehenden Einstellungen gegenüber dem Verhalten gesteuert wird. Durch seine Betonung von Überlegung und Planung, die dem eigentlichen Tun vorausgehen, wird die Nähe der Theory of reasoned action zum Konzept Strategischer Kommunikation deutlich.

Für Ajzen und Fishbein ist die individuelle Verhaltens*absicht* die einzige direkte Determinante von Verhalten (vgl. Ajzen und Fishbein 1980, S 41). Ein Verhalten setzt sich aus einer singulären Handlung oder einer Reihe von Einzelhandlungen zusammen, die auf ein bestimmtes Ziel ausgerichtet sind und innerhalb eines bestimmten Kontextes und zu einem bestimmten Zeitpunkt ausgeführt werden (vgl. Fishbein und Ajzen 2010, S. 30). Die Verhaltensabsicht definieren Ajzen und Fishbein als Maß der Wahrscheinlichkeit, dass eine Person ein bestimmtes Verhalten ausführt (1980, S. 42). Sie umfasst die Motivation einer Person und ihre Bereitschaft, Arbeit in eine Handlung zu investieren (vgl. Ajzen 1988, S. 113). Um das Verhalten möglichst genau aus der Intention prognostizieren zu können, sollten beide im Hinblick auf die vier Aspekte Handlung, Ziel, Kontext und Zeit kompatibel sein und in einem möglichst geringen zeitlichen Abstand voneinander erhoben werden (vgl. ebd., S. 96).

Die Verhaltensabsicht ergibt sich aus persönlichen, sozialen und situativen Einflüssen. Der *persönliche Faktor* bezeichnet die Einstellung einer Person gegenüber einer Handlung, also deren positive oder negative Bewertung: „we use the term attitude to refer to the evaluation of an object, concept, or behavior along a dimension of favor or disfavor, good or bad, like or dislike." (Ajzen und Fishbein 1980, S. 78) Individuen führen ein Verhalten nur dann aus, wenn sie es positiv bewerten. Das Einstellungskonzept weist Parallelen zu der Komponente des Affekts in Rosenbergs und Hovlands (1960) Drei-Komponenten-Modell auf (vgl. Rosenberg und Hovland 1960, S. 3 ff.).

Der *soziale Faktor,* die subjektive Norm, bezeichnet in der ursprünglichen Form der Theorie den wahrgenommenen sozialen Druck, ein Verhalten auszuführen oder zu unterlassen. Konkret handelt es sich um die Wahrnehmung einer Person, dass ihr wichtige Bezugspersonen die Ausführung des Verhaltens unterstützen oder ablehnen (vgl. Ajzen 1991; Ajzen und Fishbein 1980). In einem späteren Entwurf der Theorie differenzieren

Ajzen und Fishbein die subjektive Norm in injunktive und deskriptive Normen (siehe Cialdini, Reno und Kallgren 1990). Die injunktive Norm bezeichnet – der ursprünglichen subjektiven Norm entsprechend – die Wahrnehmung einer Person, welches Verhalten angemessen bzw. unangemessen ist, während die Wahrnehmung, dass andere Menschen das Verhalten auch ausführen bzw. nicht ausführen als deskriptive Norm bezeichnet wird (vgl. Fishbein und Ajzen 2010, S. 130 f.). Menschen neigen dazu, ein Verhalten nicht nur auszuführen, wenn sie es positiv beurteilen, sondern auch, wenn sie annehmen, dass Personen, die ihnen wichtig sind, sie in diesem Vorhaben unterstützen bzw. genauso handeln würden. Umgekehrt unterlassen sie ein Verhalten, wenn ihr nahes soziales Umfeld dieses abzulehnen scheint.

Situative Umstände bilden die dritte Determinante der Verhaltensabsicht. Die wahrgenommene Verhaltenskontrolle beschreibt das wahrgenommene Ausmaß, in dem Menschen dazu in der Lage sind oder Kontrolle darüber haben, ein bestimmtes Verhalten auszuführen (vgl. Fishbein und Ajzen 2010, S. 64). Faktoren, die das Ausmaß bestimmen, in dem eine Person Kontrolle über eine bestimmte Situation hat, lassen sich in zwei Kategorien klassifizieren: Interne Faktoren bezeichnen u. a. inwiefern jemand daran glaubt, sein Verhalten durch individuelle Fertigkeiten und die eigene Willensstärke kontrollieren zu können sowie Emotionen und Zwänge, die einen Einfluss auf das Verhalten haben. Ajzen lehnte diesen Kontrollfaktor an Banduras (1991) Konzept der Selbstwirksamkeit (self-efficacy) an (vgl. Ajzen 1991, S. 184; Fishbein und Ajzen 2010, S. 155). Externe Faktoren beinhalten situationsbedingte Einflüsse wie das Vorhandensein finanzieller und zeitlicher Ressourcen oder die Abhängigkeit von anderen Personen, Regeln oder Gesetzen (vgl. Ajzen 1985, S. 25 ff.; Fishbein und Ajzen 2010, S. 58). Neben dem indirekten, über Intentionen vermittelten Einfluss der wahrgenommenen Kontrolle auf die tatsächliche Verhaltensausübung kann sie auch in einem direkten Zusammenhang mit Verhalten stehen, wenn sie der tatsächlichen Kontrolle über das Verhalten entspricht oder das Verhalten nicht vollständig unter der willentlichen Kontrolle des Handelnden steht (vgl. Ajzen 1991, S. 184; Madden, Scholder-Ellen und Ajzen 1992, S. 4).

Einstellungen, subjektive Normen und die wahrgenommene Kontrolle ergeben sich direkt aus Überzeugungen (beliefs), die auf der Ebene der Kognitionen wirken (vgl. Fishbein und Ajzen 2010, S. 221). Sie beruhen auf direkter Beobachtung (z. B. des Verhaltens einer anderen Person und dessen Konsequenzen) oder auf Informationen aus externen Quellen wie den Medien oder dem sozialen Umfeld. Für die Ausführung des Verhaltens ist es unwesentlich, ob die gebildeten Überzeugungen korrekt sind oder sich aus Vorurteilen oder Wunschvorstellungen ergeben (vgl. Fishbein und Ajzen 2010, S. 221 f.).

Die Theorie des geplanten Verhaltens wurde bisher in vielfältigen Kontexten und Disziplinen angewendet (vgl. z. B. die Meta-Analyse von Sheppard, Hartwick und Warshaw 1988). Im Hinblick auf die Praxis strategischer Kommunikation hat sich die Forschung dabei vorrangig mit Untersuchungen zur Gesundheitskommunikation (vgl. Bae und Kang 2008; Bresnahan et al. 2007; Park und Smith 2007) und der Erklärung von Konsumentenverhalten (vgl. George 2002; Lim und Dubinsky 2005) beschäftigt.

Nicht selten wird die Theorie geplanten Verhaltens dabei als Instrument zur Entwicklung von Manipulationsstrategien missbraucht, wie Bansal und Taylor in bemerkenswerter Offenheit zugeben: „[...] the TPB has the potential to provide marketers with an actionable framework for influencing behavior" (Bansal und Taylor 2002, S. 409). Die Autoren können nachweisen, dass für die Kundenbindung bei verschiedenen Banken die Meinungen von anderen Personen wichtig sind. Ein Beispiel aus der Gesundheitskommunikation zeigt, dass es für strategische Kommunikatoren bedeutsam ist zu wissen, dass die themenspezifische Involvierung der Rezipienten ihre Entscheidung, ob sie ihre Hornhaut spenden möchte, beeinflusst (vgl. Bae und Kang 2008). Sie können dann ihre Gesundheitskampagne zur Hornhautspende entsprechend strategisch ausrichten. In explanativer Absicht ist die Theorie geplanten Verhaltens bzw. ihre Ursprungsform, die Theorie überlegten Handelns, insbesondere im Rahmen der Medienwirkungsforschung (vgl. Golan und Banning 2008; Nabi und Sullivan 2001; Zhao und Cai 2008) sowie in der Nutzungs- und Diffusionsforschung verwendet worden (siehe Rossmann 2010: 36 ff.). Obwohl sie bisher in keinem dieser Forschungsfelder einen zentralen Status erlangt hat, liegen einige Anwendungsbeispiele zur Nutzung und Adoption neuer Medien vor. Dabei erstrecken sich die Untersuchungsgegenstände von der allgemeinen Internetnutzung zu Zwecken der Kommunikation und Information (vgl. Doll et al. 2000; Ho et al. 2001) über die Nutzung einzelner Anwendungen wie Wikis und Videoplattformen (vgl. Liu 2010; Park et al. 2010) bis zur Adoptionsabsicht innovativer Online-Dienste (vgl. Becker et al. 2010; Papies und Clement 2007). Alikilic und Atabek (2011) nutzen den Ansatz um zu erklären, warum PR-Berater und Kommunikationsprofis in ihrem Berufsalltag auf soziale Netzwerkseiten zurückgreifen. Den differierenden Handlungskontexten entsprechend erweist sich dabei auch die Erklärungskraft der einzelnen Komponenten des Modells als variabel. Während Doll et al. (2000) und Welker (2001) der subjektiven Norm keine bzw. nur eine geringe Bedeutung zuweisen, betonen andere Studien das Einflusspotential, das von einzelnen sozialen Bezugsgruppen (vgl. Ho et al. 2008) oder deskriptiven Normen (vgl. Park et al. 2010) ausgeht. Ein ähnliches Bild zeigt sich bei der wahrgenommenen Verhaltenskontrolle. Auch hier erweist sich der konkretere Faktor Selbstwirksamkeit als aussagekräftiger gegenüber der allgemeinen Kontrollvorstellung (vgl. Doll et al. 2000; Ho et al. 2008; Liu 2010). Die Ergänzung um zusätzliche Faktoren erweist sich hingegen als gute Möglichkeit, die Aussagekraft der Modelle zu steigern, wie Welker (2001) im Fall der vergangenen Mediennutzung und Park et al. (2010) für das thematische und persönliche Involvement zeigen konnten.

3   Hypothesen und Forschungsfragen

Im Zentrum dieser Untersuchung steht die Frage, welche individuellen Bedingungskonstellationen dafür verantwortlich sind, dass Direktkandidaten politischer Parteien bestimmte Online-Strategien in ihrem Wahlkampf planen und tatsächlich verfolgen. Den konzeptionellen Rahmen der Untersuchung bildet die Theorie geplanten Verhaltens. Damit ist die Annahme verbunden, dass das untersuchte Wahlkampfverhalten nicht unter der willentlichen Kontrolle der Kandidaten steht, sondern von äußeren Umständen und persönlichen Faktoren abhängig ist. Die Studie verfolgt sowohl was die Anlage der empirischen Untersuchung als auch den theoretischen Rahmen betrifft einen innovativen Ansatz. Als Kommunikatorstudie fokussiert sie die persönlichen Wahrnehmungen und Motive politischer Akteure im Wahlkampf, ein Aspekt des Online-Wahlkampfes, der bisher kaum wissenschaftliche Beachtung gefunden hat. Hinzu kommt, dass sie mit der Landtagswahl eine Ebene des politischen Systems betrachtet, zu der ebenfalls nur vereinzelt Studien vorliegen (vgl. Schweitzer und Albrecht 2011, S. 38).

Ausgehend von der Theorie geplanten Verhaltens wird angenommen, dass die drei Faktoren Einstellung, subjektive Norm und wahrgenommene Verhaltenskontrolle gemeinsam mit der Intention das Verhalten der Politiker bestimmen. In Bezug auf die Einstellung folgt daraus, dass Kandidaten, die dem Internet positiv gegenüberstehen, beabsichtigen, das Internet im Wahlkampf einzusetzen. Entsprechend lautet die erste Hypothese:

H1: Eine positive Einstellung der Kandidaten gegenüber dem Internet wirkt sich positiv auf ihre Absicht aus, es tatsächlich im Wahlkampf zu nutzen.

Die subjektive Norm, als zweite indirekte Verhaltensdeterminante, bezieht sich auf den sozialen Druck, den die Kandidaten hinsichtlich ihres Verhaltens wahrnehmen. Im Fall der Landespolitiker wird angenommen, dass sie ihre Wahlkampfaktivitäten vor allem mit denen der anderen Parteien und Kandidaten vergleichen, um einen Eindruck davon zu gewinnen, ob ihre Absichten als angemessen und akzeptiert gelten können. Als Hypothese formuliert ergibt sich:

H2: Je positiver der Online-Medieneinsatz durch das soziale Umfeld der Kandidaten sanktioniert ist (subjektive Norm), desto wahrscheinlicher ist es, dass sie die Absicht haben, sich ebenfalls im Internet zu engagieren.

Der dritte Faktor, der die Verhaltensabsicht prägt, ist die wahrgenommene Kontrolle. Personen, die glauben, sie hätten Kontrolle über ihr eigenes Verhalten, haben eher die Absicht, dieses Verhalten tatsächlich auszuführen. Hypothese 3 lautet:

H3: Die wahrgenommene Verhaltenskontrolle steht in einem positiven Zusammenhang mit der Absicht der Kandidaten, sich im Internet zu engagieren.

Die Mehrheit der kommunikationswissenschaftlichen Studien, die die Theorie geplanten Verhaltens verwenden, untersuchen Effekte von Einstellungen, Normen und Kontrollüberzeugungen auf die Verhaltensabsicht und sparen die eigentliche Zielvariable

(Verhalten) aus. Die hier verfügbaren Daten erlauben einen kompletten Modelltest. Dabei gehen wir mit der Theorie des geplanten Verhaltens davon aus, dass die Verhaltensintention der stärkste Prädiktor für Handeln ist. Darüber hinaus vermuten wir einen zusätzlichen direkten Effekt der Kontrollüberzeugung auf das Verhalten, weil die Ausführung einer Handlung neben der Intention ein Mindestmaß an Fähigkeit zum Handeln voraussetzt. Ajzen (vgl. Ajzen 1991, S. 184 f.; Ajzen und Madden 1986, S. 458 f.) unterstellt, dass dieser direkte Zusammenhang umso stärker ausfällt, je mehr die subjektive Selbstgewissheit die tatsächliche Handlungsfähigkeit widerspiegelt.

H4: Die tatsächlich ausgeführten Online-Aktivitäten der Kandidaten sind stark positiv mit der Verhaltensintention korreliert und weisen einen zusätzlichen direkten Zusammenhang mit den Kontrollüberzeugungen der Befragten auf.

4   Datenbasis und Operationalisierung der Konstrukte

4.1   Erhebungsverfahren und Sample

Die im Folgenden verwendeten Daten wurden im Rahmen einer standardisierten postalischen Befragung aller in Nordrhein-Westfalen zur Landtagswahl 2010 angetretenen Kandidaten der fünf im Deutschen Bundestag vertretenen Parteien erhoben. Die Auswahlgesamtheit umfasste 640 Wahlkreiskandidaten und 39 Kandidaten auf den Reservelisten der Parteien ohne Wahlkreis. Alle Kandidaten wurden zweimal postalisch kontaktiert und gebeten, einen gedruckten Fragebogen auszufüllen. Untersuchungszeitraum war die „heiße" Wahlkampfphase in den letzten acht Wochen vor dem Wahltermin. In die Stichprobe gingen alle Fragebögen ein, die bis zur Landtagswahl am 09. Mai 2010 oder in der darauffolgenden Woche zurückgesendeten wurden. Das waren insgesamt 369 Fragebögen. Nach Bereinigung um Datensätze mit mehr als 50 % fehlenden Werten verblieben n = 366 Teilnehmer im bereinigten Sample. Das entspricht einer Ausschöpfung von knapp 54 %. Die statistischen Auswertungen dieses Beitrags beruhen auf 316 Direktkandidaten, die Angaben zu ihrer Partei und dem Wahlkreis gemacht haben, in dem sie kandidieren. In der Stichprobe sind Mitglieder der CDU (13 %) und der LINKEN (18 %) leicht unterrepräsentiert, Kandidaten der GRÜNEN haben den größten Anteil (26 %).

4.2   Messhypothesen und Operationalisierung der Konstrukte

Wir vermuten, dass die Einstellung zum Interneteinsatz im Wahlkampf sowohl durch die persönliche Netzaffinität als auch durch instrumentelle Überlegungen beeinflusst wird. In instrumenteller Hinsicht wird die Einstellung umso positiver ausfallen, je eher die befragten Kandidaten annehmen, dass sich die Wähler von der Netzkommunikation beeinflussen lassen. Die entsprechende Frageformulierung lautete: „Was glauben Sie, welchen Einfluss besitzt das Internet auf das Wahlverhalten ihrer Wähler?" Die Befragten wurden gebeten, ihre Wirkungsüberzeugungen auf eine fünfstufigen Skala von 1 = „keinen Einfluss" bis 5 = „sehr großen Einfluss" zum Ausdruck zu bringen. Die persönliche Netzaffinität der Befragten wurde durch zwei weitere Variablen gemessen, die angeben, wie viel Zeit der Befragte selbst im Netz verbringt. Wir gehen dabei davon aus, dass eine positive Einstellung zu einem Medium mit dessen intensiver Nutzung korreliert ist. Die beiden Fragen beziehen sich einmal auf den „normalen" Arbeitsalltag und im anderen Fall auf die Zeit des Wahlkampfes. Die Frageformulierung lautet: „An einem typischen Arbeitstag, wie viel Zeit verbringen Sie damit, sich im Internet über Politik zu informieren?" und „Wie viele Stunden pro Woche werden Sie persönlich im Wahlkampf für Information und Diskussionen im Internet aufwenden?" Um das Gewicht einzelnen Ausreißer zu relativieren, haben wir beide Indikatoren für die weitere Verwendung logarithmiert.

Dem Vorschlag von Fishbein und Ajzen folgend (vgl. Fishbein und Ajzen 2010) messen wir die *subjektive Norm* mit zwei Komponenten. Die Vorstellung, dass die Nutzung von Online-Medien im Wahlkampf eine auch bei den Wettbewerbern akzeptierte und praktizierte Form der Wähleransprache ist, haben wir über zwei parallel formulierte Items gemessen: „Was meinen Sie, welchen Einfluss besitzt das Internet auf die Wahlkampfführung der anderen Parteien (bzw. „… die Wahlkampfführung der konkurrierende Kandidaten)?" Auch bei dieser Frage waren die Antworten auf einer 5er-Skala mit einem Wertebereich von 1 = „gar kein Einfluss" bis 5 = „sehr großer Einfluss" anzukreuzen. Die Skalenwerte bilden unseren Indikator für die *deskriptive Norm*. Bei der Operationalisierung der *injunktiven Norm* greifen wir auf das Konzept der „hostile media perception" (Vallone et al. 1985) zurück. Wir gehen davon aus, dass die Nutzung von Online-Medien im Wahlkampf insbesondere dann als subjektiv richtig und angemessen angesehen wird, wenn man glaubt, dass die journalistischen Massenmedien über die eigene Politik nicht angemessen und fair berichten, so dass man sich gezwungen sieht, über eigene Kommunikationskanäle ein Gegengewicht zu schaffen. Zur Messung dieser Vorstellung haben wir drei identisch formulierte Fragen benutzt: „Wie schätzen Sie die Inhalte der Presse/… des Fernsehens/… des Radios über die Wahl ein? Sind die Beiträge über Ihre Partei sehr negativ, eher negativ, neutral, eher positiv oder sehr positiv?" Als Bezugspunkt der Frage haben wir die „eigene Partei" gewählt, weil nicht jeder einzelne Kandidat mit journalistischer Berichterstattung über sich rechnen kann. Eine entsprechende Frage hätte demzufolge viele fehlende Werte erzeugt. Wir gehen dabei davon aus, dass die Befragten negative Berichterstattung über ihre Partei zugleich als Belastung ihres eigenen Wahlkampfes und als individuellen Handlungsanreiz wahrnehmen.

Das Konstrukt *Kontrollüberzeugung* haben wir hier im Sinne der sozial-kognitiven Lerntheorie von Bandura (1977) als Selbstwirksamkeit konzipiert. Damit ist das Zusammenwirken von zwei Dispositionen bezeichnet: der Glaube an die Fähigkeit zum Handeln und der Glaube an die Effektivität des eigenen Handelns. Wir gehen davon aus, dass der Glaube an die eigene Fähigkeit, einen effektiven Wahlkampf führen zu können, vor allem durch vorgängig gemachte Erfahrungen positiv beeinflusst wird. Diese Vorerfahrungen werden durch drei Items abgebildet: Amtsinhaberschaft („Gehörten Sie dem Landtag von Nordrhein-Westfalen bereits in der letzten Legislaturperiode an?") als Indikator für ein Erfolgserlebnis bei der vorherigen Wahl, die Anzahl der bisher insgesamt schon bestrittenen Wahlkämpfe („Ist Ihre aktuelle Kandidatur Ihre erste oder haben Sie schon früher für Ihre oder eine andere Partei für den Landtag kandidiert?"; wenn ja: „Wie häufig?") als Indikator für die bisherige Erfahrung als Wahlkämpfer und schließlich die Länge der Parteikarriere („Seit wie vielen Jahren gehören Sie Ihrer jetzigen Partei an?") als Indikator für die generelle politische Erfahrung. Diese drei Erfahrungswerte sollten in einem Kandidaten die Überzeugung reifen lassen, über die notwendigen Fähigkeiten zu verfügen, um in freien Wahlen ein politisches Mandat erringen zu können. Um die Selbstsicherheit zu messen, haben wir schließlich nach der Siegeszuversicht der Kandidaten gefragt: „Wenn Sie an die kommenden Wochen und die bevorstehende Landtagswahl denken, wie schätzen Sie Ihre Chancen in Ihrem Wahlkreis ein?" Als Antwortvorgabe wurde eine 5-stufige Skala von „1 = ich kann nicht gewinnen" bis „5 = ich kann nicht verlieren" verwendet. Die vier Variablen verwenden wir zur Messung der Kontrollüberzeugung.

Die zwölf gemessenen Indikatoren wurden einer konfirmatorischen Faktorenanalyse mit AMOS 19 (Arbuckle 2010) unterzogen, um die Güte des Messmodells mit seinen vier latenten exogenen Variablen zu überprüfen. Abb. 1 zeigt die standardisierten Regressionsgewichte aller gemessenen Variablen. Alle Pfade sind bei p < .001 signifikant, wobei die Faktorladungen des Einstellungskonstrukts vergleichsweise niedrig ausfallen. Die relevanten Gütemaße weisen das gesamte Messmodell dennoch als akzeptable Anpassung an die Daten aus: RMSEA, 0.06; CFI, 0.94; IFI, 0.95; CMIN/df, 2,14. Inhaltlich fällt auf, dass nicht alle latenten Variablen positiv miteinander verbunden sind, wie es von der Theory of Planned Behavior nahegelegt wird. Insbesondere ist die Kontrollüberzeugung im Falle des Online-Wahlkampfs von dem subjektiv empfundenen Druck, Online-Medien einsetzen zu müssen, statistisch unabhängig. Mit dem Einstellungskonstrukt ist die Kontrollüberzeugung sogar negativ korreliert. Es liegt nahe, dahinter einen Alterseffekt zu vermuten. Allerdings bleibt der negative Zusammenhang auch dann erhalten, wenn man ihn für das Alter der Befragten korreliert. Er ist also nicht nur damit zu erklären, dass sich starke Kontrollüberzeugungen (gerade angesichts der von uns gewählten Operationalisierung) erst mit höherem Alter ausbilden, Internetaffinität aber vor allem bei jüngeren Politikern zu erwarten ist.

Vielmehr fallen Können und Gutfinden im Online-Wahlkampf der Kandidaten überzufällig auseinander. Das deutet daraufhin, dass nicht alle vier Determinanten in gleicher Weise geeignet sind, die zu erklärende Verhaltsintention vorauszusagen.

Zusätzlich zur Güte des kompletten Messmodells wurde die Validität jedes einzelnen Konstruktes anhand der durchschnittlich extrahierten Varianz der verwendeten Indika-

Abbildung 1   TPB-Messmodell der exogenen Variablen (N = 316, ML-Schätzung)

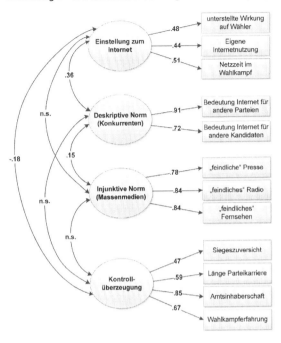

toren und der Reliabilität der Komposition geprüft (vgl. Fornell und Larker 1981). Auch hierbei zeigt sich, dass Zuverlässigkeit und Gültigkeit der Einstellungsmessung eher schwach ausgeprägt sind, bei den übrigen Konstrukten aber zufriedenstellende (Kontrollüberzeugung) bis gute (Normen) Werte aufweisen (Tab. 1).

Die beiden endogenen Komponenten des theoretischen Modells sind durch manifeste Variablen operationalisiert worden. Die *Verhaltensintention* der Kandidaten wurde mittels direkter Nachfrage gemessen: „Inwieweit werden Sie, unabhängig vom Internetauftritt Ihrer Partei, das Internet für Ihren Wahlkampf nutzen?" Die Antwortvorgaben, „Ich nutze eine eigene Website, die primär von mir selbst oder meinem Wahlkampfteam entworfen und betreut wird" und „Ich nutze soziale Netzwerke wie *facebook* im Wahlkampf", waren mit „Ja" (= 1) oder „Nein" (= 0) zu beantworten. Zum Zeitpunkt der Befragung, also ein bis zwei Monate vor dem Wahltermin, drückten diese Antworten Absichten aus.

Das *tatsächliche Verhalten* der Kandidaten (abhängige Variable) wurde unabhängig von der Befragung durch eine standardisierte Internetrecherche gemessen. Dabei haben wir in den letzten drei Tagen vor der Landtagswahl die Nutzung bestimmter Online-

Tabelle 1 Validität und Reliabilität der Konstrukte

Konstrukt	Average Variance Extracted (AVE)	Composite Reliability (CR)
Einstellung	.23	.572
Deskriptive Norm	.67	.877
Disjunktive Norm	.67	.918
Kontrollüberzeugung	.44	.824

Medien im Wahlkampf aller nordrhein-westfälischen Direktkandidaten erfasst. Gezählt wurden jeweils nur persönlich-politische Websites und Social Media Profile, keine privaten Profile ohne Bezug zur politischen Tätigkeit der entsprechenden Personen. Die Ergebnisse der Recherche benutzen wir als Indikator für das tatsächliche Engagement im Internetwahlkampf. Sie wurden über die Identifikationsvariablen Wahlkreis und Partei mit den Befragungsdaten verknüpft. Ein Datenabgleich zeigt, dass Befragung (Intention) und Inhaltsanalyse (Verhalten) tatsächlich unterschiedliche Sachverhalte repräsentieren. Während laut Befragung rund 64 % der Kandidaten beabsichtigten, eine eigenverantwortlich betriebene Website zu nutzen, waren im Netz persönliche Websites von 53 % der Kandidaten auffindbar. Bei den politischen Angeboten in Sozialen Netzwerken war das Verhältnis 57 % mit Nutzungsintention zu 30 % tatsächlicher Nutzung, bei YouTube Accounts 29 % mit Nutzungsintention zu 2,5 % Nutzung. Allein bei der Nutzung des Twitterdienstes stimmten die Ergebnisse beider Messungen mit 24 % (laut Befragung) zu 26 % (Inhaltsanalyse) annähernd überein.

5 Ergebnisse

5.1 Deskriptive Analysen

Bevor wir das theoretische Modell in Gänze schätzen, lohnt ein Blick auf die Verteilung der zentralen Konstrukte. Wie schon angedeutet ist der Einsatz von Online-Medien bei deutschen Landtagswahlen inzwischen weit verbreitet, wenn auch nicht ubiquitär. Etwa zwei Drittel der Kandidaten planten den Einsatz einer persönlichen Webseite, deutlich mehr als die Hälfte wollten in sozialen Netzwerken präsent sein und ein Viertel der Kandidaten hatten einen Twitter-Account eingerichtet, um ihre politischen Botschaften zu verbreiten. In vergleichender Perspektive zeigt sich, dass die Kandidaten der beiden großen (Volks-)Parteien (Sozialdemokraten und Christdemokraten) alle abgefragten Online-Medien signifikant häufiger für ihren Wahlkampf nutzen, als die Vertreter der kleineren Parteien (GRÜNE, Liberale und LINKE), ein Muster, das in beinahe allen internationalen Studien zum Thema gefunden wurde und in Deutschland bereits für die Bundesebene belegt ist (vgl. Schweitzer 2011). Die Prozentwertdifferenzen zwischen den Parteien liegen zwischen 20 (Soziale Netzwerkseiten, Twitter) und 50 Prozentpunkten (persönliche Webseiten). Die Intensität des Online-Wahlkampfes unterscheidet in Deutschland also nicht Parteien des linken von denen des rechten Spektrums (vgl. Gibson und McAllister 2006), sondern große und kleine Parteien.

Persönliche Websites gelten bei allen Kandidaten als ausgesprochen wichtiges Wahlkampfinstrument. Im Durchschnitt aller Kandidaten wird ihre Bedeutung mit einem Mittelwert von M = 4.2 (sd = 1.0) auf einer 5-stufigen Skala (5 = sehr wichtig) bewertet. Vergleichbare Werte erreichen nur wenige andere Wahlkampfaktivitäten, etwa die Präsenz bei Wahlkampfveranstaltungen (M = 4.3; sd = 0.9) und persönliche Flugblätter (M = 4.1; sd = 0.9). Am unteren Ende der Wichtigkeit rangieren Werbespots in elektronischen Medien (M = 2.1; sd = 1.1), die in Deutschland traditionell von den Parteien, nicht aber von einzelnen Kandidaten verantwortet werden.

Im Durchschnitt verwenden die Kandidaten täglich M = 41 Minuten (sd = 48) darauf, sich im Internet über Politik und das aktuelle Geschehen zu informieren. Während des Wahlkampfes planen die Kandidaten durchschnittlich vier Stunden (sd = 3.5) pro Woche ein, um im Internet über Politik zu diskutieren und zu informieren.

Die Wirkung der Online-Kommunikation auf das Wahlverhalten der eigenen Wähler wird als mittelstark eingeschätzt (M = 2.6; sd = 1.1). Die Wähler der jeweils „anderen" Parteien gelten demgegenüber als besser beeinflussbar (M = 3.0; sd = 1.0), ein Beleg dafür, dass die bekannte Third Person Perception auch bezogen auf den Internetwahlkampf wirksam ist. Im Vergleich mit journalistischen Nachrichtenmedien gilt das Internet als weniger effektiv, wenn es darum geht, das Verhalten der Wähler zu beeinflussen. Deutlich höhere Wirksamkeitsunterstellungen bekommen das Fernsehen (M = 3.4; sd = 1.1) sowie die nationale (M = 3.4; sd = 1.1) und die regionale Presse (M = 3.2, sd = 1.1). Dabei finden sich keine statistisch signifikanten Differenzen zwischen den Parteien, allerdings ein recht deutlicher Trend: Politiker linker Parteien schätzen den Einfluss der Wahlberichterstattung auf das Wählerverhalten über alle Medien hinweg als geringer ein als Christdemokraten und Liberale.

Auch den bisherigen Einfluss des Internet auf die Wahlkampfführung der Parteien schätzen die Kandidaten als moderat ein. Auf die Frage, wie stark die Kampagne der eigenen Partei auf das Internet reagiert, vergeben die Befragten im Schnitt einen Wert von M = 2.7 (sd = 1.1) auf einer 5-stufigen Skala. Bezogen auf die Wahlkampfführung der „anderen Parteien" (M = 2.9; sd = 1.1) und der direkten Konkurrenten im Wahlkreis (M = 2.8; sd = 1.1) liegen die Werte nur unwesentlich höher. Stellt man die gleiche Frage mit Bezug zu den journalistischen Nachrichtenmedien, fallen die Skalenausschläge signifikant stärker aus: M = 3.8 (sd = 1.0) für „meine Partei" und M = 3.9 (sd = 0.9) für „andere Parteien". Einen medienzentrierten Wahlkampf zu führen bedeutet also aus Sicht deutscher (Landes-)Politiker nach wie vor, die traditionellen Massenmedien als zentrale Kanäle der Wähleransprache zu nutzen.

Die Darstellung der eigenen Partei und ihrer Politik in diesen traditionellen Massenmedien wird von den Kandidierenden aller Parteien als eher negativ wahrgenommen. Für alle Medien liegt der Mittelwert auf einer 5er-Skala von „1 = sehr positiv" bis „5 = sehr negativ" oberhalb der Skalenmittelpunkts, wobei die Presseberichterstattung (M = 3.6; sd = 0.98) als besonders negativ eingeschätzt wird, vor dem Fernsehen (M = 3.4; sd = 0.93) und dem Hörfunk (M = 3.2; sd = 0.88). Dabei empfanden Kandidaten der Partei die LINKE und der FDP die Medien auffallend häufig als „feindlich".

Die Siegeszuversicht der Kandidaten des Samples ist nicht sonderlich hoch. Der Mittelwert liegt bei 2.1 (sd = 1.1), also in dem Bereich, wo man sich „kaum" Chancen auf das Direktmandat einräumt. Knapp 37 % der Befragten rechnen sich keinerlei Siegchancen aus. Nur etwa 12 % der Befragten sind sich relativ sicher, ihren Wahlkreis direkt zu gewinnen. Die geringe Zuversicht geht mit relativ wenig Wahlkampferfahrung einher. Für 64 % der Befragten ist die Wahl 2010 ihr erster Wahlkampf, nur etwa 12 % haben in ihrer politische Karriere vor 2010 bereits zwei oder mehr Landtagswahlkämpfe bestritten. Knapp ein Fünftel der Kandidaten hatten in der vorherigen Legislaturperiode ein Landtagsmandat, rund 80 % treten als parlamentarische Neulinge an. Im Durchschnitt gehören die Befragten der Partei, für die sie kandidieren, rund 16 Jahre an (sd = 11.4), ein gutes Drittel hat mehr als zwanzig Jahre Parteimitgliedschaft aufzuweisen.

5.2 Hypothesentest

Der statistische Test unserer theoretischen Annahmen beruht auf einer Strukturgleichungsanalyse mit Hilfe von AMOS 19 (vgl. Arbuckle 2010). Das Strukturgleichungsmodell ist eine Verbindung des zuvor dargestellten Messmodells mit den oben formulierten Zusammenhangshypothesen, die einen positiven direkten Effekt der vier latenten Variablen auf die Verhaltensintention vermuten und einen zusätzlichen direkten Effekt der Kontrollüberzeugung auf das Verhalten voraussagen. Die Schätzung des Modells beruht auf der Maximum-Likelihood Methode. In den Abbildungen sind die standardisierten Regressionsgewichte der signifikanten Pfade samt Vorzeichen angegeben. Als Maß für die Güte der Anpassung des Modells an die Daten benutzen wir das Verhältnis von Chi-Quadrat Wert zu Freiheitsgraden (< 3), den Root Mean Square Error of Approximation (< .08) und den Comparative Fit Index (>.90) (vgl. Bollen 1989; Browne und Cudeck 1993; Hair et al. 2006; Hu und Bentler 1999; Kline 2005).

In der ersten Modellschätzung bilden die Intention, eine persönliche Webseite als Wahlkampfplattform zu nutzen und der tatsächliche Einsatz dieses Instruments die beiden abhängigen Variablen (Abb. 2). Die Gütemaße weisen das Modell als gute Anpassung an die Daten aus: Der χ^2/df – Quotient von 2.02 liegt im akzeptierten Bereich, das Gleiche gilt für den RMSEA (.057) und den CFI (.941).

Die erste Schätzung im Modell sagt die Herausbildung der Verhaltensintention voraus. In Übereinstimmung mit Hypothese 1 trägt die Einstellungskomponente signi-

Abbildung 2   TPB-Modell zur Erklärung des Einsatzes personalisierter Web-Sites im Wahlkampf

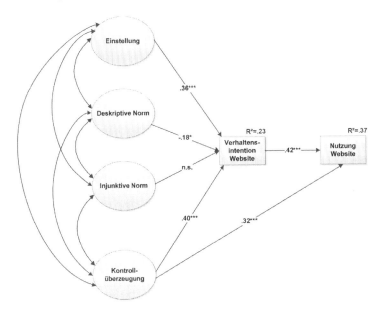

fikant zur Herausbildung der Verhaltensintention bei. Wer selbst viel Zeit im Internet verbringt und zudem glaubt, mit dem Netz Wähler erreichen und überzeugen zu können, der tendiert überzufällig häufiger dazu, eine persönliche Website für den Kandidatenwahlkampf zu verwenden. Unsere zweite Hypothese lässt sich demgegenüber mit den Daten nicht bestätigen. Die Unzufriedenheit mit der Berichterstattung der journalistischen Nachrichtenmedien hat offenbar keinen signifikanten Effekt auf die zu erklärenden Verhaltensintention. Demgegenüber ist der Effekt der deskriptiven Norm signifikant, trägt allerdings ein negatives Vorzeichen. Wer glaubt, dass die anderen Kandidaten und deren jeweilige Mutterparteien eine ausgeprägte Online-Strategie verfolgen, bei dem sinkt die Neigung, selbst auch eine persönliche Wahlkampfwebsite einzurichten. Demnach führt die Beobachtung der politischen Konkurrenz nicht zu einer Anpassungs-, sondern zu einer Distinktionsstrategie – zumindest in Bezug auf die relevanten Kommunikationskanäle. Die Hypothesen 3 und 4 werden durch das Modell stark unterstützt. Die Kontrollüberzeugung hat einen positiven und hochsignifikanten Effekt auf beide abhängigen Variablen des Modells. Wie von der *Theory of Planned Behavior* vermutet, ist der Effekt auf die Verhaltensintention dabei größer als der unmittelbare Effekt auf das Verhalten. Gleichwohl ist der direkte Effekt der Kontrollüberzeugung auf das Verhalten (ß = .32) stärker als der Mediationseffekt über die Verhaltensintention

(β = .17). Insgesamt erklären die drei signifikanten Prädiktoren 23 Prozent in der Varianz der Verhaltensintention. Wie in Hypothese 4 vermutet, ist die Verhaltensabsicht stark mit dem faktischen Einsatz einer persönlichen Website korreliert, so dass durch das Modell insgesamt 37 Prozent der Varianz im tatsächlichen Verhalten der Kandidaten aufgeklärt werden kann. Dabei ist der totale Effekt (direkter + indirekter Effekt) der Kontrollüberzeugung (β = .493) stärker als der Effekt der Verhaltensintention (β = .418). In einer weiteren Schätzung haben wir das gleiche Modell einem zweiten Test unterzogen (Abb. 3). Diesmal bildet die Nutzung eines persönlichen Profils auf einer Social-NetworkSite zu Wahlkampfzwecken die abhängige Variable. Erneut weisen die Model Fit Indices die theoretischen Überlegungen als gute Anpassung an die Daten aus. Der χ^2/df – Quotient beträgt 1.941, der RMSEA ist .055 und der CFI = .942. Allerdings ist die Erklärungskraft im Hinblick auf die Verhaltsintention substantiell schlechter als im vorhergehenden Modell. Auch in diesem Modell ist die Einstellungskomponente signifikant mit der Verhaltensabsicht assoziiert. Eine generell positive Einstellung zum Netz befördert die Ausbildung einer Verhaltsintention zugunsten von Web 2.0-Applikationen. Demgegenüber hat die unterstellte Internetaffinität der Konkurrenten (deskriptive Norm) keinerlei Einfluss auf die eigenen Verhaltsabsichten gegenüber den „Sozialen Medien". Anders als im ersten Modell ist diesmal aber die injunktive Norm ein signifi-

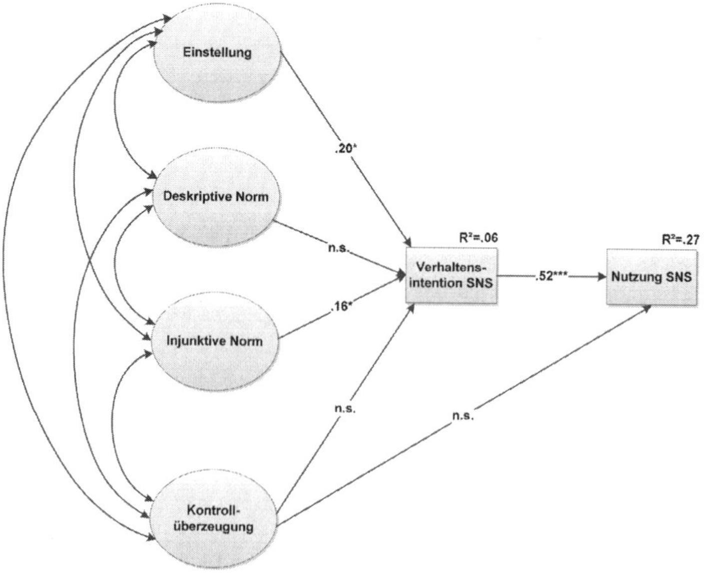

Abbildung 3   TPB-Modell zur Erklärung des Einsatzes von SNS im Wahlkampf

kanter Prädiktor der Verhaltensabsicht. Demnach wächst die Neigung, sich in Sozialen Netzwerken zu bewegen, wenn ein Kandidat das eigene politische Lager in den journalistischen Nachrichtenmedien als nicht angemessen repräsentiert empfindet. Kontrollüberzeugungen wirken im Falle Sozialer Netzwerke weder auf die Verhaltensabsicht noch auf das tatsächliche Verhalten. Insgesamt erklären die beiden Prädiktoren lediglich sechs Prozent der Varianz in der Absicht der Kandidaten, ein SNS-Profil einzurichten. Erwartungsgemäß ist die Verhaltensintention auch in diesem Modell stark mit dem tatsächlichen Handeln korreliert, so dass immerhin 27 Prozent in der Varianz der abhängigen Variablen erklärt werden.

6   Diskussion

Ausweislich der vorliegenden Forschungsliteratur ist der Einsatz von Online-Medien im Kandidatenwahlkampf durch eine Reihe von strukturellen Randbedingungen determiniert, wie etwa durch wahlsystemische Anreize, verfügbare Ressourcen, die Parteizugehörigkeit oder Alter und Status des Kandidaten. In diesem Beitrag haben wir argumentiert, dass darüber hinaus auch individuelle Einstellungen und subjektive Einschätzungen gegenüber dem Internet in die Erklärung von Online-Kampagnen einbezogen werden sollten. Wir stützen unsere Argumentation dabei auf eine der prominentesten Theorien zum Zusammenhang von Einstellung und Verhalten, die „Theorie geplanten Verhaltens". Sie besagt, dass verschiedenen Dispositionen und Wahrnehmungen zur Ausbildung einer Verhaltsintention führen, die als notwendige Bedingung für tatsächliches Verhalten angesehen wird. Die Theorie hat sich im kommunikationswissenschaftlichen Kontext insbesondere bei der Erklärung des Verhaltens gegenüber Medieninnovationen als fruchtbar erwiesen.

Unsere beiden Modellschätzungen liefern gemischte Evidenzen für die Erklärungskraft der *Theory of Planned Behavior*. Sie deuten insgesamt darauf hin, dass (jedenfalls zum jetzigen Zeitpunkt) die Kandidaten in ihrer Mehrheit keine durchgängige Online-Strategie verfolgen, sondern dass die Motive und Überlegungen hinter dem Einsatz von Web 1.0 und Web 2.0 in der Wahlkommunikation durchaus unterschiedlich sind. *Als Grundvoraussetzung für den Einsatz von Online-Medien im Kandidatenwahlkampf erweist sich eine positive affektive Einstellung zum Internet,* die wir empirisch über die Intensität der eigenen Netznutzung und die instrumentelle Überzeugung von der Wirksamkeit von Online-Kommunikation gemessen haben. Die Einstellungskomponente ist als einzige der latenten Variablen in beiden Modellen positiv und signifikant mit der Verhaltensabsicht assoziiert und mithin der stärkste Prädiktor des Modells. *Online-Strategien in der politischen Kommunikation sind also das Werk von „Überzeugungstätern".* Das gilt, wie zusätzliche Analysen unserer Daten zeigen, über die beiden vorgestellten Modelle hinaus auch für die Verwendung anderer Online-Medien wie Youtube oder Twitter.

Die deskriptive Norm, darunter verstehen wir in Übereinstimmung mit der TPB die Einschätzung, dass der Einsatz von Online-Medien im Kandidatenwahlkampf von anderen relevanten Akteuren erwartet und ebenfalls praktiziert wird, hat in keinem der beiden Modelle den erwarteten positiven Einfluss auf die Ausbildung von Verhaltensabsichten. Im Gegenteil, im Falle des Einsatzes einer Website schwächt der Enthusiasmus der anderen gar die eigene Verhaltensabsicht. Um diese vermeintliche Verletzung der theoretischen Annahme besser verstehen zu können, haben wir ergänzende statistische Analysen mit einer anderen Variablen unseres Datensatzes angestellt. Zusätzlich zur Wahrnehmung der unmittelbaren Konkurrenten hatten wir die Befragten nämlich auch gebeten, die Internetaffinität ihrer eigenen Partei einzuschätzen. Setzt man diese Variable ins ursprüngliche Modell ein, so zeigt sich, dass die Absichten, eine persönliche Webseite einzurichten, ein Facebook-Profil zu nutzen und einen Twitter-Account zu unterhalten, signifikant und positiv mit der Wahrnehmung verbunden, dass die „eigene Partei" in ihrer Wahlkampfführung stark von den Möglichkeiten des Internet beeinflusst ist. Die Wahrnehmung der konkurrierenden Parteien und Kandidaten spielt in allen drei Fällen keine Rolle. Der Gruppendruck, von dem das Konzept der subjektiven Norm spricht, ist also auch im Online-Wahlkampf von Landtagskandidaten relevant. Er geht aber, anders als unsere modelltheoretischen Überlegungen nahe legen, nicht von dem Verhalten der Konkurrenten, sondern von der eigenen Parteiorganisation aus. In unseren Daten findet sich nur eine einzige Ausnahme von diesem Muster: die Absicht, Wahlkampfvideos über Youtube zu verbreiten, ist bei unseren Befragten stärker vom wahrgenommenen Verhalten der unmittelbaren Konkurrenten beeinflusst als von der Wahrnehmung der eigenen Partei. Das kann als ein Beleg für die von Sudulich et al. (2010) geäußerte Vermutung gelten, dass der sogenannte „Me-Too"-Effekt, der hinter dem Einsatz von Online-Medien in der politischen Kommunikation das Motiv vermutet, keine Chance auslassen zu wollen, die andere ergriffen haben, vor allem bei weniger etablierten Online-Instrumenten wirksam wird. Demgegenüber beobachten wir im Falle eines relativ etablierten Mediums der Online-Welt, wie es die klassische Website darstellt, eher so etwas wie eine Distinktions- oder „Not-Me"-Strategie, wenn (oder gerade weil) es von den Konkurrenten genutzt wird. Im Hinblick auf den Erklärungswert der deskriptiven Norm für strategische Kommunikationsentscheidungen im Wahlkampf schließen wir daraus, dass von dem wahrgenommenen Verhalten anderer sowohl positive (der Norm anpassen) als auch als negative (mit der Norm brechen) Anreize ausgehen können: *Positiv normierend wirken dabei primär die wahrgenommenen Präferenzen der In-Group, demgegenüber wirkt das Verhalten der unmittelbaren Konkurrenten eher als Ursache für Absetzbewegungen, insbesondere wenn es als nicht sonderlich innovativ wahrgenommen wird.*

Politiker aller Couleur legen besonderen Wert darauf, dass die Medien gerade im Wahlkampf fair und ausgewogen berichten. In unserer eigenen Umfrage stimmen knapp siebzig Prozent der befragten Landtagskandidaten entsprechenden Aussagen zu. Demzufolge, so hatten wir argumentiert, müsste die Schaffung und Nutzung eigener medialer Kommunikationskanäle immer dann als normativ gerechtfertigt gelten, wenn man sich von den journalistischen Nachrichtenmedien unfair oder gar „feindlich" behandelt fühlt. Tatsächlich erklärt das entsprechende Konstrukt, die injunktive Norm, im Falle des nordrhein-westfälischen Landtagswahlkampfes, warum Politiker „Sozialen Medien" wie Facebook und MySpace einsetzen, um Wähler individuell und direkt ansprechen zu können. Die entsprechende Verhaltsabsicht verstärkt sich in dem Maße, wie Kandidaten von den traditionellen Medien kritische oder negative Berichterstattung erwarten. Insoweit sind unsere Befunde mit den Voraussagen der Theorie geplanten Verhaltens kompatibel. Allerdings ist das kein durchgängiger Befund. Überraschenderweise spielt die Wahrnehmung der Nachrichtenmedien als „feindlich" beim Einsatz von Webseiten keine Rolle. Wir gehen davon aus, dass dieser kontraintuitive Befund auf differenzierte Funktionserwartungen der Politiker an unterschiedliche Online-Medien hinweist. *Während Soziale Netzwerke primär als Mittel gesehen werden, um (vernetzte) personale Akteure anzusprechen, werden Webseiten offenbar viel stärker als Kanal zu den traditionellen Medienorganisationen verstanden und verwendet, nicht etwa als Gegengewicht zu ihnen.* Webseiten sind nicht primär dafür gemacht, den Journalismus zu umgehen, sondern im Gegenteil, um ihn mit Informationen und Wahlkampfbotschaften zu füttern, die man in großer Zahl, ansprechender Aufmachung und laufend aktualisiert im Netz verfügbar machen kann. Diese Interpretation würde auch erklären, warum die Kandidaten allein der Webseite – nicht aber facebook, Twitter und Co. – zutrauen, zusätzliche Wählerstimmen zu gewinnen. Man erhofft sich von der persönlichen Wahlkampfplattform im Web 1.0 eine verbesserte Resonanz für die eigenen Botschaften in den traditionellen Medien. Und von Presse, Hörfunk und Fernsehen glaubt man, dass sie in der Lage sind, die Wähler zu beeinflussen.

Auch bezüglich des letzten modelltheoretischen Konstrukts, den Kontrollüberzeugungen, sind unsere Ergebnisse uneinheitlich. Sie sind im Falle des Web 1.0 stark mit beiden abhängigen Variablen assoziiert und erklären einen großen Teil ihrer Varianz. Demgegenüber spielt die subjektive Überzeugung, einen erfolgreichen Wahlkampf bestreiten zu können, für den Einsatz „sozialer" Medien keine Rolle. Daraus kann man den Schluss ziehen, dass Web 1.0-Anwendungen zwischenzeitlich zur Domäne des selbstbewussten politischen Establishments geworden ist, während die neueren Medien des Web 2.0 immer noch eher von den jüngeren, weniger erfahrenen Kandidaten genutzt werden, die ihre eigenen Möglichkeiten deutlich zurückhaltender einschätzen (wir kommen darauf zurück).

Trotz der gemischten Evidenzen würden wir argumentieren, dass sich die Theorie des geplanten Verhaltens insgesamt als fruchtbare konzeptuelle Grundlage der Untersuchung von strategischer Kommunikation im Wahlkampf erwiesen hat. Offensichtlich leisten medienbezogene Einstellungen und Wahrnehmungen einen signifikanten Beitrag zur Erklärung der Medienstrategien in Kandidatenwahlkämpfen, allerdings sind nicht in jedem Modell alle drei unabhängigen Variablen in gleicher Weise erklärungskräftig. Das spricht aber nicht grundsätzlich gegen die Fruchtbarkeit der Theoriegrund-

lage. Fishbein und Ajzen (2010: S. 180) verweisen selbst darauf, dass die relative Bedeutung von Einstellungen, Normen und Verhaltenskontrolle je nach betrachteter Person,
Gruppe und Verhaltensabsicht variieren kann. Die Autoren räumen sogar ein, dass eine
oder mehrere Intentionsdeterminanten im Einzelfall irrelevant sein können:

> „It is important to note that, in some instances, one or even two of the three basic determi-
> nants of intention may not carry a statistically significant weight in the prediction of in-
> tentions. Far from posing a problem for the theory, even such extreme variations in the
> contributions of the three components are to be expected." (ebd.)

Im vorliegenden Fall scheint es so zu sein, dass der im Konzept der deskriptiven Norm
zusammengefasste Gruppendruck die geringste Erklärungskraft besitzt. Das gilt zumindest für die von uns gewählte Operationalisierung des Konstrukts, die ganz auf die
Wahrnehmung abstellt, die anderen Akteure würden ihren Wahlkampf stark auf das
Internet ausrichten. Diese Einschätzung ist unter allen Befragten weit verbreitet, weist
selbst nur wenig Varianz auf und kann deshalb auch keine signifikanten Varianzanteile
der abhängigen Variablen aufklären.

Im Ergebnis ist die statistische Erklärung der „Verhaltensintention" in beiden Daten-
modellen nicht so gut, wie erhofft. Das gilt vorab für das Social Media-Modell. Dafür sind vor allem anderen die nicht immer passgenauen Messungen der theoretischen
Konstrukte verantwortlich zu machen. Die wesentliche Einschränkung der Studie resultiert insoweit aus der Tatsache, dass wir gewissermaßen „eigen-sekundäranalytisch"
vorgehen mussten. Zwar greifen wir auf Daten einer eigenen Erhebung zurück, die allerdings nicht speziell konzipiert wurde, um die *Theory of Planned Behavior* zu testen.
Tatsächlich enthielt unser Fragebogen keine der von Ajzen (2012) empfohlenen Item-
formulierungen im Originalwortlaut. Für die Operationalisierung der verschiedenen
Konstrukte und Dimensionen haben wir vielmehr auf diejenigen verfügbaren Indikatoren zurückgegriffen, von denen plausibel argumentiert werden kann, dass sie mit den
theoretischen Konstrukten des Modells verbunden sind. Über die Validität der verwendeten Messungen kann man aber natürlich in jedem Einzelfall streiten. Insbesondere
kann man uns vorhalten, dass wir für die Messung der Kontrollüberzeugung eine Reihe
von strukturellen Variablen benutzen, die auch in der vorliegenden politikwissenschaftlichen Kampagnenforschung eine wichtige Rolle spielen. Das betrifft etwa die Amtsinhaberschaft von Kandidaten, die Länge ihrer Parteikarriere oder die Zahl der bereits ab-
solvierten Wahlkämpfe. Der Vorwurf ist einerseits berechtigt. Andererseits glauben wir
aber, mit unseren Argumentationsrahmen eine alternative theoretische Erklärung dafür
anbieten zu können, warum die genannten Faktoren positiv mit dem Einsatz von Online-Medien im Wahlkampf verknüpft sind. Wir interpretieren den Status eines Kandidaten innerhalb unseres Theorierahmens eben nicht als quasi-objektive Gewinnchance
oder als bessere Ausstattung mit materiellen Ressourcen, sondern als Indikator für die
subjektiv empfundene Selbstgewissheit, ein erfolgreicher Wahlkämpfer sein zu kön-

nen und die Fähigkeit zu besitzen, Wähler von der eigenen Person und Politik zu überzeugen. Je stärker dieses Selbstbewusstsein ausgeprägt ist, so würden wir im Sinne der *Theory of Planned Behavior* argumentieren, desto eher ist ein Kandidat bereit, sich auch in der schwer kalkulierbaren und anspruchsvollen Kommunikationsumgebung des Internet dem Wähler zu stellen. Tatsächlich sind die Selbstwirksamkeit, das Vertrauen in die eigenen Fähigkeiten und der Glaube, einen erfolgreichen Wahlkampf machen zu können, der stärkste Prädiktor für den Einsatz von Web 1.0-Anwendungen. All das hat etwas mit Erfahrung und einem gewissen Karrierestatus zu tun. Insoweit lautet ein zentrales Ergebnis unserer Studie: *Das Web 1.0 ist nicht (mehr?) das Medium der underdogs, newcomer und Außenseiter, die sich erhoffen können, ihre Nachteile bei den traditionellen Nachrichtenmedien auszugleichen und die Möglichkeiten der direkten Wähleransprache zu verbessern. Cyber Campaigning mit Hilfe von Websites ist in Deutschland (selbst auf Landesebene) offenbar die Sache der Selbstbewussten, der Platzhirschen, der Favoriten.*

Aus diesem Befund lassen sich auch interessanten Rückschlüsse auf den Zusammenhang von Online-Wahlkampf und Wahlergebnis gewinnen. Die vorliegende Literatur liefert einige Belege für die Vermutung, dass sich das Online-Engagement tatsächlich im Wahlerfolg auszahlt. Da gleichzeitig aber nur wenige Wähler das Netz als Informationsquelle im Wahlkampf nutzen, ist umstritten, ob man die gefundenen Zusammenhänge als kausale Effekte interpretieren kann. Tatsächlich sprechen die in diesem Beitrag vorgelegten Analysen dafür, die Richtung der Kausalinterpretation umzudrehen (vgl. D'Angelo 1998, Sudulich und Wall 2010, Marcinkowski und Metag 2013). Aussichtsreiche Kandidaten verfügen über das notwendige Selbstbewusstsein, um sich als Person prominent im Netz zu exponieren, während die Außenseiter, die von ihren eigenen Fähigkeiten und Chancen weniger stark überzeugt sind, davon tendenziell eher absehen. Persönliche Web-Präsenz ist also keine Ursache von (erwartbarem) Wahlerfolg, sondern seine Folge.

Literatur

Ajzen, Icek 1985. From Intentions to Actions: A Theory of Planned Behavior. In *Action Control: From Cognition to Behavior,* hrsg. Julius Kuhl, und Jürgen Beckmann, 11–39. Heidelberg: Springer.

Ajzen, Icek. 1988. *Attitudes, Personality, and Behavior.* Milton Keynes: Open University Press.

Ajzen, Icek 1991. The Theory of Planned Behavior. *Organizational Behavior and Human Decision Processes* 50 (2): 179–211.

Ajzen, Icek. 2012. *Constructing a Theory of Planned Behavior Questionnaire.* Online Dokument. http://people.umass.edu/aizen/tpb.html Zugegriffen: 20. 03. 2012.

Ajzen, Icek, und Martin Fishbein. 1980. *Understanding Attitudes and Predicting Social Behavior.* Englewood-Cliffs, N. J.: Prentice-Hall.

Ajzen, Icek, und Martin Fishbein. 2005. The Influence of Attitudes on Behavior. In *The Handbook of Attitudes Albarracín*, hrsg. Dolores und Johnson Blair T., und Mark Zanna, 173–221. Mahwah, NJ: Erlbaum.

Ajzen, Icek, und Thomas, J. Madden. 1986. Prediction of Goal-Directed Behavior: Attitudes, Intentions, and Perceived Behavioral Control. *Journal of Experimental Social Psychology* 22: 453–474.

Alikilic, Ozlem, und Umit Atabek. 2011. Social media adoption among Turkish public relations professionals: A survey of practitioners. In *Public Relations Review* 38: 56–63.

Arbuckle, James L. 2010. *IBM SPSS Amos 19 User's Guide*. Chicago, IL: SPSS.

Armitage, Christopher J., und Mark Connor. 2001. Efficacy of the Theory of Planned Behaviour: A meta-analytic review. *British Journal of Social Psychology* 40 (4): 471–499.

Åström, Joachim, und Martin Karlsson. 2011. *Blogging in the shadow of parties: Collectivism and individualism in the Swedish 2010 election.* Paper präsentiert bei den ECPR Joint Sessions, St. Gallen, 12.–17. April 2011.

Bae, Hyuhn-Suhck, und Soek Kang. 2008. The Influence of Viewing an Entertainment-Education Program on Cornea Donation Intention: A Test of the Theory of Planned Behavior. *Health Communication* 23 (1): 87–95.

Bandura, Albert. 1991. Social Cognitive Theory of Self-Regulation. *Organizational Behavior and Human Decision Processes* 50 (2): 248–287.

Bansal, Harvir S., und Shirley F. Taylor. 2002. Investigating Interactive Effects in the Theory of Planned Behavior in a Service-Provider Switching Context. *Psychology & Marketing* 19 (5): 407–425.

Becker, Jan U., Michael Clement, und Ute Schaedel. 2010. The Impact of Network Size and Financial Incentives on Adoption and Participation in New Online Communities. *Journal of Media Economics* 23 (3): 165–179.

Bieber, Christoph. 2011. Der Online-Wahlkampf im Superwahljahr 2009. In *Das Internet im Wahlkampf. Analysen zur Bundestagswahl 2009*, hrsg. Eva Schweitzer und Steffen, 69–95. Wiesbaden: VS.

Biermann, Kai. 2009. Online-Wahlkampf: Graswurzeln im Netz. In *Zeit Online*. 04.09.2009. http://www.zeit.de/online/2009/04/internet-wahlkampf-gruene. Zugegriffen: 12.11.2011.

Bollen, Kenneth A. 1989. *Structural Equations with Latent Variables*. New York: Wiley.

Bresnahan, Mary, Sun Young Lee, Sandi W. Smith, Sachiyo Shearman, Reiko Nebashi, Cheong Yi Park, und Jina Yoo. 2007. A Theory of Planned Behavior Study of College Students' Intention to Register as Organ Donors in Japan, Korea, and the United States. *Health Communication* 21 (3): 201–211.

Browne, Michael W., und Robert Cudeck. 1993. Alternative ways of assessing model fit. In *Testing structural equation models*, hrsg. Kenneth Bollen, und James S. Long, 136–162. Newsbury Park, CA: Sage.

Chadwick, Andrew, und Philip N. Howard. 2009. Introduction: New Directions in Internet Politics Research. In *Routledge Handbook of Internet Politics*, hrsg. Chadwick, Andrew, und Philip N. Howard, 1–9. London: Routledge.

Cialdini, Robert B., Raymond R. Reno, und Carl A. Kallgren. 1990. A focus theory of normative conduct: Recycling the concept of norms to reduce littering in public places. *Journal of Personality and Social Psychology* 58 (6): 1015–1026.

Davis, Fred D. 1986. *A Technology Acceptance Model for Empirically Testing New End-User Information Systems: Theory and Results. Sloan School of Management.* Boston: MIT.

Davis, Richard, Jody C. Baumgartner, Peter L. Francia, und Jonathan S. Morris. 2009. The internet in U.S. election campaigns. In *Routledge Handbook of Internet Politics,* hrsg. Chadwick, Andrew, und Philip N. Howard, 13–24. London: Routledge.

Davison, W. Phillips 1983. The third-person effect in communication. *Public Opinion Quarterly* 47: 1–15.

derFreitag. 2009. *No we can't.* 23.09.2009. http://www.freitag.de/wochenthema/0939-wahlkampf-spd-wahlkampfzentrale-insider. Zugegriffen: 13.11.2011.

Doll, Jörg, Lars-Eric Petersen, und Matthias Rudolf. 2000. Determinanten der Internetnutzung von Gymnasiasten und Studenten – Eine Anwendung der Theorie geplanten und rollengesteuerten Verhaltens. *Medienpsychologie* 12 (1): 5–22.

Faas, Thorsten. 2003. Landtagsabgeordnete in den Weiten des Netzes: Ergebnisse von Umfragen unter Landtagsabgeordneten zur Bedeutung des Internets in Politik und Wahlkämpfen. In *Wie das Internet die Politik verändert: Einsatzmöglichkeiten und Auswirkungen,* hrsg. Arne Rogg, 55–65. Opladen: Leske + Budrich.

Fishbein, Martin, und Icek Ajzen. 2010. *Predicting and Changing Behavior. The Reasoned Action Approach.* New York: Psychology Press.

Fishbein, Martin, Icek Ajzen, und Ron Hinkle. 1980. Predicting and understanding voting in American elections: Effects of external variables. In *Understanding attitudes and predicting social behavior,* hrsg. Icek Ajzen, und Martin Fishbein, 173–195. Englewood-Cliffs, N.J.: Prentice-Hall.

Fornell, Claes, und David F. Larcker. 1981. Evaluating Structural Equation Models with Unobservable Variables and Measurement Error. *Journal of Marketing Research* 18(1): 39–50.

Frey, Dieter, Dagmar Stahlberg und Peter Gollwitzer. 2001. Einstellung und Verhalten: Die Theorie des überlegten Handelns und die Theorie des geplanten Verhaltens. In *Theorien der Sozialpsychologie, Band 1: Kognitive Theorien,* hrsg. Dieter Frey Dieter, und Martin Irle, 361–398. Bern: Verlag Hans Huber.

Gellner, Winand, und Gerd Strohmeier. 2002. Parteien in Internet-Wahlkämpfen. In *Parteien in der Mediendemokratie,* hrsg.: Ulrich von Alemann, und Stefan Marschall, 189–209. Wiesbaden: Westdeutscher Verlag.

George, Joey F. 2002. Influences on the Internet to make Internet purchases. *Internet Research* 12 (2): 165–180.

Golan, Guy J., und Stephan A. Banning. 2008. Exploring a Link Between the Third-Person-Effect and the Theory of Reasoned Action. Beneficial Ads and Social Expectations. *American Behavioral Scientist* 52 (2): 208–224.

Gunther, Albert C., und J. Douglas Storey. 2003. The influence of presumed influence. *Journal of Communication* 53 (2): 199–215.

Hair, Joseph F., Bill Black, Barry J. Babin, Rolph E. Anderson, und Ronald L. Tatham. 2006. *Multivariate Data Analysis*, 6. Aufl., Upper Saddle River, NJ: Pearson Prentice Hall.

Hippler, Marc 2010. NRW-Wahl: Müder Wahlkampf im Netz. In: *Zeit Online*. 07.05.2010. http://www.zeit.de/digital/internet/2010-05/online-wahlkampf-nrw. Zugriff: 13.11.2011.

Ho, Shirley S., Waipeng Lee, und Shahiraa Sahul Hameed. 2008. Muslim surfers on the internet: using the theory of planned behaviour to examine the factors influencing engagement in online religious activities. *new media & society* 10 (1): 93–113.

Hu, Li-tze, und Peter M. Bentler. 1999. Cutoff criteria for fit indexes in covariance structure analysis: conventional criteria versus new alternatives. *Structural Equation Modeling*, 6(1): 1–55.

Kellermann, Heike. 2005. Digitaler Wahlkampf auf der lokalen Ebene: Eine Fallstudie zur Kommunalwahl 2004 in Nordrhein-Westfalen. In *Kursbuch Internet und Politik 2004/2005: Politische Öffentlichkeit*. hrsg. Alexander Siedschlag, 45–58. Wiesbaden: VS.

Kline, Rex B. 2005. *Principles and Practices of Structural Equation Modelling* (2nd Edition). New York/London: The Guilford Press.

Kunz, Volker. 2005. Persönlichkeitseigenschaften und Wahlverhalten in den alten und neuen Bundesländern nach der Theorie des überlegten Handelns. In *Persönlichkeit: Eine vergessene Größe der empirischen Sozialforschung*, hrsg. Siegfried Schumann, 117–136. Wiesbaden: VS.

Kunze, Björn/Bauer, Yvonne/Becker, Friederike 2011. Der Online-Wahlkampf im Praxis-Test: Die Web-Aktivitäten von Direktkandidaten zur Bundestagswahl 2009. In *Das Internet im Wahlkampf. Analysen zur Bundestagswahl 2009*, hrsg. Eva Schweitzer und Steffen, 244–263. Wiesbaden: VS.

LaPiere, Richard T. 1934. Attitudes vs. Actions. *Social Forces* 13 (1/4): 230–237.

Lapinski, Maria Knight, und Rajiv N. Rimal. 2005. An explication of social norms. *Communication Theory* 15 (2): 127–147.

Lev-On, Azi. 2011. Campaigning Online: Use of the Internet by Parties, Candidates and Voters in National and Local Election Campaigns in Israel. *Policy & Internet* 3 (1), 1–28.

Lilleker, Darren G., und Nigel A. Jackson. 2011. Elections 2.0: Comparing E-Campaigns in France, Germany, Great Britain and the United States. In *Das Internet im Wahlkampf. Analysen zur Bundestagswahl 2009*, hrsg. Eva Schweitzer und Steffen, 96–116. Wiesbaden: VS.

Lim, Heejin, und Alan J. Dubinsky. 2005. The theory of planned behavior in e-commerce: Making a case for interdependencies between salient beliefs. *Psychology & Marketing* 22 (10): 833–855.

Liu, Xun. 2010. Empirical Testing of a Theoretical Extension of the Technology Acceptance Model: An Exploratory Study of Educational Wikis. *Communication Education* 59 (1): 52–69.

Madden, Thomas J., Pamela Scholder-Ellen, und Icek Ajzen. 1992. A Comparison of the Theory of Planned Behavior and the Theory of Reasoned Action. *Personality and Social Psychology Bulletin* 18 (1): 3–9.

Maier, Michaela, Jens Tenscher, und Kirsten Schüller. 2010. Political Marketing in Germany. In *Global Political Marketing*, hrsg. Jennifer Lees-Marshment, Jesper Strömbäck, und Chris Rudd, 34–51. New York: Routledge.

Marcinkowski, Frank, und Julia Metag. 2013. Lassen sich mit dem Internet Wählerstimmen gewinnen? Befunde zu drei deutschen Wahlen. *Publizistik 58* (1): 23–44.

Mathieson, Kieran. 1991. Predicting user intentions: Comparing the technology acceptance model with the theory of planned behavior. *Information Systems Research 2* (3): 173–191.

Metag, Julia, und Frank Marcinkowski. 2012. Strategic, Structural, and Individual Determinants of Online Campaigning in German Elections. *Policy & Internet 4* (3–4): 136–158.

Nabi, Robin L., und John L. Sullivan. 2001. Does television viewing relate to engagement in protective action against crime? A cultivation analysis from a theory of reasoned action perspective. *Communication Research 28* (6): 802–825.

Papies, Dominik, und Michel Clement. 2007. Die Theorie des geplanten Verhaltens zur Ermittlung von Konsumentenpräferenzen bei Medieninnovationen. *Medienwirtschaft 4* (Sonderheft): 80–92.

Park, Hee Sun, und Sandi W. 2007. Distinctiveness and Influence of Subjective Norms, Personal Descriptive and Injunctive Norms, and Societal Descriptive and Injunctive Norms on Behavioral Intent: A Case of Two Behaviors Critical to Organ Donation. *Human Communication Research 33* (2): 194–218.

Park, Namkee, Kwan Lee, und Younbo Jung. 2010. *Determinants of Uploading User Generated Video Content on the Internet: Toward an Integrated Model.* Paper präsentiert auf der Jahrestagung der International Communication Association (ICA), Singapur, 22. – 26. Juni 2010.

Rosenberg, Milton J., und Carl I. Hovland. 1960. Cognitive, affective, and behavioral components of attitudes. In *Attitude organization and change: An analysis of consistency among attitude components,* hrsg. Milton J. Rosenberg, J., und Carl I. Hovland, 1–14. New Haven: Yale University Press.

Rossmann, Constanze. 2010. *Theory of Reasoned Action – Theory of Planned Behavior. Konzepte. Ansätze der Medien- und Kommunikationswissenschaft Band 4.* Baden-Baden: Nomos.

Russmann, Uta 2011. Targeting Voters via the Web – A Comparative Structural Analysis of Austrian and German Party Websites. *Policy & Internet 3* (3): 1–23.

Schmitt-Beck, Rüdiger, und Christian Mackenrodt. 2009. Politikvermittlung durch Massenmedien bei der Bundestagswahl 2005: Nutzungsintensität und Einflüsse auf Einstellungen und Wahlverhalten. In *Politik in der Mediendemokratie. Politische Vierteljahresschrift – Sonderheft 42,* hrsg. Frank Marcinkowski, und Barbara Pfetsch, 415–446. VS: Wiesbaden.

Schneider, Falk. 2009. Online-Auftritte der Parteien: Im Netz tobt schon der Bundestagswahlkampf. *Welt Online.* 26.02.2009. http://www.welt.de/politik/article3278995/Im-Netz-tobt-schon-der-Bundestagswahlkampf.html. Zugriff: 12.11.2011.

Schweitzer, Eva Johanna. 2006. Professionalisierung im Online-Wahlkampf? Ein Längsschnittvergleich deutscher Partei-Websites zu den Bundestagswahlen 2002 und 2005. In *Die Massenmedien im Wahlkampf. Die Bundestagswahl 2005,* hrsg. Christina Holtz-Bacha, 183–212. Wiesbaden: VS.

Schweitzer, Eva Johanna. 2010. Politische Websites als Gegenstand der Online-Inhaltsanalyse. In *Die Online-Inhaltsanalyse. Forschungsobjekt Internet,* hrsg. Martin Welker, und Carsten Wünsch, 44–102. Köln: Herbert von Halem.

Schweitzer, Eva Johanna. 2011. Normalization 2.0: A longitudinal analysis of German on-line campaigns in the national elections 2002–9. *European Journal of Communication* 26 (4): 310–327.

Schweitzer, Eva Johanna, und Steffen Albrecht. 2011. Das Internet im Wahlkampf: Eine Einfüh-rung. I In *Das Internet im Wahlkampf. Analysen zur Bundestagswahl 2009*, hrsg. Eva Schweitzer und Steffen, 9–65. Wiesbaden: VS.

Sheppard, Blair H., Jon Hartwick, und Paul R. Warshaw. 1988. The Theory of Reasoned Action: A Meta-Analysis of Past Research with Recommendations for Modifications and Future Re-search. *Journal of Consumer Research* 15 (3): 325–343.

Sudulich, Maria Laura, und Matthew Wall. 2010. „Every Little Helps": Cyber-Campaigning in the 2007 Irish General Election. *Journal of Information Technology & Politics* 7 (4): 340–355.

Sudulich, Maria., Matthew Wall, Elmar Jansen, und Kevin Cunningham. 2010. *Me too for web 2.0? Patterns of online campaigning among candidates in the 2010 UK general elections.* Paper präsentiert auf der Tagung „Internet, Politics, Policy 2010: An Impact Assessment", Oxford, 16.–17. September 2010..

Taylor, Shirley, Peter A. Todd. 1995. Understanding Information Technology Usage: A Test of Competing Models. *Information Systems Research* 6 (2): 144–162.

Vallone, Robert P., Lee Ross, und Mark R. Lepper. 1985. The hostile media phenomenon: Biased perceptions and perceptions of media bias in coverage of the Beirut massacre. *Journal of Perso-nality and Social Psychology* 49 (3): 577–585.

Weißmüller, Laura. 2009. CDU: Wahlkampf im Internet. Obama hilf! 27.02.2009. http://www. sueddeutsche.de/politik/cdu-wahlkampf-im-internet-obama-hilf-1.474467: Zugriff: 13.11.2011.

Welker, Martin. 2001. *Determinanten der Internet-Nutzung. Eine explorative Anwendung der Theorie des geplanten Verhaltens zur Erklärung der Medienwahl.* München: Verlag Reinhard Fischer.

Wicker, Allan W. 1969. Attitudes versus Actions: The Relationship of Verbal and Overt Behav-ioral Responses to Attitude Objects. *Journal of Social Issues* 25 (4): 41–78.

Wiegold, Thomas. 2009. *SPD online: Herzstück in Himmelblau.* 07.01.2009. http://www.fo-cus.de/politik/deutschland/spd-online-herzstueck-in-himmelblau_aid_360279.html. Zugriff: 12.11.2011.

Wirth, Werner, Thilo von Pape, und Veronika Karnowski. 2008. An Integrative Model of Mobile Phone Appropriation. *Journal of Computer-Mediated Communication* 13 (3): 593–617.

Wolling, Jens, Anja Schmolinsky, und Martin Emmer. 2010. Politiker vernetzt: Wie und warum sich Landtagsabgeordnete online präsentieren. In *Politik 2.0? Die Wirkung computervermittel-ter Kommunikation auf den politischen* Prozess, hrsg. Jens Wolling, Markus Seifert, und Martin Emmer, 59–83. Baden-Baden: Nomos.

Zhao, Xiaoquan, und Xiaomei Cai. 2008. From Self-Enhancement to Supporting Censorship: The Third-Person Effect Process in the Case of Internet Pornography. *Mass Communication and Society* 11 (4): 437–462.

Zittel, Thomas. 2009a. Entmedialisierung durch Neue Digitale Medien? Direkte Wählerkommunikation im WWW aus der Sicht von Abgeordneten des Deutschen Bundestages. In *Politik in der Mediendemokratie. Politische Vierteljahresschrift – Sonderheft 42,* hrsg. Frank Marcinkowski, und Barbara Pfetsch, 366–389. VS Verlag: Wiesbaden.

Zittel, Thomas. 2009b. Lost in Technology? Political Parties and the Online Campaigns of Constituency Candidates in Germany's Mixed Member Electoral System. *Journal of Information Technology & Politics* 6 (3/4), 298–311.

Die Gegenöffentlichkeit sozialer Bewegungen: Zwischen strategischer Kommunikation und Verständigungsorientierung

Armin Scholl

1 Einleitung

Soziale Bewegungen sind Protestbewegungen, die innerhalb der Gesellschaft diese als Ganzes, sie also aus ihr von innen heraus und gleichermaßen von einer trotzdem außenstehenden, distanzierten Position beobachten (vgl. Scholl 2009). Soziale Bewegungen üben Kritik an bestimmten gesellschaftlichen Entwicklungen *und* thematisieren die Verfasstheit der Gesellschaft insgesamt. Weniger beobachtungstheoretisch als eher handlungstheoretisch formuliert geht es sozialen Bewegungen um politische Partizipation im Besonderen, also um die Partizipation bei bestimmten gesellschaftlichen Problemen, wie im Allgemeinen um eine „umfassende Demokratie" (Fotopoulos 2003) bzw. um Demokratisierung von Gesellschaft überhaupt (vgl. Hirsch 2006). Insofern wohnt jeder sozialen Bewegung, also auch den weniger radikal eingestellten oder handelnden Bewegungen, ein anarchistischer Kern inne, der auf den Abbau von Hierarchien und von Herrschaft abzielt oder dies unabsichtlich und nebenbei bewirkt. Dabei werden fast immer auch alternative Formen der bewegungsinternen kommunikativen Selbstverständigung erprobt (vgl. Burnicki 2002). Selbstverständlich kann man rechtsradikale und auch viele linksradikale Bewegungen nicht umstandslos als ‚anarchistisch' bezeichnen, da ihre Ziele und Strategien politisch oft ganz anders gelagert sind und nicht auf den Abbau von Herrschaft, sondern auf die Errichtung einer eigenen Herrschaft ausgerichtet sind. Aber allein, dass sich eine Gesellschaft mit ihren Positionen beschäftigt bzw. gezwungen ist, sich damit auseinanderzusetzen, hat eine partizipatorische, repräsentative und inkludierende Wirkung und baut damit Herrschaft ab oder dezentralisiert sie.

Die Ausübung von Herrschaft kann durchaus demokratisch (etwa parlamentarisch) legitimiert sein, etwa wenn sie damit begründet wird, dass den Feinden der Demokratie keine Toleranz entgegengebracht werden dürfe, weil diese die Demokratie gefährdeten

(vgl. etwa die Diskussion um ein NPD-Verbot). Das Dilemma, herrschaftliche Exklusion gerade mit dem Erhalt der Demokratie begründen zu müssen, also mit dem gleichen Mechanismus, welcher eine ‚umfassende Demokratie' im Sinn von Herrschafts-
abbau in allen gesellschaftlichen Bereichen verhindert, nimmt eine kommunikative
Wendung, wenn soziale Bewegungen die Definitionsmacht, wer als Feind der Demokratie bezeichnet wird, in Frage stellen. Dadurch geraten diejenigen, die ihre Herrschaft
(hier: Deutungshoheit über Begrenzung demokratischer Freiheiten) ausüben, unter Be-
gründungszwang, was wiederum einen demokratisierenden Effekt hat, weil er Argumentation und Debatte an die Stelle von Machtdemonstration und Exklusionsverhal-
ten setzt. Hier scheint bereits die Gegenüberstellung von verständigungsorientiertem
kommunikativen Handeln einerseits und erfolgsorientiertem, strategischem oder auf
Herrschaft abzielendes Handeln andererseits auf, wie sie Jürgen Habermas (1981a; 1981b;
1982) in seiner Theorie des kommunikativen Handelns herausgearbeitet hat und wie sie
auch in diesem Beitrag angewandt werden soll.

Damit ist aber nur die kommunikative Ausgangslage auf der Mikroebene des *Diskurses* angedeutet. Darüber hinaus muss auf der Makroebene der Gesellschaft geklärt
werden, ob die Logik einander entgegengesetzter Kommunikationsmodi dort ebenfalls
funktioniert oder empirisch beobachtbar ist: Wenn soziale Bewegungen die Gesellschaft
also vom Rand her beobachten und in sie hinein agieren, setzt dies kommunikative Prozesse der Herstellung von Öffentlichkeit und Gegenöffentlichkeit voraus bzw. macht sie
notwendig (vgl. dazu auch den Beitrag von Westerbarkey in diesem Band). An anderer Stelle habe ich Gegenöffentlichkeit als relationale Größe analysiert, weil sie nur gegen und aufgrund von (herrschender) Öffentlichkeit zustande kommt und damit von
Öffentlichkeit abhängt und von ihr geprägt ist (vgl. Scholl 2009). Aufbauend auf diese
theoretische Grundlage soll hier der Doppelcharakter von Gegenöffentlichkeit weiter
entwickelt werden: als strategische und persuasive Kommunikation im Sinn einer nach
außen gerichteten Wirkungsabsicht auf die Gesellschaft und als nach innen gerichtete
verständigungsorientierte Kommunikation, die zur Konstitution und Struktur der Bewegung beiträgt. Auf einer Art Mesoebene hat Nancy Fraser (1992) diesen Doppelcharakter bereits analysiert: Soziale Bewegungen tragen auf der einen Seite zur Erweiterung
des öffentlichen Möglichkeitsraums bei, das ist als strategisches Ziel auch so gewollt, indem sie sich öffentlich oder publizistisch Gehör verschaffen wollen. Auf der anderen
Seite dienen bewegungsnahe „Teilöffentlichkeiten" dazu, einen Rückzugsraum zu bilden,
um individuelle und gruppenbezogene eigene Interessen, Erfahrungen, Identitäten aufeinander abzustimmen und sich somit kollektiv zu entfalten.

Dabei soll nicht außer Acht bleiben, dass selbstverständlich auch verständigungsorientierte Kommunikation nach außen, also in Bezug auf die herrschende Gesellschaftsform, auf die Regierung usw., eine Rolle spielt, ebenso wie die bewegungsinterne
Kommunikation auch gekennzeichnet ist durch strategische (und taktische) Positions-
kämpfe. In welchem qualitativen wie quantitativen Verhältnis verständigungsorientierte und strategische Kommunikationsformen zueinander stehen, dürfte vom Stand-

punkt der betreffenden Bewegung oder ihrer Teilgruppen abhängen und davon, ob sie nach außen und nach innen denselben Kommunikationsmodus praktiziert oder unterschiedlich agiert. Dieser Standpunkt ist zum einen von den in der Bewegung aktiven Gruppierungen selbstdefiniert und betrifft die Radikalität der Differenzierung und Distanzierung von der Mainstream-Gesellschaft. Er ist aber auch fremddefiniert durch die Adressaten, also durch die Mainstream-Gesellschaft, und betrifft deren Toleranz gegenüber marginalisierten Positionen und Protesten. Eine in diesem Sinn radikale und als radikal wahrgenommene Bewegung wird in ihrer Außenkommunikation wahrscheinlich eher strategisch kommunizieren und agieren, weil die Differenz zur Gesellschaft besonders groß ist, sodass eine Verständigung zumindest in einer Phase, in der um Aufmerksamkeit überhaupt gerungen wird, kaum möglich ist. Gleichermaßen wird sie in ihrer Binnenkommunikation in erster Linie verständigungsorientiert kommunizieren und agieren, weil sie selbst aufgrund ihres radikalen Standpunktes und ihrer Nischenposition besonders homogen ist, sodass interne Verständigungsprozesse zumindest in dieser Phase besonders einfach sind. Interne Verständigungsprozesse sind gleichermaßen aber auch notwendig, um die (große) Distanz zur kritisierten und bekämpften Mainstream-Gesellschaft immer wieder zu festigen oder gegebenenfalls wieder zu verringern, wenn sich die Situation ändert und die Mainstream-Gesellschaft auf sie aufmerksam wird, ihre Legitimität anerkennt usw. Differenzieren sich radikale soziale Bewegungen intern aus, werden rivalisierende Gruppen miteinander ebenfalls strategisch kommunizieren.

Das Umgekehrte gilt für heterogene und moderate Bewegungen, denen die Konsensfindung mit der Mehrheitsgesellschaft wichtiger ist und die genau deshalb stärker intern strategisch kommunizieren, um die Zweck-Mittel-Relation auszubalancieren. Selbstverständlich finden auch hier interne Verständigungsprozesse statt, wenn es darum geht, welche moderaten Ziele gegebenenfalls erweitert werden können.

Das Verhältnis von Verständigung und Strategie soll am Beispiel der Occupy-Bewegung erläutert und als Analyseinstrument angewandt werden. Die Occupy-Bewegung kann deshalb als Anschauungsobjekt dienen, weil sie noch sehr jung ist, weil sie dennoch bereits mehrere Phasen öffentlicher Kommunikation durchlaufen hat und weil sie eine ungewöhnliche Protestbewegung darstellt und sich deshalb als strenger Test für die Verwendbarkeit des Analyseschemas eignet. Zudem liegt bereits in kürzester Zeit seit ihrer Entstehung eine Vielzahl und immense Vielfalt von kritisch-reflektierten Dokumenten über sie vor.

2   Theoretische Grundlagen: Strategische und verständigungsorientierte Kommunikation

Für ein umfassendes Verständnis verschiedener Kommunikations- und Handlungswei-sen ist Jürgen Habermas' Theorie des kommunikativen Handelns besonders gut geeig-net. Zum einen verknüpft Habermas Handeln und Kommunikation in einer Weise, wie sie für politische Kommunikation – und damit auch für soziale Bewegungen – charakte-ristisch ist: Jedes Handeln drückt auch kommunikativ etwas aus und jede Kommunika-tion ist bereits eine (politische) Handlung. Zum anderen reduziert Habermas Handeln nicht auf einen einzigen Handlungstyp, sondern entfaltet einen mehrdimensionalen Handlungsbegriff, der für die vorliegende Fragestellung analytisch genutzt werden kann. Dieser Handlungsbegriff soll im Folgenden erläutert werden. Er umfasst strategisches (oder teleologisches), normenreguliertes, dramaturgisches und kommunikatives (bzw. verständigungsorientiertes) Handeln.

2.1   Handlungstypen

Strategisches Handeln ist an die Nutzenerwartungen eines Akteurs oder mehrerer Ak-teure gebunden. Die utilitaristische Ausrichtung dieses Handlungsverständnisses er-klärt die Wahl einer (bestimmten) Handlung mit dem Abgleich von Zielen und Mitteln in Bezug auf den maximalen Nutzen und wird in der Entscheidungstheorie und in der Spieltheorie favorisiert.

Die Rollentheorie arbeitet dagegen mit dem Konzept des *normenregulierten Han-delns,* wonach die Normenbefolgung von Akteuren Ausdruck der Erfüllung generali-sierter Verhaltenserwartungen ist. Im Unterschied zum strategischen Handeln geht es nicht primär um kognitive Erwartungen (wie man für ein bestimmtes Ziel ein bestimm-tes Mittel wählt, um dieses bestmöglich zu erreichen), sondern um normative Erwar-tungen, welche auf die Berechtigung oder auf die Richtigkeit des eigenen Handelns aus-gerichtet sind.

Beim *dramaturgischen Handeln* geht es in erster Linie um die Selbstpräsentation des Akteurs gegenüber oder vor einem Publikum (aus anderen Akteuren), das sich einen Eindruck von diesem Akteur bildet. Es wäre allerdings verkürzt, diesen Handlungstyp einseitig strategisch zu interpretieren (als Eindrucksmanagement), denn die Interpreta-tion des Eindrucks, den ein Akteur durch sein Handeln hinterlässt, erfolgt aus der Inter-aktion heraus und lässt sich nicht einseitig dem Akteur oder dem Publikum zurechnen. Aus der sozialen Interaktion entwickeln sich Selbstbild und Identität der Akteure, die im Modus strategischen Handelns bereits gesetzt sind (ebenso wie die Ziele des Handelns). Der dramaturgische Handlungstyp wird vor allem in der phänomenologischen Hand-lungstheorie vertreten.

Kommunikatives Handeln bezieht sich schließlich auf die Interaktion mindestens zweier Akteure, die sich verständigen wollen, um eine Übereinkunft zu erzielen. Auch dieser Handlungstyp lässt sich nicht auf die strategische Dimension reduzieren, weil es um das Aushandeln konsensfähiger Situationsdefinitionen geht und nicht um Verhandlungen mit Nullsummenspielcharakter wie etwa bei Tarifverhandlungen (vgl. Habermas 1981a, S. 127 f.).

Habermas hat bei der Differenzierung dieses komplexen Handlungsbegriffs nicht in erster Linie eine deskriptiv-analytische Sortierung im Sinn, mit der empirisch beobachtbare praktische Handlungen überschneidungsfrei kategorisiert werden können, sondern fragt nach dem spezifischen Rationalitäts*potenzial* in jeder dieser vier Handlungsdimensionen. Zudem können die vier Handlungsdimensionen nach ihrem Weltbezug unterschieden werden.

Das strategische Handeln ist auf eine *objektive* Welt gerichtet, die von den Akteuren so beeinflusst werden soll, dass sie in Übereinstimmung mit den eigenen Wünschen und Zielen zu bringen ist. Das Rationalitätskriterium ist demzufolge die *Wahrheit* oder die *Wirksamkeit*. Wenn ein Akteur versucht, unter situativ bestimmten Umständen seine Ziele zu erreichen, dann ist das strategische Handeln rational. Er hat dann ein wahres Wirklichkeitsmodell entworfen, wenn der Mitteleinsatz wirksam ist (vgl. Habermas 1981a, S. 129 ff.). „Der Erfolg ist definiert als das Eintreten eines erwünschten Zustandes in der Welt, der in einer gegebenen Situation durch zielgerichtetes Tun oder Unterlassen kausal bewirkt werden kann." (Habermas 1981a, S. 385) Als Handlungseffekte gelten dabei nicht nur die unmittelbaren Handlungsergebnisse der Realisierung des Zwecks, sondern auch die vom Akteur beabsichtigten, erwünschten oder zumindest in Kauf genommenen weitergehenden Handlungsfolgen sowie die unbeabsichtigten und unerwünschten Nebenfolgen. Dieses Handeln ist auch insofern strategisch, als es eine spezifische soziale Interaktion herstellt, bei der andere Akteure (als Kooperationspartner wie als Gegenspieler), deren Handeln für die Durchsetzung der eigenen Ziele einkalkuliert werden muss, wie Objekte behandelt werden. Damit unterscheidet sich strategisches Handeln von instrumentellem Handeln, bei dem allein technische Handlungsregeln zur Erreichung eines Ziels (quasi automatisch) befolgt werden (vgl. Habermas 1981a, S. 130 f., S. 385). Interessanterweise nimmt Habermas dagegen keine Binnendifferenzierung zwischen strategischem und taktischem Handeln vor; wahrscheinlich ist taktisches Handeln eine Unterkategorie strategischen Handelns, das mit weniger Anforderungen auskommt (in Bezug auf die Planung der Handlung, die Abschätzung der Handlungsfolgen usw.). Dafür unterscheidet Habermas zwischen offen strategischem und verdeckt strategischem Handeln. Nur bei Letzterem wird Manipulation angenommen und auch hier nur, sofern die Täuschung bewusst erfolgt. Bei einer unbewussten Täuschung ist allenfalls die Kommunikation verzerrt, was jedoch nur ein externer Beobachter überhaupt bemerkt. Bei offen strategischem Handeln sind die Spielregeln der Kommunikation für alle Akteure bekannt und werden wahrscheinlich auch prinzipiell akzeptiert (vgl. Habermas 1981a, S. 445 f.).

Beim normenregulierten Handeln ist der Weltbezug ein doppelter. Es ist zunächst auf die soziale Welt ausgerichtet, innerhalb derer der Akteur die *Gültigkeit* oder *Richtigkeit* seines Handelns beansprucht. Erfolgreiches Handeln eines Akteurs wird von anderen Akteuren als normativ gerechtfertigt anerkannt. Darüber hinaus geht es um die faktische *Geltung* einer Norm, die wiederum mit dem empirischen Kriterium der Wahrheit bestimmt werden kann, weil sie einen Bezug zur objektiven Welt aufweist (vgl. Habermas 1981a, S. 132 ff.).

Dramaturgisches Handeln ist in erster Linie auf die *subjektive Welt* (des Akteurs) gerichtet. Das Rationalitätskriterium ist hier nicht der Erfolg in Bezug auf die gewünschte Eindrucksmanipulation, das wäre strategisch gedacht, sondern die *Wahrhaftigkeit* oder *Authentizität* des subjektiven Erlebens von Wünschen und Gefühlen sowie der eigenen Identität. Auch hier hat das Handlungskonzept einen deskriptiv-präskriptiven Doppelgehalt: Einerseits kann die Wahrhaftigkeit des kommunikativen Ausdrucks eines Akteurs von anderen Akteuren oder vom „Publikum" anhand von Merkmalen in der objektiven Welt überprüft und von Täuschung unterschieden werden; andererseits ist das Erleben subjektiv, also nur dem Akteur selbst zugänglich, der sich auch über sich selbst täuschen kann (vgl. Habermas 1981a, S. 135 ff.).

Das kommunikative Handeln schließlich ist in sich bereits sehr komplex, weil es den Weltbezug zugleich auf die *subjektive*, die *soziale* und die *objektive* Welt voraussetzt. Nur in diesem Handlungskonzept kommt die Bedeutung der Sprache vollständig zum Ausdruck als Sprechhandlung mit einem propositionalen Gehalt, einer Sprecherintention und einer Beziehung zwischen den Akteuren. Nur im kommunikativen Handeln fallen Kommunikation und Handeln zusammen, ohne jedoch gleich zu sein. Die Interaktionspartner verfolgen kooperativ (und nicht kompetitiv) das Ziel der (sozialen) Verständigung (und nicht nur des kognitiven Verstehens). Sie müssen also gleich drei Geltungsansprüche erheben: dass die gemachte Aussage wahr ist, dass die Sprechhandlung im geltenden normativen Kontext richtig ist (sodass der normative Kontext selbst legitim ist) und dass die Sprecherintention so gemeint ist, wie sie geäußert wurde, also dass sie wahrhaftig ist. Die Überprüfung dieser Rationalisierungskriterien kann dabei weder vom Subjekt noch von einem objektiven Beobachter (allein) geleistet werden, sondern ergibt sich aus der Verständigung der Akteure selbst. Beim kommunikativen Handeln ist der Zweck erreicht, wenn die Verständigung und Koordinierung des Handelns aus Sicht der Akteure einvernehmlich erreicht wurde (vgl. Habermas 1981a, S. 141, S. 143 f., S. 148 ff., S. 385, S. 439).

Man kann dieses komplexe Handlungskonzept mit dem übergeordneten Handlungsbegriff sowie den verschiedenen Handlungstypen wie folgt zusammenfassen:

„Die Begriffe des sozialen Handelns unterscheiden sich … danach, wie sie der Koordinierung für die zielgerichteten Handlungen verschiedener Interaktionsteilnehmer ansetzen: als das Ineinandergreifen egozentrischer Nutzenkalküle (wobei der Grad von Konflikt und Kooperation mit den gegebenen Interessenlagen variiert); als ein durch kulturelle Überlieferung und Sozialisation einreguliertes sozial-integrierendes Einverständnis über Werte und Normen; als konsensuelle Beziehung zwischen Publikum und Darstellern; oder .. als Verständigung im Sinne eines kooperativen Deutungsprozesses. In allen Fällen wird die teleologische Handlungsstruktur insofern vorausgesetzt, als den Aktoren die Fähigkeit zu Zwecksetzung und zielgerichtetem Handeln, auch das Interesse an der Ausführung ihrer Handlungspläne zugeschrieben wird." (Habermas 1981a, S. 151)

Die Ausführungen von Habermas machen deutlich, dass es um idealtypische und nicht um empirisch vorfindbare Differenzierungen geht. Habermas testet dabei aus, ob oder inwiefern die Handlungstypen wechselseitig aufeinander reduziert werden können, indem er Grenzfälle diskutiert. Dabei wird deutlich, dass man Handeln durchaus jeweils einseitig perspektivieren kann, also alles Handeln aus strategischer, dramaturgischer oder normativer Perspektive analysieren kann, dass man aber jeweils bestimmten Aspekte des Handelns damit nicht gerecht wird bzw. diese unterbelichtet (vgl. Habermas 1981a, S. 142 f.). Vor diesem Hintergrund ist das komplexe Handlungskonzept den reduzierten Handlungsperspektiven vorzuziehen, auch wenn empirisch kaum nachweisbar sein wird, wann welcher Handlungstyp vorliegt, weil diese Handlungstypen eben empirisch-praktisch immer gemischt vorkommen. Man kann allerdings die Rationalitätskriterien sortieren und empirisch überprüfen, sodass man den realisierten Handlungstypen immerhin indirekt auf die Spur kommt (vgl. Habermas 1981a, S. 199 f.).

2.2 Dichotomisierung des Handlungsbegriffs

Im Anschluss an Max Weber vereinfacht Habermas den komplexen Handlungsbegriff durch eine dichotome Gegenüberstellung des erfolgsorientierten strategischen Handelns und des verständigungsorientierten kommunikativen Handelns. Diese Reduktion ist für den Zweck der Fragestellung dieses Beitrags förderlich und soll deshalb im Folgenden weitergeführt werden. Eine Konsequenz dieser binären Reduktion besteht auch darin, dass nicht dieselbe Handlung unter verschiedenen Blickwinkeln analysiert werden soll, sondern dass empirisch vorfindbare Handlungen in einem wechselseitigen Ausschließlichkeitsverhältnis zueinander stehen, je nachdem, mit welcher grundlegenden Einstellung die Akteure einander gegenübertreten. Damit ist keine (eindeutige) empirische Bestimmung bzw. Zuordnung jeder Handlung eines wissenschaftlichen Beobachters zu einem Handlungstyp gemeint, also die Entscheidung, wann eine kommunikative Haltung (Einstellung) kooperativ oder egozentrisch ist, sondern es soll sprechakttheoretisch rekonstruiert werden, ob und wie die Sprecher selbst Einverständnis erzielen und bewerten (vgl. Habermas 1981a, S. 385 f.).

Auf die von Habermas (1981a, S. 386 ff.) formalpragmatisch und sprechakttheoretisch vorgenommene Herleitung der Kriterien zur Unterscheidung von strategischem und kommunikativem Handeln kann an dieser Stelle verzichtet werden, weil es in der folgenden Analyse nicht darum geht, im Detail nachzuweisen, ob eine soziale Bewegung prinzipiell verständigungsorientiert oder erfolgsorientiert ist, sondern nur darum, die Bedingungen zu rekonstruieren, unter denen das eine oder andere erwartbar ist. Für eine detaillierte empirische Mikroanalyse der Sprechhandlungen wären diese Ausführungen jedoch methodisch zu würdigen und im konkreten Anwendungsfall kritisch zu prüfen (vgl. zur Begründung Habermas 1981a, S. 440 ff.).

2.3 Wissenschaftstheoretische Implikationen

Wissenschaftstheoretisch ergeben sich nun für die empirische Untersuchung der Handlungstypen Folgen, unabhängig davon, ob man mit vier Handlungstypen oder mit dem auf zwei Alternativen reduzierten Handlungskonzept arbeitet, die insbesondere für die Erforschung von sozialen Bewegungen relevant sind:

„Der Sozialwissenschaftler hat zur Lebenswelt (der Untersuchungsobjekte, Anm. A. S.) grundsätzlich keinen anderen Zugang als der sozialwissenschaftliche Laie. Er muß der Lebenswelt, deren Bestandteile er beschreiben möchte, in gewisser Weise schon angehören. Um sie zu beschreiben, muß er sie verstehen können; um sie zu verstehen, muß er grundsätzlich an ihrer Erzeugung teilnehmen können; und Teilnahme setzt Zugehörigkeit voraus. Dieser Umstand verbietet dem Interpreten ... diejenige Trennung von Bedeutungs- und Geltungsfragen, die dem Sinnverstehen einen unverdächtig deskriptiven Charakter sichern könnte." (Habermas 1981a, S. 160)

Da soziale Bewegungen zwar der Gesellschaft zugehörig sind, sie aber quasi extern als ganze problematisierend beobachten, hat der Sozialwissenschaftler, sofern er der Bewegung nicht angehört oder mit ihr sympathisiert, eine große Distanz zur Lebenswelt von Gruppierungen und Netzwerken sozialer Bewegungen. Bei deskriptiv-analytischen Aussagen über den Forschungsgegenstand verhindert diese Distanz ein internes Verständnis von Bewegungshandeln, sodass möglicherweise die aus der lebensweltlichen Erfahrung und Perspektive der untersuchten Akteure und Gruppierungen falschen wissenschaftlichen Kategorien an den Untersuchungsgegenstand herangetragen werden. Bei normativ-kritischen Aussagen gerät der Sozialwissenschaftler in die schwierige Position, sich zu diesem Untersuchungsgegenstand irgendwie positionieren zu müssen, also entweder zu viel oder zu wenig Distanz zu bewahren.

Prinzipiell gilt dieses aus der Ethnologie bekannte Dilemma von Nähe und Distanz der Beobachtung zwar für alle Untersuchungsobjekte, außer wenn die (Sozial-)Wissenschaft sich selbst beobachtet (dann gerät sie jedoch in ein anderes Beobachtungsdilemma), aber es verschärft sich bei Außenseitern der Gesellschaft. Um als Sozialwissenschaftler eine Äußerung oder eine Handlung interpretieren zu können, muss er sich der Gründe vergegenwärtigen, mit denen ein Sprecher oder Akteur seine Geltungsan-

sprüche verteidigen würde. Dadurch „wird er selbst in den Prozeß der Beurteilung von
Geltungsansprüchen hereingezogen" (Habermas 1981a, S. 169) und der Beobachter verliert seinen privilegierten Standpunkt, von dem aus er den Beobachteten zum Objekt
machen kann.

Habermas wendet diese sozialkonstruktivistische Argumentation nur auf das kommunikative Handeln an, weil bei den anderen Handlungstypen stets ein Gefälle zwischen beobachtendem Wissenschaftler und beobachtetem Akteur bestehe, das also eine
Objektivierung des Beobachteten zulässt (vgl. Habermas 1981a, S. 173). Da allerdings das
kommunikative Handeln das vollständige Modell des (rationalen) Handelns ist, in dem
sich das komplette Rationalisierungspotenzial entfalten kann, lässt sich diese konstruktivistische Epistemologie – möglicherweise entgegen Habermas' Absicht – verallgemei-
nern, weil sie für alle sozialen Kontakte gilt. Selbst in einem Handlungsmodus, in dem
der beobachtete Akteur vermeintlich am ehesten objektiviert werden kann (etwa beim
strategisch-rationalen Handeln), ist die Beobachtung des Erfolgs strategischen Handelns letztlich strikt beobachterabhängig, weil der Erfolg der strategischen Handlung
möglicherweise vom Akteur (Selbstbeobachter) anders eingeschätzt wird als vom Wissenschaftler (Fremdbeobachter).

Neben dieser epistemologischen Konsequenz ergibt sich eine weitere, „praktische"
Konsequenz, die für die wissenschaftliche Gesellschaftskritik nutzbar gemacht werden
kann:

> „Es ist dieses im kommunikativen Handeln selbst angelegte Potenzial der Kritik, das der So-
> zialwissenschaftler, indem er sich als virtueller Teilnehmer auf die Kontexte des Alltagshan-
> delns einläßt, systematisch nutzen und aus den Kontexten heraus gegen deren Partikularität
> zur Geltung bringen kann." (Habermas 1981a, S. 176)

Diese Begründung für eine „Kritische Theorie" erfolgt also nicht aus der Negation des
gesellschaftlichen Status Quo, wie bei Adorno, sondern wird als der Kommunikation
inhärent angesehen. Der Sozialwissenschaftler lässt sich auf seinen Forschungsgegenstand insofern ein, als er mit ihm in Kommunikation eintritt. Dies bedeutet, dass die
aus der Wissenschaft mitgebrachten abstrakten Kategorien (Strategie, Zweck-Mittel-Relation), mit welchen der Gegenstand (hier: soziale Bewegungen am Beispiel der Occupy-Bewegung) untersucht werden soll, genau dann zur Disposition stehen müssen,
also kritisierbar sein sollen, wenn sie nicht an das Alltagsverständnis und Alltagshan-
deln des Untersuchungsobjekts angeschlossen werden können. Der Untersuchungsgegenstand bestimmt sozusagen selbst mit, wie er untersucht werden soll, sodass die Un-
tersuchungsmethoden stets offen sein müssen. Dies wird im Verlauf der exemplarischen
Analyse der Kommunikation der und über die Occupy-Bewegung noch auszuführen
und in seiner Konsequenz zu erörtern sein.

2.4 Differenzierung analytischer Ebenen

Bis hierher kann man die Beschreibung und Analyse der Handlungstypen, ihres Rationalitätspotenzials und ihres Weltbezugs als die handlungsbasierte *Mikroebene* der Sozialtheorie von Habermas einordnen. Auf der *Mesoebene* wären anschließend die verschiedenen Diskurstypen, die aus den Handlungstypen zu Argumentationsmustern emergieren (sich im strengen Sinn jedoch nicht herleiten lassen), zu rekonstruieren (vgl. Habermas 1981a, S. 39 ff.). Da die Analyse sozialer Bewegungen und speziell der Occupy-Bewegung nicht diskursanalytisch erfolgen soll, sondern als Einschätzung allgemeinerer kommunikativer Möglichkeiten, kann an dieser Stelle die Mesoebene übersprungen werden und gleich der Übergang zur *Makroebene* erfolgen.

Habermas schließt hierbei an die phänomenologische Handlungstheorie von Alfred Schütz und ihre Weiterentwicklung durch Peter L. Berger und Thomas Luckmann an und konzipiert die *Lebenswelt* als das makroanalytische Gegenstück zu den mikroanalytischen Handlungen oder mesoanalytischen Handlungstypen. Verbindendes Glied zwischen beiden Ebenen ist die Handlungssituation:

> „Die Handlungssituation bildet für die Beteiligten jeweils das Zentrum ihrer Lebenswelt; sie hat einen beweglichen Horizont, weil sie auf die Komplexität der Lebenswelt verweist. In gewisser Weise ist die Lebenswelt, der die Kommunikationsteilnehmer angehören, stets präsent; aber doch nur so, daß sie den Hintergrund für eine aktuelle Szene bildet. Sobald ein solcher Verweisungszusammenhang in eine Situation einbezogen, zum Bestandteil einer Situation wird, verliert er seine Trivialität und fraglose Solidität (seine lebensweltliche Selbstverständlichkeit, Anm. A. S.)." (Habermas 1981b, S. 188)

Die Lebenswelt ist also nicht nur Bestandteil individueller Erfahrung(en) und nicht einfach die Summe verschiedener aufeinander bezogener individuell erlebter Situationen, sondern kulturell überliefert und im Sinne sprachlich organisierter Deutungsmuster zu verstehen, denn: „Verweisungszusammenhänge lassen sich … als Bedeutungszusammenhänge begreifen, die zwischen einer gegebenen kommunikativen Äußerung, dem unmittelbaren Kontext und ihrem konnotativen Bedeutungshorizont bestehen." (Habermas 1981b, S. 190) Die lebensweltlichen Selbstverständlichkeiten bilden zunächst nur einen möglichen Horizont und werden erst in konkreten Situationen relevant. Das lebensweltliche Wissen kommt dann als konsentiertes, gemeinsam geteiltes, aber auch als problematisiertes Wissen um Ausdruck; es gibt für die kommunikativ Handelnden kein Außerhalb ihrer Lebenswelt, die als gesellschaftlicher Hintergrund in ihrem Rücken bleibt (vgl. Habermas 1981b, S. 189 ff.): Sprecher und Hörer verständigen sich aus ihrer gemeinsamen Lebenswelt heraus über etwas in der objektiven, sozialen oder subjektiven Welt." (Habermas 1981b, S. 192) Im Unterschied zur phänomenologischen Bewusstseinsphilosophie und zur phänomenologischen Handlungstheorie analysiert Habermas (1981b, S. 198) die Lebenswelt aber nicht aus dem wahrnehmenden oder handelnden Subjekt heraus, sondern als Komplementärbegriff zum kommunikativen Handeln. Es ist diese kommunikationstheoretische Wendung der Handlungstheorie, welche Habermas' Theorie so fruchtbar für die gesellschaftliche Analyse macht, denn dadurch kann die gesellschaftliche Makroebene viel leichter mit der handlungsbezogenen Mikroebene in Verbindung gebracht werden, statt den Prozess der Institutionalisierung umständlich aus der Emergenz individueller Handlungen heraus zu analysieren. Das ist für die makroanalytische Betrachtung einer sozialen Bewegung (und eben nicht einzelner Vertreter oder Organisationen) von großer Bedeutung, da deren Lebenswelt potenziell mit bestimmten Handlungsmustern einhergeht, ohne dass man Handlung und Lebenswelt gleichsetzen oder aufeinander reduzieren müsste. Die gesellschaftliche Lebenswelt geht jedem möglichen Dissens voraus; sie lässt sich nicht total revidieren (vgl. Habermas 1981b, S. 200 f.). Das ist der Grund dafür, dass kommunikatives Handeln überhaupt möglich (und notwendig) ist. Deshalb darf man das Lebensweltkonzept auch nicht kulturalistisch verkürzen in dem Sinn, dass es sich um kulturelle Vorgaben handelt; es handelt sich vielmehr um ein *sozio*kulturelles Konzept (vgl. Habermas 1981b, S. 205 ff.).

Ein weiterer Vorteil des Lebenswelt-Konzepts ist seine Mehrdimensionalität analog zum kommunikativen Handeln: Es umfasst die prozessbezogenen Komponenten der Verständigung und Erneuerung kulturellen Wissens (funktionaler Aspekt), der Handlungskoordinierung (sozial-integrativer Aspekt), der Sozialisation (persönlicher Aspekt) und analog dazu die strukturbezogenen Komponenten der Kultur, der Gesellschaft und der Person. Lebenswelt kann auf keine der drei Komponenten reduziert werden (vgl. Habermas 1981b, S. 208 ff.).

Es sind zwei Aspekte, in denen das Lebensweltkonzept von Habermas fruchtbar gemacht werden kann: Zum einen differenziert Habermas Gesellschaft *analytisch* in die beiden Sphären der systemischen und der sozial-lebensweltlichen Integration; zum anderen kann er *kritisch* die Krisenerscheinungen einer in ihrer Reproduktion gestörten Lebenswelt benennen. Die Zusammenschau beider Aspekte setzt sich gegen die nach Habermas einseitig affirmativen Perspektiven sowohl des analytisch-explanativen, des verstehend-rekonstruktiven als auch des systemtheoretisch-holistischen Wissenschaftsverständnisses ab (vgl. Habermas 1981b, S. 215 ff., S. 225 ff.). Es geht Habermas also darum, Gesellschaften als systemisch-stabilisierte Handlungszusammenhänge sozial integrierter Gruppen zu analysieren und die Entkoppelung von System und Lebenswelt und die Kolonialisierung der Lebenswelt durch systemische Einflüsse als Fehlentwicklung in der Moderne zu kritisieren.

An dieser Stelle muss das Ineinandergreifen von System und Lebenswelt nicht weiter konkretisiert werden (vgl. Habermas 1981b, S. 232 ff.). Stattdessen kann das konzeptionelle Potenzial dieser Theorie auf das gesellschaftliche Phänomen sozialer Bewegungen angewendet werden. Es sind die sozialen Bewegungen, welche durch ihre Existenz, ihre Handlungen und ihre Entwicklung Anzeichen für die Kosten systemischer Rationalisierung von Gesellschaft sind und für diesen Kolonialisierungsprozess kritisch-analytisch sensibilisieren. Soziale Bewegungen sind dabei nicht einheitlich zu konzipieren. Habermas (1981b, S. 578 ff.) unterscheidet deshalb zwischen dem Emanzipations-, dem Widerstands- und dem Rückzugspotenzial sozialer Bewegungen. Nur ersteres ist offensiv, während letztere eher defensiv angelegt sind und allenfalls in der Lage sind, die Kolonialisierung durch systemische Imperative einzudämmen oder zurückzudrängen. Die Konflikte verlaufen jeweils an der Nahtstelle von System und Lebenswelt.

Das gesellschaftliche Zweistufenkonzept der Integration von System und Lebenswelt hat methodisch zur Konsequenz, dass man neben der Analyse der systemischen Funktionsweise die lebensweltliche Zuweisung oder Ablehnung von Legitimität eben dieser mit beobachten muss. Die kommunikative Thematisierung krisenhafter gesellschaftlicher Phänomene und der kommunikativen Delegitimierung des politischen und ökonomischen Systems ist dann nicht nur ein Indiz für mögliche systemische Dysfunktionen, sondern auch für lebensweltliche Rationalisierung, Dekolonialisisierung oder Autonomie. Die Rekonstruktion öffentlicher Diskurse von sozialen Bewegungen und innerhalb ihrer Netzwerke gibt Anlass, strategische Kommunikation zur Herstellung von öffentlicher Aufmerksamkeit oder politischer Legitimation – gesellschaftlich in Form von symbolisch generalisierten Steuerungsmitteln und organisatorisch in Form von Public Relations – nicht als ausschließliches oder auch nur relevantestes Kommunikationsmittel anzusehen. Oder umgekehrt argumentiert: Wer aus wissenschaftlicher oder aus beratender Perspektive sozialen Bewegungen die kommunikativen Mittel professioneller Public Relations andient, wer die formalen Organisationen innerhalb oder am Rand von sozialen Bewegungen (z. B. NGOs) selbst schon als deren repräsentative Handlungsträger theoretisch wie methodisch konzipiert, hat sich den systemischen Imperativen und deren Kolonialisierung der Lebenswelt schon unterworfen. Aus wissenschaftlicher Perspektive sollten andere Formen kommunikativen Handelns in sozialen Bewegungen theoretisch wie methodisch in Betracht gezogen bzw. zumindest nicht ausgeschlossen werden, will man eine von Systemen autonome Lebenswelt überhaupt beobachten können. Ob man darüber hinausgehend gar vermuten darf, dass ein den sozialen Bewegungen eigenes Rationalitätspotenzial kommunikativer Verständigung die oben genannten Mechanismen der Kolonialisierung rückgängig machen kann, kann mit Habermas nur spekulativ beantwortet werden. Aber allein die Kontingenz gesellschaftlicher Strukturen und Prozesse, die durch öffentlich sichtbare gesellschaftskritische Akteure hergestellt wird, sollte Anlass dazu sein, in gesellschaftlichen und kommunikativen Alternativen zu denken.

2.5   Kritische Weiterentwicklung der Theorie kommunikativen Handelns

Im Anschluss an Habermas' Theorie stellen sich zwei Folgefragen, deren Beantwortung zwar in der Theorie des kommunikativen Handelns bereits angelegt sind, die aber erst im Nachhinein ausgeführt wurden. Zum einen ist die sehr auf Konsensbildung ausgelegte Analyse kommunikativen Handelns insofern ergänzungsbedürftig, als Konflikt und Dissens selbst rational sein können (ohne bereits einen künftigen Konsens vorwegzunehmen). Zum anderen ist das Verhältnis von lebensweltlicher Verständigungsorientierung und systemischer (Selbst-)Steuerung nicht einfach konträr, sondern kann differenziert und spezifiziert werden.

Im Rahmen der Theorie kommunikativen Handelns weist der Soziologe Max Miller (1992, S. 35) darauf hin, dass nicht nur die Herstellung eines Konsenses rational möglich ist, sondern dass auch Dissens und Konflikt einer diskursiven Logik folgen oder folgen können. Dazu unterscheidet er zwischen Konflikten, in denen es überhaupt nicht um Verständigung geht, von Konflikten, in denen es immerhin gelingt, das Strittige, den Dissens, gemeinsam zu identifizieren, und von Konflikten, in denen eine konsensuelle Lösung angestrebt wird. Was Millers Ansatz gegenüber Habermas' Theorie erweitert, ist vor allem der mittlere Konflikttyp, wonach bei Streitfragen es den Kontrahenten gelingt, sich über die Differenzen zu verständigen, was man einen rationalen oder koordinierten Dissens nennen könnte. Hier muss dann nochmals unterschieden werden zwischen dem Verstehen und dem Akzeptieren der Dissenspositionen. Dadurch entsteht ein komplexes Wechselspiel zwischen Konsens und Dissens, denn die Akzeptanz eines Dissenses setzt einen gewissen Konsens (in Bezug auf die Legitimität der entgegengesetzten Position) bereits voraus. Je geringer die konsensuelle Basis der Kontrahenten ist, desto weniger rational kann die Verständigung über den Dissens ausfallen (vgl. Miller 1992, S. 37 ff.). Wenn soziale Bewegungen oder Gruppen innerhalb sozialer Bewegungen die „Systemfrage" stellen, ist die Basis für einen rationalen Dissens schmal, weil der Konflikt zunächst fundamental oder radikal ausgetragen wird, um überhaupt die Anerkennung der eigenen Position und damit der Legitimität des Dissenses zu erwirken. Hier kommt also zusätzlich ein komplexes Wechselspiel zwischen Fragen der kommunikativen Verständigung und der kommunikativen Macht (Deutungshoheit) in den Blick, denn der rationale Dissens ist selbst nur möglich, wenn die Machtverhältnisse nicht allzu stark asymmetrisch sind.

Eine wichtige gemeinsame kommunikative Ressource besteht in der Akzeptanz der Logik des Arguments oder der Argumentation. Diese Akzeptanz ist nicht gegeben, wenn einer der Kontrahenten davon ausgeht, dass nicht Argumentation und Einsicht in das bessere Argument die Basis der Konfliktaustragung sind, sondern strategische Manipulation, um die eigene Position (also die des Kontrahenten) auszubauen. Es geht hier wohlbemerkt (noch) nicht darum, das Argument oder die Position des Anderen zu akzeptieren oder sich überzeugen zu lassen, sondern nur darum, dass der Dissens überhaupt ein Streit oder Konflikt um das bessere Argument ist. Der Konflikt um Stuttgart 21 mag ein anschauliches Beispiel für einen rationalen Dissens sein, denn die Kontrahenten haben sich auf Verfahren eingelassen, die strittigen Fragen zu spezifizieren und gegebenenfalls in einen Konsens zu überführen. Gescheitert ist das Verfahrensprozedere nicht durch Unversöhnlichkeit im Vorhinein, sondern wegen der Durchführung und dem Ausgang des Verfahrens, der zumindest auf der Seite der Gegner von

Stuttgart 21 zu Manipulationsverdacht geführt hat. Das Rationalitätspotenzial der sozialen Bewegung gegen den unterirdischen Ausbau des Stuttgarter Bahnhofs war enorm hoch trotz der Heftigkeit der Proteste, wurde aber untergraben durch das entstandene Misstrauen gegenüber dem Rationalitätspotenzial der Kontrahenten (Deutsche Bahn, Landesregierung).

Dieses Beispiel zeigt noch ein weiteres typisches Phänomen bei gesellschaftlichen Konflikten: Der lebensweltliche Diskurs ist keine autonome Sphäre, gewissermaßen eine Auszeit aus den systemischen Zwängen, sondern ist in systemische Steuerungsprozesse eingebettet (hier: die möglichst schnelle und effiziente Entscheidung, welches Bahnhofskonzept angesichts des drohenden Zeitverlusts und der dadurch verursachten zusätzlichen Finanzierungsprobleme weiterverfolgt wird). Dieses Verhältnis von „diskursive[r] Verständigung und systemische[r] Selbststeuerung" nimmt der Soziologe Hans-Joachim Giegel (1992) unter die Lupe. Da Diskurse lebensweltliche Sicherheiten problematisieren, tendieren sie prinzipiell zur expansiven Selbstanwendung ohne Selbstbegrenzung, sodass sie sich selbst nicht steuern können, ohne in einen Selbstwiderspruch zu geraten, nämlich dass alles kommunikativ verhandelbar sein muss. Konkret kann das bedeuten, dass Diskurse statt Situationen zu klären und Probleme zu lösen, faktisch diese eher chaotisieren und verwirren und Unverbindlichkeit erzeugen. Dies gilt auf der Sachebene der Problemaspekte, auf der Sozialebene der Diskursteilnehmer wie auf der Zeitebene der Stabilisierung von Entscheidungen oder Problemlösungen (vgl. Giegel 1992, S. 68 ff.).

Da Diskurse gleichermaßen in die Lebenswelt *ein*gebunden sind wie von ihr als Lebenspraxis zeitweise und partiell *ent*bunden sind, weil sie von konkretem Handlungs- und Entscheidungsdruck entlastet sind, entsteht eine „Dialektik von (verständigungsorientiertem) Diskurs und (strategischem) Entscheiden" (Giegel 1992, S. 79), welche dazu führt, dass Diskurse aus strategischen Gründen eingerichtet und beendet werden, um während ihres Ablaufs genau von strategischen Erwägungen entlastet werden zu können. Sie stehen also selbst unter der Bedingung von Ungewissheit und Dissens.

Auch hier ist die Occupy-Bewegung ein interessantes Untersuchungsobjekt für die Ausbalancierung kommunikativer Verhandlung und diskursiver Problemlösung. Müssen also Diskurse gegen sich selbst bzw. vor ihrer eigenen Überlastung geschützt werden? Und wenn ja, wie? Giegels Analyse (oder Problemlösungsvorschlag) besteht darin, dass er eine sinnvolle Reduktion von Komplexität durch teilsystemische Kommunikation annimmt. Systemische Integration steht also nicht sozialer, lebensweltlicher Integration konträr gegenüber, sondern spezifiziert diese und trägt damit geradezu zu einer besseren Entfaltung des diskursiven Potenzials bei. Der Diskurs kann dadurch entlastet werden, dass er zeitlich, sozial und sachlich reguliert und konditioniert wird und zu „einem verständigungsorientiert konstituierten Feld strategischen Handelns" (Giegel 1992, S. 84) wird. Die disjunktive, antagonistische Vorstellung von Lebenswelt und System wird auf diese Weise durch eine teils integrative, teils spezifizierende Vorstellung ersetzt. Kommunikatives und strategisches Handeln können demnach auch als diskursive

Doppelmotivation vorkommen. Das hat zur Folge, dass sowohl im Bereich der systemischen Integration lebensweltlich-diskursive Verständigung möglich ist und tatsächlich auch vorkommt als auch, dass systemische Integration den Modus diskursiver Verständigung selbst wiederum beeinflusst (vgl. Giegel 1992, S. 87 ff.).

Offenbar geht diese von Habermas verschiedene Modellierung des Verhältnisses von Lebenswelt und System nicht mit einer Einbuße des kritischen Potenzials der Analyse einher, denn Giegel (1992, S. 91) beharrt darauf, dass sich die Lebenswelt auch unter Bedingungen der systemischen Integration und der Kolonialisierung eine gewisse Autonomie bewahrt. Die Grenze zwischen System und Lebenswelt ist folglich auch nicht sachlich, zeitlich, sozial fixiert, sondern ein Wechsel der kommunikativen Orientierungen zwischen alltäglicher Verständigungsorientierung und funktionsspezifischem Diskurs. Dadurch entsteht ein doppeltes Dilemma, nämlich das der Kompetenz (zwischen lebensweltlicher Erfahrung und teilsystemischer Sinnkomplexität) und das der Organisation (zwischen informeller Offenheit und organisatorischer Fixierung). Solcherart ineinander verwoben ist die lebensweltlich-kommunikative Verständigung keine freischwebende systemunabhängige Instanz, sondern eine teilsystemisch zergliederte oder gespaltene Identität (vgl. Giegel 1992, S. 93 ff.).

Die von Giegel geleistete Reanalyse und Umstrukturierung des Verhältnisses von Lebenswelt und System ist zweifellos empirischer Erfahrung geschuldet, wohingegen Habermas oft idealtypisch argumentiert. Allerdings legt Giegel (1992, S. 99 ff.) in seiner Analyse sehr viel (zu viel?) Wert auf die Integration von System und Lebenswelt, als wäre dies eine selbstverständliche gesellschaftliche Norm: „Sie [die Lebenswelt] muß … den ganzen Weg bis in die Teilsysteme hineingehen" (Giegel 1992, S. 108). Meines Erachtens wird Giegel hiermit aber den Krisensymptomen, wie sie durch soziale Bewegungen ihren kommunikativen empirischen Ausdruck finden, nicht ganz gerecht, denn es sind diese sozialen Bewegungen selbst, welche sich disjunktiv und antagonistisch zur systemischen Integration positionieren und dies als Dissens kommunizieren. Dazu gehört eben auch die Verweigerung, konkrete politische Ziele zu formulieren, Forderungen an eine bestimmte Adresse (die Regierung) zu richten, diese letztlich an Repräsentanten zu delegieren usw. (vgl. Žižek 2012). Die von Giegel berechtigterweise formulierten Kompetenz- und Organisationsdilemmata beeinflussen jedoch zweifelsohne die Entwicklung der betreffenden sozialen Bewegungen oder zumindest einzelner Gruppen. Dies ist der Grund, warum sich soziale Bewegungen ausdifferenzieren in Teilbereiche, welche sich systemische Kompetenz aneignen und sich als Organisationen formieren (wie etwa NGOs), und solche, deren Hauptaugenmerk auf dem politischen Widerstand und der Verweigerung liegt. Vielleicht liegt gerade im Oszillieren und im Spannungsfeld zwischen Widerstand und Einmischung auch ein kommunikatives Erfolgsgeheimnis sozialer Bewegungen, die immer wieder öffentliche Aufmerksamkeit bündeln, Gesellschaftskritik befördern und sozialen Fortschritt erzeugen und beschleunigen können.

3   Methodische Umsetzung

Die vorliegenden theoretischen Ausführungen sind an vielen Stellen empirisch unbelegt und rein abstrakt deduziert. Aus diesem Grund sollen sie am Fallbeispiel der Occupy-Bewegung illustriert werden. Diese Illustration hat nicht den Charakter einer Hypothesenüberprüfung, sondern der Exploration. Mit dem Beispiel der Occupy-Bewegung und der Diskussion über ihre gesellschaftliche Rolle kann die Relation von binnenorientierter Selbstverständigung, lebensweltlicher Einbettung und strategischer Verfolgung von Zielen veranschaulicht werden.

Die folgende Analyse stellt eine Form der Dokumentenanalyse dar. Dazu wurden zunächst einschlägige Dokumente über die Occupy-Bewegung recherchiert. Die Recherche ist nur teilsystematisch und nicht auf Vollständigkeit angelegt. Ausgewählt wurden prominente Hintergrundartikel aus professionellen (deutschen) Qualitätsmedien (FAZ, FR, SZ, Spiegel, Zeit, Deutschlandradio) sowie kritisch-reflektierende Artikel aus Szenemedien (Fluter, Foreign Affairs, Nation of Change, Space and Politics, Counterpunch, Z – Zeitschrift für marxistische Erneuerung) oder Zeitschriften zu sozialwissenschaftlicher Bewegungsforschung (Critical Inquiry, Forschungsjournal Soziale Bewegungen, Possible Futures – a Project of the Social Sciences Research Council).

Die Auswahl erfolgte nach verschiedenen Strategien: Einen breiten Überblick über die Krisen- und Protestberichterstattung dokumentiert die österreichische Online-Zeitschrift Linke Woche, die wöchentlich Artikel über linke Bewegungen im deutschsprachigen Raum sammelt und bündelt. Die Berliner Zeitung beschäftigt sich ebenfalls intensiv mit der Occupy-Bewegung. Und die Occupy-Bewegung sammelt selbst über Occupy Research die kritische Analyse über die Bewegung. Auch engagierte Blogs wie Peter Marcuses Blog oder Gaston Gordillos Blog „Space and Politics – Essays on the Spatial Pulse of Politics" mischen sich in die Debatte über die Occupy-Bewegung ein. Darüber hinaus wurden Google-Treffer mit dem Suchwort ‚Occupy' ausgewertet und anschließend per Schneeballverfahren von weiteren Links ergänzt. Es geht bei der Recherche nach der öffentlichen Reflektion zur Occupy-Bewegung nicht um Transparenz oder Reliabilität dieser Recherche im Detail, sondern darum, spezifische Argumente aus den Dokumenten zu entnehmen, die für die Analyse des kommunikativen Handelns von Occupy relevant sind. Durch die größere Anzahl der recherchierten Dokumente soll eine vielseitige Beschreibung von Occupy unter der Fragestellung, wie die Bewegung intern und extern kommuniziert, ermöglicht werden. Dies ist die methodische Grundlage für kritische Forschung nach Habermas (siehe oben). Grund für die Auswahl ist also nicht, dass ein Dokument von einem bestimmten Medium stammt, sondern dass es um eine kritische Reflektion von Occupy geht. Es ist deshalb sekundär, welches Medium diese kritische Reflektion leistet, weil es nicht um Vergleiche zwischen den Medien geht. Dass eine solche Analyse keinerlei Anspruch auf Vollständigkeit hat und haben muss, ist angesichts der Vorgehensweise selbstverständlich.

Die Analyse versteht sich den obigen wissenschaftstheoretischen Ausführungen zufolge als kritische Rekonstruktion des bewegungsinternen Diskurses über die Occupy-Bewegung. Die Darstellung ist deshalb nicht objektivierend-neutral, sondern gibt den subjektiv-kritischen Diskurs zunächst deskriptiv wieder (Abschnitt 4), um in einem weiteren Schritt daraus theoretisch-analytische Schlussfolgerungen zu ziehen (Abschnitt 5).

4   Das Fallbeispiel Occupy-Bewegung

Am 17. September 2011 besetzten Anti-Wall-Street-Aktivisten den Zucchotti-Park in Manhattan, New York, errichteten ein Zeltlager, benannten den Platz in Liberty Square um und gaben sich selbst den Namen Occupy Wall Street (OWS). Schon vor diesem signalhaften Initialereignis hatte es angesichts der Finanz- und Börsenkrise Demonstrationen gegeben und der Arabische Frühling hatte gezeigt, wie daraus der Sturz ganzer Regierungen erwachsen konnte. Es war die kanadische konsumkritische Organisation Adbusters, die unter Bezug auf den Arabischen Frühling, insbesondere auf die Besetzung des Tahrir-Platzes in Kario, zu den Demonstrationen und der Platzbesetzung aufgerufen hatte und damit eine überraschend große Resonanz erzeugte. Aus spontanen Protestdemonstrationen gegen die Börse als Ort und Symbol kapitalistischer Machtkonzentration entwickelte sich eine eigene urbane politische und kulturelle Infrastruktur mit einer eigenen Vollversammlung, der New York City General Assembly (NYCGA), als Diskussions- und Beschlussfassungsorgan. Die New Yorker Platzbesetzung fand vielerorts Nachahmer, etwa in London oder Frankfurt. Von Anfang an waren die beteiligten Gruppierungen und Aktivisten offiziellen Denunziationen und polizeilichen Maßnahmen ausgesetzt, die am 15. November 2011 zur gewaltsamen Auflösung des Camps durch die New Yorker Polizei führten (vgl. Schneider 2011; Mörtenbeck und Mooshammer 2012, S. 7–31; Graeber 2012, S. 33–38). Da soziale Bewegungen sich in solchen Begebenheiten verdichten und somit öffentlich sichtbar werden, scheint die Auflösung der Camps in New York und anderswo auch das Ende der Bewegung anzudeuten. Als gesellschaftliche Makroform ist eine soziale Bewegung wie Occupy Wall Street jedoch nicht auf diese Aktionsform, nicht auf bestimmten Ort und auch nicht auf bestimmte Aktivisten und Gruppierungen beschränkt, sodass sich der kurze historische Moment allenfalls für ein Zwischenresümee eignet.

4.1   ,Strategien' der Bewegung

Die Occupy-Bewegung ist in besonderer Hinsicht interessant für das Verhältnis von strategischer und verständigungsorientierter öffentlicher Kommunikation. Voraussetzung für die Ausarbeitung von (kommunikativen) Strategien ist die Einigung auf gemeinsame Ziele und deren Formulierung. Doch die zeltenden Protestierer adressieren keine konkreten Ziele, sondern erheben den Diskurs über die Veränderung von gesellschaftlichen Bedingungen zum ersten Zweck ihrer Existenz. Zwar campieren sie oft vor Banken oder Regierungsgebäuden, aber sie adressieren nicht direkt Wirtschaftsorganisationen oder Regierungen, wie das sonst bei sozialen Bewegungen üblich ist. Dieser Verzicht auf konkrete Forderungen wird unterschiedlich bewertet: Zum einen wird er ganz konventionell als ideologischer Schwachpunkt der Occupy-Bewegung gesehen, weil sie ohne strategische politische Ziele langfristig nicht handlungsfähig sei (vgl. Deseriis und Dean 2012). Man kann sogar noch einen Schritt weitergehen und dem Protest den Bewegungscharakter ganz absprechen. Vielmehr handele es sich um ein einzelnes Event, weil die organisierte und organisierende Kraft fehle.

Dass die Platzbesetzer überhaupt so viel öffentliche Aufmerksamkeit erhalten haben, liege an den begünstigenden historischen Umständen, also dass der Arabische Frühling bereits den Boden bereitet habe und die Krise der kapitalistischen Wirtschaftsform die Suche nach Alternativen geradezu erzwinge (vgl. Smith 2012). Überhaupt wird Occupy Wall Street (OWS) in die Tradition der globalisierungskritischen Demonstrationen und Bewegungen gestellt, welche beim WTO-Protest in Seattle 1999 ihre Initialzündung hatten. Zudem wird die OWS sehr schnell von organisierten Unterstützern flankiert, etwa von Gewerkschaften (vgl. Dohrn 2011). Historisch gesehen kann man sogar die Pariser Commune als Vorläufer ermitteln, wenn man den Besetzungscharakter der Proteste besonders betont (vgl. Adams 2011; Alcoff 2011), oder die Situation mit dem Deutschen Vormärz von 1848 vergleichen (vgl. Solty 2011).

Die positiv rekonstruierende Perspektive bewertet das Fehlen an strategischen Zielen nicht als Mangel, sondern setzt auf einem bescheideneren Niveau an: Danach geht es der Bewegung zuallererst um das Recht auf Existenz und darauf, öffentlich wahrgenommen zu werden. Deshalb werden die vielfältigen privaten, sozialen, wirtschaftlichen Probleme zunächst ohne konkreten Adressaten kommuniziert (vgl. Mirzoeff 2011). Die Aufgabe sozialer Bewegungen sei nicht die Ausformulierung konkreter Ziele und Mittel zu deren Umsetzung, sondern allgemein der Ausdruck von Dissens zur bestehenden Gesellschaftsform. Das strategische Moment komme vielmehr von offizieller Seite (von Regierenden, Herrschenden, Bürokratie usw.) ins Spiel, aber als Gegenstrategie gegen die diffuse öffentliche Thematisierung von Dissens durch das strategische Management von Informationsflüssen, wodurch versucht werde, genau die konkrete Benennung von Alternativen zu verhindern. Wenn es dem politisch-administrativen Apparat gelingt, den Dissens als diffus und nicht als konkrete Alternative zur herrschenden Politik zu diskreditieren, wird dem Protest die Legitimation entzogen (vgl. Calhoun 2011).

Die obige Kritik an der mangelnden Strategie sei folglich auch deshalb verkürzt, weil soziale Bewegungen nicht nur inhaltliche Alternativen zur herrschenden Politik in die öffentliche Debatte einbringen, sondern auch alternative Formen der Herstellung von Öffentlichkeit und Politik überhaupt. Man kann den Protest der Occupy-Bewegung deshalb in die Tradition des Situationismus der 1960er und 1970er Jahre stellen, bei dem es darum geht, durch spontane Aktionen gesellschaftliche Situationen herzustellen, in denen die Resonanz solcher Aktionen zu weiterführenden Aktionen führen kann, wodurch eine Bewegung entstehen kann. Die Gemeinsamkeit der Protestler ist folglich keine soziale Einheit, also ein gemeinsames Ziel oder zusammen agierende Gruppierungen, sondern die zeitlich-räumlich strukturierte gemeinsame Gelegenheitsstruktur. Der Bewegungscharakter wird dadurch kenntlich, dass neue Situationen geschaffen werden, die sich selbst überlassen bleiben, sich im Erfolgsfall aber kristallisieren und verstetigen (vgl. Adams 2011). Zu dieser situationistischen Philosophie passt die in der Bewegungssoziologie vorherrschende Ansicht, dass nicht mobilisiert wird, „um bestimmte Ziele zu erreichen, sondern um sie erst gemeinsam zu entwickeln." (Roth 2012, S. 27)

Noch ein zweites Element für strategische Kommunikation fehlt: die Repräsentation. Zwar geben die Aktivisten an, 99 Prozent der Bevölkerung zu repräsentieren und sich gegen das eine Prozent der Reichen und Mächtigen und deren Herrschaft wehren zu wollen. Dieser Anspruch dient jedoch nicht der sozio-ökonomischen Selbstbeschreibung der Bewegung (zur Beschreibung der „Generation Krise", aus der sich die Bewegung hauptsächlich rekrutiert vgl. Solty 2011), sondern dem Ausdruck der Ungleichheit in Bezug auf die Verteilung von Macht und Reichtum (vgl. Marcuse 2012: Blogeintrag vom 25. Januar). Zudem ist diese abstrakte Form von Repräsentanz eher ironisch und als Kritik am Repräsentationsanspruch der herrschenden Gesellschaftsform gemeint. Denn mit dem diskursiven Hauptzweck der Bewegung geht einher ein strikt basisdemokratisches Organisationsmodell, das gerade auf die in die Krise geratene Repräsentativitätspolitik verzichtet (vgl. Azzellini 2006). Letztlich repräsentiert jeder nur sich selbst und spricht nur für sich selbst. Ausgewählte Sprecher, die sich an die Massenmedien wenden, kommunizieren zwar nicht nur in ihrem eigenen Namen, sondern im Auftrag größerer Gruppierungen innerhalb der Bewegung. Da es jedoch eine Pluralität von Sprechern gibt, die zudem ständig in ihrer Rolle wechseln, handelt es sich allenfalls um eine schwache Form von Repräsentation. Dies macht die Adressierung der Bewegung von außen schwieriger – auch insofern ist die Kommunikationsweise „unstrategisch".

In diesem Zusammenhang sei noch eine Besonderheit der Occupy-Bewegung erwähnt: Da der Einsatz von Mikrofonen und Megafonen zur akustischen Verstärkung der Kommunikation wegen der Lautstärke als Ruhestörung von der Polizei verboten wurde, wechselten die Aktivisten zu einer nicht-technischen Kommunikationsform, dem menschlichen Mikrofon. Dieses funktioniert so, dass der/die Redner/in etwas sagt und nach zehn bis zwanzig Wörtern eine Pause macht, damit es jeder, der in Hörreichweite ist, es im Chor wiederholen kann. Auf diese Weise verbreitet sich das Gesagte immer weiter fort. Diese aus der Not geborene Methode erweist sich für die Kommunikation aber durchaus als produktiv, denn der/die Redner/in kann keine langen Monologe halten, die Inhalte werden durch die Wiederholung auch tatsächlich wahrgenommen (vgl. Diez 2011; Graeber 2012, S. 48–50).

Dieses ungewöhnliche Selbstverständnis und diese ungewöhnlichen kommunikativen Handlungsweisen sind zwar nicht neu, denn schon die alternativen Bewegungen der

1970er Jahre oder die zapatistische Bewegung in Mexiko, um eine aktuelle Bewegung zu nennen, waren und sind grundsätzlich basisdemokratisch ausgerichtet. Neu ist allerdings, dass es keine konkreten Forderungen, und seien sie noch so utopisch, gibt, sondern dass die Bewegung die interne Selbstverständigung öffentlich austrägt, also nach außen trägt. Dies ist ein Ausdruck dafür, dass der Vielfalt („multiplicity") der Bewegung gegenüber ihrer Einheit (in Form gemeinsamer Ziele) der Vorzug gegeben wird, dass also (interne) Uneinigkeit als vorzeigbarer Wert und nicht als Hindernis wahrgenommen wird (vgl. Adams 2011).

Die für soziale Bewegungen typische duale Struktur der internen und externen inhaltlichen wie strategischen Selbstverständigung, die oft sogar zeitlich verschoben war (zuerst die interne Selbstverständigung, dann die strategisch ausgerichtete Kommunikation nach außen, welche dann wiederum Rückwirkungen auf die interne Selbstverständigung hatte), wird hier (noch) nicht sichtbar. Beides, die Ablehnung, sich durch gewählte oder selbsternannte Sprecher repräsentieren zu lassen, die im eigenen Namen für Viele zu sprechen beanspruchen, sowie der nach außen öffentlich zur Schau gestellte interne Selbstverständigungsdiskurs ist möglicherweise auch ein generationenspezifisches Kennzeichen. Denn selbst die Piratenpartei will keine richtige Partei sein, die auf alles inhaltliche Antworten weiß und diese strategisch in den öffentlichen Diskurs einspeist. Die unstrategische Politikweise ist eine bewusste Alternative zum als unattraktiv wahrgenommenen Politikapparat, der durch und durch strategisch operiert und meist nur noch strategisch, also alle Inhalte dem strategisch-taktischen Kalkül unterordnend. Es wäre verkürzt, diesen ‚unstrategischen‘ Politikstil selbst wieder strategisch zu nennen, denn dafür ist er zu unkalkuliert und unkalkulierbar. Hier wird zwar Strategie (besser: Taktik) nicht ausgeschlossen, aber strategisches Handeln auch nicht als Ausgangspunkt für alle Kommunikation genommen. Aus einer situationistischen Perspektive können Revolten sowieso nicht strategisch geplant werden, sondern allenfalls taktisch sich bietende und ergebende Möglichkeiten für Protest und gesellschaftliche Einflussnahme ausgenutzt werden (vgl. Adams 2011). Die Planung einer Revolte nimmt dieser den spontanen und selbstorganisierten Charakter und läuft Gefahr, instrumentalisiert zu werden, in diesem Fall weniger von der attackierten Regierung, sondern von Berufsrevolutionären, die auf Eroberung der Macht aus sind.

Besonders reflektiert wird die Platzbesetzung, weil sie sowohl materiellen als auch symbolischen Charakter hat, was typisch ist für die Politik von Protestgruppen und Protestbewegungen. Der Zuccotti-Platz (umbenannt in Liberty Park) in New York wurde deshalb besetzt, weil er teils privat (gestiftet) und teils öffentlich (zugänglich) ist. Diese Ambivalenz ist auch charakteristisch für das Spannungsverhältnis eines sicherheitsregulierten öffentlichen Guts und eines privaten, neoliberal deregulierten (Markt-)Platzes. Die Sicherheitskräfte konnten die Platzbesetzer schließlich deshalb vertreiben, weil sie den Platz wegen der (angeblichen) mangelnden hygienischen Zustände als öffentliches Gut erhalten und wegen Ruhestörung und Unordnung zugunsten der privaten Anlieger räumen mussten (vgl. Mirzoeff 2011).

Die Platzbesetzung hat nicht nur die unmittelbar zum Ausdruck kommende räumliche Bedeutung, sondern darüber hinaus auch eine zeitliche Komponente – beides wiederum nicht nur im materiellen, sondern auch im symbolischen Sinn. In räumlicher Hinsicht dient die Platzbesetzung ganz materiell der Möglichkeit, in größerer Menge zusammenzukommen und sich zu koordinieren. Neben dieser nach innen gerichteten Mobilisierungs- und Koordinationsfunktion erfüllt der Platz auch die Funktion, die Konfrontation nach außen, also gegenüber den Mächtigen, Reichen und ihren ausführenden Organen (etwa: Polizei) zu provozieren. Die Bewegung kann weiterhin symbolisch ein Zusammengehörigkeitsgefühl schaffen, zu Protest und Widerstand motivieren und mobilisieren und auf diese Weise eine Modellfunktion für weitere Aktivitäten bieten, zudem eine Art Schirm oder Dach für ganz verschiedene Gruppierungen bieten. Symbolischen Charakter hat die Besetzung eines bestimmten Platzes mit der Bedeutung, die genau diesem Platzes zu Eigen ist, etwa die oben genannte Ambivalenz zwischen Privatheit und Öffentlichkeit des Zuccotti-Parks, die politisch-touristische Bedeutung des Tahrir-Platzes in Kairo usw. (vgl. Marcuse 2011: Blogeintrag vom 1. Dezember).

Die Platzbesetzung der Occupy-Bewegung ist auch in zeitlicher Hinsicht bedeutend, da sie im Unterschied zu einer herkömmlichen Demonstration einen ausgedehnten und unbestimmten Zeitraum umfasst. Je länger die Besetzung dauerte, und dies bei zunehmend widrigen äußeren Umständen (Wetter, Schikanen durch die Polizei und Ordnungskräfte) und inneren Anforderungen (Selbstorganisation von Hygieneeinrichtungen, Übernachtungsmöglichkeiten, Versorgung und kulturelle Angebote), umso nervöser wurden die politisch Verantwortlichen der Stadt New York, weil sie mit dieser Widerstandsform nicht eindeutig umgehen konnten. Diese doppelte innere wie äußere Unbestimmtheit bietet materiell die Möglichkeit, Situationen herzustellen, die den weiteren Fortgang der Bewegung überhaupt zum Gegenstand der Diskussionen haben, ohne diesen im Vorhinein zu planen oder planen zu können. Die zeitliche Ausdehnung ist auch symbolisch zu verstehen, weil sie der kapitalistischen Beschleunigung eine Gegenzeit entgegenstellt, ebenso wie auf räumlicher Ebene die Besetzung gegen die Privatheit und Privatisierung von öffentlichen Gütern gerichtet ist (vgl. Adams 2011).

Diese Überlegungen zur räumlichen und zeitlichen Bedeutung von Platzbesetzungen lassen sich in Bezug auf die innere Struktur der Occupy-Bewegung weiterführen. Von Anfang an haben sich die Aktivisten gegen die Ausbildung repräsentativer und hierarchischer Strukturen ausgesprochen. Die bevorzugten horizontalen Beziehungen sollten zum einen Tendenzen zur Vertikalisierung und Führerschaft verhindern. Die Öffentlichkeit von Plätzen, die allen offen stehen und die wechselseitige Sichtbarkeit der Aktivisten ermöglichen, erfordert ein Vielfaches an (interner) Kommunikation als die kanalisierte Kommunikation von formalisierten und schon deshalb vertikal strukturierten Organisationen. Dieser Bildung interner horizontaler Kommunikationsräume entspricht der Verzicht auf externe Kanalisierung der Kommunikation. Aus diesem Grund werden auch keine (gemeinsamen) Forderungen nach außen oder „oben" an Regierungen gestellt, sondern die Kommunikation untereinander forciert, um gemeinsam zu entscheiden und Ziele zu entwickeln, wofür mehr Zeit benötigt wird, als es gemeinhin von einer Protestbewegung erwartet wird. Hier wird also der zeitliche Ablauf umgekehrt: Nicht aufgrund von bereits existierenden und im Vorfeld entwickelten Zielen wird mobilisiert, sondern es wird mobilisiert, um Zeit für die Entwicklung gemeinsamer Ziele zu haben (vgl. Sitrin 2012).

Dies ist auch der Grund, warum Konsensverfahren zur Entscheidungsfindung in Bezug auf die nächsten Aktionen sowie auf die Entwicklung gemeinsamer Ziele eine so große Bedeutung in der Occupy-Bewegung haben. Der Wissenschaftler und Aktivist David Graeber (2012, S. 136–148) schildert in seinem Buch eindrücklich, wie diese Konsensverfahren zunächst als solche diskutiert werden als einzig angemessenes Verfahren, um die Verschiedenheit der Aktivisten und Gruppen zu gewährleisten und nicht durch Mehrheitsverfahren vermeintliche Minderheiten auszuschließen. Dann werden die Konsensverfahren eingeübt und durch Moderatoren unterstützt, bis eine Kultur der wechselseitigen Anerkennung, des Respekts und der kommunikativen Offenheit entstanden ist.

Genau hier setzen die (internen) Kritiker ein: Der Aufbau eines Konsensmythos diene der Vermeidung interner Konflikte, um bloß niemanden auszuschließen. Die im Konsensverfahren zum Ausdruck kommende anti-repräsentationale Ausrichtung verhindere aber klare und konturierte Zielformulierungen und führe zur Verwässerung möglicher Forderungen. Der damit einher gehende Autonomismus, welcher mit dem Verzicht auf Forderungen an die Regierenden korrespondiert, ignoriere, dass die Aktivisten sich nicht rund um die Uhr und mit ihrer gesamten Persönlichkeit an der Bewegung beteiligen könnten, weil sie auch in anderen Lebenszusammenhängen stecken (Beruf, Familie, weitere soziale Beziehungen außerhalb der Bewegung). Man könne nicht einfach (nur) und permanent ein ganzheitlich anderes Leben unter den bestehenden Verhältnissen vorleben (statt partielle, aber klare Forderungen zu stellen). Schließlich führe die Angst vor Vereinnahmung (Kooptation) durch die Herrschenden zur Verhinderung der Bildung sinnvoller Koalitionen mit eher reformorientierten oder gemäßigten Organisationen und fördere die Fragmentierung und Isolierung der Bewegung (vgl. Deseriis und Dean 2012).

Weiterhin wird kritisiert, dass die innere Struktur nicht so horizontal sei, wie es nach außen als Eigenanspruch kommuniziert werde. Tatsächlich hätten gut trainierte Politaktivisten (damit ist wohl unter anderem Graeber gemeint) eine informelle Führerschaft (und sei es nur Meinungsführerschaft) übernommen, um die Proteste zu organisieren und logistisch zu unterstützen. Zwar wird die organisatorische Leistung der Proteste gelobt, aber die Transformation in eine kontinuierliche Organisationsform vermisst, sodass es dem Experiment, wie man politisch widerständig leben könne, an Konsequenz und Perspektive fehle (vgl. Smith 2012). Offensichtlich versteckt sich hinter dieser Kritik ein konventionelles Organisationsverständnis, denn ansonsten wird die gute Vernetzung zwischen den verschiedenen Occupy-Gruppierungen (dem so genannten InterOccupy) als Koordinationsmöglichkeiten über die Versammlungen und Gruppierungen hinweg positiv hervorgehoben (vgl. Donovan 2012). Dennoch sei in konventioneller Hinsicht nicht zu erkennen, wie diese vorgelebte politische Demokratisierung in andere Institutionen eindringen könne, um diese von innen heraus zu erneuern und in diesem Sinn zu demokratisieren (vgl. Smith 2012).

Die Diskussion um die (vermeintliche) Wirkungslosigkeit der Occupy-Bewegung ist ebenfalls relevant für die Frage nach der Bedeutung von strategischer Kommunikation oder strategischem Handeln. Es sind gerade die fehlenden und unklaren Erfolgskriterien der Entwicklung sozialer Bewegungen, welche den strategischen Aspekt der Kommunikation von sozialen Bewegungen zurückdrängen oder erschweren. Vielleicht liegt der Erfolg der neuen sozialen Bewegungen im Rahmen der vorherrschenden liberal-repräsentativen Demokratie gerade in der Präsentation einer Alternative zum „demokratischen Elitismus" in Form von innovativen fluiden, partizipativen und horizontalen Entscheidungsformen und von organisationsloser Mobilisierung sowie dem Wechselspiel von Cyberspace und Urban Space (vgl. Roth 2012, S. 26). Diese recht großzügige Auslegung potenzieller (positiver) Wirkungen beantwortet aber nicht die Frage nach der konkreten Entwicklung von Occupy und ähnlicher Bewegungen. Hier wie bei allen Bewegungen werden folgende Optionen diskutiert: Auflösung (aufgrund organisatorischer Defizite), Kooptation (durch linksliberale oder sozialdemokratische Parteien), Engführung der Zielsetzung auf unmittelbare kurzfristige Reformen, fortwährende Aktivierung für tiefergreifende Reformen, Drängen auf die größere Umwälzung (Revolte, wie im Arabischen Frühling). Welche Möglichkeit am wahrscheinlichsten für die Weiterentwicklung der Occupy-Bewegung ist, lässt sich nur schwer prognostizieren. Aus der Zusammensetzung der Protestgruppen sind aber eher die erstgenannten als die letztgenannten Folgen wahrscheinlich (vgl. Marcuse 2011: Blogeintrag am 11. Oktober 2011).

Die Zukunft der Occupy-Bewegung hängt auch von den zukünftigen Protestformen und den Reaktionen der Regierungen ab. Hier findet ein hegemonialer Kampf um die Deutungshoheit über die Legitimität der Protestformen statt (vgl. Brand 2006). Regierungen versuchen Protestbewegungen zu spalten, indem sie Teile der Bewegung und deren Aktivitäten als Gewalt kritisieren, um ihnen die Legitimation ihrer Aktivitäten (und damit indirekt immer auch ihrer Ziele) streitig zu machen. Außerdem dient die erfolgreiche Zuschreibung von Gewalt auch der eigenen Legitimierung, die Ordnungskräfte gewalttätig für die Zerschlagung der Proteste einzusetzen. Man kann dies an der Räumung des New Yorker Zuccotti-Platzes verfolgen (vgl. Calhoun 2011). Sowohl die Bewegungsaktivisten selbst als auch die den Aktivisten nahestehenden Kommentatoren wehren sich gegen diese Denunzierung der Aktivitäten als Gewalt. Diese Abwehr reicht vom definitorischen Ausschluss der Gewaltoption bis zur taktischen Überlegung, wo die Grenze zur Gewalt zu ziehen sei. Die erste Position hält Aktionsformen, bei welchen menschliche Ketten gebildet werden, als Garant für die Gewaltfreiheit, weil die körperliche Anfälligkeit demonstriert werde (vgl. Gordillo 2011). Die zweite Position hält die Besetzung und die Zerstörung von Eigentum für legitime Ausdrucksmittel der Ablehnung des existierenden Systems. Damit werde auch der von außen aufgezwungenen

Pazifizierung (im Sinn von Zähmung) der Bewegung entgegengewirkt. Zudem müsse die Vielfalt der Protestgruppen auch in der Vielfalt der Protestformen zum Ausdruck kommen, denn der Ausschluss bestimmter Protestformen führe immer auch zum Ausschluss der betreffenden Protestziele und Protestgruppen. Wo hier die Grenze des Akzeptablen verlaufe, sei bewegungsintern zu klären. Dazu müssten auch interne Konflikte ausgetragen werden (vgl. Brissette 2011; McVeigh 2011).

4.2 Die Berichterstattung der Qualitätsmedien

Die Berichterstattung der Mainstream-Medien ist zwar nicht Bestandteil des Diskurses *der* sozialen Bewegung, sondern beschreibt eher den externen Diskurs *über die* Bewegung. Dennoch sind solche externen Stimmen auch von Relevanz für die Selbstverständnisdebatte innerhalb der Bewegung, zumal wenn diese nicht einseitig polemisch-abwertend und denunzierend sind. Ein Blick in die Leitmedien und Qualitätspresse in Deutschland zeigt tatsächlich eine bemerkenswerte Offenheit der Occupy-Bewegung gegenüber und zwar unabhängig von der redaktionellen Linie oder sogar gegen die Erwartung: Die Artikel in der FAZ (vgl. Ebbinghaus 2011) und im Spiegel (vgl. Diez 2011) sind wohlmeinender als die Artikel der FR (vgl. Gelder 2012), SZ (vgl. Piper 2011) oder der Zeit (vgl. Steinberg 2012), was schon dadurch zum Ausdruck kommt, dass diese beiden Artikel sich stärker auf die Perspektive der Bewegung einlassen, statt sie anhand externer Kriterien (wie politischer Erfolg, kommunikative Anschlussfähigkeit usw.) zu bewerten. Die Berichterstattung dokumentiert zum einen die Geschehnisse im Berichterstattungsmuster des neutralen Informationsjournalismus auf den Politikseiten, reflektiert zum anderen aber auch die Bewegung im Berichterstattungsmuster des interpretativen Journalismus auf den Feuilletonseiten. Trotz des hohen Maßes an Verständnis der Bewegung ist die Berichterstattung in erster Linie nachträglich, da nicht das Geschehen permanent aktuell thematisiert wird, sondern meistens erst, als die Aktivisten und Gruppierungen der Occupy-Bewegung bereits vom Zuccotti-Park bzw. Liberty Park vertrieben wurden. Man kann deshalb zwar nicht von einem Abgesang auf die Bewegung sprechen, aber die letztlich strategische Frage nach der Wirkung und dem Erfolg hat für die bürgerlichen Medien eine besondere Bedeutung. Dabei wird durchaus auch die Bewegungsperspektive eingenommen, wenn die Befürchtung geäußert wird, dass die Sympathie für die Occupy-Bewegung die Gefahr ihrer Instrumentalisierung durch die etablierte Politik birgt (vgl. Knipp 2012). Die Ziele und Mittel des Protests werden unterschiedlich intensiv thematisiert, aber prinzipiell von ungewöhnlicher Sympathie begleitet, etwa wenn sich die FAZ positiv auf die anarchistische Grundhaltung von Occupy bezieht. Dies wird von der Zeitschrift Konkret wiederum argwöhnisch beobachtet, indem der FAZ die Perspektive eines bürgerlichen Anarchismus und der Vereinnahmung der ungewöhnlichen Protestformen für die neoliberale Ausbeutung kreativer Impulse unterstellt wird. Nach dieser Sichtweise sieht das Bürgertum seine Sehnsüchte und Ängste in den Protestbewegungen gespiegelt, ohne sich damit identifizieren zu können oder an ihnen partizipieren zu wollen (vgl. Klopotek 2012, S. 18 f.).

4.3 Medien der Bewegung

Eine der Besonderheiten der Occupy-Bewegung ist die Herstellung von direkter Öffentlichkeit durch die Platzbesetzungen, was man als erweiterte Form von Straßenöffentlichkeit bezeichnen könnte. Neben Occupy (Wall Street) gibt es viele soziale Bewegungen, die öffentliche Plätze zum Schauplatz ihres Protestes machen. Dazu gehören etwa die M-15, eine am 15. Mai 2011 beginnende Langzeitdemonstration auf der Puerta del Sol in Madrid, bei der es um „echte Demokratie jetzt" (¡Democracia real ya!) geht. Für diese Bewegungen sind Facebook und andere Social Media zum einen Kommunikationswege zur Koordination und Mobilisierung, haben also einen instrumentellen Charakter, indem sie dem durch die Partizipationsansprüche gestiegenen internen Kommunikationsbedarf förderlich sind; zum anderen sind sie aber auch (virtuelle) Räume einer praktizierten partizipativen Demokratie, eine elektronische Agora, haben also zusätzlich noch einen normativen Charakter (vgl. Bäumer 2011; Voigt und Kreiml 2011, S. 133).

Zusätzlich dienen von Aktivisten selbstgedrehte Videos oder Handyaufnahmen, die zudem auf YouTube oder Tumblr gestellt werden, der Dokumentation, haben also expressiven, ikonischen, darstellenden, appellativen und narrativen Charakter. Zudem sind die Aktivitäten damit archiviert, um jederzeit wieder abgerufen werden zu können und somit eine Kontinuität auch nach der Platzräumung in New York weltweit zu schaffen (vgl. Alcoff 2011; Beisswanger 2011; Gupta 2011).

Blogger haben für revolutionäre Ereignisse wie den Protesten auf dem Tahrir-Platz in Kairo zudem kommentierenden Charakter, wohingegen Twitter in erster Linie der Kurzinformation zur Koordination dient – im Unterschied zum privaten Gebrauch, bei dem es nur um die Mitteilung geht. Gerade Blogs und Twitter lassen aber eher einen Absender erkennen und sind daher anfälliger für Repressionen durch die Staatsmacht (vgl. Manninga 2009). Da diese Medien zunächst nur technische Kanäle sind, werden sie auch von einer autoritär agierenden Staatsmacht zu ihrer Propaganda und zur gezielten Desinformation genutzt oder das Internet bzw. die Dienste im Internet werden gleich blockiert und zensiert (vgl. Moorstedt 2009).

Während die meisten Autoren den Social Media eher eine Verbreitungsfunktion zuschreiben, kann man sie aber auch als Instrumente der Selbstvergewisserung und Identitätsbildung auffassen. Dies ist insbesondere im künstlerischen Bereich von Bedeutung, denn durch die Unterdrückung sind künstlerische Ausdrucksformen, sofern sie nicht offizielle Kunst sind, per se revolutionär und dissident (vgl. Huhtasaari 2007).

Auch wenn die Absicht, die hinter der Produktion und Verbreitung eigener (Gegen-) Medien steht, die Herstellung von Gegenöffentlichkeit zu den Mainstream-Medien ist, entspringt dies nicht immer und nicht nur strategischen Überlegungen und ist nicht von vornherein als alternatives Medienprojekt angelegt. So berichten die Macher von fluegel.tv, dass ihr Sender aus einer zufälligen Gelegenheit als Installation einer Webcam gegenüber dem Nordflügel des Stuttgarter Bahnhofs entstanden ist, der als Kommunikationsplattform der Stuttgarter Protestbewegung gegen Stuttgart 21 genutzt wird. Der Bewegung in Stuttgart ist sozusagen „ein taktisches Medium passiert" (Voigt und Kreiml 2011, S. 37, S. 40).

Interessant ist vor dem Hintergrund der dargestellten ungewöhnlichen Kommunikationsweise von Occupy die Beziehung zwischen der Nutzung von verschiedenen Netzmedien als Ausdruck, Darstellung und Instrument von Protest und dem Protest auf den Straßen selbst zu den professionellen, konventionellen Medien. Dieses Dreiecksverhältnis direkter Ausdrucksform, eigener medialer Herstellung von (Gegen-)Öffentlichkeit sowie professioneller Medienberichterstattung ist kontingent. Die professionellen Mainstream-Medien können den über die Netzwerköffentlichkeit verbreiteten Protest verstärken durch ihre neutrale oder gar positive Berichterstattung, ihm aber auch entgegenstehen durch Ignoranz des Protests oder durch Kritik am Protest (vgl. Weidinger 2011). Eine ambivalente Rolle nehmen Medien wie die taz ein, weil sie als Bewegungsmedien entstanden sind, sich aber in den professionellen Mainstream hinein entwickelt haben. Sie drohen einerseits, diese Bewegungswurzeln zu verlieren, weil sie im Konzert der Großen mitspielen (wollen), benötigen aber andererseits die motivationalen Ressourcen der Bewegungen, aus denen sich nach wie vor ein Großteil ihres Publikums rekrutiert (vgl. Sontheimer und Maresch 1996).

Schließlich äußert sich die Selbstdarstellung auch in Form von Medienarbeit. Dabei fällt auf, dass bei alternativer PR das Repräsentationsproblem anders gelöst wird als in der professionellen strategischen PR. Voigt und Kreiml (2011, S. 51 f.) belegen dies am Beispiel von „unibrennt", einer Pressestelle bzw. ein Pressroom, den Studierende während der Besetzung der Wiener Universität im Audimax einrichteten. Die basisdemokratische Organisation führt dazu, dass Pressemitteilungen nicht gebündelt werden und nicht nur von wenigen Aktivisten autorisiert werden. Zwar sind auch hier nur wenige Studierende der „Presse AG" für die Presseaussendungen zuständig, aber online wurde die gemeinsame Erstellung von Texten ermöglicht, sodass Partizipation jederzeit praktiziert werden konnte. Unterstützt wurde die Pressearbeit durch einen Livestream aus dem Plenum (im Audimax). Auf diese Weise wird auch die in der professionellen PR übliche Tabuisierung negativer Informationen ebenso wie Sprachregelungen vermieden, da die Pressearbeit nicht in der Hand Weniger liegt, sondern alle anderen Mitglieder einer Organisation ebenfalls ein öffentliches Rederecht haben (vgl. Voigt und Kreiml 2011, S. 70).

4.4 Theorie des kommunikativen Handelns und kommunikative Praxis von Occupy

Führt man an dieser Stelle die theoretischen Ausführungen zu Habermas' Theorie des kommunikativen Handelns mit den Praktiken der Occupy-Bewegung zusammen, lassen sich viele Übereinstimmungen feststellen:

Die starke Benutzung von kommunikativen Konsensverfahren ist eine eindeutige praktische Umsetzung der Normen kooperativen kommunikativen Handelns. Sie dienen der Identitätsfindung, welche Ziele überhaupt formuliert werden, und der Entscheidungsfindung, wie man weiter verfährt. Bei strategischem Handeln wären die Ziele nicht das Ende des Kommunikationsprozesses, sondern stünden am Anfang, weil es bei dieser Kommunikationsform bereits um ihre Durchsetzung geht. Gerade die Verweigerung, Ziele sofort zu formulieren und Strategien zu ihrer (effektiven) Umsetzung zu diskutieren, sondern sich Zeit zu lassen für die Aushandlung von Zielen, verhindert, dass die Bewegung intern von Strategieüberlegungen ‚überwältigt' wird. Zwar werden diese von außen herangetragen, etwa durch die Massenmedien, weil es deren Berichterstattungsschema entspricht, dass eine Demonstration dazu dient, Ziele und Forderungen zu stellen und *dafür* zu demonstrieren, um sie durchzusetzen. Hier wird aber der umgekehrte Weg verfolgt: Die Demonstration in Form von Platzbesetzungen sichert die öffentliche Möglichkeit, sich über die Ziele überhaupt erst zu verständigen. So steht am Anfang also nur konkretes Unbehagen, dass in der Gesellschaft etwas grundlegend falsch läuft, wogegen mobilisiert werden muss, ohne bereits zu antizipieren, wohin diese Mobilisierung führt.

Die Weigerung, sich durch Gewählte oder Delegierte repräsentieren zu lassen, bietet zudem den Schutzraum für eine konsensorientierte Austragung von möglichen Konflikten über die Ziele, bevor diese verhandelt worden sind. Die Occupy-Bewegung versucht hiermit also, der Strategiefalle zu entgehen, indem sie den Bedingungen, welche normalerweise konsensorientierten Kommunikationsverfahren widersprechen oder diese erschweren, konsequent ausweicht: keine Ziele und Forderungen formulieren, keine Repräsentanten mit kommunikativen Vollmachten nach außen (gegenüber den Massenmedien oder Politikern) ausstatten, sich Zeit nehmen und sich nicht der Aktualitätslogik von Massenmedien unterwerfen, sich nicht von Strategiefragen von den Einigungsprozessen in Bezug auf die Ziele ablenken lassen.

Die ausgangs vermutete Dopplung – entweder nach innen Konsensorientierung und nach außen strategisches Handeln oder umgekehrt – wird von der Occupy-Bewegung also insofern unterlaufen, als sie sich nahezu ausschließlich auf die Binnenkommunikation beschränkt und diese Binnenkommunikation nach außen sichtbar macht. Diese Sichtbarmachung könnte natürlich strategisch-selektiv sein, eine solche strategisch gesteuerte Selbstpräsentation ist jedoch schlicht nicht notwendig, wenn es um Selbstverständigung geht und nicht um effiziente Durchsetzung von (bereits bestehenden) Zielen. Dadurch stellt sich die Frage, ob strategische Kommunikationsformen tatsächlich ausgeschaltet werden können, weil ihre negativen Folgen (für die Binnenverständigung) als zu gravierend eingeschätzt werden. Die Antwort kann nur spekulativ ausfallen: Entweder bleibt die Bewegung dann eine Episode ohne direkte und manifeste (politische) Auswirkungen (wofür vordergründig die Platzräumungen sprechen könnten), oder die Kommunikationsformen selbst ändern sich, was aber gegenwärtig noch nicht absehbar ist. (Weitere Möglichkeiten sind selbstverständlich nicht ausgeschlossen, deuten sich derzeit aber nicht an.)

Ebenfalls bestätigt hat sich die von Habermas behauptete Kopplung von kommunikativem Handeln und Lebenswelt. Die Occupy-Demonstranten kommunizieren eindeutig aus ihrer subjektiven Lebenswelt gegen systemische Zwänge und deren Kolonialisierung ihrer Lebenswelt. Die Bedeutung der Lebenswelt im Prozess der Occupy-Bewegung ist dabei eine doppelte: Sie ist zum einen intern die Basis, aus der heraus die Verständigungsprozesse stattfinden, denn alle Beteiligten teilen den Eindruck der Bedrohung ihrer Lebenswelt, demonstrieren also nicht abstrakt aus einer politischen Ideologie heraus, die wiederum in organisierter Form systemischen Charakter annimmt. Zum anderen setzen die Demonstranten ihre lebensweltliche Erfahrung (des Verlusts, der Degradierung, der Ausgeschlossenheit) im externen Bezug ‚dem System' (also dem politisch-ökonomischen Komplex des Kapitalismus) entgegen. Interessanterweise nehmen sie diesen unter dem Aspekt der Repräsentation wahr, denn ihre Angriffsziele sind Repräsentanten des Finanzkapitals. Hier ist dann doch ein strategisches Moment in der Kommunikation vorhanden, nämlich die Aufmerksamkeit durch die Auswahl der am besten geeigneten Objekte (Banker, Banken, Börse) zu steigern. Das strategische Moment hat aber keinen dominanten Wert in der politischen Aktion, weil ihm ‚nur' die Aufgabe zukommt, die interne kooperative Kommunikation überhaupt abzusichern, also die politischen und kommunikativen Machtungleichgewichte, wenn schon nicht auszugleichen, aber dann doch wenigstens abzumildern. Der Grund für die Notwendigkeit dieser Absicherung besteht im öffentlichen Charakter der Kommunikation, denn Demonstrationen dieser Art machen nur Sinn, wenn sie im öffentlichen Raum stattfinden und nicht ins Private oder in den Stammtischzirkel zurückgedrängt werden.

Zusammenfassend kann man die Occupy-Bewegung wie folgt charakterisieren (vgl. auch Della Porta 2009 und Roth 2012): Sie weist einen teilweise hohen Mobilisierungsgrad bei allerdings niedrigem Organisationsgrad auf. Die Teilnahme hat zwar eine gewisse zeitliche Dauer, die Fluktuation ist aber groß. Die Organisationsform ist gekennzeichnet durch horizontale Abstimmungsprozesse und einen niedrigen Repräsentationsgrad mit wenigen Repräsentanten (jeder spricht für sich selbst). Die Organisationsstrukturen sind dezentral oder polyzentral. Zudem überwiegt die direkte Kommunikation; dies ist nicht selbstverständlich, da technisch vermittelte Binnenkommunikation über das Internet moderne Bewegungen zusätzlich zur direkten Mobilisierung virtuell zusammenhält. Selbstverständlich ist folglich die Bewegung auch nicht technisch aversiv oder abstinent, sondern hat sehr schnell eigene Medien entwickelt (etwa die Occupy Website). Ein weiteres Kennzeichen ist die wenig strategische Vorgehensweise, die einhergeht mit unspezifischen, diffusen, diversen Zielformulierungen. Dies ist auch der sehr pluralen und ideologisch inkohärenten und heterogenen Anhängerschaft und Beteiligung geschuldet.

5   Theoretische Schlussbemerkungen

Die Ausführungen zur weltweiten Occupy-Bewegung haben gezeigt, dass Strategie in der Kommunikation von sozialen Bewegungen nicht alles ist und dass eine gewisse unstrategische Kommunikationsweise sogar charakteristisch für diese (und andere) soziale Bewegung(en) ist. Überhaupt sind Universalisierung und Ontologisierung strategischer Kommunikation ein ungeeigneter Weg zur Analyse von Kommunikationsprozessen. Nicht Leitbegriffe, sondern Leitunterscheidungen stiften einen gesellschaftlichen und wissenschaftlichen Kontext (vgl. Luhmann 1990, S. 540). Mit der Theorie kommunikativen Handelns kann man zeigen, dass strategischer Kommunikation durch verständigungsorientierte Kommunikation ein alternativer Kommunikationsmodus entgegengesetzt wird, sodass der Strategieaspekt von Kommunikation nicht universalisierbar ist und noch nicht einmal (normativ) präferierbar. Systemtheoretisch gesehen ist Strategie nur als (mindestens) zweiseitige Form denkbar oder beobachtbar, strategische Kommunikation kann also nicht als differenzloser Begriff behandelt werden. Wer sich mit strategischer Kommunikation befasst, muss auch das Unstrategische an Kommunikation mitdenken, will man nicht die andere Seite der Form auslöschen und damit die ganze *Form* strategischen Denkens auflösen. Die Occupy-Bewegung scheint sogar die Form sozusagen seitenverkehrt zu kommunizieren, also das Unstrategische zum Normalen und das Strategische zum Abweichenden, Nachrangigen usw. zu deklarieren.

Man kann aus kritischer Perspektive sogar noch einen Schritt weiter gehen: Bereits die Zweiseitenform „Strategie vs. Nicht-Strategie" ist eine Verkürzung der Beobachterverhältnisse. Zwar neigt der professionelle Journalismus dazu, seine sozialen Gegenstände unter strategischen Aspekten zu beurteilen (besonders konsequent am „horse-race-journalism" in der Wahlkampfberichterstattung zu beobachten), er verfehlt aber durch diese „Leitdifferenz" geradezu systematisch seinen Gegenstand, und dies wird bei sozialen Bewegungen besonders deutlich. Ein indirektes, aber hinreichendes empirisches Indiz für dieses Verfehlen oder Versagen ist die Ausbildung alternativer Medien zur Herstellung von Gegenöffentlichkeit. Interessant wäre darüber hinaus die Überlegung, ob sogar Public Relations ihren Gegenstand (teilweise) verfehlen, wenn sie ausschließlich als strategische Kommunikation praktiziert werden, denn die Außendarstellung von sozialen Bewegungen, also ihre PR (hier: insbesondere der Occupy-Bewegung) ist gerade nicht in erster Linie strategisch. Strategie erfordert Planung, Berechnung und Management von Kommunikation – soziale Bewegungen können und wollen das nicht praktizieren. Entweder betreiben sie keine (professionelle) PR (wenn man diese so konzipiert, dass ihr strategische Kommunikation notwendig inhärent wäre), dann wäre das

Problem quasi semantisch entsorgt, weil PR nur als professionelle Kommunikations-weise an herrschende, etablierte oder bürgerliche Instanzen gebunden wäre und dis-sidente Gruppierungen per Definition keine (professionelle) PR betreiben. Oder PR umfasst in einem weiten Sinn generell jede Form von Außendarstellung und Selbst-darstellung (also auch Phänomene wie „Propaganda der Tat") und muss sich dann von der Strategiefixiertheit lösen und strategische Fragen nicht prioritär, sondern allenfalls als abgeleitete, sekundäre Probleme (zuerst die Verständigung über die Inhalte, dann erst deren strategische Kommunikation) behandeln. Überhaupt ist die Abkopplung der (strategischen) Mittel von ihren (nicht-strategischen?) Zielen ein typisches Kennzei-chen affirmativer Forschung und wird in der kritischen PR-Forschung kritisiert: Wer die Ziele beliebig offen hält und nur die strategischen Mittel zur Erreichung dieser (ar-biträren und dezisionistisch begründeten) Ziele erforscht, hat schon jeglichen selbstre-flexiven Anspruch an Wissenschaft aufgegeben und stellt sich begründungslos einer be-stimmten gesellschaftlichen Praxis zur Verfügung (vgl. Westerbarkey 2008).

Kehrt man zur Theorie des kommunikativen Handelns zurück, wäre die Entpriori-sierung strategischen Handelns sogar eine wünschenswerte politische Theorie und Pra-xis, weil strategische Kommunikation als Bestandteil von Herrschaftssicherung (oder deren Eroberung) die Lebenswelt parasitär kolonialisiert. Und gerade diese Entkolonia-lisierungsprozesse sind das Anliegen sozialer Bewegungen und deren Gegenöffentlich-keit. Eine kritische PR-Forschung würde sich dann nicht nur mit der Kritik an der herr-schenden PR und deren Manipulationspotenzial beschäftigen, sondern auch mit der Kritik an strategischer Kommunikation schlechthin als illegitimer Universalisierung von Kommunikation und damit zur Entideologisierung von gesellschaftlicher Kommu-nikation beitragen.

Literatur

Azzellini, Dario. 2006. Krise der Repräsentation – Ablehnung der Politik. In *Stand der Be-wegung? Protest, Globalisierung, Demokratie – eine Bestandsaufnahme,* hrsg. Oliver Marchart, Rupert Weinzierl, 105–114. Münster: Westfälisches Dampfboot.

Blumenkranz, Carla, Keith Gessen, Christopher Glazek, Mark Greif, Sarah Leonard, Kathleen Ross, Nikil Saval, Eli Schmitt, und Astra Taylor (Hrsg.). 2011. *Occupy! Die ersten Wochen in New York.* Berlin: Suhrkamp.

Brand, Ulrich. 2006. Gegen-Hegemonie als strategische Perspektive. Ambivalenzen und Stra-tegien der aktuellen Globalen Sozialen Bewegungen. In *Stand der Bewegung? Protest, Globali-sierung, Demokratie – eine Bestandsaufnahme,* hrsg. Oliver Marchart, Rupert Weinzierl, 35–44. Münster: Westfälisches Dampfboot.

Burnicki, Ralf. 2002. *Anarchismus und Konsens. Gegen Repräsentation und Mehrheitsprinzip: Strukturen einer nichthierarchischen Demokratie.* Frankfurt/Main: Verlag Edition AV.

Della Porta, Donatella. 2009. *Democracy in Social Movements,* Basingstoke. Hampshire, Hound-smill: Palgrave Macmillan.

Fotopoulos, Takis. 2003. *Umfassende Demokratie. Die Antwort auf die Krise der Wachstums- und Marktwirtschaft.* Grafenau: Trotzdem Verlag.

Fraser, Nancy. 1992. Rethinking the Public Sphere. A Contribution to the Critique of Actually Existing Democracy. In *Habermas and the Public Sphere*, hrsg. Craig Calhoun, 109–142. Cambridge (Ma): MIT.

Gelded, Sarah van and the staff of YES! Magazine (Hrsg.). 2011. *This Changes Everything. Occupy Wall Street and the 99 % Movement.* San Francisco: Berrett-Koehler.

Giegel, Hans-Joachim. 1992. Diskursive Verständigung und systemische Selbststeuerung. In *Kommunikation und Konsens in modernen Gesellschaften*, hrsg. Hans-Joachim Giegel, 59–112. Frankfurt/Main: Suhrkamp.

Graeber, David. 2012. *Inside Occupy.* Frankfurt/Main, New York: Campus.

Habermas, Jürgen. 1981a. *Theorie des kommunikativen Handelns. Band 1: Handlungsrationalität und gesellschaftliche Rationalisierung.* Frankfurt/Main: Suhrkamp.

Habermas, Jürgen. 1981b. *Theorie des kommunikativen Handelns. Band 2: Zur Kritik der funktionalistischen Vernunft.* Frankfurt/Main: Suhrkamp.

Habermas, Jürgen. 1982. Erläuterungen zum Begriff des kommunikativen Handelns. In *Vorstudien und Ergänzungen zur Theorie des kommunikativen Handelns*, hrsg. Jürgen Habermas, 571–606. Frankfurt/Main: Suhrkamp.

Hirsch, Joachim. 2006. Soziale Bewegungen in demokratietheoretischer Perspektive. In *Stand der Bewegung? Protest, Globalisierung, Demokratie – eine Bestandsaufnahme*, hrsg. Oliver Marchart, Rupert Weinzierl, 88–104. Münster: Westfälisches Dampfboot.

Kastner, Jens, Isabell Lorey, Gerald Raunig, und Tom Waibel. 2012. *Occupy! Die aktuellen Kämpfe um die Besetzung des Politischen.* Wien, Berlin: Turia+Kant.

Kraushaar, Wolfgang. 2012. *Der Aufruhr der Ausgebildeten. Vom Arabischen Frühling zur Occupy-Bewegung.* Hamburg: Hamburger Edition.

Luhmann, Niklas. 1990. *Die Wissenschaft der Gesellschaft.* Frankfurt/Main: Suhrkamp.

Miller, Max. 1992. Rationaler Dissens. Zur gesellschaftlichen Funktion sozialer Konflikte. In *Kommunikation und Konsens in modernen Gesellschaften*, hrsg. Hans-Joachim Giegel, 31–58. Frankfurt/Main: Suhrkamp.

Mörtenböck, Peter, und Helge Mooshammer. 2012. *Occupy. Räume des Protests.* Bielefeld: transcript.

Nullmeier, Frank. 1995. Diskursive Öffentlichkeit. Möglichkeiten der Radikalisierung und der Kritik. In *Macht der Öffentlichkeit – Öffentlichkeit der Macht*, hrsg. Gerhard Göhler, 85–114. Baden-Baden: Nomos.

Roth, Roland. 2012. Vom Gelingen und Scheitern sozialer Bewegungen. *Forschungsjournal Soziale Bewegungen. Analysen zu Demokratie und Zivilgesellschaft* 25(1): 21–31.

Roth, Roland, und Dieter Rucht. 2008. Soziale Bewegungen und Protest – eine theoretische und empirische Bilanz. In *Die sozialen Bewegungen in Deutschland seit 1945. Ein Handbuch*, hrsg. Roland Roth, und Dieter Rucht, 635–668. Frankfurt, New York: Campus.

Scholl, Armin. 2009. Vom Dissens zur Dissidenz. Die Bedeutung alternativer Gegenöffentlichkeit für die Gesellschaft. In *Konstruktionen von Kommunikation in der Mediengesellschaft. Festschrift für Joachim Westerbarkey*, hrsg. Klaus Merten, 83–95. Wiesbaden: VS Verlag für Sozialwissenschaften.

Sontheimer, Kurt, und Rudolf Maresch. 1996. In der selbstreferentiellen Medienwelt den Kontakt zur Szene verloren. In *Medien und Öffentlichkeit. Positionierungen, Symptome, Simulationsbrüche*, hrsg. Rudolf Maresch, 211–227. München: Boer.

Voigt, Hans Christian, und Thomas Kreiml (Hrsg.). 2011. *Soziale Bewegungen und Social Media. Handbuch für den Einsatz von Web 2.0.* Wien: ÖGB-Verlag.

Westerbarkey, Joachim. 2008. Kritische Ansätze: ausgewählte Paradigmen. In *Handbuch der Public Relations. Wissenschaftliche Grundlagen und berufliches Handeln. Mit Lexikon. 2., korr. u. erw. Aufl.*, hrsg. Günter Bentele, Romy Fröhlich, und Peter Szyszka, 177–191. Wiesbaden: VS.

Žižek, Slavoj. 2012. Das gewaltsame Schweigen eines Neubeginns. In: *Occupy! Die ersten Wochen in New York. Eine Dokumentation*, hrsg. Carla Blumenkranz, Keith Gessen, Christopher Glazek, Mark Greif, Sarah Leonhard, Kathleen Ross, Nikil Saval, Eli Schmitt, und Astra Taylor, 68–77. Berlin: Suhrkamp.

Recherchequellen und Diskussionsbeiträge zur Occupy-Bewegung

Alcoff, Linda Martín. 2011. Occupy: Stage Two, in: Possible Futures. A Project of the Social Science Research Council vom 21. Dezember 2011. www.possible-futures.org/2011/12/21/occupy-stage-two/. Zugegriffen: 30. Oktober 2012.

Adams, Jason. 2011. Occupy Time. *Critical Inquiry* vom 16. November 2011. http://critinq.wordpress.com/2011/11/16/occupy-time/. Zugegriffen: 30. Oktober 2012.

Bäumer, Petra. 2011. Auf die Plätze. Wie man über das Internet Proteste organisiert. www.fluter.de/de/protestieren/thema/9660/. Zugegriffen: 30. Oktober 2012.

Beisswanger, Florian. 2011. Die digitale Protestkultur und ihre rasanten Folgen. Aufrufe zum Ungehorsam. www.fluter.de/de/protestieren/thema/9673/. Zugegriffen: 30. Oktober 2012.

Berliner Zeitung: www.berliner-zeitung.de/berlin,10809148,11166472.html. Zugegriffen: 30. Oktober 2012.

Brissette, Emily. 2011. On „Violence" at Occupy Oakland. For the Fracture of Good Order. *Counterpunch* vom 4. bis 6. November 2011. www.counterpunch.org/2011/11/04/for-the-fracture-of-good-order/. Zugegriffen: 30. Oktober 2012.

Calhoun, Craig. 2011. Evicting the Public. Why Has Occupying Public Spaces Brought Such Heavy-handed Repression? *Possible Futures. A Project of the Social Science Research Council* vom 19. November 2011. www.possible-futures.org/2011/11/19/evicting-the-public-why-has-occupying-public-spaces-brought-such-heavy-handed-repression/. Zugegriffen: 30. Oktober 2012.

Deseriis, Marco, und Jodi Dean. 2012. A Movement without Demands. *Possible Futures. A Project of the Social Science Research Council* vom 3. Januar 2012. www.possible-futures.org/2012/01/03/a-movement-without-demands/. Zugegriffen: 30. Oktober 2012.

Diez, Georg. 2011. Proteste. Der Aufstand hinter der Maske. *Der Spiegel* 52 vom 23. Dezember 2011. www.spiegel.de/spiegel/0,1518,805637,00.html. Zugegriffen: 30. Oktober 2012.

Dohrn, Bernadine. 2011. Occupying Wall Street. *Critical Inquiry* vom 12. Oktober 2011. http://critinq.wordpress.com/2011/10/12/bernadine-dohrn-on-occupying-wall-street/. Zugegriffen: 30. Oktober 2012.

Donovan, Joan. 2012. Conference-calling across the Occupy Rhizome. *Possible Futures. A Project of the Social Science Research Council* vom 6. Februar 2012. www.possible-futures.org/2012/02/06/conference-calling-across-the-occupy-rhizome/. Zugegriffen: 30. Oktober 2012.

Ebbinghaus, Uwe. 2012. Linke Utopien. Wer hat Angst vor Anarchismus? *Frankfurter Allgemeine Zeitung* vom 30. Januar 2012. http://www.faz.net/aktuell/feuilleton/linke-utopien-wer-hat-angst-vor-anarchismus-11627790.html. Zugegriffen: 30. Oktober 2012).

Geldner, Andreas. 2012. Occupy-Bewegung endgültig verstummt. *Frankfurter Rundschau* vom 8. Februar 2012. www.fr-online.de/politik/finanzkrise-occupy-bewegung-endgueltig-verstummt,1472596,11591260.html. Zugegriffen: 30. Oktober 2012.

Gordillo, Gaston. 2011. Blog Space and Politics – Essays on the Spatial Pulse of Politics – Ensayos sobre el pulso especial de la política. http://spaceandpolitics.blogspot.com. Zugegriffen: 30. Oktober 2012.

Gupta, Susanne. 2011. Wir erzählen, was wir sehen. Wie Videoaktivisten die Welt verändern wollen. http://film.fluter.de/de/386/thema/8796/. Zugegriffen: 30. Oktober 2012.

Harcourt, Bernard. 2011. Occupy's New Grammar of Political Disobedience. *Guardian* vom 30. November 2011. www.guardian.co.uk/commentisfree/cifamerica/2011/nov/30/occupy-new-grammar-political-disobedience. Zugegriffen: 30. Oktober 2012.

Hardt, Michael, und Antonio Negri. 2011. The fight for ‚Real Democracy' at the Heart of Occupy Wall Street. *Foreign Affairs*, Feature vom 11. Oktober 2011. www.foreignaffairs.com/articles/136399/michael-hardt-and-antonio-negri/the-fight-for-real-democracy-at-the-heart-of-occupy-wall-street. Zugegriffen: 30. Oktober 2012.

Huhtasaari, Hanna. 2007. Stimmen im Netz. Für die iranische Jugendkultur ist das Internet die Heimat, in: www.fluter.de/de/protest/aktuell/6199/ Zugegriffen: 30. Oktober 2012.

Klopotek, Felix. 2012. Libertärer Biedermeier: Woher rührt die gegenwärtige Begeisterung des Bürgertums für anarchistische und andere bewegungslinke Debatten? *Konkret* 7/2012: 18–19.

Knipp, Kersten. 2012. Die Wirkung neuer Protestbewegungen im Blick. Konferenz „Communitas, Commune, Communismus". *Deutschlandradio Studiozeit Aus Kultur- und Sozialwissenschaften* vom 26. Januar 2012. www.dradio.de/dlf/sendungen/studiozeit-ks/1661827. Zugegriffen: 30. Oktober 2012.

Linke Woche: www.linkewoche.at/?cat=5. Zugegriffen: 30. Oktober 2012.

Manninga, Frauke. 2009. Gefährliches Bloggen. Ägypten versuchen die Mächtigen das Internet zu unterdrücken. www.fluter.de/de/82/aktuell/7939/. Zugegriffen: 30. Oktober 2012.

Marcuse, Peter. 2011/2012. Blog Critical Planning and Other Thoughts. http://pmarcuse.wordpress.com. Zugegriffen: 30. Oktober 2012.

McVeigh, Rory. 2011. How Occupy Wall Street Works. Why It Will Remain Nonviolent. *Foreign Affairs*, Feature vom 10. Oktober 2011. www.foreignaffairs.com/articles/136404/rory-mcveigh/how-occupy-wall-street-works. Zugegriffen: 30. Oktober 2012.

Mirzoeff, Nicholas. 2011. Occupy Theory. *Critical Inquiry* vom 26. Oktober 2011. http://critinq. wordpress.com/2011/10/26/occupy-theory/. Zugegriffen: 30. Oktober 2012.

Moorstedt, Michael. 2009. Twittern in Teheran. Wie das Netz zur Plattform für den Protest wird. www.fluter.de/de/80/aktuell/7759/. Zugegriffen: 30. Oktober 2012.

Occupy Research o. .J.: http://occupyresearch.wikispaces.com/. Zugegriffen: 30. Oktober 2012.

Piper, Nikolaus. 2011. Occupy-Bewegung. Viele bewegt, wenig bewirkt. *Süddeutsche Zeitung* vom 17. November 2011. www.sueddeutsche.de/politik/occupy-bewegung-viele-bewegt-wenig-bewirkt-1.1191405. Zugegriffen: 30. Oktober 2012.

Schneider, Nathan. 2011. „This is just practice". The Story of the Wall Street Occupation. *Nation of Change. Progressive Journalism for Positive Action* vom 24. September 2011. www.nationofchange.org/just-practice-story-wall-street-occupation-1316877493. Zugegriffen: 30. Oktober 2012.

Sitrin, Marina. 2012. Horizontalism and Territory. *Possible Futures. A Project of the Social Science Research Council* vom 9. Januar 2012. www.possible-futures.org/2012/01/09/horizontalism-and-territory/. Zugegriffen: 30. Oktober 2012.

Smith, Matthew Noah. 2012. Living Politically. *Possible Futures. A Project of the Social Science Research Council* vom 23. Januar 2012. www.possible-futures.org/2012/01/23/living-politically/. Zugegriffen: 30. Oktober 2012.

Solty, Ingar. 2011. Die Occupy-Bewegung in den USA. *Z – Zeitschrift für marxistische Erneuerung* 21(88). www.zeitschrift-marxistische-erneuerung.de/article/267.die-occupy-bewegung-in-den-usa.html. Zugegriffen: 30. Oktober 2012.

Steinberg, Claudia. 2012. Vor dem amerikanischen Frühling. Die Occupy-Bewegung hält aktiven Winterschlaf – und besetzt Wohnhäuser in New York. *Zeit Online* vom 2. Februar 2012. (www.zeit.de/2012/06/WOS-Occupy-New-York. Zugegriffen: 30. Oktober 2012.

Weidinger, Liz. 2011. Digitaler Widerstand – gedruckt. Das Netz und die alten Medien. www.fluter.de/de/protestieren/thema/9658/. Zugegriffen: 30. Oktober 2012.

Policy Placement: Strategische Kommunikation über Politik in Unterhaltungsangeboten

Martin R. Herbers

1 Die Herausforderungen der Kommunikation über Politik

Im deutschen Fernsehen finden sich politische Inhalte in vielfältiger Form: Journalistische Angebote wie Nachrichtensendungen, die das Rückgrat der Politikvermittlung bilden, präsentieren eine ‚objektive' Berichterstattung zur tagesaktuellen Politik. In Talk- und Debattenshows werden politische und soziale Probleme der Gegenwart aus verschiedenen subjektiven Perspektiven heraus diskutiert und in Dokumentationen wird das Politische in seinen realweltlichen Kontexten dargeboten. Demokratietheoretisch wünschenswert ist es, dass die Bürgerschaft diese Angebote der Politikvermittlung zur Aufnahme von politischen Informationen nutzt, um ihre Rolle im politischen Prozess adäquat wahrnehmen zu können. Dieser normativen Forderung setzt die Forschung zur tatsächlichen Nutzung und Wirkung politischer Angebote des Fernsehens ein anderes Bild gegenüber – insbesondere die eingeforderte politische Informiertheit wird durch die Nutzung der Angebote des Fernsehens kaum eingelöst (Maier 2009). Fernsehnutzung ist, zumindest in Deutschland, nicht primär die Nutzung von politischen Informationsangeboten, sondern hauptsächlich die Nutzung von Unterhaltungsangeboten, wie regelmäßig durchgeführte Programmanalysen zeigen (Zubayr und Gerhard 2012). Vor allem fiktionale Unterhaltungsangebote wie Fernsehserien und -reihen sind bei den Zuschauern beliebt. Diesen Befund kann man in Bezug auf die demokratietheoretischen Forderungen im Sinne von Umberto Eco (1989) ‚apokalyptisch' sehen und darauf verweisen, dass durch eine zunehmende Unterhaltungsnutzung eine Dysfunktionalität der politischen Öffentlichkeit entsteht. Werden politische Informationen zu Gunsten von Unterhaltungsangeboten vermieden, kann die Diskussion der *res publica* nicht mehr in der Breite erfolgen, sondern lediglich in spezialisierten gesellschaftlichen Bereichen. Die übrige, ursprünglich integrativ gedachte politische Öffentlichkeit zerfällt in Fragmente (Habermas 2008; Donk und Westerbarkey 2009). Auf der anderen Seite kann aber genau diese potentielle Dysfunktionalität für die Kommunikation über Politik nutzbar gemacht werden: Wenn es immer schwieriger wird, Bürger durch informatorische Kommunikation zu erreichen, warum sollte man dann nicht versuchen, politische Inhalte in Unterhaltungsangebote zu platzieren, um so die ‚Unerreichbaren' zu erreichen?

Diese strategische Nutzung von Unterhaltungsangeboten zur Vermittlung politischer Inhalte mit einer intendierten politischen Wirkung wird als *policy placement* bezeichnet (von Rimscha und Siegert 2008, S. 15) und fordert, die in der normativen Öffentlichkeitstheorie diskutierten Unterhaltungsangebote als gleichrangigen Inputgeber in die politische Öffentlichkeit neben informatorischen Angeboten anzusehen (Göttlich 2009). Als dezidierte Kommunikationsstrategie politischer Akteure auf der kollektiven Ebene ist es das gezielte Vorhaben, durch die Einbringung von politischen *issues* (und Programmen zu deren Lösung) in Unterhaltungsangebote wie Fernsehserien und -reihen bei den jeweiligen Rezipienten eine intendierte, persuasive Wirkung mit Hinblick auf das issue auszulösen. Gegenüber dem etablierten Konzept des *Politainment,* das zum einen als Darstellung von Politik und Politikern in Unterhaltungsangeboten, zum anderen als die Verwendung von unterhaltenden Elementen durch Politiker (etwa bei öffentlichen Auftritten) von Dörner (2001) formuliert wird, geht *policy placement* deutlich weiter. In Abgrenzung zum ersten Fall des Politainment, der Darstellung von politischen Themen und Akteuren in Unterhaltungsangeboten, zeigen sich Unterschiede in der Wirkungsintention. Geht es beim Politainment darum, die Darstellung von Politik als in eine größere Narration eingearbeitetes Element zu analysieren (Holbert 2005), deren Wirkungsabsichten eher sekundär sind, so untersteht das *policy placement* dem Primat der Wirkung. Nach dieser Konzeption wird ein issue nicht bloß um seines Unterhaltungswertes Willen in etwa eine Fernsehserie aufgenommen. Das Ziel ist es hier, eine bestimmte, vorher festgelegte Wirkung durch diese Platzierung zu erzielen. Am Beispiel des gesundheitspolitischen Themas der Organspende (Gassmann et al. 2003) etwa zeigt sich, dass dieses Thema in Angeboten des Politainment aufgenommen werden kann, da es Spannung auslösen kann und den Rezipienten auf Grund dessen durch das Programm führen kann. Im Sinne des policy placements wird es aus einem bestimmten Grund aufgenommen, nämlich um eine Wirkung gezielt auszulösen, also um etwa die Organspendebereitschaft zu erhöhen. Der zweite Fall des Politainment, nämlich die Verwendung unterhaltender Elemente durch Politiker, findet keine Analogie im policy placement, da es eher auf die inhaltliche wie formale Gestaltung öffentlicher Auftritte von Politiker abzielt. Policy placement hingegen richtet sich auf die gezielte Einbringung von Inhalten in narrative Unterhaltungsangebote, so dass dieser Fall hier nicht betrachtet wird. Dieser Beitrag entwickelt vor dieser Abgrenzung zum Politainment ein grundlegendes Konzept zum policy placement vor dem Hintergrund der Anforderungen der strategischen Kommunikation.

2   Policy placement: Kommunikation über Politik als strategische Kommunikation

Kommunikation kann als das zentrale Strukturelement demokratischer Systeme bezeichnet werden und dient dazu, eine Vermittlung zwischen den Bürgern und den von ihnen gewählten politischen Akteuren vorzunehmen (Rhomberg 2009, S. 13). Um es genauer zu spezifizieren: Demokratische Systeme sind vor allen Dingen auf Kommunikationen angewiesen, die in der politischen Öffentlichkeit (vgl. dazu auch den Beitrag von Westerbarkey in diesem Band) stattfinden. Die öffentliche Kommunikation von Politik kann in diesem Zusammenhang definiert werden als „frei zugängliche Kommunikation, wenn und insoweit sie auf die Herstellung, Durchsetzung und Begründung kollektiv bindender Entscheidung bezogen ist" (Marcinkowski 2001, S. 248). Öffentliche Kommunikation über die „Angelegenheit[en] von kollektivem Interesse" (Marcinkowski 2002, S. 102) beruhen also darauf, dass bestimmte *Inhalte des Politischen* eingebracht werden, deren Ziel es ist, eine bestimmte *Wirkung* zu erzielen, nämlich die oben genannte Herstellung, Durchsetzung und Begründung von kollektiv verbindlichen Entscheidungen. Die politikwissenschaftliche Forschung bezeichnet die öffentlich kommunizierte, inhaltliche Ebene des Politischen als *policy* (Jarren und Donges 2011, S. 17). Unter diesem Begriff werden die Inhalte der Politik verstanden, also „die materiell-inhaltlichen Fragen und Probleme, auf die mit politischen Programmen und Maßnahmen reagiert wird, aber auch die Resultate der politischen Aktivitäten in den jeweiligen Politikfeldern" (Blum und Schubert 2011, S. 14).

Der policy-Begriff fokussiert zum einen darauf, wie die Fragen und Probleme in einem konkreten Politikfeld verhandelt werden, beispielsweise in der Innen- oder Gesundheitspolitik, zum anderen beschäftigt er sich mit der Frage, wie die Probleme der einzelnen Politikfelder, im Sinne der normativ geforderten Vermittlung zwischen Bürgern und politischen Akteuren, medial vermittelt werden können (Jarren und Donges 2011, S. 17). Zur Gestaltung einer policy wird auf Steuerungsinstrumente zurückgegriffen. Hier zählt die Überzeugung zu den wichtigsten Steuerungsinstrumenten, die durch das gezielte Kommunizieren von Programmen und Inhalten zu Stande kommt (Blum und Schubert 2011, S. 89). Diese Kommunikationen folgen in der Regel einem zyklischen Aufbau, dem sog. policy-cycle:

„Am Anfang steht häufig ein spezifisches politisches Problem oder Defizite, die auf einem (bestehenden) Politikfeld ausgemacht werden. Politische oder gesellschaftliche Akteure suchen dann – ihren jeweiligen Interessen entsprechend – das Problem zu thematisieren und auf der politischen Agenda zu verankern. Um das Problem lösen zu können, müssen daraufhin Policies formuliert also konkrete Programme und Steuerungsinstrumente entwickelt werden. Ob diese angedachten Politiken tatsächlich gefahren werden, ist von den Phasen der politischen Entscheidung sowie der Implementierung durch Politik und Verwaltung abhängig. Schließlich sollte es zur Evaluierung der gewählten Policies kommen sowie daraufhin entweder zur Neuformulierung oder zur Terminierung des Politiksetzungsprozesses" (Blum und Schubert 2011, S. 105).

An dieser Stelle kommt das oben eingeführte generelle Problem der öffentlichen Kommunikation über Politik zum Tragen – wenn die entsprechende Wirkung eintreten soll, müssen zum einen die Bürger mit diesen Informationen versorgt werden, zum anderen müssen die Inhalte so gestaltet sein, dass die Wirkung auch mit einer gewissen Wahrscheinlichkeit eintritt. Hier wird deutlich, dass die klassische Ansprache der Bürger durch Informationsmedien oder politische Kampagnen (sog. *issue raising*, Blum und Schubert 2011, S. 157) auf Grund der ausbleibenden Zuwendung der Bürger zu diesen Medien an ihre Grenzen stößt. Da aber eine Thematisierung von policies auch über Unterhaltungsangebote erfolgen kann und eine entsprechende Platzierung der Themen in der politischen Öffentlichkeit mit einer entsprechenden Wirkungserwartung auch durch diese erfolgen kann, etabliert sich für einzelne Politikfelder die Kommunikationsstrategie des *policy placements*. Hier wird – in Anlehnung an das etablierte Konzept der Werbekommunikation, das sog. *product placement*, welches letztlich auch den Zweck erfüllen soll, Nutzer, die Werbung gezielt vermeiden an ein Produkt heranzuführen (Koch und Ruland 2011; Newell et al. 2006) – die policy, also das identifizierte politische oder soziale Problem und dessen Lösungsprogramme, in vor allem fiktionale Unterhaltungsangebote des Fernsehens integriert. Das Ziel ist es zum einen diejenigen Bürger zu erreichen, die von der policy betroffen sind, jedoch nicht von klassischer öffentlicher Kommunikation über Politik erreicht werden, zum anderen auch, um durch die Präsentation der Lösungsprogramme für das Problem den Rezipienten gleich ,korrektes Verhalten' im Sinne der policy aufzeigen zu können. Es soll somit „[p]olitisches Lernen [.] also […] eine auf neuen Informationen beruhende Verhaltensänderung" (Blum und Schubert, S. 157) ausgelöst werden.

Der Begriff des policy placements ist dabei in dieser Form ein eher neues Phänomen der öffentlichen Kommunikation über Politik, da es im Sinne einer strategischen Kommunikation an politische Organisationen, bzw. *policy-Träger* wie Verbände, Ministerien oder NGOs geknüpft ist, und gleichzeitig eine gesellschaftliche Folgenhaftigkeit aufweist (Gehrau et al., in diesem Band). Daher übersteigt dieses Konzept das ,bloße' Thematisierung des Politischen, das zwar auch Lerneffekte erzielen kann, diese aber nicht primär intendiert sind. Der akademische und geistige Vorläufer des policy placements ist dabei das Konzept der *entertainment education*, also die intentionale Platzierung von *Bildungsinhalten* in Unterhaltungsangeboten (Singhal und Rogers 2002, S. 117). Dessen Theoriebasis und Ziel bleibt aber hinter der des policy placements zurück. Geht es im Bereich der entertainment education vor allem um eine eher generelle ,Volksaufklärung' bzw. ,Volksbildung', steht beim policy placement die Nutzung der Unterhaltungsangebote zu einem konkreten Ziel im Vordergrund. Policy placement leistet somit einen Beitrag zur Herstellung der politischen Öffentlichkeit, während entertainment education eher pädagogische Ziele in den Vordergrund stellt. Trotz dieser Unterschiedlichkeit in den Zielen: Die zahlreichen Erkenntnisse des entertainment education zu Produktion, Inhalten und vor allem Wirkungen können für eine generelle Theoriebildung im policy placement nutzbar gemacht werden, da beiden hier den gleichen Weg beschreiten, jedoch unterschiedliche Ziele aufweisen. Daher werden nachstehend die wichtigsten Ergebnisse zum entertainment education aufgezeigt, um sie dann vor dem Hintergrund des policy placement zu reflektieren.

3   Unterhaltende Kommunikation über Politik: Chancen und Risiken

Die Grundidee der Platzierung von politischen Inhalten in Unterhaltungsangeboten ist bereits in frühen Formen von Narrationen, die der Weitergabe kulturellen Wissens dienen, vorhanden – wie etwa Märchen und Sagen. Erst seit den 1940er Jahren wird dieses Verfahren gezielt in massenattraktiven Medienangeboten eingesetzt (Lampert 2005, S. 33) und hat seinen Ursprung in us-amerikanischen Initiativen (Lampert 2003, S. 462). Erste Anwendungen in soap operas befaßten sich mit agrarpolitischen Themen und public health-Botschaften. Insbesondere letztere zeigen sich gut durch Unterhaltungsangebote bis gegenwärtig transportierbar. Aber auch soziale, familienbezogene Themen (z. B. Gender-Aspekte in der Gegenwartsgesellschaft, Gewalt im häuslichen Kontext) sind oftmals aufgegriffene Themen (Lampert 2005, S. 34–35). Gegenwärtig werden auch umweltpolitische Themen wie Nachhaltigkeit von Regierungsorganisationen aufgegriffen und entsprechend platziert (Reinermann und Lubjuhn 2011).

Als theoretische Grundlage für die wirkungsvolle Platzierung der Inhalte wird häufig auf die sozial-kognitive Lerntheorie von Bandura (2004) zurückgegriffen und im Wesentlichen auf dessen Kernannahmen reduziert. Die Grundidee dieses Ansatzes ist, dass gewünschtes politisches oder soziales Verhalten vor allem durch Primärerfahrungen erlernt wird, aber auch durch das Beobachten anderer Gesellschaftsteilnehmer durch Sekundärerfahrungen am Modell erlernt werden kann. Diese Sekundärerfahrung kann dabei auch medial vermittelt sein. Entscheidend ist, dass dem Rezipienten Modelle angeboten werden, die in einer konkreten lebensweltlichen Situation, die dem des Rezipienten entspricht, Erfahrungsangebote unterbreitet werden, die dann durch den Rezipienten imitiert werden können. Die Modelle können dabei verschiedene medial präsentierte Figuren sein, deren Handlungen im Sinne der policy positiv konnotiert sein können, negativ besetzt sein können oder als sog. *transitional characters* im Handlungsverlauf eine Entwicklung in Richtung des erwünschten Verhalten durchlaufen können (Garsoffky 2008, S. 162; Lampert 2003, S. 463; Lampert 2005, S. 35). „Die Serienfiguren durchleben quasi stellvertretend für die Zuschauerinnen und Zuschauer Krisensituationen und erproben – mal mehr, mal weniger erfolgreich verschiedene Bewältigungsstrategien" (Lampert 2005, S. 33). Mit den Theoriebeständen der parasozialen Interaktion bzw. der parasozialen Beziehungen kann diese Verhaltensänderung auch langfristig erklärt werden (Lampert 2005, S. 35). Sood und Rogers (2000) untersuchten dies in einer Inhaltsanalyse von Publikumszuschriften an die Produzenten der indischen entertainment-education soap opera *Hum Log.* Sie konnten zeigen, dass die RezipientInnen dieser Sendung vor allem in starke affektive Beziehungen zu den Figuren traten, den für das placement relevanten Inhalt auf kognitiver Ebene durchdrangen und letztlich vor dem Hintergrund ihrer eigenen lebensweltlichen Situation reflektierten. Auch das audience-involvement, dass bei Fernsehserien und -reihen besonders hoch ist, kann hier dazu beitragen, die intendierte Wirkung zu erzielen (Lampert 2003, S. 471).

In Abgrenzung hierzu bzw. als Erweiterung der soziokognitiven und lerntheoretischen Annahmen wurde vorgeschlagen, das *Elaboration-Likelihood-Modell* mit einzubeziehen. Hierzu müssen die gegebenen Informationen durch den Rezipienten gründlich durchdacht – eben elaboriert – werden, damit sie ihre intendierte Wirkung entfalten können. In Kombination mit dem Argument der narrativen Absorption und der Identifikation mit einzelnen Figuren kann das kognitive counterarguing bei eigentlich dem Rezipienten kontraintuitiv erscheinenden Inhalten verhindert werden. Hierdurch verlieren auch andere Einflußfaktoren wie etwa das persönliche Involvement zu einem bestimmten Thema an Relevanz für den intendierten Erfolg (Slater und Rouner 2002).

Jedoch ist das Involvement der Rezipienten trotzdem ein nicht zu unterschätzender Faktor für die zu erwartenden Medienwirkungen, gerade in Bezug auf die Förderung interpersonaler Kommunikation im Anschluß an die Rezeption und den Aufbau von self-efficacy und collective efficacy, insbesondere wenn das Involvement sowohl affektiv als auch kognitiver Natur ist (Sood 2002). Zu diesem Zweck schlägt Kincaid (2002) vor, die Produktion dieser Angebote auf die kompositorischen Annahmen der Dramentheorie zu stützen, da diese genau beschreibt, wie eine Konfrontation der Rezipienten mit bestimmten Inhalten so gestaltet werden kann, dass sowohl ein emotionaler als auch ein kognitiver Response erfolgen kann. Das Ziel dieses Ansatzes besteht darin, die Rezipienten auf einer kognitiven und emotionalen Ebene nicht nur zu erreichen, sondern auch gezielt Medienwirkungen in Richtung eines politisch gewünschten Verhaltens zu fördern (Lampert 2003, S. 464). Dabei ist die Anwendbarkeit dieser Kommunikationsstrategie nicht nur auf erwachsene Gesellschaftsmitglieder beschränkt. Im Kinderprogramm des Fernsehens wird diese Strategie eingesetzt, um bereits früh auf Themen wie z. B. gesunde Ernährung oder prosoziales Verhalten generell erfolgreich zu setzen (Arendt 2010). Weiterhin können diese Angebote sogar interkulturell stabil genutzt werden. Der von der kanadischen NGO Street Kids International produzierte Animationsfilm *Karate Kids,* der auf HIV-Prävention abzielt, ist etwa in 25 Sprachen untertitelt worden und wird in über 100 Ländern weltweit gezeigt. Das Thema selber zeigte sich kulturübergreifend anschlussfähig und wurde teilweise glokalisiert (etwa durch die Verwendung landestypischer Namen für einzelne Figuren), wobei letzteres auf Grund der Text-Bild-Inkongruenz eher mäßigen Erfolg zeigte (Sarobol und Singhal 1998).

Die Möglichkeiten der Themenplatzierung reichen von der punktuellen Erwähnung, über themenorientierte Handlungsstränge, bis hin zu eigenen Angebotsformen (Lampert 2005, S. 35), den sog. *after-school-specials* oder den *very special episodes* einer

Serie. Auch ein eigener Epilog zur Serienfolge, in dem eine positive Identifikationsfigur der Serien die Ereignisse noch ein mal zusammenfaßt und die Botschaft wiederholt, kann verwendet werden, um die Erinnerungsleistung des Publikums zu fördern. Die Einblendung weiterführender Informationen, etwa Angaben zu Webseiten, Telefonnummern etc. kann die Aktivität der Zuschauer fördern oder Anschlusskommunikationen bewirken (Arendt 2010, S. 29). Zentral wird also das Verhältnis zwischen derjenigen politischen Organisation, welche die policy trägt und dem Produzenten von Medienangeboten, der für die konkrete Umsetzung des placement-Vorhabens verantwortlich ist.

Das Verhältnis zwischen policy-Trägern und Medienproduzenten ist dabei potentiell konfliktträchtig. Bouman (2002, S. 229, 238–240) erklärt entstehende Zielkonflikte zwischen den einzelnen Akteuren durch die Teilnahme an unterschiedlichen Feldern im Sinne von Bourdieu. Während die Medienproduzenten eher ökonomisch orientiert vorgehen und die Rezipienten als Zielgruppe bzw. Konsumenten betrachten, nach deren Anforderungen ein entsprechendes Angebot gestaltet werden muss, sehen die policy-Träger die Rezipienten eher als ‚Schüler' im Sinne des sozialen Lernens bzw. in ihrer politischen Rolle als Bürger und fokussieren daher eher auf die inhaltliche Ebene. Hierdurch kann es zu Machtverteilungskämpfen im Produktionsprozess kommen. Die Medienproduzenten betrachten daher die policy-Träger, wie Bouman es metaphorisch ausdrückt, als „Schildkröten", die vertrauenswürdig und verläßlich, aber langsam agieren. Andersherum wird die Metapher des „eitlen Pfaus" zur Beschreibung der Medienproduzenten durch die policy-Träger verwendet, da diese in ihren Augen arrogant und egozentriert agieren und sich mit seiner eigenen Leistungsfähigkeit schmücken (Bouman 2002, S. 225). Trotz unterschiedlicher Fremdwahrnehmung der beteiligten Akteure: Erwartet wird eine Produktionsbeziehung, in der policy-Träger und Medienproduktionsfirma in einem beständigen Austausch stehen, um wechselseitig Anpassungen vorzunehmen, die dann in ein Medienprodukt resultieren, welches die Interessen beider Partner verfolgt. In der Regel bleiben die Medienanbieter jedoch auf Grund ihrer Produktionsroutinen wenig flexibel. Dies geschieht vor allem aus ökonomischen Gründen, da das Angebot etwa für einen Auftraggeber hergestellt wird, dessen Vorstellungen über Form und Inhalte vertraglich fixiert sind. Als weiteren Grund für die produktionsseitige Inflexibilität führt Boumann (2004, S. 52–53) an, dass diese Kooperationen innerhalb des Feldes der Unterhaltungsproduktion als wenig prestigeträchtig betrachtet werden, da sie als Eingriff in die kreative Autonomie aufgefasst werden können. Trotz dieser konflikthaltigen Grundkonstellation lassen sich vier Typen der Beziehung zwischen policy-Trägern und Medienproduzenten ausmachen, welche sich in Bezug auf die Durchführung der Produktion und die Kontrolle über die Inhalte unterscheiden lassen.

Tabelle 1   Kooperationsformen im policy placement

Kooperationsform der Produktion	Beschreibung der Kooperation	
	Policy-Träger	Medienunternehmen
Produktionskooperation	Selbständige Produktion eines policy placement-Angebots bei voller Kontrolle über den Produktionsprozess	Ankauf des vorproduzierten Angebots
Koproduktionskooperation	Produktion erfolgt in Zusammenarbeit mit einem Medienunternehmen, anteilige Kontrolle über den Produktionsprozess	Produktion erfolgt in Zusammenarbeit mit einer politischen Organisation, anteilige Kontrolle über den Produktionsprozess
Inskriptionskooperation	Erteilung eines Auftrags an ein Medienunternehmen, eine bestimmte policy in ein bestehendes Angebot zu integrieren	Produktion des policy placement Angebots durch das Medienunternehmen bei wesentlicher Kontrolle über den Produktionsprozess
Lobbying	Ausübung von formalem oder informellem Druck auf ein Medienunternehmen, eine bestimmte policy zu platzieren	Produktion von policy placement-Angebot erfolgt als Reaktion auf den Druck der Lobbyarbeit

Eigene Darstellung auf Grundlage von Boumann 2002, S. 226 f.; 2004, S. 49; Lampert 2003, S. 466

4   Herausforderungen und Kritik des policy placements

4.1   Herausforderungen in der Umsetzung des policy placements

Bei all den Vorteilen, welche das policy placement bietet, ist jedoch zu beachten, dass es durchaus auch zu Schwierigkeiten kommen kann, welche eine erfolgreiche gewünschte Medienwirkung verhindern können. Auf der *Ebene der intendierten Medienwirkung* zeigen sich diese Herausforderungen besonders. Ein prominentes Beispiel ist hier der sog. *Archie Bunker-Effekt.* Die Figur Archie Bunker der amerikanischen Serien *All in the family* war als negativ besetzte Figur konzipiert, die sich vor Allem durch *right wing*-Ansichten auszeichnete. Ursprünglich als Negativfigur und Parodie auf die extrem Konservativen angelegt, gewann diese Figur so sehr an Beliebtheit, dass sie sogar eine eigene spin-off Serie unter dem Titel *Archie Bunker's place* bekam. Die Identifikation mit negativ besetzten Figuren und der Aufwertung der eigentlich als unerwünscht gesetzten Verhaltensweisen, die der policy gegenläufig sind und nicht nachgeahmt werden sollten, ist somit eine beständige Gefahr, die bei der Produktion mit berücksichtigt werden muss (Lampert 2003, S. 470). Auch die Annahme, dass die Platzierung einer policy in einem beliebten Unterhaltungsangebot automatisch zum Erfolg führt, ist hier in Frage zu stellen: „[P]opularity is not equal to efficacy" (Tufte 2005, S. 161). Generell ist hierzu eine Reflektion der Annahmen der Medienwirkungsforschung für das policy placement notwendig, da offensichtlich sehr starke Medienwirkungen unterstellt werden. Dies kann auch mit der starken Praktikerperspektive auf das policy placement begründet werden, die grundlegend darauf abzielt, dass bereits das mere-exposure für eine Verhaltensänderung ausreicht (Lampert 2003, S. 472; Murphy, Frank, Moran, und Patnoe-Woodley 2011). Eine differenzierte Betrachtung des Wirkungserfolgs des policy placements wird dann sichtbar, wenn neben Banduras Lerntheorie und dem Elaboration-Likelihood-Modell auch etablierte Wirkungsansätze wie die Kultivierungsthese (Gerbner und Gross 1976) und natürlich auch die im policy-cycle integrierte Agenda-Setting-These (McCombs und Shaw 1972) mit berücksichtigt werden. Eine Inanspruchnahme von grundlegenden Ansätzen der Mediennutzungsforschung wie dem uses-and-gratifications-approach (Blumler und Katz 1974) vermag weiterhin zu erklären, unter welchen Umständen die Zuwendung der Rezipienten zu einem policy placement-Angebot erfolgen kann. Eine gründliche theoretische Aufarbeitung der Wirkungsseite ist somit zwingend notwendig, um überhaupt strategisch tätig werden zu können (Garsoffky 2008, S. 162–163).

Ebenso zeigt sich das generelle *Problem der Erfolgskontrolle und der Evaluation* der policy placement-Aktivitäten. Evaluationsstudien sind zur Zeit kaum vorhanden und wenn dann beschäftigen sie sich mit der Frage, ob ein entsprechendes Angebot ‚korrekt' rezipiert wurde und die gewünschte Verhaltensänderung bei den Rezipienten eintrat. Kaum bekannt ist hingegen, welche inhaltlichen Faktoren im Aufbau des Angebots diese Wirkungsweise erreichen (Lampert 2003, S. 468). Generell zeigt sich hier, dass eine Evaluation der gewünschten Ergebnisse zwar nicht einer Neuerfindung des kommunikationswissenschaftlichen Methodeninventars bedürfen, jedoch dem jeweiligen kulturellen Hintergrund der zu untersuchenden Rezipientengruppe angepaßt sein sollten. Multimethodendesigns, die etwa aus einer Kombination von Fokusgruppeninterviews, Beobachtungen und der Inhaltsanalyse beispielsweise von schriftlichen Zuschauerreaktionen bestehen, zeigen dabei deutlich validere Ergebnisse als Studien, die diese Perspektiven unbeachtet lassen (Sypher et al. 2002).

Auf der *Ebene der Produktion* stellt sich die Herausforderung, dass der ‚Absender' der Botschaft oftmals nicht eindeutig zu erkennen ist oder aus verschiedenen Gründen nicht erkannt werden möchte. Während man in den USA deutlich transparenter darstellt, wer sich für die Platzierung verantwortlich zeigt und besonders gelungene Produktion sogar öffentlich prämiert, ist dies in Deutschland nicht der Fall. Hier wird die Befürchtung geäußert, dass ein explizit erwünschte Medienwirkung als paternalistische Manipulation aufgefasst werden könnte und eine Abwendung der RezipientInnen vom Medienangebot zur Folge haben könnte (Lampert 2003, S. 475; Lampert 2005, S. 36–37). Ähnlich wie auf der Ebene der Wirkungen der Kommunikation stellt sich hier weiterhin das Problem der unzulänglichen theoretischen Aufarbeitung der Produktionsseite. Hier zeigen sich erst in jüngster Zeit generelle theoretische Antworten auf die Probleme der

Unterhaltungsproduktion, die noch im Gesamtkonzept des policy placements verarbeitet werden müssten (Altmeppen et al. 2010; Friedrichsen und Göttlich 2004, Siegert und von Rimscha 2008). Vor allem die von Bouman (2002) skizzierten Zielkonflikte zwischen der policy-Träger und dem Medienproduktionsunternehmen können durch ein besseres Verständnis für die Produktionsprozesse und den Besonderheiten der kreativen Arbeit generell (Hesmodhalgh und Baker 2008 2010) in diesem Bereich behoben werden.

Auf der *Ebene des Mediensystems* zeigt sich, dass es in Ländern mit einem ausdifferenzierten, bzw. saturierten Mediensystem schwierig sein kann, die Rezipienten überhaupt zu erreichen, da etwa im Fernsehsystem eine Vielzahl von Angeboten existiert, die an Stelle des gewünschten Programms gesehen werden können. Daher ist nicht nur eine genau strategische Planung in Hinblick auf die gewünschte Rezipientengruppe und das Wirkungsziel notwendig, sondern auch eine Einbeziehung sozialer Faktoren bei den Rezipienten notwendig, ebenso wie eine enge Zusammenarbeit zwischen dem policy-Träger und den Unterhaltungsproduzenten (Sherry 2002).

Studien mit Bezug auf Entwicklungsländer, die keine differenzierte Medienlandschaft aufweisen, zeigen, dass dem konkreten Medienangebot ein deutlich höherer Stellenwert zugesprochen wird und es nicht Gefahr läuft, im Äther zu verschwinden (Lampert 2005, S. 36).

4.2 Policy Placement als Manipulation und Propaganda

Die hier betrachteten Phänomene des policy placements beruhen auf den eingangs beschriebenen demokratie- und öffentlichkeitstheoretischen Grundannahmen. Der *marketplace of ideas* kann durch die Platzierung von politischen Themen in Unterhaltungsangeboten substantiell erweitert werden, jedoch kann genau dieses Vorgehen auch als medienethisch fragwürdig angesehen werden, bzw. muss sich auch dem Vorwurf der Manipulation und der paternalistischen Bevormundung aussetzen.

Von Seiten der Medienethik stellt sich die Frage, ob es vertretbar ist, einem Rezipienten, der eigentlich keine politischen Mitteilungen aufnehmen möchte und Unterhaltung sucht, diese ihm ‚heimlich‘ aufzuerlegen und somit unter Umständen eine Medienwirkung auszulösen. Die Entscheidungsfreiheit des mündigen Rezipienten für oder gegen die Aufnahme politischer Botschaften (Karmasin und Winter 2002, S. 23–24) lässt sich unter dieser Perspektive heraus als eingeschränkt betrachten.

Verlässt man das empirisch-analytische Paradigma der Sozialwissenschaften und dessen normative Verankerung (McQuail 1994, S. 41–45) und betrachtet diese Phänomene postmarxistisch, dann ändert sich ihr Stellenwert für demokratische Prozesse. Die von Horkheimer und Adorno (2003) in der als *Kulturindustriethese* bekannt gewordene Analyse der Produktion von Kulturgütern stellt dar, warum genau der normativ zwar gewünschte, realiter aber nicht vorzufindende Zustand der freien öffentlichen Kommunikation und Diskussion über Politik nicht eintritt. Dieser wird durch die Art und Weise der Medienproduktion verhindert. Anstatt Angebote zu schaffen, die eine aufgeklärte Gesellschaft ermöglichen, haben sich, so die Analyse, politische wie wirtschaftliche Akteure in sogenannten *Rackets* verbündet (Horkheimer 1985), um ihre hervorgehobene gesellschaftliche Machtposition gegen nicht-Mitgliedern des Rackets (also ‚dem Volk') zu sichern. Dies geschieht über die Produktion von Medienangeboten im Allgemeinen und Unterhaltungsangeboten im Speziellen, deren Inhalte so gestaltet sind, dass sie die bestehenden gesellschaftlichen Machtverhältnisse nicht in Frage stellen, sondern eher vorführen, wie sich der machtlose Rezipient in diesen Verhältnissen zu verhalten habe. Die „Aufklärung als Massenbetrug" (Horkheimer und Adorno 2003, S. 144) präsentiert dem als unmündig gedachten Rezipienten zwar die Möglichkeiten einer freien Gesellschaft, stellt sich aber bei genauerer Betrachtung als Manipulation heraus: Die ‚Aufklärung' der Gesellschaft erfolgt nur in dem Rahmen, den die Rackets ermöglichen. Für die oben dargestellten Erkenntnisse bedeutet dies, dass alle dargestellten policies letztlich nur dazu dienen, dem Rezipienten zu zeigen, wie er sich ‚korrekt' in diesen Verhältnissen zu bewegen hat. Das Ziel der politischen Aufklärung wird in dieser Perspektive in Verhaltensmanipulation zu Gunsten der Mächtigen umgewandelt.

Diese generelle Manipulationsthese kann dabei noch ausgeweitet werden, in dem das policy placement als eine Form von *Propaganda* verstanden wird. Folgt man Herman und Chomsky (2002) in ihrer Analyse der us-amerikanischen Nachrichtenproduktion, so zeigt sich, dass sich diese eben nicht an demokratischen Idealen orientiert, sondern Nachrichten produziert werden, welche den Interessen einer politischen und wirtschaftlichen Elite stehen. Diese Erkenntnisse lassen sich – gerade in den USA – auf den Unterhaltungsbereich analog anwenden. Betrachtet man die hier produzierten Film- und Fernsehangebote unter dieser Prämisse, so zeigt sich, dass bestimmte politische Sichtweisen und Interessen überdeutlich präsentiert werden. Besonders deutlich wird dies in der engen Verzahnung von us-amerikanischem Militär und Medienproduktionsfirmen (Pitzke 2012). So unterhalten etwa alle Teilstreitkräfte der USA, sowie das Verteidigungsministerium selbst, Verbindungsbüros, bei denen Medienproduzenten – am Beispiel der Airforce – nicht nur Waffensysteme und Soldaten als Komparsen ‚einkaufen' können. Ebenso ist es aber auch möglich, originäre Aufgaben der Medienproduktion wie die Script und Storyentwicklung an diese Stellen auszulagern. Zwar wird als Ziel dieser Kooperationen die akkurate Darstellung militärischer Prozesse ausgewiesen (Air Force Entertainment Liaison Office 2012), auf der Subtextebene lassen sich jedoch die so legitimiert Darstellungen im Sinne des policy placement verstehen. So analysiert Dörner (2000, 2001) etwa Filme wie First Blood oder Top Gun als Ausdruck eines politisch-militärischen Komplexes, um real stattfindende Kampfhandlungen zu legitimieren bzw. zu ermöglichen. Das so formulierte policy placement ist unter diesen Prämissen manipulativ: die Persuasion wird zur Macht (Merten 2000, S. 157).

5   Ausblick: Anwendbarkeit des policy placement in Politik und Medien

Wie sich aus den oben aufgeführten Argumenten zeigt, hängt die potentielle Wirkung einer erfolgreichen policy placement-Maßnahme im demokratischen Sinne von mehreren Faktoren ab: so sollte 1) die entsprechende policy aus dem lebensweltlichen Nahbereich der Rezipientengruppe stammen, sie sollte 2) durch Figuren vermittelt werden, die den kognitiven Fertigkeiten, Einstellungen und Verhaltensweisen der Rezipientengruppe entsprechen und es sollte 3) darauf geachtet werden, dass Prozesse wie Elaboration, soziales Lernen und parasoziale Interaktionen durch die gezeigten Figuren auch angestoßen werden können. Wie im Verlaufe des Textes gezeigt wurde, bieten sich vor allem Themen aus den Politikfeldern Gesundheit, Umwelt, sowie Familien und Soziales für eine Umsetzung an, da viele serielle Unterhaltungsangebote diese Themen grundlegend aufgreifen und verarbeiten. Entscheidend für den Erfolg ist eine gründliche Zusammenarbeit zwischen der Medienproduktionsorganisation und dem policy-Träger, in der festgelegt werden muss, welcher Effekt auf welchem Wege bei welcher Rezipientengruppe erreicht werden soll. Die Platzierung einer policy in ein Unterhaltungsangebot ohne vorherige Definition der Rezipientengruppe ist kritisch zu sehen, da sie in der Regel nicht dem lebensweltlichem Nahbereich dieser Gruppe entspricht – oder anders ausgedrückt: eine Botschaft, die sich gegen Alkoholismus bei Jugendlichen richtet wird einer Sendung, die sich primär an Senioren richtet, wenig Wirkung bei der Zielgruppe auslösen. Andersherum bieten sich auch nicht alle politischen Institutionen als Quelle für den policy placement-Prozess an: Institutionen mit elaborierter Außendarstellungsarbeit, wie etwa Greenpeace, können hier anders als Inputgeber tätig werden als eine Institution mit geringem Selbstdarstellungsdruck, wie etwa das Bundesministerium der Finanzen. An diesen Stellen ist weitere Forschungsarbeit notwendig, um zu zeigen, welche Institutionen den Weg des policy placement aus welchen Gründen heraus (nicht) beschreiten.

Das Konzept des policy placements als Form der strategischen Kommunikation für die politische Öffentlichkeit wird gegenwärtig noch vor allem durch das Fernsehen getragen, jedoch sind auch andere mediale Formen denkbar, in denen diese Platzierung politischer Inhalte vorgenommen werden kann. Video- und Computerspiele, wie etwa *Darfur is dying* (Garsoffky 2008, S. 161; Lampert 2003, S. 463; Lampert 2005, S. 35), in dem der Spieler das Leben und Überleben einer Flüchtlingsfamilie bzw. eines Flüchtlingscamps in der westsudanesischen Krisenregion Darfur managen muss, eröffnen durch die spezifischen Formen des Videospielerlebens grundlegend neue Möglichkeiten der emotionalen und rationalen Ansprache der Spieler (Klimmt 2004). Hier wird ein weiteres Forschungsdesiderat deutlich, das nach den medialen Möglichkeiten für den policy placement Prozess fragt. Die Chancen des policy placements für die strategische öffentliche Kommunikation über Politik sind letztlich auch in der interpersonalen Kommunikation zu sehen, die sich im Anschluß an ein medial vermitteltes Thema ergeben kann, welche dazu führen kann, dass eigene Verhalten zu reflektieren (Gehrau und Goertz 2010; Lampert 2005, S. 36). Hierdurch kann die unterhaltende Kommunikation über Politik ein wichtiger Beitraggeber für die daraus resultierende politische Öffentlichkeit und eine wirkungsvolle Kommunikationsalternative für politische Organisationen werden, um vor allem Politikferne zu erreichen.

Literatur

Air Force Entertainment Liaison Office. 2012. *The Official Web Site of AF Entertainment Liaison Office*. URL: http://www.airforcehollywood.af.mil. Zugriff: 16.11.12.

Altmeppen, Klaus-Dieter, Katja Lantzsch, und Andreas Will. 2010. Das Feld der Unterhaltungsbeschaffung und -produktion. Sondierung eines ungeordneten Bereichs. In *Handbuch Unterhaltungsproduktion. Beschaffung und Produktion von Fernsehunterhaltung*, hrsg. Katja Lantzsch, Klaus-Dieter Altmeppen, und Andreas Will, 11–34. Wiesbaden: VS.

Arendt, Kathleen. 2010. Kann Fernsehen zu besserem Essen verführen? Zur Wirksamkeit von Entertainment-Education-Maßnahmen für Kinder am Beispiel der Kinderserie LazyTown. *Televizion*, 23(1): 28–31.

Bandura, Albert. 2004. Social cognitive theory for personal and social change by enabling media. In *Entertainment-education and social change: History, research and practice*, hrsg. Arvind Singhal, Michael J. Cody, Everett M. Rogers, und Miquel Sabido, 75–96. Mahwah, NJ: Lawrence Erlbaum.

Blum, Sonja, und Klaus Schubert. 2011 [2009]. *Politikfeldanalyse* (2. Aufl.). Wiesbaden: VS.

Blumler, Jay G., und Elihu Katz. (Hrsg.). 1974. *The uses of mass communication: Current perspectives on gratifications research*. Thousand Oaks, CA: Sage.

Bouman, Martine. 2002. Turtles and peacocks: Collaboration in entertainment-education television. *Communication Theory* 12(2): 225–244.

Bouman, Martine. 2004. Sex und Soaps. Entertainment-Education in niederländischen TV-Serien. *Televizion* 18(1): 47–54.

Donk, André, und Joachim Westerbarkey. 2009. Politische Öffentlichkeit in der Mediengesellschaft: Fragmentierung, Desintegration und Entpolitisierung. In *Medien – Macht – Demokratie. Neue Perspektiven*, hrsg. Lothar Bisky, Konstantin Kriese, und Jürgen Scheele, 18–35. Berlin: Dietz.

Dörner, Andreas. 2000. *Politische Kultur und Medienunterhaltung. Zur Inszenierung politischer Identitäten in der amerikanischen Film- und Fernsehwelt*. Konstanz: UVK.

Dörner, Andreas. 2001. *Politainment. Politik in der medialen Erlebnisgesellschaft*. Frankfurt am Main: Suhrkamp.

Eco, Uumberto. 1989 [1986]. *Apokalyptiker und Integrierte. Zur kritischen Kritik der Massenkultur*. Frankfurt am Main: Fischer.

Friedrichsen, Mike, und Udo Göttlich. 2004 (Hrsg.). *Diversifikation in der Unterhaltungsproduktion*. Köln: von Halem.

Garsoffky, Bärbel. 2008. Entertainment Education. In Medienpsychologie. Schlüsselbegriffe und Konzepte, hrsg. Nicole C. Krämer, Stefan Schwan, Dagmar Unz, und Monika Suckfüll, 161–166. Stuttgart: Kohlhammer.

Gassmann, Christoph, Peter Vorderer, und Werner Wirth. 2003. Ein Herz für die Schwarzwaldklinik? Zur Persuasionswirkung fiktionaler Fernsehunterhaltung am Beispiel der Organspende-Bereitschaft. Medien- und Kommunikationswissenschaft 51(3–4): 478–498.

Gehrau, Volker, und Lutz Goertz. 2010. Gespräche über Medien unter veränderten medialen Bedingungen. Publizistik 55(2): 153–172.

Gerbner, George, und Larry Gross. 1976. Living with television: The violence profile. Journal of Communication 26(2): 172–199.

Göttlich, Udo. 2009. Auf dem Weg zur Unterhaltungsöffentlichkeit? Herausforderungen des Öffentlichkeitswandels in der Medienkultur. In Die Zweideutigkeit der Unterhaltung. Zugangsweisen zur Populären Kultur, hrsg. Udo Göttlich, und Stephan Porombka, 202–219. Köln: von Halem.

Habermas, Jürgen. 2008. Hat die Demokratie noch eine epistemische Dimension? Empirische Forschung und normative Theorie. In Ach, Europa. Kleine Politische Schriften XI, hrsg. Jürgen Habermas, 138–191. Frankfurt am Main: Suhrkamp.

Herman, Edward S., und Noam Chomsky. 2002. Manufacturing Consent. The Political Economy of Mass Media. New York: Pantheon Books.

Hesmondhalgh, David, und Sarah Baker. 2008. Creative work and emotional labour in the television industry. Theory, Culture & Society 25(7–8): 97–118.

Hesmondhalgh, David, und Sarah Baker. 2010. ‚A very complicated version of freedom‘: Conditions and experiences of creative labour in three cultural industries. Poetics 38(1): 4–20.

Holbert, R. Lance. 2005. A typology for the study of entertainment television and politics. American Behavioral Scientist 49(3): 436–453.

Horkheimer, Max. 1985 [1943]. Zur Soziologie der Klassenverhältnisse. In Gesammelte Schriften. Band 12: Nachgelassene Schriften 1931–1949, hrsg. Max Horkheimer, 75–104. Frankfurt am Main: Fischer.

Horkheimer, Max, und Theodor W. Adorno. 2003 [1947]. Dialektik der Aufklärung. In Gesammelte Schriften. Band 5: ‚Dialektik der Aufklärung‘ und Schriften 1940–1950 (3. Aufl.), hrsg. M. Horkheimer, 13–290. Frankfurt am Main: Fischer.

Jarren, Otfried, und Patrick Donges. 2011 [2002]. Politische Kommunikation in der Mediengesellschaft. Eine Einführung (3. Aufl.). Wiesbaden: VS.

Karmasin, Matthias, und Carsten Winter. 2002. Medienethik vor der Herausforderung der globalen Kommerzialisierung der Medienkultur: Probleme und Perspektiven. In Medien und Ethik, hrsg. Matthias Karmasin, 9–36. Stuttgart: Reclam.

Kincaid, D. Lawrence. 2002. Drama, emotion, and cultural convergence. Communication Theory 12(2): 136–152.

Klimmt, Christoph. 2004. Computer- und Videospiele. In Lehrbuch der Medienpsychologie, hrsg. Roland Mangold, Peter. Vorderer , und Gary. Bente, 695–716. Göttingen, et al.: Hogrefe.

Koch, Thomas, und Andrea Ruland. 2011. Versteckte Effekte. Wirkungen subtiler und exponierter Product Placements. *Publizistik*, 56(3): 263–280.

Lampert, Claudia. 2003. Gesundheitsförderung durch Unterhaltung? Zum Potential des Entertainment-Education-Ansatzes für die Förderung des Gesundheitsbewusstseins. *Medien & Kommunikationswissenschaft* 51(3–4): 461–477.

Lampert, Claudia. 2005. Gezielte Lebenshilfe durch Entertainment-Education? *merz. medien + erziehung. zeitschrift für medienpädagogik* 49(5): 33–37.

Maier, Jürgen. 2009. Was die Bürger über Politik (nicht) wissen – und was die Massenmedien damit zu tun haben – ein Forschungsüberblick. In *Politik in der Mediendemokratie*, hrsg. Frank. Marcinkowski, und Barbara Pfetsch, 393–414. Wiesbaden: VS.

Marcinkowski, Frank. 2001. Politische Kommunikation und Politische Öffentlichkeit. Überlegungen zur Systematik einer politikwissenschaftlichen Kommunikationsforschung. In *Die Politik der Massenmedien. Heribert Schatz zum 65. Geburtstag*, hrsg. Frank Marcinkowski, 237–256. Köln: von Halem.

Marcinkowski, Frank. 2002. Politische Öffentlichkeit. Systemtheoretische Grundlagen und politikwissenschaftliche Konsequenzen. In *Theorie der Politik. Niklas Luhmanns politische Soziologie*, hrsg. Kai-Uwe Hellmann, und Rainer Schmalz-Bruns. 85–108. Frankfurt am Main: Suhrkamp.

McCombs, Maxwell E., und Donald Shaw. 1972. The agenda-setting function of mass media. *Public Opinion Quarterly* 36(2): 176–187.

McQuail, Denis. 1994 [1983]. *Mass Communication. An Introduction* (3. Aufl.). London, Thousand Oaks und New Delhi: SAGE.

Merten, Klaus. 2000. Struktur und Funktion von Propaganda. *Publizistik* 45(2): 143–165.

Murphy, Sheila T., Lauren B. Frank, Meghan B. Moran, und Paula Patnoe-Woodley. 2011. Involved, transported, or emotional? Exploring the determinants of change in knowledge, attitudes, and behavior in entertainment-education. *Journal of Communication* 61(3): 407–431.

Newell, Jay, Charles T. Salmon, und Susan Chang. 2006. The hidden history of product placement. *Journal of Broadcasting & Electronic Media* 50(4): 575–594.

Pitzke, Marc. 2012. Kasse machen mit echten Kriegern. *Spiegel online*. URL: http://www.spiegel.de/kultur/kino/act-of-valor-pentagon-und-hollywood-kooperieren-bei-propagandafilm-a-834889.html. Zugriff: 16.11.12.

Reinermann, Julia-Lena, und Sarah Lubjuhn. 2011. „Let me sustain you". Die Entertainment-Education Strategie als Werkzeug der Nachhaltigkeitskommunikation. *Medien Journal* 35(1): 43–56.

Rhomberg, Markus. 2009. *Politische Kommunikation. Eine Einführung für Politikwissenschaftler*. Paderborn: Fink.

Sarobol, Parichart Sthapidanonda, und Arvind Singhal. 1998. ‚Glocalizing' media products. Investigating the cultural shareability of the ‚Karate Kids' entertainment-education film in Thailand. *Media Asia* 25(3): 170–175.

Sherry, John L. 2002. Media saturation and entertainment-education. *Communication Theory* 12(2): 206–224.

Siegert, Gabriele, und Bjørn von Rimscha. 2008. *Zur Ökonomie der Unterhaltungsproduktion.* Köln: von Halem.

Singhal, Arvind, und Rogers, Everett M. 2002. A theoretical agenda for entertainment-education. *Communication Theory,* 12(2), 117–135.

Slater, Michael D., und Donna Rouner. 2002. Entertainment-education and elaboration likelihood: Understanding the processing of narrative persuasion. *Communication Theory* 12(2): 173–191.

Sood, Suruchi. 2002. Audience involvement and entertainment-education. *Communication Theory* 12(2): 153–172.

Sood, Suruchi, und Everett M. Rogers. 2000. Dimensions of parasocial interaction by letter-writers to a popular entertainment-education soap opera in India. *Journal of Broadcasting & Electronic Media* 44(3): 386–414.

Sypher, Beverly Davenport, Michelle McKinley, Samantha Ventsam, und Eliana Elías Valdeavellano. 2002. Fostering reproductive health through entertainment-education in the Peruvian Amazon: The social construction of Bienvenida Salud! *Communication Theory* 12(2): 192–205.

Tufte, Thomas. 2005. Entertainment-education in development communication. Between marketing behaviours and empowering people. In *Media and glocal change. Rethinking communication for development,* hrsg. Oscar Hemer, und Thomas Tufte, 159–174. Göteborg: norden.

von Rimscha, Bjørn, und Gabriele Siegert. 2008. Ökonomie der Unterhaltungsproduktion – Stand der Forschung. In *Zur Ökonomie der Unterhaltungsproduktion,* hrsg. Gabriele Siegert, und Bjørn von Rimscha, 10–27. Köln: von Halem.

Zubayr, Camille, und Heinz Gerhard. 2012. Tendenzen im Zuschauerverhalten. *Media Perspektiven* o. Jg.(3): 118–132.

Strategische Kommunikation im Handlungsfeld Wirtschaft

Unternehmenskultur als Programm der Unternehmenskommunikation

Siegfried J. Schmidt

1 Zum Zusammenhang von Unternehmenskultur und Unternehmenskommunikation

Das Thema Unternehmenskultur ist nicht gerade neu. Schon 1982 erschien der Management-Bestseller „Corporate Cultures: The Rites and Rituals of Corporate Life" von T. E. Beal und A. A. Kennedy, in dem eine starke Unternehmenskultur als wesentlicher „weicher" Erfolgsfaktor neben „harten" Erfolgsfaktoren wie Strategie und Struktur propagiert wurde. 1988 konstatierten H. Meffert und K. Hafner, Unternehmenskultur sei definitiv eine Schlüsselgröße unternehmerischen Erfolgs. 1997 publizierten die Organisationstheoretiker R. Goffee und G. Jones im Harvard Business Manager einen Beitrag mit dem Titel „Kultur: Der Stoff, der Unternehmen zusammenhält."

‚Unternehmenskultur' ist seither in der Betriebswirtschaftslehre zu einem relevanten Konzept geworden, das von Anfang an mit Aspekten der Leistungs- und Qualitätssicherung verbunden worden ist. Deshalb ist die Diskussion um Unternehmenskultur auch eng verbunden mit Ansätzen zu leistungsorientierten Managementkonzepten wie Qualitätsmanagement, Total Quality Management, Lean Management, Reengineering bzw. Change Management, Symbolisches Management oder Organisationsentwicklung. Kurzum: Unternehmenskultur gilt heute vielen als der Königsweg zum Markterfolg.

Und in dieser Debatte war den meisten auch klar, dass Unternehmenskultur und Unternehmenskommunikation in all ihren Facetten nicht voneinander zu trennen sind, und dass ein Unternehmen gut beraten ist, diesen Zusammenhang praktisch ernst zu nehmen.

Wenn nun heute führende Vertreter der Wirtschaft ebenso wie führende Wirtschaftswissenschaftler von der bedeutenden Rolle der Kultur für jedes Unternehmen überzeugt sind, warum kommt immer noch keine überzeugende Konzeption oder Theorie von Unternehmenskultur zu Stande?

Die Antwort auf diese Frage ist einfach, aber ihre Konsequenzen sind schwierig. Die Antwort lautet: Eine überzeugende Theorie wird man erst dann erarbeiten können, wenn man die dafür nötigen Konzepte, allen voran ‚Kultur‘, ‚Unternehmen‘, ‚Kommunikation‘ und ‚Umwelt‘ in einer zustimmungsfähigen Weise klärt und sinnvoll miteinander verbindet. Die Konsequenzen dieser Antwort bestehen darin, diese Konzepte im Rahmen einer grundlegenden Theorie herzuleiten und sie nicht einfach aus verschiedenen Theorien und Disziplinen „auszuborgen". Eine solche Grundlagentheorie aber muss nicht nur wirtschaftswissenschaftliche Fragen klären, sondern auch erkenntnistheoretische, kommunikations- und kulturtheoretische Fragen. Eine solche Klärung lässt sich weder mit wenigen, noch mit einfachen Worten bewerkstelligen. Sie erfordert Zeit, Geduld und Denkaufwand. Interdisziplinarität ist nun einmal schwer zu realisieren. Wer sich aber aus diesen Gründen nicht auf einen solchen Versuch einlässt, der verzichtet freiwillig auf die Möglichkeit, eine Erklärung dafür zu bekommen, warum ein Unternehmen nur auf der Grundlage seiner Unternehmenskultur überhaupt als Unternehmen funktioniert und warum es nur so überhaupt wirtschaftlich erfolgreich sein kann.

Unternehmenskultur und Unternehmenskommunikation in allen ihren Ausprägungen sind theoretisch wie praktisch nicht voneinander zu trennen, und Unternehmenskommunikation gilt heute wohl unbestritten als zentraler Prozess im Unternehmen.[1] Daher ist die Praxisrelevanz des folgenden Entwurfs einer Theorie der Unternehmenskultur offensichtlich; denn sie setzt in Unternehmen Handelnde ebenso wie Beobachter und Berater von Unternehmen in den Stand, bewusst zu beobachten und zu beschreiben, was die Kultur eines Unternehmens ausmacht, wie sie sich praktisch auswirkt und wie sie gegebenenfalls verändert werden kann.

2   Unternehmen: Ein Konzeptionsangebot

Was beobachten wir, wenn wir das beobachten, was wir ohne großes Nachdenken „Unternehmen" nennen? Gebäude, Maschinen, Büros, oder Mitarbeiter, Führungskräfte, Bilanzen? Oder besteht ein Unternehmen gar, wie N. Luhmann und seine Schüler meinen, ausschließlich aus Entscheidungen? (Vgl. dazu auch den Beitrag von Friedrichsmeier und Fürst in diesem Band)

Unternehmen, das dürfte zustimmungsfähig sein, sind keine statischen Gebilde, die man als Ganzes beobachten könnte. Was wir allerdings beobachten und nachverfolgen können, sind *Prozesse* und Träger von Prozessen in konkreten Situationen. Drei Typen von Prozessen dürften dabei für „Unternehmen" von besonderer Bedeutung sein:

---

1   „Unquestionable, communication is the heart of any organization." (Nykodym 1988, S. 7)

- Beobachtungsprozesse erster und zweiter Ordnung
- interne und externe Kommunikationsprozesse (Mitarbeiterkommunikation, Werbung und PR)
- Entscheidungsprozesse.

Diese Prozesse laufen nicht willkürlich oder ungeordnet ab, sondern sie sind in sich geordnet und notwendig aufeinander bezogen. Stimmt man dieser Annahme zu, dann eröffnet sich eine Möglichkeit der theoretischen Modellierung von „Unternehmen" als *Prozess-System* bzw. als *Wirkungszusammenhang*, der aus Prozess-Systemen besteht. Jedes dieser Prozess-Systeme folgt seiner spezifischen Logik, die keineswegs immer so rational ist, wie Entscheider in Unternehmen gerne behaupten.

Mit dieser ersten Modellierung gewinnen wir drei *Beobachtungsperspektiven* auf das, was wir „Unternehmen" nennen. Daraus folgt zweierlei:

- Unternehmen „gibt" es ausschließlich in der beobachtenden und beschreibenden Bezugnahme auf ablaufende Prozesse, denen Beobachter in der Bezugnahme eine Beobachtungs- und Beschreibungsstruktur aufprägen.
- Prozesse können von den Prozess-Trägern selbst (Selbstbeobachtung) oder von externen Beobachtern beobachtet werden (Fremdbeobachtung). Die dabei resultierenden Beobachtungen dürfen nicht miteinander verwechselt werden.[2]

Die drei genannten Prozess-Systeme operieren *reflexiv*. Das heißt, jeder in einem Unternehmen Handelnde (Aktant) weiß, dass er nicht nur andere beobachtet, sondern dass er auch von anderen beobachtet wird; kurzum, Aktanten in Unternehmen sind beobachtete Beobachter – eine Beobachtung, die sehr wichtig ist für die drei genannten Kommunikationsmodi in/von Unternehmen. Kommunikationsprozesse sind reflexiv, weil sie nur in Interaktion mit anderen Aktanten durchgeführt werden können und erst dann sinnvoll sind, wenn die Kommunikationspartner wechselseitig durch Kommunikationsangebote und Verstehen aufeinander reagieren. Und Entscheidungen sind insofern reflexiv, als sie aus Entscheidungen hervorgehen und nachfolgende Entscheidungen mitbestimmen bzw. prägen.

Die drei genannten Prozess-Systeme sind *komplementär*, da sie sich gegenseitig konstituieren: Beobachtetes wird mitgeteilt und Mitgeteiltes beobachtet; bestimmte Beobachtungen erzeugen Entscheidungsbedarf, und Entscheidungen müssen kommuniziert werden, um wirksam zu werden, und können dann als mitgeteilte Entscheidungen wiederum beobachtet und kommuniziert werden, und so fort. Unternehmen positionieren sich kommunikativ am Markt und konstituieren damit die Modi ihrer Beobachtbarkeit,

---

2   Diese grundlegende Einsicht spielt für die Praxis der Unternehmensberatung eine sehr wichtige Rolle; denn hier kommt es entscheidend darauf an, die Beobachtung von außen nicht mit der Selbstbeobachtung von Unternehmensangehörigen zu verwechseln.

falls es ihnen durch geeignete strategische Kommunikationsmaßnahmen gelingt, langfristig an Glaubwürdigkeit zu gewinnen.

Welche Aktanten oder Ereignisse auf welche Weise beobachtet werden, wie Kommunikation abläuft bzw. gestaltet wird, und welche Entscheidungen in welcher Form getroffen und kommuniziert werden, das macht die *Spezifik* sowie die *Identität* eines Unternehmens[3] aus. Diese Spezifik resultiert aus der Art, wie ein Unternehmen seine Umweltbezüge bestimmt, und das heißt, welche Aufgaben es in der von ihm wahrgenommenen Umwelt in einer unternehmensspezifischen Art zu erfüllen versucht. Jedes Unternehmen versucht also, in seiner Umwelt spezifische Probleme auf eine für sich optimale Weise zu lösen, um damit den Bestand und den Erfolg des Unternehmens zu gewährleisten.

Solche Probleme lassen sich für Unternehmen (wie für andere vergesellschaftete Gruppen oder Gesellschaften auch) in fünf grundlegenden *Problemdimensionen*[4] lokalisieren:

- Ein Unternehmen muss deutlich erkennbar festlegen, wie es durch seine Aktivitäten (Güterproduktion, Dienstleistungen usw.) in seiner *Umwelt* positioniert sein will, welche Wirkungen es anstrebt und wie es bewertet werden möchte. Mit anderen Worten, ein Unternehmen muss das Verhältnis System/Umwelt so eindeutig bestimmen, dass es überhaupt als Prozess-System in seiner System-Umwelt erfolgreich tätig sein kann. (Dies geschieht in der Regel über die Markenpolitik des Unternehmens.)
- Ein Unternehmen muss zweitens ein (wie bewusst auch immer angelegtes) *Menschenbild* entwickeln, um die Art der Beziehungen zwischen den Aktanten zu regeln, mit denen das Unternehmen zu tun hat (Stakeholder, Shareholder).
- Um seine Handlungsfähigkeit zu stabilisieren, muss ein Unternehmen *Organisationsstrukturen* entwickeln, die Handlungsspielräume für alle Betroffenen hinreichend genau spezifizieren.
- Da Aktanten in Unternehmen aus Körper und Geist bestehen und in allem, was sie tun und erleben, von Gefühlen begleitet und bestimmt sind, muss in einem Unternehmen klar sein, welchen Stellenwert *Gefühle* haben.
- Und da vergesellschaftete Aktanten in allen ihren Aktivitäten von Werten bestimmt sind und dies auch von allen anderen erwarten, muss in einem Unternehmen klar sein, welche *moralischen Orientierungen* unter welchen Bedingungen auch in Kri-

---

3   Wenn im Folgenden von „Unternehmen" gesprochen wird, das dies oder jenes tut, dann dient das lediglich als Abkürzung für die korrektere Formulierung, dass handelnde Menschen (kurz „Aktanten" genannt) im Rahmen der genannten Prozess-Systeme dies oder jenes tun, was von Beobachtern „dem Unternehmen" zugeordnet wird.

4   Die genaue theoretische Herleitung gerade dieser fünf Problemdimensionen wird in Schmidt 2004 geliefert.

sensituationen verbindlich sind. Das gilt für den Umgang mit Mitarbeitern ebenso wie für den Umgang mit anderen Unternehmen und mit der Umwelt.[5]

Jedes Unternehmen vertritt im Hinblick auf diese fünf Problemdimensionen notwendiger Weise eine bestimmte Haltung, und zwar unabhängig davon, wie bewusst diese Haltung vertreten wird. Diese Haltung wird ständig in den drei genannten Prozess-Systemen (Beobachtung, Entscheidung, Kommunikation) umgesetzt und verwirklicht, und zwar wiederum unabhängig von der Bewusstseinsfähigkeit und Bewusstseinspflichtigkeit dieser Haltungen. Beobachtungen, Kommunikationen und Entscheidungen sind in jedem Unternehmen erst und nur dann möglich, wenn aus der Fülle der *möglichen* Umweltkonstruktionen, Menschenbilder, Organisationsformen, Gefühlseinschätzungen und Wertorientierungen ganz bestimmte Möglichkeiten ausgewählt werden bzw. ausgewählt worden sind, die jetzt dem Handeln der Aktanten im Unternehmen als verbindliches Orientierungsprogramm dienen.

Um diese Überlegungen auch begrifflich abzusichern, bezeichne ich die genannten fünf Problemdimensionen als *Wirklichkeitsmodell* (im Sinne eines Modells *für* Wirklichkeit), das Orientierungsprogramm der/für die Aktanten im Rahmen dieses Modells als *Kulturprogramm*. Diese beiden Komponenten sind strikt komplementär, das heißt, ohne Wirklichkeitsmodell kann kein Kulturprogramm funktionieren, und ohne Kulturprogramm macht kein Wirklichkeitsmodell Sinn. Das Verhältnis zwischen beiden kann auch so bestimmt werden: Das Wirklichkeitsmodell eines Unternehmens stellt den für alle Unternehmensmitglieder verbindlichen Ordnungsrahmen in den fünf Problemdimensionen zur Verfügung. Dieser Rahmen wird dann über Kategorien und deren semantische Ausdifferenzierungen näher spezifiziert. So kann etwa in der Problemdimension „Menschenbild" die Kategorie *Alter* ausdifferenziert werden in semantische Differenzierungen wie alt/jung, leistungsstark/leistungsschwach; die Kategorie *Macht* in Gewalt, Einfluss, Besitz usw.

Wie diese Kategorien und semantischen Differenzierungen miteinander verbunden werden können (also wie etwa der Zusammenhang zwischen Bildung, Einfluss und Entlohnung im Unternehmen bestimmt wird), welche emotionale und moralische Bewertung sie erfahren, und wie zentral oder randständig solche Verbindungen sind, das regelt das Kulturprogramm als Programm der für ein Unternehmen typischen verbindlichen *Bezugnahmen* auf das Wirklichkeitsmodell sowie ihrer emotionalen und moralischen Bewertungen. Man kann daher abkürzend formulieren: *Unternehmenskultur ist das für alle Aktanten in einem Unternehmen verbindliche Problemlösungsprogramm in allen unternehmensrelevanten Beobachtungs-, Kommunikations- und Entscheidungs-Prozessen.* Dieses Programm wird in allen Maßnahmen eines Unternehmens faktisch kom-

---

5   Vgl. dazu die Beiträge in Schmidt und Tropp (Hg.) (2009). – Nicht zufällig hat die Schwertl & Partner Beratergruppe im November 2011 eine ganztätige Akademiesitzung zum Thema „Führung und Moral" veranstaltet.

muniziert und dadurch stabilisiert, wird aber umgekehrt auch in der Beobachtung aller Maßnahmen einklagbar. Diskrepanzen zwischen Programm und Realisierung sind mithin notwendiger Weise risikoreich.

Unternehmen entstehen und bestehen notwendigerweise durch das gleichzeitige Entstehen und Bestehen des Wirkungszusammenhangs von Wirklichkeitsmodell und Kulturprogramm. Dieser Wirkungszusammenhang ordnet und gewichtet die *Voraussetzungen,* die Aktanten bei jeder Operation bzw. bei jeder *Setzung* in einem der drei Prozess-Systeme in Anspruch nehmen. Die Inanspruchnahme dieser Voraussetzungen, auf die sich alle Aktanten als kollektives Wissen beziehen, sorgt dafür, dass trotz der kognitiven Autonomie[6] der Aktanten erfolgreiches gemeinsames Handeln und Verstehen möglich werden.

Bei der Rede von Kulturprogrammen muss zweierlei berücksichtigt werden. Zum ersten gibt es wahrscheinlich keinen Programmanwender, der alle Möglichkeiten des Programms kennt und anwendet; das heißt, kein Einzelner *verfügt* über „die Kultur" eines Unternehmens. Zum zweiten kann man beobachten, dass Kulturprogramme sich ausdifferenzieren, wenn in einem Unternehmen neue Problemlösungen anstehen; das heißt, es bilden sich Subkultur-Programme heraus, deren Verhältnis zum „Hauptprogramm" geklärt werden muss, soll das Unternehmen funktionsfähig bleiben. Generell dürfte wohl gelten, dass Subkulturen nur so lange akzeptiert werden, wie sie mit den zentralen Kategorien des „Hauptprogramms" nicht in ernsthaften Konflikt geraten und lediglich Spezialaufgaben wahrnehmen, wodurch die Leistungsfähigkeit des Unternehmens insgesamt erhöht wird, auch wenn zugleich die Kontrolle subkultureller Aktivitäten schwieriger wird.

Mit diesen Überlegungen haben wir ein ziemlich komplexes *Beobachtungsdesign* entworfen. Es enthält die fünf Problemdimensionen des Wirklichkeitsmodells eines Unternehmens, die im konkreten Handeln in den drei Prozess-Systemen gemäß dem unternehmensspezifischen Kulturprogramm bearbeitet werden, wobei einerseits nach Sinnorientierung (Voraussetzung) und Prozess-Vollzug (Setzung), andererseits nach Selbst- und Fremdbeobachtung unterschieden werden kann. Das Konzept ‚Selbstbeobachtung' bezeichnet alle Beobachtungen von Unternehmensabläufen durch Mitglieder des Unternehmens. Diese können informell erfolgen oder in medial fixierter Form festgehalten sein, etwa durch Unternehmensbroschüren oder Leitbilder usw.

Dieses Beobachtungsdesign liefert zugleich den Rahmen für eine *Analyse* von Unternehmenskulturen, indem es die Problemdimensionen angibt, die dann durch geeignete Methoden (etwa Befragung oder Gruppeninterview) die unternehmensspezifische Im-

---

6   „Kognitive Autonomie" sagt hier nichts anderes, als dass Aktanten als lebende Systeme mit Körper und Gehirn nur systemspezifisch handeln können, auch wenn sie dabei alle möglichen Arten gesellschaftlich verbindlichen kollektiven Wissens in Anspruch nehmen.

Abbildung 1 Beobachtungsdesign für unternehmerisches Handeln

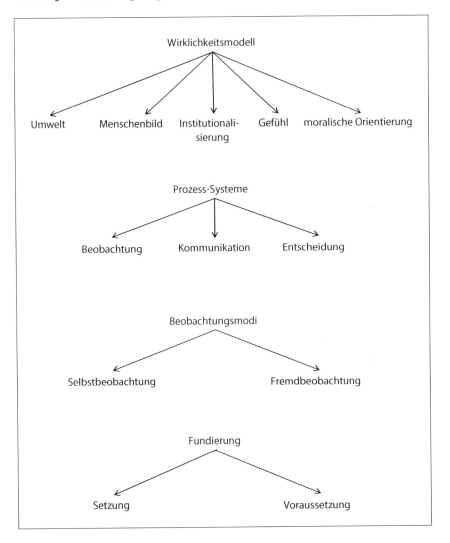

plementierung dieser Dimensionen durch Kategorien und semantische Ausdifferenzierungen bestimmt werden können.[7]

3 Theoretische Modellierungsgewinne

In der neueren Wissenschaftstheorie hat sich die Auffassung durchgesetzt, Theorien und Modelle nach dem Kriterium der *Problemlösungskapazität* zu beurteilen (exemplarisch etwa seit K. R. Popper, I. Lakatos oder P. Janich). Dahinter steht unter anderem die Einsicht, dass wir es im wissenschaftlichen Handeln nicht mit Gegebenheiten „der Realität" zu tun haben, sondern mit unseren Beobachtungen und Erfahrungen von und mit Gegenständen, die uns Probleme bereiten – kurzum, dass wir auch in den Wissenschaften nicht um den Beobachter als wirklichkeitskonstruktive Instanz kürzen können. Welche Probleme hilft nun die in Abschnitt 1 skizzierte Konzeption von Unternehmen zu bearbeiten?

Zunächst einmal erlaubt sie eine begründbare Entscheidung in der betriebswirtschaftlich umstrittenen Frage, ob Unternehmen eine Unternehmenskultur *haben* oder ob sie eine Unternehmenskultur *sind*. Die Antwort lautet: Unternehmen operieren erst und nur auf der Grundlage eines Unternehmens-Kulturprogramms, das die unternehmensrelevanten Bezugnahmen von Aktanten auf das Wirklichkeitsmodell des Unternehmens ko-orientiert und so allererst eine Kohärenz der Prozesse in den drei Prozess-Systemen ermöglicht. Diese Kohärenz ist dann verantwortlich für die Konstitution der Identität eines Unternehmens als spezifisches Prozess-System.

Damit wird auch die Frage beantwortet, wer in einem Unternehmen als *Träger* der Unternehmenskultur anzusehen ist. Die Antwort kann nur lauten, dass alle Mitglieder eines Unternehmens – wenn auch in unterschiedlichem Maße – Träger der Kultur sein müssen; denn Aktanten handeln nur dann überhaupt als Unternehmensmitglieder, wenn sie ihr Handeln am Wirklichkeitsmodell und am Kulturprogramm des Unternehmens orientieren und dies auch von allen anderen erwarten und sich darauf verlassen können – ohne dieses Vertrauen wäre kollektives Handeln nicht möglich.

Daraus muss die Konsequenz gezogen werden, dass Unternehmenskultur eben kein „weicher Faktor" ist, der nach Belieben berücksichtigt oder vernachlässigt werden kann, sondern dass sie die Grundlage für das erfolgreiche wirtschaftliche Handeln von Unternehmen bildet, und zwar im operativen wie im kommunikativen Bereich.

Weiterhin beantwortet die hier vorgelegte Konzeption von ‚Unternehmen' die oft diskutierte Frage, ob *Gefühle* und *Werteorientierungen* im Unternehmen eine wichtige Rolle spielen müssen oder eher beiläufig behandelt werden können. Wenn Gefühle und moralische Orientierungen in jeder Handlung, in jeder Interaktion und Kommu-

7 Zu Einzelheiten vgl. Schmidt 2004: Teil II.

nikation eine zentrale und notwendige Prozess-Komponente bilden, dann geht es nur darum, ob man diese Komponente *in hinreichendem Maße* berücksichtigt. So zeigt die in den letzten Jahren in der Managementtheorie geführte Debatte über die Rolle von Gefühlen und moralischen Orientierungen, dass es nicht darum geht, *ob* Gefühle und moralische Orientierungen etwa für Manager eine wichtige Rolle spielen, sondern *wie* sie und ihr Umfeld erfolgreich mit Gefühlen und moralischen Orientierungen umgehen.

Viertens klärt die vorgeschlagene Konzeption die Frage, ob und wie Unternehmen sich an ihre Umwelt anpassen müssen, indem deutlich wird, dass es so etwas wie *Umweltanpassung* im üblichen Gebrauch dieses Wortes gar nicht gibt. Die Begründung dieser vielleicht irritierenden These lautet wie folgt: Im Zusammenspiel von Wirklichkeitsmodell und Kulturprogramm *erzeugt* das Unternehmen durch die ständige Handhabung der Unterscheidung System/Umwelt *seine unternehmensspezifische Umwelt,* die es aus seiner Perspektive beobachtet, beschreibt und bewertet – aus welcher anderen Perspektive sollte es dies auch sonst tun. Veränderungen in seiner Umwelt beantwortet ein Unternehmen notwendiger Weise mit unternehmensspezifischen, nicht mit umweltspezifischen Prozessen. Nur dadurch, dass ein Unternehmen Umwelteinflüsse zum Anlass für unternehmensspezifische Operationen benutzt bzw. solche Operationen[8] vermeidet, kann es seine Identität erhalten. Das Unternehmen passt seine Umwelt an sich an, nicht umgekehrt. Daraus folgt unter anderem, dass alle Probleme, die ein Unternehmen zu lösen versucht, aus unternehmensspezifischen Beobachtungen und Bewertungen resultieren, weil Probleme für ein Unternehmen nur aus Selbstbeobachtung, nicht aus Fremdbeobachtung hervorgehen.[9] Und daraus folgt zweitens, dass Unternehmen ihre Probleme nur selbst lösen können; Berater können nur bei dieser Selbstlösung helfen, indem sie die Kapazität zur Selbstbeobachtung erhöhen, sie können sie dem Unternehmen nicht etwa abnehmen.

Konzipiert man Unternehmen als Prozess-Systeme, dann rechnet man damit, dass die konstitutiven Sub-Systeme dieses Systems im Rahmen des allgemein verbindlichen Unternehmenskulturprogramms zum Teil eigene Logiken entwickeln, und dass diese Eigenlogiken nicht immer miteinander verträglich sein müssen bzw. sein können. Zweitens muss man damit rechnen, dass weder Kommunikationen noch Entscheidungen als durchweg rationale Prozesse ablaufen. Beide sind vielmehr – ganz im Gegensatz zum Rationalitätspathos der meisten Management-Theorien und Manager – notwendig emotional gesteuert (oft bis hin zur Irrationalität) und implizit oder explizit von moralischen (Selbst)Orientierungen geprägt, was ihre Beobachtung und Beschreibung wie ihr Verständnis und ihre Veränderung zu einem schwierigen Unterfangen macht.

---

8   Vgl. dazu Schmidt und Schwertl 2010.
9   Das bedeutet, dass Probleme, auf die ein Unternehmensberater aufmerksam macht, erst in die Selbstbeobachtung eines Unternehmens übernommen werden müssen, ehe sie überhaupt als Probleme beobachtet und behandelt werden können.

Entscheidungen in Menschenbildannahmen wirken sich – wie gerade am Rationalitätsproblem gezeigt – entscheidend auf alle Operationen in den drei Prozess-Systemen aus. Das kann besonders an der Auffassung von *Unternehmens-Kommunikation* verdeutlicht werden.

Kommunikation gilt seit den 90er Jahren als wichtiges Element für unternehmerischen Erfolg, als Wertschöpfungsbeitrag, als zentrale Management-Aufgabe. Umso gravierender ist, dass die in der Wirtschaft vertretenen Kommunikationskonzepte bis heute in der Regel keineswegs auf dem Niveau des kommunikationswissenschaftlichen Diskurses sind. Dazu einige Hinweise.

Versteht man Aktanten als kognitiv autonome Systeme, die nur systemspezifisch handeln können, dann werden Modelle von Kommunikation als Austausch neutraler Informationen unplausibel.[10] Übertragen kann man nur Zeichenmaterialien, aus denen Aktanten erst durch kognitive Verarbeitung Bedeutungen erzeugen, die notwendig systemspezifisch sind. Kommunikation entsteht nur als gemeinsamer Prozess der Herstellung systemspezifischer Bedeutungen, die dadurch miteinander vermittelt werden, dass die Kommunikationspartner sich stillschweigend auf kollektives, nämlich kulturprogrammiertes Wissen beziehen, das sie im Laufe ihrer gesellschaftlichen wie ihrer unternehmensspezifischen Sozialisation erworben haben. Dieses Wissen, das nicht in den Köpfen der Kommunikationspartner beobachtet, sondern nur als folgenreiches Wissen in der Interaktion und Kommunikation erschlossen werden kann, entsteht aus gemeinsamem Handeln jeder Art und wird im gemeinsamen Handeln reflexiv bestätigt. Ohne diese Bestätigung wäre soziales Handeln nicht möglich, und darum muss in der Kommunikation der Partner als eigenständiges körperliches wie kognitives System ernst genommen werden; denn ohne seine Mitwirkung am nur gemeinsam zu leistenden Kommunikationsprozess käme dieser nie zu Stande. Auf Grund der Reflexivität von Kommunikation sind auch immer alle Kommunikationspartner für den Verlauf wie für die Folgen von Kommunikationsprozessen *verantwortlich*. Ohne Vertrauen in die Verlässlichkeit und Aufrichtigkeit der Kommunikationspartner gäbe es keine Kommunikation – schließlich können wir nicht in die Köpfe der Anderen hineinsehen; und ohne Vertrauen, das sich auf bisherige Kommunikationen stützt und die künftige Kommunikationsbereitschaft rechtfertigt, wäre Kommunikation nicht möglich. – Eben hier liegt der Grund, warum so viele Unternehmen Kommunikationsprobleme haben, weil sie Vertrauen verspielt haben und die Kommunikationspartner, vor allem auf unteren Stufen der innerbetrieblichen Hierarchie, nicht ernst genug genommen werden, weil in erster Linie top down verlautbart wird. Wer Kommunikation lediglich als Austausch von Information versteht, wird der irrigen Meinung sein, die anderen müssten doch seine Mitteilung genau so verstehen, wie er sie gemeint hat. Missverständnisse kann er nur als

---

10   Allerdings schreibt H. G. Würzbach noch 1998 den Marketingexperten in Theorie und Praxis ins Stammbuch, dass sie bis heute eine Vorstellung von Kommunikation pflegen, die aus den 40er Jahren stammt (S. 347).

Dummheit oder Bosheit sehen. Nur wer Kommunikation als reflexiven Prozess versteht begreift, wie voraussetzungsreich das gemeinsame Aushandeln von Sinn in der Kommunikation ist, wenn man nicht von vornherein derselben Meinung ist.

Modelliert man Kommunikation als reflexiven sozialen Prozess[11], dann muss man auch Abschied nehmen von der Vorstellung, man könne durch geeignete Informationsmaßnahmen in kognitive Systeme intervenieren und sie nach den eigenen Plänen steuern. Kognitive Systeme organisieren sich selbst. Also kann man ihnen nur Angebote zur Selbstorientierung geben, die mit Zusatzeinrichtungen wie Vertrauen und Verlässlichkeit verbunden werden müssen, um Aktanten zur Annahme solcher Angebote zu motivieren. Und das gilt für Mitarbeiterkommunikation ebenso wie für Markt- und Gesellschaftskommunikation.

4   Zauberwort „Integrierte Unternehmenskommunikation", oder: Was lässt sich an einer Unternehmenskultur ändern?

Ohne Kommunikation, das dürfte bisher klar geworden sein, ist keine Unternehmenskultur denkbar und vice versa. Der Zusammenhang ist autokonstitutiv. Unternehmenskommunikation läuft sozusagen auf dem Kulturprogramm, und dieses braucht Kommunikation, um die Sinnproduktion von Aktanten im Unternehmen zu orientieren. Wie kann nun das Verhältnis zwischen beiden genauer bestimmt werden?

Für alle Kommunikationsformen eines Unternehmens, also für

• Mitarbeiterkommunikation
• Marktkommunikation, also für alle Formen der Werbung, von der klassischen Imagewerbung über Verkaufsförderung bis hin zum Direktmarketing
• Gesellschaftskommunikation, also Public Relations und Medienarbeit sowie Public Affairs

gilt, dass vier Bedingungen erfüllt sein müssen, soll Kommunikation erfolgreich sein. Grundsätzlich gilt: Die Kommunikationsmaßnahmen eines Unternehmens dürfen nicht in Konflikt geraten mit den von der Unternehmenskultur geregelten grundlegenden Bezugnahmen auf das Wirklichkeitsmodell des Unternehmens (Bedingung der Kohärenz). Hinzu kommen drei weitere Bedingungen:

• Die Kommunikationsmaßnahmen eines Unternehmens dürfen nicht mit der Unternehmenskultur in Konflikt geraten (Bedinung der *Kohärenz*).
• Die unterschiedlichen Kommunikationsmaßnahmen eines Unternehmens müssen miteinander verträglich sein (Bedingung der *Kompatibilität*).

---

11 Zu Einzelheiten vgl. Schmidt 2008.

- Alle Kommunikationsmaßnahmen eines Unternehmens müssen glaubwürdig sein (Bedingung der *Credibilität*).
- Die wichtigen Kommunikationsmaßnahmen eines Unternehmens müssen nachhaltig sein (Bedingung der *Sustainability*). (Die Markenpolitik eines Unternehmens zeigt zum Beispiel, wie wichtig diese Bedingung in der Praxis ist.)

Wenn diese vier Bedingungen erkennbar erfüllt werden, dann ist meines Erachtens das erreicht, was als „Integrierte Unternehmenskommunikation" bezeichnet werden kann. Die Integration bezieht sich also nicht in erster Linie auf eine Vereinheitlichung der verwendeten Kommunikationsmittel im Sinne von CD und CI, sondern auf eine sinnvolle Vereinheitlichung der Kommunikationsbedingungen auf der Grundlage der Kultur eines Unternehmens. Mit dieser Lesart des Konzepts „Integration" wird eine Engführung auf bloßes Corporate Design vermieden und darüber hinaus so lange Spielraum für die Gestaltung der Kommunikationsmöglichkeiten und Kommunikationsbedingungen offen gehalten, wie die vier Bedingungen nicht ernsthaft verletzt werden – ein Unternehmen braucht eben beides, Stabilität und Kreativität.

Aus dieser Modellierung des Konzepts folgt, dass jedes Unternehmen notwendiger Weise immer schon ein bestimmtes Maß an Integration seiner Kommunikationsmaßnahmen aufweist, weil es sonst gar keine Identität aufbauen und bewahren könnte. Es kann daher nie um die Alternative Integration ja oder nein gehen, sondern allein darum, ob das vorhandene Maß an Integration ausreicht bzw. ob es bewusst verbessert werden kann. Jeder Versuch einer Verbesserung stellt nun aber ein Unternehmen vor schwierige Probleme, allen voran das Problem, sich bewusst mit der eigenen Unternehmenskultur auseinander zu setzen; denn nur auf der Grundlage einer solchen Auseinandersetzung können Kohärenz- bzw. Kompatibilitätsprobleme erkannt werden.

Ich spreche an dieser Stelle bewusst von „Auseinandersetzung" mit der eigenen Kultur und nicht von „Ermittlung" der Unternehmenskultur, um den Eindruck zu vermeiden, Unternehmenskultur sei als ganze, als objektive Gegebenheit oder als korrekte Blaupause zu ermitteln. Wie bei der Kultur einer ganzen Gesellschaft stehen wir auch hier vor dem Problem der Selbstbezüglichkeit das besagt, dass wir für die Beobachtung einer Kultur eine *Beobachtungskultur* brauchen, konkret, dass wir eine Unternehmenskultur nur unter Anwendung eben dieser Kultur (bei Selbstbeobachtungen) bzw. einer anderen Beobachtungskultur (bei Fremdbeobachtung) beobachten und beschreiben können. Ein Kulturprogramm lässt sich nur durch Inanspruchnahme eines Kulturprogramms beobachten und beschreiben.

Konkret steht jeder Versuch einer *Analyse* von zu ändernden Kulturprogrammen vor drei Problemen:

- dem schon genannten Autologieproblem (Kulturbeobachtung erfordert eine Beobachtungskultur)

- dem Selbstimplikationsparadox (jeder Veränderer ist in den Veränderungsprozess verstrickt und kann ihn nicht linear kausal von außen steuern)
- dem Beobachtungsparadox (der Gegenstand der Beobachtung und die Beobachtung des Gegenstands sind identisch).

Wenn diese Annahmen zutreffen, dann wird damit jeder Versuch einer richtigen oder vollständigen Erhebung eines Kulturprogramms illusorisch. Wie kann ein Unternehmen aber dann sein Kulturprogramm optimieren, wenn es nicht mehr funktioniert, oder seine Kommunikationsmaßnahmen verbessern, wenn sie nicht mehr kohärent und kompatibel sind?

Die Antwort auf diese Fragen zeigt einerseits das ganze Dilemma von Change Management-Bemühungen auf, verdeutlicht andererseits aber auch, dass durch eine Erhöhung der Komplexität von Veränderungsbemühungen durchaus Erfolge erzielt werden können.

Diese Antwort setzt wieder einmal am Beobachtungsthema an, wobei es jetzt um die Differenz von Beobachtungen erster und zweiter (eventuell sogar dritter) Ordnung geht. Konkret bedeutet das, dass die Auseinandersetzung mit einem Kulturprogramm die Fähigkeit wie die Bereitwilligkeit zur Beobachtung zweiter Ordnung voraussetzt. Während Beobachter erster Ordnung handeln, ohne zugleich die Bedingungen ihres Handelns zu beobachten, beobachten Beobachter zweiter Ordnung Andere oder sich selbst bewusst im Hinblick auf die Bedingungen ihres Handelns. Dabei geht es in erster Linie um die Frage, warum eine bestimmte Handlungsmöglichkeit gewählt worden ist, wo doch auch andere möglich gewesen wären, also konkret: Warum diese Entscheidung und keine andere? Warum diese Kommunikationsoption und keine andere? Warum diese Beobachtungsform, wo man auch anders hätte beobachten können? Bei Beobachtungen zweiter Ordnung wird aber eine Einsicht unausweichlich, die von vielen als unangenehm wenn nicht gar als erschreckend empfunden wird, und zwar die Einsicht in die *Kontingenz*[12] alles dessen, was wir Menschen tun. Kontingenz heißt dabei nicht Willkür, sondern „Wahl-Kür", das heißt, wir können uns im Prinzip in jeder Situation auch anders verhalten, als wir es tun – sogar angesichts lebensbedrohlicher Ereignisse. Wir stehen – meist unbewusst – immer vor der Entscheidung, diese oder eine andere Möglichkeit zu wählen, und Wahlentscheidung bedeutet Kontingenz.

Die grundlegende Bedeutsamkeit von Kulturprogrammen für Unternehmen als gesellschaftliche Organisationen ist darin begründet, dass alle Gesellschaften raffinierte Vorkehrungen getroffen haben, um mit diesem Selektions- bzw. Kontingenzdruck praktisch fertig zu werden, und die raffiniertesten sind – die Kulturprogramme. Indem Aktanten im Lauf ihrer Sozialisation in den Gebrauch dieser Programme gleichsam

---

12 Kontingenz heißt hier, dass nicht sein muss, was ist.

hineinwachsen, also in sozialen Zusammenhängen lernen, wie man erfolgreiche Bezugnahmen auf das Wirklichkeitsmodell einer Gesellschaft vollzieht, bekommen solche erfolgreichen und entsprechend belohnten Bezugnahmen den Charakter des Selbstverständlichen, Natürlichen und Evidenten: *Wir* handeln so und nicht anders. Technisch gesprochen: Kulturprogramme entziehen die Kontingenz all unseren Handelns weitgehend der Beobachtung (sie invisibilisieren Kontingenz), sie ko-orientieren das Handeln der Mitglieder einer Gesellschaft so, dass trotz der kognitiven Autonomie Interaktion und Kommunikation durch Bezug auf Kultur als kollektives Wissen möglich werden.[13] Erst die Beobachtung des Beobachtens re-visibilisiert wieder die Kontingenz und erlaubt uns zu beobachten, wie die Ordnung kontingenter Setzungen zustande kommt, welche Optionen in welchen Situationen ergriffen werden, wie sie gefühlsmäßig besetzt und moralisch bewertet werden. Solche Beobachtungen lassen sich als Selbstbeobachtung wie als Fremdbeobachtung vollziehen, wobei die Beobachtungsergebnisse in unterschiedlicher Form verwendet werden können:

• Ergebnisse der Selbstbeobachtung liefern wegen der Verstricktheit des Beobachters in seine Beobachtungen zwar keine objektiven Ergebnisse, aber sie erhöhen den Grad der Bewusstheit des Beobachters für seine Aktivitäten.

• Ergebnisse von Fremdbeobachtungen liefern aus den genannten Gründen ebenfalls keine objektiven Ergebnisse, aber sie können als mögliche Beobachtungsalternativen in die Beurteilung der Selbstbeobachtung einbezogen werden: Man weiß jetzt, wie andere sehen, was auch wir beobachten, und kann sich nach Gründen für Differenzen in der Beobachtung fragen bzw. sich um Legitimationen der eigenen Betrachtungsweise bemühen, wodurch auch hier der Grad der Bewusstheit erhöht wird.

In beiden Fällen geht es also nicht um das Gewinnen objektiver Resultate, sondern um die Erhöhung von Beobachtungskapazität durch *Lernen* und *Kompetenzentwicklung* in Gestalt der Auswertung von bewusst vollzogenen Beobachtungsprozessen. Der Versuch herauszufinden, warum man so und nicht anders handelt und Handlungsergebnisse so und nicht anders empfindet und bewertet, wie man es offensichtlich im Rahmen der Routinen des eigenen Kulturprogramms tut, ist also das eigentliche Ziel der Auseinandersetzung mit der eigenen Unternehmenskultur. Auf diesem Wege kann es gelingen, *reflektierte Selbstbeobachtung und Selbstbeschreibung zu Produktivkräften eines Unternehmens zu machen.* Und bei diesem Prozess können geschulte Berater durchaus behilflich sein. Wenn reflektierte Selbstbeobachtung zumindest in Ansätzen gelingt, dann

---

13 Wie Handlungspartner diese Bezugnahme kognitiv vollziehen, ist für uns unüberprüfbar. Wir können nur erwarten bzw. unterstellen, dass sie es tun, und dass sie annehmen, dass auch wir uns so verhalten. Diese reflexive Erwartungs-Erwartung bzw. Unterstellungs-Unterstellung bezeichne ich als wirksame Einbildung bzw. als operative Fiktion. Auf dieser Fiktion beruht die Möglichkeit gesellschaftlichen Handelns.

steht zu erwarten, dass die Formen der Unternehmenskommunikation erheblich effizienter und glaubwürdiger werden.

Unternehmenskultur kann nur dann verändert werden, wenn man von deterministischen Vorstellungen Abstand nimmt, wonach durch geeignete Maßnahmen eine feste kausale Verbindung zwischen Ist-Zustand und Soll-Zustand hergestellt werden kann. Nach den bisherigen Überlegungen können *Veränderungen nur als reflexive Prozesse* konzipiert werden; denn schon die Ankündigung eines Veränderungsversuches beeinflusst den Umgang mit dem Kulturprogramm, das plötzlich nicht mehr als unbefragte Routine funktioniert, sondern als in irgend einer Weise defizitär oder dysfunktional beobachtet, kommuniziert und zum Gegenstand von Entscheidungen gemacht wird. Jeder dieser Prozesse kann ab jetzt wiederum zum Gegenstand von Beobachtungen, Kommunikationen und Entscheidungen gemacht werden, wodurch sich die Situation in einer von allen Beteiligten nicht mehr genau prognostizierbaren Art und Weise verändert. Eben dieser Entwicklungsprozess aber kann wieder als *Lernanlass* genutzt werden, weil sich nun beobachten lässt, was tatsächlich passiert, wenn man ein bestimmtes Veränderungsziel erreichen will und eben das kommuniziert.

Daraus kann geschlossen werden, dass es zwar unwahrscheinlich ist, ein postuliertes Veränderungsziel in der der angestrebten Art und in der angestrebten Zeit zu erreichen – sicher ist allein die *Unsicherheit* der Zielerreichung –, dass damit aber nicht etwa Veränderungen überhaupt unmöglich sind. Die Vorbedingungen von Veränderungen bestehen allerdings darin, dass der Veränderungsbedarf durch entsprechende Kommunikationen verdeutlicht wird, Veränderungen als langfristige Prozesse eingeschätzt sowie die Nachhaltigkeit des Veränderungswillens glaubhaft gemacht werden kann. Das aber bedeutet, dass die *Beobachtungskapazität* aller Beteiligten erhöht wird – und eben hier liegt das praktische Problem, da die meisten Manager die Veränderung einer Unternehmenskultur als Chefsache ansehen, die wegen der meist unterstellten Unfähigkeit und Unwilligkeit „der Leute da unten" nur top down zu bewerkstelligen ist – womit die Korrosion von Vertrauen notwendig beginnt.

Wer Veränderungen in Gang setzen will, stellt an sich und alle Beteiligten *Lernzumutungen*. Wer lernen soll, dem wird implizit unterstellt, dass er Probleme nicht optimal löst und daher bisher eingesetztes Wissen aufgeben und neues erwerben soll. Ob dieses neue Wissen besser funktioniert als das alte, ist zum gegenwärtigen Zeitpunkt noch nicht erwiesen. Das bedeutet, Lernen ist ein risikoreicher Prozess mit unsicherem Ausgang, der keineswegs von allen, die lernen sollen, als positiv eingeschätzt und empfunden wird – entsprechend hoch können die Widerstände sein, wie die Praxis lehrt. Entsprechend hoch muss aber auch der Kommunikationsaufwand sein, um die Mitarbeiter auf allen Ebenen „mit ins Boot" zu holen – wer sich dabei ausgeschlossen fühlt, wird in die innere Emigration gehen.

In dieser komplizierten Situation hilft nur *Vertrauen* weiter, und zwar Vertrauen in den begründeten Veränderungswillen derer, die Veränderungen fordern, sowie Vertrauen in die Selbstbindung der Veränderungswilligen in den anzustoßenden Lernprozess. Um den Veränderungswillen aber begründen zu können, müssen Beobachtungsresultate vorgelegt werden können, die erkennbar werden lassen, dass etwas am/ mit dem Kulturprogramm und seiner Anwendung „nicht stimmt" und es deshalb zu Entwicklungen gekommen ist, die die Betroffenen als negativ empfinden, sei es etwa als „Bunkern von Herrschaftswissen" in bestimmten Abteilungen, als Unterbrechung des Kommunikationsflusses von unten nach oben und umgekehrt, als Vertrauensverlust durch verschleierte Entscheidungen usw.

Um herauszufinden, „wo etwas nicht stimmt", kann man wiederum das hier entwickelte Unternehmenskonzept einsetzen. Dieser Einsatz erfolgt in der Weise, dass die fünf Dimensionen des Wirklichkeitsmodells als Dimensionen etwa eines Gesprächsleitfadens ausdifferenziert werden, mit dessen Hilfe zum Beispiel in Gruppeninterviews herausgefunden werden kann, welches Menschenbild die verschiedenen Gruppen in einem Unternehmen in ihrem täglichen Verhalten erkennen lassen, wie sich dieses (in der Regel) implizit vertretene Modell auf die praktizierten Formen der Kommunikation auswirkt, welche Rolle Gefühle spielen (dürfen) und wie das Verhalten der Kollegen wie der Vorgesetzten moralisch bewertet wird.

Aus den unterschiedlichen Wirklichkeitskonstruktionen der verschiedenen Aktanten in einem Unternehmen, die – wie entsprechende Untersuchungen zeigen – in solchen Gruppeninterviews zum Teil extrem deutlich werden, können dann begründbare Folgemaßnahmen getroffen werden. Die erste besteht darin, allen Gruppen die Beobachtungs- und Einschätzungsergebnisse aller anderen Gruppen bekannt zu machen, jedoch nicht eher, als bis allen klar gemacht worden ist, dass es sich hierbei notwendiger Weise um unterschiedliche Wirklichkeitskonstruktionen handelt, die sich weder bösem Willen noch Willkür verdanken, sondern den unterschiedlichen Beobachtungs- und Bewertungsbedingungen von Aktanten in unterschiedlichen Unternehmens- wie Lebensbereichen außerhalb des Unternehmens. Erst wenn die *Pluralität* und die *Kontingenz* aller unserer Wirklichkeitskonstruktionen als Ausgangspunkt und als Normalfall von allen Beteiligten akzeptiert wird, können die jeweils angenommenen Gründe für unbefriedigende Situationen und Entwicklungen offen diskutiert werden, wobei wiederum glaubwürdig klar gestellt werden muss, dass es nicht um eine Aufarbeitung der Vergangenheit mit dem Ziel der Ermittlung von Sündenböcken geht, sondern um die Erarbeitung gemeinsam getragener Vorschläge für eine Veränderung in der nächsten Zukunft (also um eine Win-Win-Situation).

Jeder, der einmal versucht hat, solche Prozesse in einem Unternehmen in Gang zu bringen, kennt die Schwierigkeiten, die von strukturellen Problemen der Hierarchisierung bis zu menschlichen Schwächen reichen, und er weiß, dass dabei wiederum Vertrauensverhältnisse eine entscheidende Rolle spielen. Er weiß aber dann auch aus Erfahrung, dass es keine Alternative zu diesen Optimierungsversuchen von Beobachtungen und Beschreibungen gibt, da man einerseits weder in kognitive Systeme noch in Sozialsysteme direkt intervenieren, und andererseits ein Unternehmen nicht wie eine Maschine abstellen kann, bis das Programm repariert ist.

Versuche der Veränderung von (Teilen von) Unternehmenskulturen machen nur Sinn als kommunikativ realisierte *gemeinsame Lernprozesse,* aus deren Beobachtung man wiederum lernt, wobei dieser Lernprozess wie alle anderen auch risikoreich und im Ergebnis unvorhersehbar ist. Ein allein „von oben" befohlener Veränderungsanstoß wird sich als unproduktiv erweisen und die Mitarbeiter in die innere Emigration treiben. Hier kann Controlling sinnvoll eingesetzt werden, um die Veränderungsprozesse auf den verschiedenen Ebenen eines Unternehmens zu beobachten, die Differenz zwischen Zielvorstellung und dem erreichten Stand der Veränderung zu ermitteln und *allen* Beteiligten zu kommunizieren.

5 Unternehmenskultur: das Problemlösungsprogramm von Unternehmen

In den vorangegangenen Überlegungen habe ich plausibel zu machen versucht, dass eine Unternehmenskultur als das für alle Unternehmensmitglieder verbindliche Programm der Bezugnahmen auf das Wirklichkeitsmodell des Unternehmens konzipiert werden kann. Insofern die fünf Dimensionen von Wirklichkeitsmodellen als Problemdimensionen angesehen werden können, im Verhältnis zu denen jedes soziale und jedes kognitive System (wie auch immer kontingente) Problemlösungen entwickeln muss, kann das (kontingente) Programm für solche als akzeptabel eingeschätzte Lösungen als Kultur eines sozialen Systems bezeichnet werden. Die Einheit der Differenz zwischen Wirklichkeitsmodell und Kulturprogramm können wir dann als „Gesellschaft" bzw. als „Unternehmen" bezeichnen. Damit wird zugleich deutlich, dass Gesellschaften wie Unternehmen als ganze unbeobachtbar sind.

Im Einzelnen kann die *Funktion* von Unternehmenskulturprogrammen so spezifiziert werden:

• Unternehmenskultur orientiert, systematisiert, integriert und bewertet (emotional und moralisch) alle Beobachtungen, Entscheidungen und Kommunikationen eines Unternehmens nach innen und nach außen.

• Unternehmenskultur reguliert den Umgang eines Unternehmens mit der Komplexität und Kontingenz der Selbstbeobachtung wie der Fremdbeobachtung im Sinne der Erhaltung der unternehmensspezifischen Identität, vor allem auch in Krisensituationen.

• Unternehmenskultur sichert die Beständigkeit bzw. Nachhaltigkeit der Entscheidungs- und Kommunikationsgeschichte eines Unternehmens und vermittelt sie mit der nötigen Flexibilität im Verhältnis zu den sich ständig wandelnden Umwelten.

• Unternehmenskultur ermöglicht einen Ausgleich zwischen der kognitiven Autonomie der Mitarbeiter und dem in jedem Unternehmen erforderlichen Regelungs- und Kontrollbedarf.

Unternehmenskultur leistet mithin die ständige Reproduktion eines Unternehmens als Prozess-System sowie die Kontrolle der Systemmitglieder durch Verpflichtung auf kollektives Wissen, emotionale Einstellungen und moralische Orientierungen im Rahmen ihrer Mitgliedschaft im Unternehmen – daneben gibt es ja auch noch ein Leben außerhalb des Unternehmens. Dadurch kann der Bedarf an expliziten Regelungen im administrativen wie im operativen Bereich reduziert werden. Durch eine verbindliche Interpretation von Handlungsmöglichkeiten, Einstellungen und Bewertungen, also durch Schemabildung und die Etablierung von Sinngebungstraditionen, bewirkt Unternehmenskultur einerseits die Integration der Aktanten in das Unternehmen sowie eine zumindest partielle Identifikation mit den Unternehmenszielen. Sie befördert andererseits die Identität des Unternehmens durch Abschließung gegenüber seiner Umwelt. Abschließung bedeutet hier keineswegs Kontaktlosigkeit, sondern die Regelung der Umweltkontakte nach der Logik des Systems. Damit begrenzt Unternehmenskultur Kontingenz und eröffnet Lernpotentiale durch Selbstbeobachtung und Selbstbeschreibung.

Fazit: Das Unternehmenskultur-Programm sichert die Identität, die Effizienz, die Dynamik sowie die Krisenkompetenz eines Unternehmens und konstituiert damit erst seine Markt- wie seine Markenfähigkeit. Aus diesem Grunde ist es für jedes Unternehmen zentral wichtig, dass alle seine Kommunikationsprozesse, von der Mitarbeiter- bis zur Markt- und Gesellschaftskommunikation, mit den Grundlagen der Unternehmenskultur nachhaltig kompatibel sind.

Das gilt in besonderem Maße für Strategische Kommunikation, die ja das Markenimage bzw. den Markenwert eines Unternehmens zu konstituieren versucht, und die deshalb in besonderer Weise als Repräsentation der Kultur eines Unternehmens beobachtet und bewertet wird. Mit anderen Worten, die Unternehmenskultur bildet die Grundlage für den *wirtschaftlichen* Erfolg eines Unternehmens. Daraus folgt für alle, die mit der Wirtschaft zu tun haben, ein heute vielleicht noch überraschender Schluss: *Wer die Wirtschaft nicht kulturell zu verstehen lernt, kann langfristig die Wirtschaft weder verstehen noch wirtschaftlichen Erfolg haben.* Das gilt nicht erst unter Globalisierungsbedingungen, obwohl diese das Problem besonders deutlich gemacht haben, sondern das gilt für den Alltag jedes Unternehmens. Und wer sich der Mühe der Beobachtung der eigenen Unternehmenskultur entzieht, den bestraft – wie fast alle Unternehmen bestätigen – die Kultur.

Literatur

Nykdym, Nick 1988. Organizational Communication Theory: Interpersonal and Non-Interpersonal Perspectives. *Communications* 14 (2): 7–18.

Schmidt, Siegfried J. 2004. *Unternehmenskultur. Die Grundlage für den wirtschaftlichen Erfolg von Unternehmen.* Weilerswist: Velbrück Wissenschaft.

Schmidt, Siegfried J. 2008 Die Selbstorganisation der menschlichen Kommunikation. In *Selbstorganisation*, hrsg. Renate Breuninger, 77–94. Ulm: Universität Ulm.

Schmidt, Siegfried J., und Walter Schwertl. 2010. Über die Kunst des Beobachtungsmanagements. *Coaching Magazin* 1: 52–57.

Schmidt, Siegfried J., und Jörg Tropp (Hrsg). 2009. *Die Moral der Unternehmenskommunikation: Lohnt es sich, gut zu sein?* Köln: von Halem.

Würzberg, H. Gerd 1998. Unternehmenskommunikation ist Beeinflussungskommunikation. In *Das Handbuch der Unternehmenskommunikation*, hrsg Klaus Merten, und Rainer Zimmermann, 346–354. Neuwied, Luchterhand & Köln: Deutscher Wirtschaftsdienst.

The audience is the message – Werbendes und umworbenes Publikum

Silke Fürst

‚Bild ist Deutschlands größte Zeitung, ist gefährlich und schreibt, was Millionen Leser und ganz Deutschland denken sollen'. Diese Statements sind nicht etwa Fremdzuschreibungen oder Äußerungen im Rahmen von Medienkritik, sondern sie gehören zur aktuellen Selbstdarstellung der Medienmarke ‚Bild'.[1] Im Mai 2012 startete auch ‚Der Spiegel' eine neue Werbekampagne, die unter dem Slogan „Meist gelesen. Meist zitiert. Meist gefürchtet" steht. Medienwerbung spielt offenbar verstärkt mit Vorstellungen von der Verbreitung und angenommenen Wirksamkeit des jeweils beworbenen Medienangebotes. Das Publikum wird so selbst zu einer Konstruktion, die Publikum anlocken und binden soll – ein aus kommunikationswissenschaftlicher Sicht sehr aufschlussreiches Phänomen von sozialer Reflexivität. Dieser Beitrag setzt sich daher zum Ziel, die Werbestrategie der Konstruktion des Publikums in ihrem Kalkül zu identifizieren, in ihren unterschiedlichen Formen zu differenzieren und vor dem Hintergrund des Medienwandels zu reflektieren. Es wird argumentiert, dass die Vorstellung vom Publikum für mediale Kommunikation eine grundlegende Bedeutung hat und die so bezeichnete ‚sozialdynamische Medienwerbung' mit verschiedenen Stilmitteln die selbstverstärkende Dynamik von Aufmerksamkeit nutzt.

1   Publikumsvorstellungen und Metakommunikation

Ganz grundlegend ist soziale Reflexivität nicht nur ein zentrales Merkmal der Kommunikation unter Anwesenden (vgl. Mead 1934), sondern liegt auch medialer Kommunikation zu Grunde (vgl. Merten 1977). Zwar ist es ein konstitutives Merkmal medialer

---

1   Hier handelt es sich um eine Zusammenführung mehrerer Werbetexte. Die sogenannte ‚Bild-Bekenner-Kampagne' wird weiter unten ausführlich thematisiert.

Kommunikation, dass sich die Vielzahl der räumlich verstreuten Nutzer nicht wechselseitig beobachten kann. Damit ist die zwischen den Rezipienten bestehende Beziehung jedoch noch nicht ausreichend abgehandelt. Die *Vorstellung* von ‚den anderen' ersetzt gewissermaßen die Beobachtungsmöglichkeiten, die im Vergleich zur direkten Interaktion fehlen.[2] Die frühe Kommunikationsforschung hat sich zu diesen Vorstellungen unterschiedlich aufgestellt. Gerhard Maletzke prägte in seinem Grundlagenwerk (1963, S. 29 f., S. 86) die Annahme, dass Rezipienten zwar generalisiert die Anwesenheit anderer Rezipienten unterstellen, über deren Anzahl, soziale Spezifika und Reaktionen in der Regel aber keine oder allenfalls falsche Vorstellungen haben werden. Demgegenüber entwickelte Klaus Merten (1976, S. 173; 1977) die Argumentation, dass die prinzipielle Unkenntnis und mangelnde Wahrnehmbarkeit der anderen eine umso wirksamere Unterstellung von deren Wissen und Meinen erlaube (‚man'). Beiden Argumentationslinien ist gemein, dass sie auf medienübergreifende Publikumsvorstellungen von Rezipienten fokussieren und davon ausgehen, dass keine spezifischen Informationen über das Publikum kommuniziert und wahrgenommen werden.

Im Kontext weiterer Überlegungen zur Reflexivität medialer Kommunikation verdeutlichte Merten die Relevanz von Metakommunikation (1976) und wies darauf hin, dass die steigende Angebotskomplexität eine gesteigerte Selektivität erfordere und im Zuge dessen Ausmaß und Bedeutung von Metakommunikation zunehmen (2007, S. 208 ff.). Tatsächlich kann die Forschung zur Selbstthematisierung der Medien empirisch belegen, dass Medien immer mehr sich und andere Medien zum Thema machen (vgl. statt anderer Drentwett 2009; Reinemann und Huismann 2007). Für die hier verfolgte Fragestellung ist bedeutsam, dass inzwischen auch herausgestellt werden konnte, dass spezifische Informationen über das Publikum Teil dieser Metakommunikation sind. In ihrer Konzeptionalisierung von Publikumsvorstellungen sehen Tilo Hartmann und Marco Dohle (2005, S. 291) einen Zusammenhang zwischen der Genese von Publikumsvorstellungen und den Informationen des medialen Metadiskurses. Die Studie von Markus Stauff und Matthias Thiele (2007) macht anschaulich, wie die Presse regelmäßig über gemessene Zuschauer-, Hörer-, Leser- und Userzahlen berichtet und sinkende wie steigende Quoten visualisiert. Eine Längsschnittanalyse der Berichterstattung der FAZ zeigt, dass das Nutzungsverhalten des Medienpublikums deutlich häufiger thematisiert wird und sich die explizite Nennung von Nutzungszahlen enorm vervielfacht hat (vgl. Fürst 2013). Diese Berichte sind nicht pauschal als Vermittlung exakter Fakten zu verstehen. Die Publikumskonstruktion ist vielfach grob (‚Millionenpublikum') und die geschilderten Publikumsreaktionen basieren nicht auf Beobachtungen, sondern werden augenscheinlich aus dem Angebot und der Quantität seiner Verbreitung abgeleitet. Zum Teil handelt es sich auch um reine Spekulationen, denn Medienberichte über die Olym-

---

2 Bezüglich Online-Kommunikation ist diese Aussage nur eingeschränkt haltbar, was der Begriff „Social Navigation" eindrücklich belegt (vgl. Svensson 2000).

pischen Spiele oder den Eurovision Song Contest enthalten schon im *Vorfeld* konkrete Zahlen zur Größe des teilnehmenden Medienpublikums.[3]

Daran sind zwei Aspekte zu erkennen, die für die weiteren Überlegungen grundlegend sind. Erstens ist die generalisierte, *stillschweigende* Unterstellung des ,man sieht/ liest/hört' offenbar längst nicht mehr tragfähig. Stattdessen wird das Publikum in unterschiedlichen Formen zum Gegenstand der Kommunikation und erzeugt den Relevanzrahmen des zugehörigen Medienangebots. Zweitens bestehen offensichtlich Spielräume in der Konstruktion des Publikums. Beide Punkte sind zusammen genommen eine regelrechte Einladung an die strategische Kommunikation von Medienunternehmen, sich die Konstruktion des Medienpublikums zu Eigen zu machen.[4]

Vor dem Hintergrund einer enormen Vervielfältigung von Medienangeboten und damit einhergehenden Absatz- und Aufmerksamkeitsproblemen (vgl. Webster 2011, S. 44; Schweiger 2007, S. 302–307) mutet es zunächst allerdings paradox an, dass eben dort mit dem Publikum geworben werden soll, wo sich dieses fragmentiert und daher weniger attraktiv erscheint. Dies ist ein Paradox, das dem „hart umkämpften Gut Aufmerksamkeit" (Schmidt 2000, S. 236 f.) prinzipiell eigen ist und für Werbung selbst geltend gemacht werden kann: Immer mehr und immer aufwändigere Kommunikationsangebote zur Erzeugung von Aufmerksamkeit verknappen wiederum das knappe Aufmerksamkeitsgut (vgl. ebd., S. 237). In einer fragmentierten Medienwelt gehört der ,Straßenfeger', der etwa ganz Deutschland zeitgleich vor den Fernseher (zusammen)rücken lässt, der Vorstellung einer vergangenen Zeit an, die in dieser Form eben nicht mehr als Maßstab und alltägliche Erwartung gelten kann. Umso mehr werden jedoch jene Medienangebote und Ereignisse mit Aufmerksamkeit versorgt, von denen die Bindung kollektiver Aufmerksamkeit erwartet wird. Eben hier spielen die Möglichkeiten und Grenzen in der Konstruktion der Nutzer und Konsumenten eine entscheidende Rolle. Daher soll zunächst in grundlegende Charakteristika und Spielräume der Werbung eingeführt und ein Blick in andere Branchen geworfen werden, bevor dann genauer untersucht wird, wie und vor welchem Hintergrund Medienorganisationen mit ihrem ,Publikum' bzw. dessen Konstruktion um das potentiell erreichbare Publikum werben.

---

3   Als konkretes Beispiel: Bei der jüngsten Hochzeit im britischen Königshaus entstanden mit der Verlobung im November 2010 bereits die ersten Spekulationen um ein weltweites Milliardenpublikum. Bis zur Hochzeit kursierten in der Berichterstattung über das bevorstehende Ereignis unterschiedliche Zuschauerzahlen, ausgehend von Aussagen des britischen Bildungsministers (zwei Milliarden) und des britischen Fremdenverkehrsamtes ,Visit Britain' (vier Milliarden). Diese strategisch prognostizierte, weil globale Relevanz implizierende Aufmerksamkeit erzeugte bis zum eigentlichen Ereignis im April 2011 kontinuierliche mediale Aufmerksamkeit (dazu ausführlich Fürst 2012).

4   Zum Begriff ,Medienunternehmen' vgl. die Ausführungen von Insa Sjurts (Sjurts 2005, S. 5 ff.). In der Forschung werden die Begriffe ,Medienunternehmen' und ,Medienorganisation' weithin synonym gebraucht. In Anschluss an Klaus-Dieter Altmeppen kann der Begriff ,Medienorganisation' als „umfassenderer Begriff angesehen werden, der denjenigen der Medienunternehmen integriert" (Altmeppen 2006, S. 155).

2   Werbung – Konstruktions-Spielräume und rechtliche Schranken

In der kommunikationswissenschaftlichen und soziologischen Forschung wird vergleichsweise einhellig festgestellt, dass Werbung – im Unterschied zu anderen Formen öffentlicher Kommunikation – lügt und lügen darf, gerade weil dies auch jeder grundsätzlich unterstellt (vgl. Luhmann 1996, S. 85 f.; Willems und Jurga 1998; Schmidt 2002). Guido Zurstiege (2003) spricht daher pointiert von „Kunst und Können der aufrichtigen Lüge". Werbung teile nicht mit, „was ist, sondern was man sich wünschen soll" (Schmidt 2002, S. 102). Sie setze dabei das Versprechen auf „baldige Erfüllung unserer dringendsten Bedürfnisse" (Zurstiege 2003, S. 156) ein, die stets aufs Neue in die Zukunft gelegt und verschoben werde (vgl. ebd. sowie Schmidt 2003, S. 255). Als weiteres Charakteristikum gilt, dass Werbung im Kampf um das knappe Gut der Aufmerksamkeit zunehmend unter den „Zwang zum Immer-Neuen und Immer-Auffälligeren" (Schmidt 2003, S. 261) gerate – und dies unauflösbar, da „jede geglückte Innovation durch Wiederholung und imitative Trivialisierung im System immer rascher entschärft und dadurch entfunktionalisiert wird" (ebd.).

Diese allgemeinen Charakterisierungen von Werbung treffen den hier interessierenden Gegenstand auf den ersten Blick nur wenig. Wirbt ein Unternehmen mit seinem Erfolg bei Konsumenten, so werden spezifische Merkmale nicht beschönigt und wünschenswerte Effekte übertrieben, sondern es wird mit Vertrauen um Vertrauen geworben. Die Entscheidungen und das Vertrauen vieler (Millionen) Konsumenten sollen demonstrieren, dass man allgemein in die Produktqualität bzw. in die Funktionserfüllung vertrauen kann – dass also Vertrauen nicht fragil und riskant ist, sondern begründbar investiert werden kann. Schließlich ergibt sich durch vielfachen Konsum parallel auch die vielfache Möglichkeit des Scheiterns bzw. der Erwartungsenttäuschung. Entsprechend wird Vertrauen „zusätzlich über die Beobachtung kontrolliert, ob auch andere vertrauen" (Kohring 2004, S. 127). Für die strategische Nutzung des Vertrauens in das Vertrauen anderer ist folglich weder die Neuheit des Produkts noch die der werbenden Botschaft nützlich – im Gegenteil. Je mehr das Produkt als nachgefragt und bewährt dargestellt werden kann und je stärker die Wiederholung der werbenden Kommunikation dazu führt, dass das konstruierte kollektive Begehren mit dem Produkt selbst *als* Eigenschaft verbunden wird und damit zur Markenbildung beiträgt, desto mehr kann diese Kommunikationsstrategie als erfolgreich gelten.

Der amerikanische Marketingforscher Robert B. Cialdini ist auf solche Formen strategischer Kommunikation aufmerksam geworden und geht davon aus, dass ‚soziale Bewährtheit' auch tatsächlich ein wirksamer Persuasionsmechanismus ist. In eine ähnliche Richtung geht das Konstrukt der ‚Tradition', das für werbliche Kommunikation mit der Implikation eingesetzt wird, dass „nur bestimmte, für gut gehaltene Aspekte der Vergangenheit tradiert" (Kautt 2008, S. 251) werden. Hier ist der bekundete Erfolg bei den Konsumenten nicht aktueller und überdurchschnittlicher Art, sondern von kontinuierlicher und unauffälliger Natur. Der Nachweis der Wirksamkeit des „principle of social proof" (Cialdini 2001, S. 100 ff.) steht gegenwärtig noch am Anfang (vgl. Griske-vicius et al. 2009). Zumindest aber ist der Einsatz solcher Strategien offensichtlich nicht nur im deutschen Raum zu beobachten:

> „Advertisers love to inform us when a product is the ‚fastest-growing' or ‚largest-selling' be-cause they don't have to convince us directly that the product is good; they need only say that many others think so, which seems proof enough. The producers of charity telethons devote inordinate amounts of time to the incessant listing of viewers who have already pledged con-tributions. The message being communicated to the holdouts is clear: ‚Look at all the people who have decided to give. It must be the correct thing to do.'" (Cialdini 2001, S. 101)

Es fragt sich nun, ob jede Organisation darauf abzielen kann, durch die Darstellung einer eindrücklichen Nachfrage verstärkend auf die tatsächliche Nachfrage einzuwirken. Hat Werbung auch hier den Spielraum „zwischen Fakten und Fiktionen zu vermitteln" (Zurstiege 2003, S. 156)? Zunächst wird man einlenken müssen, dass auch die Kommu-nikation der schönen Welt und der Superlative (vgl. Römer 1980) ihre Grenzen hat.

> „Wer von sich behauptet, der einzige, der beste, der größte, der billigste Anbieter auf dem Markt zu sein, der muss sich dann wohl oder übel von seinen Mitbewerbern oder von den Verbrauchern an dieser Behauptung auch messen lassen." (Zurstiege 2007, S. 59)

Tatsächlich regelt das Gesetz gegen unlauteren Wettbewerb (UWG), dass irreführende Werbung im Sinne einer Täuschung über Merkmale, Verfügbarkeit oder Preis des Be-worbenen verboten ist. Man erkennt an der tautologischen Wortwahl („reklamehafte") des UWG (§ 2), dass Werbung mit einer eigenen Kultur verbunden wird:

> „Für die marktschreierische Anpreisung ist wesentlich, dass sie sofort von niemandem wört-lich ernst genommen wird. Es muss sich um eine nicht wörtlich zu nehmende, bloß reklame-hafte Übertreibung handeln, die jedermann den sogleich erkennbaren Eindruck vermittelt, es handle sich hier nur um eine ohne Anspruch auf Glaubwürdigkeit und Gültigkeit auftre-tende Anpreisung." (Schuhmacher 2011b: 166)

Prinzipiell sind die für Werbung typischen Übertreibungen und Versprechen („markt-schreierische Anpreisung") also zulässig. Sobald aber konkrete Aussagen gemacht wer-den, die aus der eingenommenen Perspektive des „redliche[n] Mitteilungsempfänger[s]" bzw. „unbefangenen Durchschnittsleser[s]" (Schuhmacher 2011a, S. 108) einen be-stimmten Gesamteindruck entstehen lassen, müssen diese Aussagen nachweisbar und stimmig sein. Damit ist auch der Vergleich mit konkurrierenden Organisationen mög-lich, wenn auch unter diese einschränkenden Bedingungen gestellt. Wer sich in seinen Anpreisungen deutlich von der Konkurrenz abzuheben versucht und eine Spitzenstel-lung beansprucht, muss dies rechtlich gesehen auf nachprüfbare Fakten stützen.

Wenn also etwa die deutsche Fondgesellschaft DWS Investments ihre herausragende Stellung zuspitzt mit dem Slogan „Deutschlands Nr. 1 stellt Deutschlands Nr. 1", so ist in der jeweiligen Kommunikation anzugeben, wodurch sich die Konstruktion dieser herausragenden Stellung rechtfertigen lässt.[5] In diesem Fall wird darauf verwiesen, dass DWS Deutschland „Sieger beim Deutschen Fondspreis 2012" und „der größte deutsche Anbieter von Publikumsfonds" ist. Durch diesen bereits bestehenden Markterfolg soll weiterer Erfolg erzielt werden; der zugehörige Slogan fordert: „Geld gehört zur Nr. 1". Dies könnte man nun für ein Paradebeispiel dafür halten, dass nur eine sehr begrenzte Anzahl von Unternehmen ihren Markterfolg und ihre Kundennachfrage für die strategische Kommunikation nutzen kann, sieht sich jedoch schnell mit dieser Annahme getäuscht. Es gibt in vielen Branchen unterschiedliche Messungen und Messbezüge sowie eine steigende Anzahl ausgeschriebener Wettbewerbe und verliehener Preise. Und als wäre dies noch nicht genug, können auch beste Plätze mehrfach vergeben werden. Der besagte Fondspreis wurde 2012 – anders als in den Vorjahren – ohne eine Unterscheidung in ersten, zweiten und dritten Platz vergeben, so dass sich, des schwindenden Vertrauens im Zuge der Finanzkrise erwehrend, paradoxerweise gleich mehrere Unternehmen als konkurrenzlos darstellen können.[6]

In dem geschilderten Beispiel steht in erster Linie der verliehene Fondspreis für die Vertrauenswürdigkeit des Unternehmens und die Qualität seiner Produkte ein. Wenn selbst hier Spielräume entstehen bzw. geschaffen und genutzt werden, so ist nicht anders zu erwarten, dass auch die Referenz auf Konsum und Konsumenten Freiheiten zulässt. Sondiert man gängige Slogans werbender Kommunikation, stößt man auf unterschiedliche Typen sozialdynamischer Werbung (vgl. Tab. 1). Unter *sozialdynamischer Werbung* sollen solche Formen strategischer Kommunikation verstanden werden, die mit einer spezifischen Konstruktion kollektiven Konsums die Stimulation von Konsum erreichen wollen. Im Verständnis von Klaus Merten handelt es sich hierbei um einfache Strategien, die aus einer Relation von Problem, Weg und Ziel bestehen und dabei den Weg durch indirekte, eher unerwartete Schritte konzipieren (vgl. Merten in diesem Band). Sozialdynamische Werbung fordert nicht zum Kauf auf und inszeniert kein persönliches Kauferlebnis, sondern geht den Umweg über die Konstruktion kollektiven Konsums – im Kalkül, dass genau jener Weg erfolgreicher auf das zu erreichende Ziel

---

5   Hier im Speziellen eine Anzeige vom 23.02.2012 in der Süddeutschen Zeitung auf Seite 10. Die Kommunikation des Unternehmens stellt derzeit übergeordnet auf den Ausweis der besten Platzierung ab, die „1" wird zum repräsentativen Symbol des Unternehmens.

6   Ähnliche Spielräume werden auch für die Medienbranche geschaffen. In den jährlichen Messungen des „ARD-Trends" wird mit Bezug auf verschiedene Genre und Formate gefragt: „Welcher Sender bringt Ihrem persönlichen Eindruck nach die besten Sendungen dieser Art?" (Zubayr und Geese 2011, S. 237–240). Obschon die Frage im Singular gestellt wird, können die Befragten gleichzeitig mehrere Sender nennen. Dadurch entsteht ein Vielfaches an Profilierungsmöglichkeiten: Das ZDF könnte aktuell z. B. auf Basis dieser repräsentativen Ergebnisse behaupten, dass es mit 66 % Zustimmung der Sender mit den besten politischen Diskussionsrunden ist – obschon die ARD mit 78 % Zustimmung hervorsticht (vgl. ebd., S. 237, Abb. 11).

Tabelle 1 Typologie sozialdynamischer Werbung mit ausgewählten Slogans*

Typus	Beispiel
Generalisierter Konsum	„Aus dieser Quelle trinkt die Welt." (Apollinaris) „Morgens halb zehn in Deutschland" (Knoppers)
Dominierender Konsum	„Der meistgekaufte Allrad-PKW der Welt" (Subaru) „No.1 in Italia." (Barilla)
Wachsender Konsum	„Millionen fangen an" (Telekom) „Die Welt kommt auf den Geschmack" (Nutra Sweet)
Zahlenbasierter Konsum	„Die Pflege, der Millionen vertrauen" (Nivea) „100.000fach bewährt" (Braun)
Exklusiver Konsum	„Für die wenigen, die mehr verlangen" (Fürst Metternich) „Der eine hat's – der andere nicht." (D2)

* Diese Darstellung basiert auf einer eigenen Typologie. Die hier beispielhaft verwendeten Slogans finden sich größtenteils aktuell wieder. Wenige Beispiele sind auch einer Slogan-Sammlung (vgl. Hars 1999) sowie einer linguistischen Analyse von Werbeslogans (vgl. Baumgart 1992) entnommen. Weitere Beispiele für die hier unterschiedenen Typen finden sich in der Arbeit von Ruth Römer (1980, insb. S. 93, S. 148 f. und S. 158 ff.).

hinwirken wird. Dabei werden graduell – wie für Strategien typisch – Täuschungen eingesetzt, die jedoch umso mehr verdeckt werden, je stärker die Strategie aufgeht. Am Beispiel: Je glaubwürdiger die Telekom ihren Slogan „Millionen fangen an" (vgl. Tab. 1) vermitteln kann und damit tatsächlich ‚Anschlusseffekte' auslöst, umso mehr bewahrheitet sich der Slogan und umso glaubwürdiger kann er mit weiteren Zahlen und Generalisierungen kommuniziert werden. Prinzipiell trägt also sozialdynamische Werbung das Potential zu Optimierung schon in sich selbst. Solche positiven Rückkopplungseffekte sind in der Soziologie als Matthäus-Effekt bekannt („Denn wer da hat, dem wird gegeben", vgl. Merton 1968). Die Sichtung konkreter Fälle lässt schnell erkennen, dass sozialdynamische Werbung sowohl mit nachprüfbaren als auch mit „marktschreierischen" (s. o.) Aussagen operiert. Obschon der jeweilige Einzelfall stets genauer besehen werden muss, lassen sich Regelmäßigkeiten erkennen.

In der Regel kommt die Konstruktion eines ‚generalisierten' und eines ‚exklusiven Konsums' ohne einen Nachweis aus, während die Konstruktion eines ‚dominierenden' und ‚zahlenbasierten Konsums' mit Fakten unterlegt sein sollte. Die Konstruktion eines ‚wachsenden Konsums' kann sich auf Generalisierungen stützen, aber auch auf konkrete Zahlen und ist daher nicht eindeutig zuzuordnen. Diese Strategie setzt nicht nur auf die Orientierung an anderen, sondern nutzt zugleich die Attraktivität, die Trends und Versprechen auf entstehende Mehrheiten gemeinhin auf sich ziehen (vgl. die Beiträge in Priddat und Seele 2008; Merton 2007, S. 125, S. 236). Beachtet werden muss, dass es sich bei den hier eingeführten Typen um analytische Unterscheidungen handelt. Selbstredend kann sich Werbung zugleich mehrerer Strategien bedienen, um die soziale Be-

währtheit zu unterstreichen, etwa durch die Verbindung von dominierendem und zah-
lenbasiertem Konsum (AOL: „Mit über … Millionen Menschen weltweit Nummer 1").[7]
    Der ‚generalisierte Konsum' wird zum Teil auf die jeweilige Nation bezogen, zielt
oftmals aber auf ‚die Welt'. Grundsätzlich baut Werbung sehr häufig einen globalen Bezug ein (vgl. Römer 1980, S. 148). ‚Die Welt' wird als gesteigerte Komposition zu den
„Schlüsselwörtern" der Werbung gezählt (ebd.: 132). Während dieser ‚soziale Superlativ'
prinzipiell von jeder Organisation – wenn auch mit unterschiedlicher Glaubwürdigkeit –
eingesetzt werden kann, laden dominierender und zahlenbasierter Konsum auf *nach-
prüfbarer* Basis „zur Identifikation mit der Mehrheit der Menschen" (ebd., S. 161) ein.
„Dazu werden die Wörter *meist*- (getrunken, gekauft), *Millionen* (Hausfrauen, Autofah-
rer), *Hunderttausende* benutzt" (ebd., H. i. O.). Der zahlenbasierte Konsum geht nicht
per se mit einer Marktführerschaft einher. Aber auch dieser Typus stellt darauf ab, auf
der Basis von eindrücklichen Fakten die kollektiv zugewiesene Qualität des Produkts zu
untermauern. Man könnte mit Guido Zurstiege (vgl. 2007, S. 60) nun argumentieren,
dass werbende Kommunikation gut beraten ist, wenn sie angesichts des Gesetzes gegen
unlauteren Wettbewerb vorsorglich auf nachprüfbare Aussagen verzichtet. Dem kann
man mit der obigen Überlegung zur Gefahr der „imitative[n] Trivialisierung" (Schmidt
2003, S. 261) entgegenhalten, dass gerade solche Werbung – im wahrsten Sinne des Wortes – vielversprechend erscheint, die die Konkurrenz sich nicht erlauben kann. Die angesprochene multioptionale Beschaffung von und Referenz auf entsprechende Fakten
lässt diesen Vorteil potentiell wieder schwinden, gegenwärtig ist aber noch keine weitgehende Abnutzung zu erkennen.
    Von den bis hierhin dargelegten Strategien hebt sich die Konstruktion des ‚exklusi-
ven Konsums' deutlich ab. Schon Römer (vgl. 1980, S. 161) bemerkt den paradoxen Charakter dieser Kommunikation und veranschaulicht dies an einem Beispiel:

> „Millionen kennen diesen Kopf – In vielen Ländern der Erde gilt er [der Kopf im Waren-
> zeichen] als Wahrzeichen guten Geschmacks beim Rauchen. Wer das Besondere liebt, ver-
> wöhnt ist in jeder Beziehung und seine persönliche Note wahrt, raucht Peterson-Tabake aus
> der Peterson-Pfeife." (ebd.)

Nicht weniger pointiert formuliert Luhmann die Paradoxie, dass ein Artikel als ‚exklu-
siv' bezeichnet wird „in einer Werbung, die offensichtlich für jedermann bestimmt ist"
(1996, S. 87). Es handelt sich hier also um ein gebräuchliches Stilmittel der Werbung, das
nicht auf Wert durch soziale Bewährtheit, sondern auf Wert durch elitären Gebrauch
setzt. Gerade weil ein Produkt – der Werbung nach – nicht für jeden gemacht ist oder
von jedem erworben werden kann, entsteht der Eindruck individuell-persönlichen Konsums, hoher Wertigkeit und großen Distinktionspotentials. In einer Gesellschaft, die

---

7 Die konkrete Zahl wurde in der Werbung für AOL laufend angepasst, um mögliche selbstverstärkende
   Effekte optimal auszunutzen.

auch als Konsumgesellschaft beschrieben werden kann, bildet sich Konsum übergeordnet „als Medium feiner Unterschiede" (Hellmann 2011, S. 211–244; vgl. Bourdieu 1982) heraus. Werbung macht sich die Tatsache zunutze, dass sich Konsum auch in öffentlichen und halböffentlichen Räumen abspielt und das Wissen um Beobachtung und Beobachtbarkeit Formen des demonstrativen Konsums erzeugt, die entweder Zugehörigkeit oder soziale Distinktion signalisieren können (vgl. Lüdtke 2004, S. 104 ff.; Hölscher 2002, S. 489; Tropp 2011, S. 452). Angesichts der gesellschaftlichen Bedeutung von medialer Kommunikation und der Omnipräsenz von „Gespräche[n] über Medien" (Gehrau und Goertz 2010) wundert es nicht, dass Medien für diese Gratifikationen prädestiniert sind und Konsum und Rezeption von Medienangeboten mit Vorstellungen von gesellschaftlicher Akzeptanz, Verbreitung und Wirksamkeit verbunden – und umworben – werden.

3   Werbung für Medien – Werbung mit dem Publikum

Die Medienbranche ist seit mehr als zehn Jahren die größte werbetreibende Branche in Deutschland und verstärkt weiter ihre eingesetzten Werbemittel (vgl. Möbus und Heffler 2011, S. 323 f.; Engländer 2001, S. 290 ff.; Siegert 2001, S. 181 ff.). Das liegt auch daran, dass Medienunternehmen in der Regel auf zwei Märkten operieren: auf dem Rezipientenmarkt und auf dem Markt der werbetreibenden Wirtschaft. Diese Märkte sind jedoch auch miteinander verbunden. Je erfolgreicher ein Medienangebot die Aufmerksamkeit der Rezipienten oder spezifischer Zielgruppen bindet, umso attraktiver sind dessen Werbeplätze in den Augen der werbetreibenden Wirtschaft. Entsprechend ist keine andere Branche so sehr auf Aufmerksamkeit angewiesen und zugleich mit einem permanent wachsenden Bestand konkurrierender Angebote konfrontiert (vgl. Napoli 2011). Im Folgenden richtet sich der Fokus auf jene Medienwerbung, die auf den Rezipientenmarkt zielt.

Mit der Einführung des dualen Rundfunksystems und insbesondere mit dem Hinzutreten neuer Medien und den damit verbundenen, vervielfältigten Möglichkeiten der Distribution ist das Medienangebot derart gestiegen, dass das nur begrenzt erweiterbare Zeit- und Aufmerksamkeitsbudget der Nutzer immer stärker umworben wird (vgl. Knobloch 2003, S. 43). Ein großer Teil der Werbung wird im eigenen Medium platziert, die Medienbranche hat aber ebenfalls steigende Ausgaben durch Werbeschaltung in Fremdmedien. Im Zuge des intensivierten Wettbewerbs wird regelrecht zur Notwendigkeit erklärt, dass sich auch Medienorganisationen zwecks marktlicher Positionierung und Profilierung am Aufbau und Management von *Medienmarken* betätigen müssen (vgl. Siegert 2001; Berkler 2008; Bode 2010). In einer Überfülle von Medienangeboten, mit denen der Rezipient in seinen Selektionsentscheidungen umgehen muss, wird Medienmarken ein Einfluss auf die längerfristige Bindung von Aufmerksamkeit zugeschrieben (vgl. Schweiger 2007, S. 195, S. 254 f.). Als wesentliches Element der Etablierung einer Medienmarke gilt die Kommunikation des „funktionalen Nutzens", der bei Medienprodukten übergeordnet in Hinblick auf „Information, Unterhaltung, Bildung, Beratung und ästhetische[n] Genuss" hervorgehoben werden kann (Siegert 2001, S. 123). Analog dazu können spezifische „Eigenschaften" der Medienmarke wie Aktualität, Unterhaltungs- und Informationswert etc. akzentuiert werden (ebd., S. 126 f.). Diese Kommunikationsstrategie ist nach gängiger Ansicht allerdings nur auf einen der beiden zentralen Adressatenkreise gemünzt – den der Rezipienten. Für den zweiten Adressatenkreis, die Werbewirtschaft, liegt der funktionale Nutzen in einer möglichst hohen Reichweite und die strategisch wertvolle Eigenschaft u. a. in der exklusiven Konstruktion und Markierung von Zielgruppen (vgl. ebd., S. 125 f.). Auch Schumann und Hess (2006, S. 77 f.) gehen davon aus, dass „Werbung auf dem Rezipientenmarkt [.] häufig eher emotional gestaltet (Imagewerbung) [ist], auf dem Werbemarkt hingegen eher rational (Beschreibung von Reichweiten, Zielgruppen etc.)".

Es ist kaum zu bestreiten, dass Medienangebote auf dem Rezipientenmarkt mit unterschiedlichen Aspekten ihrer Qualität beworben werden. So preisen Medienorganisationen ihre journalistischen Produkte mit eben jenen Charakteristika an, die für die Zuweisung journalistischer Qualität entscheidend sind: In der Werbung wird dem Ideal von Faktenbasiertheit und Unparteilichkeit gefrönt („Fakten, Fakten, Fakten!") und dem Leitbild höchster Aktualität zugearbeitet („brandaktuell").[8] In der fachlichen Diskussion zur journalistischen Qualität ist neben dieser sachlichen und zeitlichen Relevanz auch die Dimension der sozialen Relevanz herausgestellt worden (vgl. Arnold 2008). Diese Dimension umfasst die Herstellung öffentlicher Kommunikation und das Ideal der prinzipiellen Partizipation aller Gesellschaftsmitglieder an relevanten Ereigniszusammenhängen (vgl. ebd. , S491). Wenn dies Bestandteil dessen ist, was journalistische Qualität ausmacht und worin journalistische Produkte sich folglich unterscheiden können, so liegt nahe, dass Werbung für Presseprodukte sich auch dies zu eigen macht – und zwar durchaus für den Rezipientenmarkt. Anders gesagt: Angesichts empfindlicher Einschnitte auch im Bereich der sogenannten Qualitätsmedien (vgl. Blum et al. 2011) richtet sich das Werben mit erzielten Reichweiten und spezifischen Zielgruppen nicht mehr allein an Werbekunden, sondern an (potentielle) Rezipienten. Die Relevanz von Presseprodukten wird nicht mehr nur durch spezifische Inhalte oder ausdrückliche Aktualität, sondern durch eine postulierte Verbreitung und Breitenwirksamkeit impliziert („größte Tageszeitung").

Damit zeichnet sich neben den bereits genannten Typen (vgl. die branchenübergreifende Typologie in Tab. 1) ein weiterer Typus ab: das ‚beeinflusste Publikum'. Werbung

---

8 Begriffe wie „brandaktuell" steigern nochmals die Zuschreibung von Aktualität und führen so zusätzliche Differenzen ein. Die Werbung für die Bild-Zeitung hat bspw. den Aspekt der Aktualität in zwei Hinsichten provokant auf die Spitze getrieben: in Hinblick auf die Konkurrenz („Wir schreiben, was alle schreiben… bloß früher") und in Hinblick auf die Ereignisse selbst („Bild ist immer so aktuell, unsere Nachrichten müssten eigentlich Vorrichten heißen").

Abbildung 1   Unternehmensberater Roland Berger in der ‚Bild-Bekenner-Kampagne'

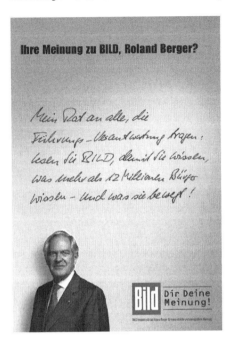

für journalistische Medien kann sich die Fiktion der Beobachtung dritter Ordnung zunutze machen, also die Fiktion der Beobachtung von (gesellschaftlichen) Beobachtungen der (journalistischen) Beobachtungen. Gerade öffentliche Meinungsbildung ist
mit der Vorstellung verknüpft, dass verschiedene Medienangebote und Akteure unterschiedlich stark meinungsbildend wirken und unterschiedlich gute Aussichten auf
Handlungs- und Entscheidungsrelevanz mit sich bringen (vgl. Merten 2007, S. 236–242).
Können Presseprodukte ihr Image mit der Vorstellung von öffentlicher Breitenwirksamkeit verknüpfen, ziehen sie solche Beobachter an, die sich darüber orientieren wollen, was *man* meint und denkt und was mutmaßlich nicht ohne Konsequenzen bleiben
wird.[9] Genau dieses Inferenzprinzip ist aus den Forschungen zum „third-person effect"
bekannt (begründend Davison 1983; im Überblick Andsager und White 2007) sowie

---

9   Frank Marcinkowski hat in Zusammenhang mit der Bild-Zeitung bereits argumentiert, dass „die Faszi-
    nation publizistischer Themen und Beiträge [.] nicht in ihrer Wahrheit oder Glaubwürdigkeit, sondern
    im Faktum der Publizität selbst begründet [liegt]" (Marcinkowski 1993, S. 58).

aus den daraus hervorgegangenen Ansätzen der „persuasive press inference" (Gunther 1998) und des „presumed media influence" (Gunther und Storey 2003). Menschen beziehen die potentiellen Wirkungen von Medien weniger auf sich als auf andere. Aus der Beobachtung von Medienangeboten werden Schlüsse auf öffentliche Meinungsbildung und gesellschaftliche Folgen gezogen (vgl. Gunther et al. 2008). Dabei hat sich gezeigt, dass Medien umso stärkere Wirkungen unterstellt werden, je größer (schiere Anzahl) und abstrakter (‚die Amerikaner') das vorgestellte Publikum ist (vgl. Tewksbury 2002). Auch das erst in jüngerer Zeit von Hartmann und Dohle in den Fokus gestellte Konstrukt der „Publikumsvorstellungen" (2005) modelliert die nach Publikumsgröße und Zielgruppenspezifik variierende Imagination des gesamten, nicht beobachtbaren Publikums als Teil von Rezeptionsprozessen und Wirkungsunterstellungen.

Im Grunde geht es bei sozialdynamischer Medienwerbung also um den interessengebundenen Versuch der Restabilisierung der Fiktion kollektiv geteilter bzw. sozial relevanter Aufmerksamkeit. Die oben angesprochene Fragmentierung des Publikums hat prinzipiell zur Folge, dass der Einzelne immer weniger wissen kann, „was andere gerade lesen, sehen oder hören" (Wehner 2008, S. 371). Allerdings nehmen auch die metakommunikativen Formen zu, die die gestiegene Komplexität wieder reduzieren. Gerade im World Wide Web, das wie kein anderes Medium für unüberschaubare Datenmengen steht (vgl. Neuberger 2008, S. 50 f.), gehört der Rückbezug auf die Nutzung und ihre Transparenz vielfach zur eigentümlichen Strukturierung des Angebots. Zahlreiche Portale steuern die Aufmerksamkeit der Nutzer durch Aufrufzahlen, Nutzungsrankings und einer Auswahl von ‚meistgelesenen' und ‚meistkommentierten' Beiträgen (vgl. Wehner et al. 2012: insb. S. 75 ff.; Szabo und Huberman 2010; Svensson 2000). So sind einzelne Beiträge immer schon mit der Information ausgestattet, wie viel Aufmerksamkeit sie aktuell bereits generiert haben. Dabei gilt: „In one way or another, all tend to privilege popularity as a guide to consumption." (Webster 2011, S. 54) Traditionelle Medienprodukte können dieser strukturell verankerten Form der sozialen Reflexivität nicht nachkommen. Allerdings dürften Medienunternehmen, die sich mit der Wettbewerbsfähigkeit ihrer traditionellen Medienprodukte beschäftigen, ‚aufmerksam' beobachten, dass sich die Aufmerksamkeit im Netz äußerst ungleich und selbstverstärkend verteilt. Viele Angebote erhalten wenig Aufmerksamkeit und nur wenige Angebote viel Aufmerksamkeit (vgl. Szabo und Huberman 2010, S. 80; Webster 2011, S. 56 ff). Ferner dürfen Unternehmen unterstellen, dass sich Nutzer mehr und mehr daran gewöhnen, in Nutzungszahlen und in breiten wie wachsenden Mehrheiten zu denken. Entsprechend nimmt die Attraktivität zu, Werbung als Metakommunikation gerade auch für traditionelle Medien zu nutzen und mit dem (konstruierbaren) Publikum um das (potentielle) Publikum zu werben.

Dafür gibt es nicht nur Beispiele aus der Presselandschaft, sondern auch aus anderen Medienbranchen. Mit der Expansion des Buchmarkts hat sich der ‚Bestseller' etabliert, der mit der Strategie des Erfolgs durch Erfolg arbeitet (vgl. Keuschnigg 2012; Fischer 1999, S. 770 ff.; Faulstich 1983). Der als solcher auch explizit ausgezeichnete bzw. mit einem ‚Bestselleraufkleber' versehene ‚Bestseller' ist bereits das Produkt einer Vermarktung, die auf selbstverstärkende Effekte setzt. In den letzten Jahren haben sich zusätzlich zahlreiche (Buch-/Hörbuch-/Film-) Bestsellerlisten etabliert, die regelmäßig veröffentlicht werden. Die Strategie der Selektivität durch kollektive Aufmerksamkeit wird also angesichts ihres unverkennbaren Erfolgs auf andere Medienangebote ausgedehnt. Im US-amerikanischen Raum ist diese Entwicklung im Kontext der oben angesprochenen Forschungen zu ‚sozialer Bewährtheit' aufmerksam registriert worden:

> „Appeals based on the principle of social proof tend to convey that a product is a top seller or is particularly popular. Each week, for example, there is a barrage of new advertisements indicating which movie is the top-grossing film because people are more likely to engage in a behavior if they are made aware that many others are already doing it." (Griskevicius et al. 2009, S. 385)

Mittlerweile werden Filme schon mit der Aufschrift vermarktet: „Knapp 9 Millionen haben diesen Film gesehen. Der Film, über den ganz Deutschland spricht."[10] Und über einen aktuellen Kinofilm erfahren wir durch Werbeanzeigen: „Fast 6 Millionen Kinobesucher! Der erfolgreichste französische Film aller Zeiten."[11] Die Referenz auf das Publikum kann auch intermediale Synergieeffekte zum Ziel haben. Wer etwa starke Aufmerksamkeit bei online gestellten Videos erhält, kann bei daran angelehnten Produkten wie Büchern mit „100 Mio. Fans auf YouTube" werben.[12]

Im Rahmen der Überlegungen zur Ökonomie der Aufmerksamkeit wurde bereits der Zirkel herausgestellt, dass Medien Prominenz produzieren und befördern und zugleich von dieser Prominenz durch Zuwachs von Aufmerksamkeit profitieren (vgl. Franck 1998, S. 148 ff.). Die Währungseinheiten der Aufmerksamkeit – Auflage, Quote und Besucherzahl – lassen sich für Medienorganisationen wiederum über den Werbemarkt direkt in Geld ummünzen (vgl. Franck 2009). Wir erleben aber eine neue Dimension

---

10 DVD zum Film ‚Bis nichts mehr bleibt', Deutschland 2010.
11 Werbeanzeige für den Kinofilm ‚Ziemlich beste Freunde', im Feuilleton von ‚Die Zeit' vom 1. 03. 2012 sowie Werbeanzeige im Feuilleton der SZ vom 3./4. 03. 2012 („Sensationelle 6 Millionen Kinobesucher!"). Da auch die DVD zum Film die Aufschrift „Die erfolgreichste französische Komödie des Jahres" trägt, ist von einer übergeordneten Werbestrategie auszugehen.
12 Nachdem Simon Tofield mit seinen Cartoons ‚Simons Katze' mehrere Millionen Aufrufe bei YouTube erhielt, nutzte der schottische Verlag Canongate Books dies 2009 bei der Vermarktung der daran angelehnten Bücher. So wurde auf den Buchcovern prominent die Aufschrift versehen: „25 Million Fans on YouTube". Die noch im gleichen Jahr erschienene deutsche Auflage beim Goldmann Verlag übernahm diese Strategie. Der Verweis auf die Fangemeinde wird von Auflage zu Auflage von 30 über 66 bis zuletzt auf 100 Millionen Fans aktualisiert. Auch an diesem Beispiel sind wieder die Freiheiten in der Konstruktion des Publikums zu ersehen. Mit „Fans" wären angemessen die Abonnenten dieser Videos oder alternativ die Nutzer der ‚Like'-Funktion zu bezeichnen gewesen. Stattdessen bezieht sich die wachsende Zahl auf die (natürlich weit größere) Summe aller Klickzahlen der Videos, obschon ein Klick kaum einen Fanstatus anzeigen und sich bringen dürfte.

der Aufmerksamkeitsökonomie, wenn Medienorganisationen Geld und Aufmerksamkeit dafür verbrauchen, um mit den eigenen Währungseinheiten der Aufmerksamkeit um weitere Aufmerksamkeit zu werben.[13]

Die oben dargestellten Werbebeispiele zeugen von der Bestrebung, das Produktimage mit der Publikumsresonanz zu verknüpfen und das Medienangebot als Ort stabiler Aufmerksamkeitsproduktion erscheinen zu lassen. Diese Medienwerbung arbeitet mit Stilmitteln, wie sie oben allgemein für Formen sozialdynamischer Werbung herausgearbeitet worden sind. Wir finden Ausprägungen eines zahlenbasierten („… Millionen"), dominierenden („erfolgreichste") und generalisierten („ganz Deutschland") Publikums. So lässt sich mit Beispielen aus allen Medienbranchen die bisherige Typologie ergänzen und spezifizieren (vgl. Tab. 2).

Das generalisierte, exklusive und das beeinflusste Publikum basieren augenfällig nicht auf Fakten, sondern auf Glaubwürdigkeit. Auch wenn sich hierdurch eine Reihe von Möglichkeiten ergeben, müssen die Slogans dennoch an das anknüpfen, was gemeinhin schon mit dem Produkt verbunden wird bzw. daran sinnvoll angeschlossen werden kann. Das Image der hier aufgegriffenen Zeitungen gibt es her, dass sie mit einer exklusiven bzw. niveauvollen Leserschaft verbunden oder als Leitmedien statuiert werden (vgl. Jandura und Brosius 2011). Innerhalb der Typen gibt es erkennbar verschiedene Akzentuierungsmöglichkeiten. Der Typus des ‚wachsenden Publikums' wird hier tendenziell zu den faktengebundenen Konstruktionen gezählt. Gerade in der Medienbranche liegen auf Grund des notwendigen Resonanznachweises für Anzeigenkunden ausreichend Fakten vor, außerhalb derer kaum die Behauptung eines Wachstums möglich sein sollte. Zuletzt hat ein Rechtsfall demonstriert, wie empfindlich die Branche reagieren kann, wenn nicht alle Regeln der Richtigkeit und Transparenz eingehalten werden.[14] Das ‚zahlenbasierte Publikum' wird offenbar auch bei der Einführung und Etablierung von Medien eingesetzt. Die Bild-Zeitung warb in den 50er Jahren prominent mit dem Slogan „In Hamburg sind es über 200.000!" (vgl. Lobe 2002, S. 44) und

---

13 Dieses Werben fließt nach eigenen Beobachtungen zunehmend auch in das journalistische Programm ein. Alle WDR-Lokalzeiten wendeten sich vor der letzten Jahreswechsel an die Zuschauer, um ihnen die attraktive Gemeinschaft der Fernsehzuschauer vor Augen zu führen. So sprach bspw. die Moderatorin Sonja Fuhrmann für die Lokalzeit Aachen am 28.12.2011 in die Kamera: „Apropos Jahresrückblick. Wir von der Lokalzeit schauen auf ein sehr erfolgreiches Jahr zurück. Denn die Informationssendungen des WDR Fernsehens schließen das Jahr 2011 mit dem besten Ergebnis seit Beginn der Quotenmessungen ab, das heißt seit 1995/96. Im Durchschnitt schauen 1,24 Millionen Zuschauer ihre jeweilige Lokalzeit. Das entspricht einem Marktanteil von knapp 22 % in NRW. Schön, dass Sie auch einschalten und an dieser Stelle auch mal ganz herzlichen Dank für Ihre Rundfunkgebühren."

14 Es wurde einem Unterlassungsbegehren stattgegeben, nachdem eine Tageszeitung auf dem Titelblatt ihrer Ausgabe vom 11.06.2009 verbreitet hatte: „1,7 Millionen Leser vertrauen jede Woche Ö". Da in dieser Reichweitenwerbung weder Quelle, Messzeitpunkt noch Bezugspunkt (z.B. weiterer Leserkreis) angegeben wurden, gilt sie trotz der prinzipiellen Nachweisbarkeit auf Basis der Media-Analyse als unrechtmäßig (vgl. Schuhmacher 2011a).

Tabelle 2 Typologie sozialdynamischer Medienwerbung mit ausgewählten Slogans
und Werbetexten*

Basis: Faktizität	Basis: Glaubwürdigkeit
Dominierendes Publikum *„Bielefeld hat sich entschieden. Für uns."* *(Neue Westfälische)*** *„Lesen Sie die Nr. 1! Die Süddeutsche Zeitung ist Deutschlands größte überregionale Qualitäts-Tageszeitung"* *(SZ)*	**Generalisiertes Publikum** *„Bücher, über die man spricht."* *(Piper)* *„Volksstimme – Muss man hier haben!"* *(Burger Volksstimme)* *„SAT.1 zeigt's allen."* *(SAT.1)*
Zahlenbasiertes Publikum *„1.726.000 GRÜNDE FÜR radio NRW"* *(Radio NRW)* *„In Hamburg sind es über 200.000!"* *(Bild)*	**Exklusives Publikum** *„taz ist nicht für jeden. Das ist ok so."* *(taz)* *„Hier informieren sich kluge Köpfe"* *(faz.net)*
Wachsendes Publikum *„stern.de begeistert immer mehr Leser"* *(stern.de)* *„Immer mehr Frauen wissen montags schon mehr als andere Frauen"* *(die aktuelle)*	**Beeinflusstes Publikum** *„Wissen, was Menschen bewegt"* *(NWZ)* *„Schenken Sie Ihren Kindern schlaue Eltern. Lesen Sie die Süddeutsche Zeitung."* *(SZ)*

* Die beispielhaften Slogans und Werbetexte finden sich überwiegend aktuell wieder und sind im Übrigen einer linguistischen Analyse von Werbeslogans (Baumgart 1992) sowie einer Sammlung zum Markenmanagement der Bild-Zeitung (Lobe 2002, S. 44) entnommen.

** In der Werbeanzeige sieht man ungleich verteilte Stapel verkaufter Zeitungen, die symbolisieren, dass die Neue Westfälische weit besser als die Konkurrenzblätter verkauft wird.

mit weiteren Anzeigen, die eine Marktführerschaft betonten und mit konkreten Zahlen um die Leserschaft warben.[15]

Ganz sicher setzen diese Werbeformen – wie in anderen Branchen auch – auf soziale Bewährtheit und die Anziehungskraft (implizierter) kollektiver Qualitätsurteile. Es macht aber nicht nur in Hinblick auf den hinzugetretenen Typus des ‚beeinflussten Publikums' einen Unterschied, dass es sich um Kommunikationsangebote handelt. Denn die unterschiedlichen Typen stehen in Verbindung mit spezifischen Leistungen und Erwartungsstrukturen medialer Kommunikation.

In den Gratifikationskatalogen, die im Rahmen des Uses and Gratifications Approach entwickelt worden sind, haben soziale Bedürfnisse ihren festen Platz. Eine wesentliche Motivation bei der Nutzung von Medienangeboten ist die Möglichkeit von Anschlusskommunikation.[16] Bereits die Erwartung, dass etwas Gegenstand von interpersonaler Kommunikation werden wird oder werden könnte, strukturiert die Medien-

---

15 „Bild ist Deutschlands größte Zeitung und erscheint in fast drei Millionen Exemplaren täglich, davon
350 000 allein im Raum Hamburg [...]" (Lobe 2002, S. 52).

16 Auch Siegert versteht die Implikation von Anschlusskommunikation (‚Mitreden Können') ergänzend
zu den genannten Aspekten als funktionalen Nutzen, gleichwohl aber auch als symbolischen Nutzen
(vgl. Siegert 2001, S. 124, S. 128 f.).

nutzung von Rezipienten (vgl. Atkin 1972, S. 155; Gehrau und Goertz 2010). Mit diesem
Befund korrespondierend, erzeugt die in der „Langzeitstudie Massenkommunikation"
abgefragte Gratifikation des ‚Mitreden Könnens' anhaltend starke Zustimmung (vgl.
Ridder und Engel 2010; 2001). Es ist plausibel, dass Konstruktionen eines zahlenbasierten und wachsenden Publikums Einfluss auf solche Erwartungsstrukturen nehmen können. Wir haben an obigen Beispielen gesehen, dass Werbung dies nicht einmal den eigenen Schlussfolgerungen ihrer Beobachter überlässt, sondern explizit auf den aktuellen
Gesprächsstoff abhebt. Dies lässt sich nicht in nur einzelnen Werbeanzeigen, sondern
auch in den Slogans von Presseprodukten finden, etwa bei der Heilbronner Stimme
(„Lesen – Wissen – Mitreden"). Wird dies weiter generalisiert („ganz Deutschland/man
spricht"), wird die Erwartbarkeit von Anschlusskommunikation zur Norm erhoben. Sofern solchen Postulaten Glaubwürdigkeit geschenkt wird, liegen Gespräche nicht mehr
nur in der Erwartung des Möglichen. Vielmehr kann dann in Gesprächen regelrecht
erwartet werden, dass alle Kommunikationsteilnehmer Bescheid wissen – ‚das muss
man doch gesehen haben' (vgl. Schweiger 2007, S. 292). Auch unter Heranwachsenden
ist soziale Teilhabe ein starkes Nutzungsmotiv, wird aber vor allem über die Erwartungen von peers als starker sozialer Druck erlebt (vgl. Kloppenburg et al. 2009, S. 6 f.). Die
Konstruktion eines generalisierten oder dominierenden Publikums steht für die Strategie, die Vorstellung einer gesellschaftsweiten sozialen Rezeptionsnorm zu wecken bzw.
zu reaktualisieren. Es ist kaum vorstellbar, dass werbende Kommunikation allein Aus-
löser von neuartigen und in diesem Sinne künstlichen Erwartungsstrukturen sein kann.
Sie kann aber möglichst starke Evidenzen nutzen (vgl. Zurstiege 2007, S. 157 f.) und an
bestehende Schemata sowie aktuelle Kommunikationen anknüpfen, diese stabilisieren
oder ggf. spielerisch variieren.

   Umgekehrt kann Medienwerbung aber auch mit sozialem Distinktionspotential spielen. Medienmarken können in einem langfristigen Prozess zu kulturellen Symbolen werden, mit denen Lebensstile inszeniert bzw. eigener Status und spezifische Zugehörigkeit
demonstriert werden können (vgl. Siegert 2001, S. 239). Insbesondere in Bezug auf den
Fernsehkonsum wird davon ausgegangen, dass Rezipienten mit ihren Nutzungsgewohnheiten zum Ausdruck bringen, welche soziale Zugehörigkeit sie für sich in Anspruch
nehmen (vgl. Mikos 2007, S. 45; Klaus und Röser 2008, S. 264). Sie wissen offenbar sehr
genau, welche Angebote gesellschaftlich anerkannt sind und als anspruchsvoll gelten
und welche umgekehrt als trivial und niveaulos bekannt sind und ein negatives Licht auf
ihren Nutzer werfen können (vgl. Staab und Hocker 1994, S. 162 f.). Otfried Jarren nennt
dies die „Ordnung der Medien", die zum kollektiv geteilten Wissen einer Gesellschaft
gehört (2008, S. 332, Anm. 5). Die Antizipation solcher allgemein geteilten Wert- und
Qualitätsurteile kann für soziale Disktinktion und Zugehörigkeitsbekundungen zu einer
exklusiven Gruppe genutzt werden, muss aber nicht zwingend mit den eigenen subjektiven Qualitätsempfindungen korrespondieren (vgl. Meijer 2010). Die Konstruktion des
‚exklusiven Publikums' umgeht die direkte Aufladung von Produkteigenschaften und
bekräftigt stattdessen die Eigenwilligkeit (taz) oder Bildung (faz.net) ihrer Leserschaft.

Geführte Kampagnen wie die der FAZ („Dahinter steckt immer ein kluger Kopf", vgl. hierzu Hars 1999, S. 46 f.) machen deutlich, dass sich das Markenmanagement von Medienunternehmen spätestens seit den 1990er Jahren verändert hat. Entsprechend ergänzt Gabriele Siegert (2001, S. 128 f.) die oben angesprochenen Komponenten des funktionalen Nutzens und der Eigenschaften um die des „symbolischen Nutzens".[17] Im Zuge des intensivierten Wettbewerbs streben Medienorganisationen danach, ihre Produkte mit einem sozialen Geltungsnutzen, mit Status und Prestige aufzuladen. Im Fall der Bild-Zeitung geht es angesichts von gleichzeitiger „Popularität und Abwertung" (Brichta 2010) in einer langjährigen Imagekampagne explizit darum, die gesellschaftliche Relevanz des Blattes zu bekräftigen und das negative Image ihrer Leser aufzubrechen.

4   Die Bild-Bekenner-Kampagne

Studien zum Image von Boulevardzeitungen verdeutlichen, dass dem Genre zwar durchaus positive Eigenschaften zugestanden werden, insgesamt aber Geringschätzung und Kritik vorherrschen. Dies trifft auf Leser, aber mehr noch auf die Nicht-Leser der Bild-Zeitung zu (vgl. Brichta 2010, S. 205 f.). Genauer betrachtet kann die artikulierte Geringschätzung von Lesern auch eine Referenz auf die antizipierte öffentliche Geringschätzung sein, die dem ‚Arbeiterblatt' bzw. „dem Blatt für das ganz normale Volk" zukommt (ebd., S. 214). Diese Geringschätzung können Leser ganz persönlich erfahren, wenn sie mit der Bild-Zeitung assoziiert werden. Je nach sozialem Umfeld ist die Bild-Zeitung durchaus als tägliches Gesprächsthema eingeführt oder im Gegenteil verpönt und kaum vorzeigbar: „Mit der Bild-Zeitung gesehen zu werden, ist immer ein bisschen peinlich", sagt eine befragte Rechtsanwaltsfachangestellte (ebd., S. 215). Teil der routiniert geäußerten Kritik ist auch die unterstellte manipulative Wirkung auf ihre Leser. Entsprechend will man kaum als richtiger Leser und noch weniger als Käufer gelten. Stattdessen findet sich gehäuft die Identifikation als Mitleser, der die Zeitung nur flüchtig, als leichte Unterhaltung und im Vergnügen über bildtypische Übertreibungen und Sensationen wahrnimmt (vgl. ebd., S. 216 f.).

Diese kulturell geprägte, ambivalente Rezeptionshaltung wirkt sich erwartbar negativ auf den Verkauf der Bild-Zeitung aus. Die Zeitung verzeichnete zuletzt eine verkaufte Auflage von rund 2,7 Millionen Exemplaren und erzielte dabei eine Reichweite von rund 12,1 Millionen Lesern (IVW, IV. Quartal 2011). Noch drei Jahre zuvor verkaufte die ‚Bild' 700 000 Exemplare mehr und erreichte dabei aber weniger Leser (vgl. Brichta 2010, S. 202). Insofern mangelt es der Zeitung trotz sinkender Verkaufszahlen bisher nicht an Aufmerksamkeit und Attraktivität gegenüber Werbekunden. Der beständige Rückgang an Käufern lässt jedoch die *künftige* breite Diffusion der Zeitung als

---

17   Siegert ergänzt darüber hinaus das vierte Element der „Audiovisualisierung" (ebd., S. 129 ff.), das hier aber nicht weiter von Belang ist.

gefährdet erscheinen. Ganz sicher kann die strategische Kommunikation des Unternehmens nicht daran vorbei gehen, dass der Kauf tendenziell negativ behaftet, die Rezeption der Zeitung in Teilen der Gesellschaft als regelrechtes Tabu gilt, das Arbeiterimage zu sozialer Abgrenzung gegenüber Zeitung und Leserschaft einlädt und die Unterstellung manipulativer Wirkungen insgesamt zu Ressentiments führt. Der im März 2009 initiierten „Bild-Bekenner-Kampagne" geht es explizit um den Anstoß eines Imagewandels.[18] Die Bild-Zeitung werde zwar umfassend wahrgenommen und wirke meinungsbildend, ihre Rezeption sei aber nicht gesellschaftsfähig. Die Zeitung werde gerne von allen gelesen, aber keiner gebe sich gern als ‚Bild'-Leser aus. Während die FAZ Werbung mit ihrem „klugen Kopf" machen könne, gelte der ‚Bild'-Leser als dumm. Dem öffentlichen Selbstverständnis der Kampagne nach können ein Imagewandel und die Aufwertung des Lesens und der Leserschaft nur dadurch vollzogen werden, dass die ‚Bild' sich in der Werbung selbst offen zur Diskussion stellt. Die Kampagne soll nicht nur das Image verbessern, sondern auch den Absatz der Bild-Zeitung stabilisieren und die Nutzung der Markenfamilie bzw. der ‚Bild-Gruppe' insgesamt stärken. Um dies zu erreichen, bekennen sich diverse ‚prominente Meinungsführer' und öffentliche Personen honorarfrei mit ihrer persönlichen, durchaus kritischen Haltung zum Lesen der Bild-Zeitung und irritieren damit die herkömmliche Vorstellung von der Leserschaft der Zeitung. Daher ist die Kampagne originär ein Werben um Publikum mit Mitteln des erreichten Publikums. Noch unabhängig von den konkreten Aussagen ist die Botschaft der Kampagne, dass Vertreter jeder Couleur und verschiedenster gesellschaftlicher Bereiche die Bild-Zeitung wahrnehmen und öffentlich in Beziehung zu ihr treten. Dabei unterstreichen gerade jene Personen, die als elitär oder alternativ gelten, die gesellschaftliche Unumgänglichkeit der Zeitung. Zugleich sollen sie die Enttabuisierung einer offenen und öffentlichen ‚Bekennerschaft' zur eigenen Nutzung symbolisieren. Neben ausgewählten Personen aus den Bereichen Wirtschaft, Politik, Sport und Kunst wurden auch typische Medienprominente angesprochen – jene also, die im reflexiven Sinne nicht nur bekannt, sondern vor allem dafür bekannt sind, dass alle sie (aus den Medien) kennen (vgl. Franck 2005, S. 135; Bode 2010, S. 120 f.). Diese ‚leading user' werden mit ihrer Meinung zur Bild-Zeitung im Rahmen von TV- und Kinospots, Presseanzeigen und vor allem Plakatwerbung in den Mittelpunkt gestellt (vgl. Abb. 1).[19] Mittlerweile liegen 56 Plakatmotive vor, in denen der prominente Leser häufig Stellung zu Stil, Niveau, Aktualität und spezifischen Inhalten der ‚Bild' bezieht. Allerdings heben 20 der 56 ‚Meinungen' in zum Teil sehr expliziter Weise auf die Leser, die öffentliche Akzeptanz und Wirksamkeit sowie auf spezifische Wirkungen ab (vgl. Tab. 3).

---

18 Die Broschüre zur Kampagne, auf die sich die folgenden Aussagen stützen, findet sich unter http://www.gwa.de/images/effie_db/2010/BILD.pdf.
19 Die beauftragte Werbeagentur Jung von Matt sowie die Werbeleitung der Bild-Zeitung haben der Autorin im März 2012 die Anzeigenmotive zu Analysezwecken freundlicherweise zur Verfügung gestellt. Damit umfasst die Analyse die ersten drei Jahre der Werbekampagne.

Tabelle 3   Bild-Bekenner-Kampagne: „Ihre Meinung zu Bild …"

Typus	Statement	Prominenter
Beeinflusst & Zahlenbasiert	„Mein Rat an alle, die Führungs-Verantwortung tragen: Lesen Sie BILD, damit Sie wissen, was mehr als 12 Millionen Bürger wissen – und was sie bewegt!"	Roland Berger (Wirtschaft)
Beeinflusst & Zahlenbasiert	„Gelegentlich lese ich die Bild, um zu wissen, was Millionen Leserinnen und Leser denken sollen. Spaß macht mir die eine oder andere Gegendarstellung."	Gregor Gysi (Politik)
Beeinflusst	„Das Hauptinteresse für mich an Bild ist, dass sie die großen Meinungstrends widerspiegelt – und manchmal sogar in Bewegung setzt."	Peter Scholl-Latour (Journalismus)
Beeinflusst & Generalisiert	„Wenn ich Bild gelesen habe – täglich –, weiß ich noch nicht, was Deutschland denkt, was es fühlt, aber schon – nach Meinung von Bild."	Hans-Dietrich Genscher (Politik)
Beeinflusst & Dominierend	„Bild' dir bloß nicht ein, du könntest besser tanzen, nur weil du immer den Ton angibst… No!	Nazan Eckes (Populärkultur)
Beeinflusst & Generalisiert	„Bild hat mich erst zur Schnecke gemacht und dann zum „Titan"! Wer in Deutschland was werden will, muss da durch!"	Thomas Gottschalk (Populärkultur)
Beeinflusst & Dominierend	„Die Bild-Zeitung ist Deutschlands größter Lieferant für emotionale Energie."	Dr. Jürgen Großmann (Wirtschaft)
Beeinflusst	„Ich kann leider nicht jeden Tag Theater machen – Ihr schon!"	Veronica Ferres (Populärkultur)
Beeinflusst	„Als Grillanzünder nützlich. Und genauso gefährlich!!"	Steffen Henssler (Populärkultur)
Beeinflusst	„Nur aus Papier und doch ein Schwergewicht."	Regina Halmich (Sport)
Beeinflusst	„In Drehpausen ess ich Pizza oder surf auf BILD.de. Fragt sich, was ungesünder ist!"	Jimi Blue Ochsenknecht (Populärkultur)
Beeinflusst	„Bild – nicht immer pädagogisch wertvoll, aber dafür bin ich ja auch da."	Katharina Saalfrank (Populärkultur)
Beeinflusst	„Hinter dieser Zeitung steckt immer ein kluger Hut (No Panic Bild)"	Udo Lindenberg (Populärkultur)
Beeinflusst	„Vergesst, was sie schreiben. Geht's raus und spielt's Fußball."	Franz Beckenbauer (Sport)
Generalisiert	„Zwei Legenden auf einem Bild:"	Atze Schröder (Populärkultur)
Generalisiert	„Bild beweist: Um Erfolg zu haben, muß man sich selbst treu bleiben!"	Felix Magath (Sport)
Generalisiert	„Erstaunlich, wie man auch ohne Taktgefühl jeden Tag einen Hit landen kann!!"	Sarah Connor (Populärkultur)
Generalisiert	„Mit Bild steht man zumindest nicht im Abseits."	Kim Kulig (Sport)
Wachsend & Generalisiert	„Bildungsbürger glaubten früher aus Imagegründen Bild nicht lesen zu können. Heute lesen alle Bild – ohne Imageschaden."	Dietmar Hopp (Wirtschaft)
Exklusiv	„Es allen recht zu machen ist eine Kunst, die ich genauso wenig beherrsche wie die Bild-Zeitung."	Barbara Schöneberger (Populärkultur)

Bei näherer Betrachtung der verschiedenen Statements fallen zwei Aspekte besonders ins Auge. Erstens stellen die Prominenten zumeist durch Sprachspiele eine spezifische Verbindung zwischen der ,Bild' und sich her bzw. dem, wofür sie selbst in der
Öffentlichkeit stehen. Dies erfüllt gleich mehrere Funktionen. Es sorgt dafür, dass das
spezifische Feld der Prominenten unmittelbar assoziiert wird und den jeweiligen Prominenten selbst eine Aufmerksamkeitsplattform entsteht. Die Verknüpfung macht die
Werbung aber auch interessant, erhöht potentiell die Glaubwürdigkeit und erleichtert
die Übertragung von Imagemerkmalen der Person auf das Produkt – Funktionen also,
auf die das Werben mit ,Celebrities' und ,Testimonials' originär abzielt (vgl. Fanderl
2005, S. 89–103; Bode 2010, S. 123; Willems und Jurga 1998, S. 216 ff.). Zweitens fällt auf,
dass mit Negationen gespielt wird, und zwar in eben jenen Bereichen, die oben unter
der Imageproblematik der ,Bild' angesprochen wurden. Die Prominenten erfüllen also
nicht die klassische Funktion von Testimonials, indem sie Produkteigenschaften positiv hervorheben und sich als Person für das Produkt aussprechen. Wenn Gregor Gysi
und Hans-Dietrich Genscher hervorheben, dass die große Leserschaft – entgegen dem
Selbstverständnis der ,Bild' – nicht zwingend der ,Meinungsmache' folgt, klingt das kritisch, untermauert aber zugleich die enorme Verbreitung der Zeitung, nobilitiert die
Leserschaft und räumt mit dem Klischee der manipulierenden Meinungsmacht auf. Die
vordergründige Negation enthält also im Grunde eine Reihe positiver, strategisch wichtiger Zuschreibungen.[20]

Die Statements erwecken die Vorstellung einer Zeitung, die ihre Ecken und Kan-
ten hat, aber gerade damit ihren festen, akzeptierten Platz in der Gesellschaft besitzt.
Das Ziel der Kampagne wird in Teilen auch unverhüllt und auf Fachdeutsch kommuniziert. So formuliert der Unternehmer Dietmar Hopp: „Bildungsbürger glaubten früher
aus Imagegründen Bild nicht lesen zu können. Heute lesen alle Bild – ohne Imagescha-
den." Das oben geschilderte Potential von Verpönung und Scham wird durch die deutsche Fußball-Nationalspielerin Kim Kulig findig gedreht: „Mit Bild steht man zumindest nicht im Abseits." Das Image soll also gerade dadurch eine Verschiebung erfahren,
indem es aufgegriffen und variiert wird. Darüber hinaus erzeugt die Auswahl der Prominenten und deren Aussagen eine mehrfache Adressierung. Die Werbung richtet sich
durch die ausgewählten Werbeträger prinzipiell an alle deutschen Bürger als potentielle
Leser. Sie adressiert aber zum Teil explizit ,Entscheidungsträger' und damit jene wer-
beattraktive Leserschicht, die die Bild-Zeitung im Vergleich zu anderen überregiona-

---

20 Selbst ablehnende Haltungen von Prominenten bzgl. der Beteiligung an der Kampagne unterstützen mit
    ihrer Kommunikation ungewollt die etablierte Vorstellung der gesellschaftlichen Relevanz und immen-
    sen Wirkungsmacht der ,Bild', verbinden zudem die Kampagne selbst mit der Vorstellung von gelun-
    gener Wirksamkeit und können noch in der Absage innerhalb die Kampagne integriert werden. So die
    öffentliche Absage von Judith Holofernes, Sängerin von ,Wir sind Helden', im Februar 2011. URL: http://
    www.wirsindhelden.de/2011/02/1069/. Diese Absage wurde kurz darauf in die Kampagne aufgenommen
    und als Werbeanzeige in der taz inseriert, was die vorherigen strategischen Mittel noch auf die Spitze
    treibt. URL: http://blogs.taz.de/hausblog/2011/02/27/bild-zeitung_wirbt_mit_holofernes-absage/

len Tageszeitungen vergleichsweise wenig anspricht. Entscheidungsträger bekommen vor Augen geführt, dass die Bild-Zeitung auf Grund ihrer Verbreitung eine besondere Attraktivität hat, dass ‚Bildzeitungslesen' von Führungskräften u. U. erwartet, vor allem aber nicht abgewertet wird. Bei der Allgemeinheit derjenigen, die die Werbung wahrnehmen, soll sich die Vorstellung bilden, dass sich die Leserschaft der Bild-Zeitung ändert, wodurch wiederum das eigene Lesen der Bild-Zeitung aufgewertet wird. Dieser spezifischen Kampagne sind also Konstruktionen eines exklusiven Publikums nicht zuträglich und solche auf Basis von Zahlen, Wachstum und Dominanz allein nicht ausreichend. Es ist vor allem die Verbindung von Varianten des Einflusses und überwiegend positiv gefärbter Generalisierungen, die die Leserschaft und dadurch die Zeitung in einem veränderten Licht erscheinen lassen sollen.

5 Resümee

Die hier beschriebenen Werbestrategien zielen auf sozialdynamische Effekte und gehen davon aus, dass Medienangebote, deren Kauf und Nutzung sich nicht nur über ihnen zugewiesene Qualitäten, sondern auch über die Vorstellungen vom Publikum definieren. Diese Vorstellungen gehen zu einem nicht geringen Teil auf Messungen und die vielfältige und langjährige Kommunikation von Messergebnissen zurück (vgl. die Beiträge in Schneider und Otto 2007). Sie sind Bestandteil von kulturell gewachsenen Medienimages, die nicht unveränderlich sind, aber dennoch stets den Kern von Anschlussmöglichkeiten bilden.

Fakten und Images bilden daher den Raum, die Möglichkeiten und Grenzen, in dem sich sozialdynamische Medienwerbung bewegt. Sie schränken ein, was kommuniziert werden darf und was glaubwürdig und mit Irritationspotential kommuniziert werden kann. Diese Einschränkung ist eine relative, keine deterministische – dies konnten die zahlreichen Beispiele im Umgang mit Fakten (ganz im Sinne von ‚facere') und Imageproblemen demonstrieren. Die verschiedenen, mitunter zusammenspielend genutzten Konstruktionen des Publikums verfolgen das Ziel, Medienangebote mit der Unterstellung von gewichtiger Publizität und Wirkungsmacht, mit sozialer Anschlussfähigkeit, Prestige und Distinktionspotential aufzuladen und die kollektive Nutzung als Indikator sozialer Bewährtheit und begründbaren Vertrauens zu implizieren.

Dies steht im Kontext einer Kommunikationskultur, in der die Menge potentiell relevanter Angebote nicht mehr überschaubar ist und in der im Zuge dessen die Referenz auf ein (möglichst relevantes/großes) Publikum zum Kompensator mangelnder Selektionskriterien wird. Jenseits traditioneller Medien entwickelt sich das Publikum als Summe aller Nutzer zur expliziten Referenz und zum strukturell eingebauten Selektionskriterium, das infolgedessen mehr als alles andere zur Strukturierung und Steuerung von Aufmerksamkeit beiträgt. Traditionelle Medien können die selbstverstärkenden Resonanzeffekte im Netz beobachten und sehen sich demgegenüber im Vor- und im Nachteil. Sie gelten – gerade im Vergleich zu Onlinemedien – pauschal noch immer als Garanten von Aufmerksamkeit, können aber diese Aufmerksamkeit nicht laufend transparent mitzählen lassen und müssen im Zuge einer sich wandelnden Medienwelt und verschärften Konkurrenz Möglichkeiten der Einbindung des Publikums finden. Und dies nicht in Bezug auf eine zusätzliche Aktivierung einzelner Rezipienten zwecks Suggestion von Interaktivität (Mitmach-Aktionen u. ä.), sondern in Bezug auf die Aktivierung von Publikumsvorstellungen. Denn Medien zeigen nicht nur Dinge und Geschehnisse in der Welt, sondern werden zugleich immer auch als Projektionsfläche für das genutzt, was sich der direkten Beobachtung entzieht, nämlich dem, was erwartbar ,in aller Munde' ist oder in spezifischen Kreisen als Anschluss- und Integrationsmerkmal genutzt werden kann. Medien sind „konventionalisierte Orientierungsmittel" (Rusch 2007, S 16), über die soziale Vorstellungen ausgebildet werden und die ein In-Beziehung-Treten mit dem auf andere Weise nicht erfahrbaren, vorgestellten Publikum erlauben. Das in diesem Sinne virtuelle Konstrukt des Publikums und der Medienwirkung verleiht dem Mediensystem erst seine zentrale gesellschaftliche Bedeutung und ermöglicht allen Nutzern eine Vorstellung von der gesellschaftlichen Kommunikation und eigenen Anschluss- und Abgrenzungsmöglichkeiten. Die frei nach McLuhan paraphrasierte Formel „The audience is the message" negiert daher nicht die Bedeutung von Information und Unterhaltung, sondern fokussiert auf das, was Medien genuin leisten und was im Zuge der Pluralisierungs- und Fragmentierungstendenzen derzeit und in den kommenden Jahren immer stärker zum Vorschein treten wird: die Bildung von und Orientierung an sozialen Erwartungsstrukturen. Noch unabhängig von den jeweiligen Inhalten liegt die Bedeutsamkeit von Medienangeboten bereits darin, welches Publikum angesprochen, (mutmaßlich) erreicht und wie beeinflusst wird. Das Publikum ist nicht allein ein Konglomerat von Empfängern als End- und Zielpunkt medialer Kommunikation, sondern ist als Figur stets Bestandteil der Kommunikation. Das Publikum wird gezählt, antizipiert, thematisiert, inszeniert und bewertet. Gerade weil unser Umgang mit Medien dadurch geprägt ist, wo welches Angebot erwartbar sozial anschlussfähig ist, werden unterschiedlichste Kommunikatoren ihren Spielraum nutzen, um attraktive Publika zu konstruieren und kostbare – weil selbstverstärkend einsetzbare – Aufmerksamkeit zu generieren.

Literatur

Altmeppen, Klaus-Dieter. 2006. *Journalismus und Medien als Organisationen. Leistungen, Strukturen und Management.* Wiesbaden: VS.

Andsager, Julie L., und H. Allen White. 2007. *Self Versus Others. Media, Messages, and the Third-Person Effect.* Mahwah: Lawrence Erlbaum.

Arnold, Klaus. 2008. Qualität im Journalismus – ein integratives Konzept. *Publizistik* 53 (4): 488–508.

Atkin, Charles. 1972. Anticipated Communication and Mass Media Information-Seeking. *Public Opinion Quarterly* 36 (2): 188–199.

Baumgart, Manuela. 1992. *Die Sprache der Anzeigenwerbung. Eine linguistische Analyse aktueller Werbeslogans*. Heidelberg: Physica-Verlag.

Berkler, Simon. 2008. *Medien als Marken? Wirkungen von Medienmarken aus medienökonomischer Sicht*. Konstanz: UVK.

Blum, Roger, Heinz Bonfadelli, Kurt Imhof, und Otfried Jarren (Hrsg.). 2011. *Krise der Leuchttürme öffentlicher Kommunikation. Vergangenheit und Zukunft der Qualitätsmedien*. Wiesbaden: VS.

Bode, Philipp. 2010. *Markenmanagement in Medienunternehmen. Ansatzpunkte zur Professionalisierung der strategischen Führung von Medienmarken*. Wiesbaden: Gabler.

Bourdieu, Pierre. 1982. *Die feinen Unterschiede. Kritik der gesellschaftlichen Urteilskraft*. Frankfurt a. M.: Suhrkamp.

Brichta, Mascha. 2010. Zwischen Popularität und Abwertung: Zur Bedeutung der „Bild-Zeitung" im Alltag ihres Publikums. In *Alltag in den Medien – Medien im Alltag*, hrsg. Jutta Röser, Tanja Thomas, und Corinna Peil, 202–219. Wiesbaden: VS.

Cialdini, Robert B. 2001. *Influence. Science and Practice*. 4. Aufl., Boston: Allyn and Bacon.

Davison, Phillips W. 1983. The Third-Person Effect in Communication. *Public Opinion Quarterly* 47: 1–15.

Drentwett, Christine. 2009. *Vom Nachrichtenvermittler zum Nachrichtenthema. Metaberichterstattung bei Medienereignissen*. Wiesbaden: VS.

Engländer, Julia. 2001. Der Werbemarkt 2000. Fernsehwerbung mit höchster Wachstumsrate. *Media Perspektiven* 6/2001: 290–297.

Fanderl, Harald Sebastian. 2005. *Prominente in der Werbung. Empirische Untersuchungen zur Messung, Rezeption und Wirkung auf Basis der Markenpersönlichkeit*. Wiesbaden: DUV.

Faulstich, Werner. 1983. *Bestandsaufnahme Bestseller-Forschung. Ansätze – Methoden – Erträge*. Wiesbaden: Otto Harrassowitz.

Fischer, Ernst. 1999. Bestseller in Geschichte und Gegenwart. In *Medienwissenschaft. Ein Handbuch zur Entwicklung der Medien und Kommunikationsformen*, hrsg. Joachim-Felix Leonhard; Hans-Werner Ludwig; Dietrich Schwarze, und Erich Straßner, 764–776. Berlin: Walter de Gruyter.

Franck, Georg. 1998. *Ökonomie der Aufmerksamkeit. Ein Entwurf*. München: Carl Hanser.

Franck, Georg. 2005. *Mentaler Kapitalismus. Eine politische Ökonomie des Geistes*. München: Carl Hanser.

Franck, Georg. 2009. Autonomie, Markt und Aufmerksamkeit. Zu den aktuellen Medialisierungsstrategien im Literatur- und Kulturbetrieb. In *Mediale Erregungen? Autonomie und Aufmerksamkeit im Literaturbetrieb der Gegenwart*, hrsg. Markus Joch, York-Gothart Mix, und Norbert Christian Wolf, 11–21. Tübingen: Niemeyer.

Fürst, Silke. 2012. *Der Zuschauer als Spekulationsobjekt – Berechnende Kommunikation über das Medienpublikum.* Vortrag auf der Jahrestagung der Gesellschaft für Medienwissenschaft (GfM) zum Thema „Spekulation". Frankfurt am Main, 5. 10. 2012.

Fürst, Silke. 2013. „The audience is the message". Die journalistische Berichterstattung über Publikumsresonanz. In *Journalismus und (sein) Publikum. Schnittstellen zwischen Journalismusforschung und Rezeptions- und Wirkungsforschung,* hrsg. Wiebke Loosen, und Marco Dohle. Wiesbaden: Springer (in Vorbereitung).

Gehrau, Volker, und Lutz Goertz. 2010. Gespräche über Medien unter veränderten medialen Bedingungen. *Publizistik* 55: 153–172.

Griskevicius, Vladas, Noah J. Goldstein, Chad R. Mortenson, Jill M. Sundie, Robert B. Cialdini, und Douglas T. Kenrick. 2009. Fear and Loving in Las Vegas: Evolution, Emotion, and Persuasion. *Journal of Marketing Research* 46 (3): 384–395.

Gunther, Albert C. 1998. The Persuasive Press Inference: Effects of Mass Media on Perceived Public Opinion. *Communication Research* 25 (5): 486–504.

Gunther, Albert C., Richard M. Perloff, und Yariv Tsfati. 2008. Public Opinion and the Third-Person Effect. In *The Sage Handbook of Public Opinion Research,* hrsg. Wolfgang Donsbach, und Michael W. Traugott, 184–191. Thousand Oaks: Sage.

Gunther, Albert C., und Douglas J. Storey. 2003. The Influence of Presumed Influence. *Journal of Communication* 53: 199–215.

Hars, Wolfgang. 1999. *Lexikon der Werbesprüche. 500 bekannte deutsche Werbeslogans und ihre Geschichte.* Frankfurt a. M.: Eichborn.

Hartmann, Tilo, und Marco Dohle. 2005. Publikumsvorstellungen im Rezeptionsprozess. *Publizistik* 50 (3): 287–303.

Hellmann, Kai-Uwe. 2011. *Fetische des Konsums. Studien zur Soziologie der Marke.* Wiesbaden: VS.

Hölscher, Barbara. 2002. Das Denken in Zielgruppen. Über die Beziehungen zwischen Marketing, Werbung und Lebensstilforschung. In *Die Gesellschaft der Werbung. Kontexte und Texte. Produktionen und Rezeptionen. Entwicklungen und Perspektiven,* hrsg. Herbert Willems, 481–496. Wiesbaden: Westdeutscher Verlag.

Jandura, Olaf/Hans-Bernd Brosius. 2011. Wer liest sie (noch)? Das Publikum der Qualitätszeitungen. In *Krise der Leuchttürme öffentlicher Kommunikation. Vergangenheit und Zukunft der Qualitätsmedien,* hrsg. Roger Blum, Heinz Bonfadelli, Kurt Imhof, und Otfried Jarren, 195–206. Wiesbaden: VS.

Jarren, Otfried. 2008. Massenmedien als Intermediäre. *M & K* 56 (3–4): 329–346.

Kautt, York. 2008. *Image. Zur Genealogie eines Kommunikationscodes der Massenmedien.* Bielefeld: Transcript.

Keuschnigg, Marc. 2012. *Das Bestseller-Phänomen. Die Entstehung von Nachfragekonzentration im Buchmarkt.* Wiesbaden: VS.

Klaus, Elisabeth, und Jutta Röser. 2008. „Unterschichtenfernsehen": Beobachtungen zum Zusammenhang von Medienklassifikationen und sozialer Ungleichheit. In *Medien – Diversität –*

Ungleichheit. Zur medialen Konstruktion sozialer Differenz, hrsg. Ulla Wischermann, und Tanja Thomas, 263–279. Wiesbaden: VS.

Kloppenburg, Gerhard, Erk Simon, Melanie Vogt, und Daniel Schmeisser. 2009. Der flexible Zuschauer? – Zeitversetztes Fernsehen aus Sicht der Rezipienten. Ergebnisse einer qualitativen Grundlagenstudie. *Media Perspektiven* 1/2009: 2–8.

Knobloch, Silvia. 2003. Werbestrategien der deutschen Medien. Einsatz von Media-Werbung, Eigenwerbung und Cross-Promotion. *M & K* 51 (1): 38–54.

Kohring, Matthias. 2004. *Vertrauen in Journalismus. Theorie und Empirie.* Konstanz: UVK.

Lobe, Tobias. 2002. *BILD ist Marke. Markenorganismus BILD. Eine Analyse.* Hamburg: Axel Springer.

Lüdtke, Hartmut. 2004. Lebensstile als Rahmen von Konsum. Eine generalisierte Form des demonstrativen Verbrauchs. In *Konsum der Werbung. Zur Produktion und Rezeption von Sinn in der kommerziellen Kultur,* hrsg. Kai-Uwe Hellmann, und Dominik Schrage, 103–124. Wiesbaden: VS.

Luhmann, Niklas. 1996. *Die Realität der Massenmedien.* 2. Aufl., Opladen: Westdeutscher Verlag.

Maletzke, Gerhard. 1963. *Psychologie der Massenkommunikation. Theorie und Systematik.* Hamburg: Hans-Bredow-Institut.

Marcinkowski, Frank. 1993. *Publizistik als autopoietisches System. Politik und Massenmedien. Eine systemtheoretische Analyse.* Opladen: Westdeutscher Verlag.

Mead, George H. 1934. *Mind, Self and Society. From the Standpoint of a Social Behaviorist.* Chicago: University of Chicago Press.

Meijer, Irene Costera. 2010. Quality Taste or Tasting Quality? Excellence in Public Service Media from an Audience Perspective. In *The Public in Public Service Media,* hrsg. Gregory Ferrell Lowe, 189–211. Göteborg: Nordicom.

Merten, Klaus. 1976. Reflexivität als Grundbegriff der Kommunikationsforschung. *Publizistik* 21 (2): 171–179.

Merten, Klaus. 1977. *Kommunikation. Eine Begriffs- und Prozeßanalyse.* Opladen: Westdeutscher Verlag.

Merten, Klaus. 2007. *Einführung in die Kommunikationswissenschaft.* 3 Aufl., Berlin: LIT.

Merton, Robert K. 1968. The Matthew Effect in Science. *Science* 159: 56–63.

Mikos, Lothar. 2007. Distinktionsgewinne – Diskurse mit und über Medien. In *Medien – Macht – Gesellschaft,* hrsg. Johannes Fromme, und Burkhard Schäffer, 45–60. Wiesbaden: VS.

Möbus, Pamela, und Michael Heffler. 2011. Die Talfahrt ist gestoppt. Der Werbemarkt 2010. *Media Perspektiven* 6/2011: 321–330.

Napoli, Philip M. . 2011. *Audience Evolution. New Technologies and the Transformation of Media Audiences.* New York: Columbia University Press.

Neuberger, Christoph. 2008. Die Allgegenwart des Widerspruchs. Paradoxien der Kommunikation, Rezeption und Vermittlung im Medienwandel. In *Paradoxien des Journalismus. Theorie –*

Empirie – Praxis, hrsg. Bernhard Pörksen, Wiebke Loosen, und Armin Scholl, 37–61. Wiesbaden: VS.

Priddat, Birger P., und Peter Seele (Hrsg.). 2008. *Das Neue in Ökonomie und Management. Grundlagen, Methoden, Beispiele,* Wiesbaden: Gabler.

Reinemann, Carsten, und Jana Huismann. 2007. Beziehen sich Medien immer mehr auf Medien? Dimensionen, Belege, Erklärungen. *Publizistik* 52 (4): 465–484.

Ridder, Christa-Maria, und Bernhard Engel. 2001. Massenkommunikation 2000: Images und Funktionen der Massenmedien im Vergleich. Ergebnisse der 8. Welle der ARD/ZDF-Langzeitstudie zur Mediennutzung und -bewertung. *Media Perspektiven* 3/2001: 102–125.

Ridder, Christa-Maria, und Bernhard Engel. 2010. Massenkommunikation 2010: Funktionen und Images der Medien im Vergleich. Ergebnisse der 10. Welle der ARD/ZDF-Langzeitstudie zur Mediennutzung und -bewertung. *Medien Perspektiven* 11/2010: 537–548.

Römer, Ruth. 1980. *Die Sprache der Anzeigenwerbung.* 6. Aufl., Düsseldorf: Schwann.

Rusch, Gebhard 2007. Mediendynamik. Explorationen zur Theorie des Medienwandels. *Navigationen* 7 (1): 13–93.

Schmidt, Siegfried J. 2000. *Kalte Faszination. Medien – Kultur – Wissenschaft in der Mediengesellschaft.* Weilerswist: Velbrück.

Schmidt, Siegfried J. 2002. Werbung oder die ersehnte Verführung. In *Die Gesellschaft der Werbung. Kontexte und Texte. Produktionen und Rezeptionen. Entwicklungen und Perspektiven,* hrsg. Herbert Willems, 101–119. Opladen: Westdeutscher Verlag.

Schmidt, Siegfried J. 2003. Werbung auf der Suche nach einer Zukunft. In *A, und effektive Kommunikation: Unterhaltung und Werbung,* hrsg. Siegfried J. Schmidt, Joachim Westerbarkey, und Guido Zurstiege, 255–280. 2 Aufl., Münster: LIT.

Schneider, Irmela, und Isabell Otto (Hrsg.). 2007. *Formationen der Mediennutzung II. Strategien der Verdatung,* Bielefeld: Transcript.

Schuhmacher, Wolfgang. 2011a. Irreführende Werbung mit Leserzahlen. Wettbewerbs- und Markenrecht. *Wirtschaftsrechtliche Blätter* 25 (2): 108–109.

Schuhmacher, Wolfgang. 2011b. Zur „marktschreierischen" Superlativwerbung *Wirtschaftsrechtliche Blätter* 25 (3): 166–167.

Schumann, Matthias, und Thomas Hess. 2006. *Grundfragen der Medienwirtschaft. Eine betriebswirtschaftliche Einführung.* 3 Aufl., Berlin: Springer.

Schweiger, Wolfgang. 2007. *Theorien der Mediennutzung. Eine Einführung.* Wiesbaden: VS.

Siegert, Gabriele. 2001. *Medien Marken Management. Relevanz, Spezifika und Implikationen einer medienökonomischen Profilierungsstrategie.* München: Reinhard Fischer.

Sjurts, Insa. 2005. *Strategien in der Medienbranche. Grundlagen und Fallbeispiele.* 3., überarb. und erw. Aufl., Wiesbaden: Gabler.

Staab, Joachim Friedrich, und Ursula Hocker. 1994. Fernsehen im Blick der Zuschauer. Ergebnisse einer qualitativen Pilotstudie zur Analyse von Rezeptionsmustern. *Publizistik* 39 (2): 160–174.

Stauff, Markus, und Matthias Thiele. 2007. Mediale Infografiken. Zur Popularisierung der Verdatung von Medien und ihrem Publikum. In *Formationen der Mediennutzung II: Strategien der Verdatung*, hrsg. Irmela Schneider, und Isabell Otto, 251–267. Bielefeld: Transcript.

Svensson, Martin. 2000. *Defining and Designing Social Navigation. Licentiate Thesis*. Stockholm: Stockholm University. http://eprints.sics.se/88/1/thesis.pdf. Zugriff: 16.11.12.

Szabo, Gabor, und Bernardo A. Huberman. 2010. Predicting the Popularity of Online Content. *Communications of the ACM* 53 (8): 80–88.

Tewksbury, David. 2002. The Role of Comparison Group Size in the Third-Person Effect. *International Journal of Public Opinion Research* 14: 247–263.

Tropp, Jörg. 2011. *Moderne Marketing-Kommunikation. System – Prozess – Management*. Wiesbaden: VS.

Webster, James G. 2011. The Duality of Media: A Structurational Theory of Public Attention. *Communication Theory* 21 (1): 43–66.

Wehner, Josef. 2008. „Taxonomische Kollektive" – Zur Vermessung des Internets. In *Weltweite Welten. Internet-Figurationen aus wissenssoziologischer Perspektive*, hrsg. Herbert Willems, 363–382. Wiesbaden: VS.

Wehner, Josef, Jan-Hendrik Passoth, und Tilmann Sutter. 2012. Gesellschaft im Spiegel der Zahlen. In *Mediatisierte Welten. Forschungsfelder und Beschreibungsansätze*, hrsg. Friedrich Krotz, und Andreas Hepp, 59–85. Wiesbaden: VS.

Willems, Herbert, und Martin Jurga. 1998. Inszenierungsaspekte der Werbung. Empirische Ergebnisse der Erforschung von Glaubwürdigkeitsgenerierungen. In *Die umworbene Gesellschaft. Analysen zur Entwicklung der Werbekommunikation*, hrsg. Michael Jäckel, 209–230. Opladen: Westdeutscher Verlag.

Zubayr, Camille, und Stefan Geese. 2011. Die Fernsehsender im Qualitätsurteil des Publikums. Ergebnisse einer Repräsentativbefragung. *Media Perspektiven* 5/2011: 230–241.

Zurstiege, Guido. 2003. Werbung – Kunst und Können der aufrichtigen Lüge. In *A/effektive Kommunikation: Unterhaltung und Werbung*, hrsg. Siegfried J. Schmidt, Joachim Westerbarkey, und Guido Zurstiege, 147–160. Münster: LIT.

Zurstiege, Guido. 2007. *Werbeforschung*. Konstanz: UVK.

Strategische Kommunikation
im Handlungsfeld Wissenschaft

Strategische Kommunikation in medialisierten Governance-Konstellationen

Eine exemplarische Annäherung anhand der Forschungspolitik

Andreas M. Scheu, Annika Summ, Anna-Maria Volpers & Bernd Blöbaum

Dieser Beitrag verfolgt das Ziel, strategische Kommunikation als Handlungsressource von Organisationen zu betrachten, die in jeweils spezifischen medialisierten Governance-Konstellationen interagieren. Dazu wird zunächst die Governance-Perspektive als Theorieperspektive eingeführt. In Bezugnahme auf Schimanks Akteur-Struktur Ansatz wird das Governance-Konzept konkretisiert und gleichzeitig eine Perspektive angeboten, die zwischen einer System- und einer Handlungstheorie vermittelt. Von medialisierten Governance-Konstellationen auszugehen führt dazu, dass auf Massenkommunikation gerichtete strategische Kommunikation in den Blick gerät: Die Institutionalisierung strategischer Kommunikation in Organisationen kann auf dieser Theoriegrundlage als strukturelle Anpassung an Anforderungen des journalistischen Systems und als Handlungsressource von (kollektiven) Akteuren in medialisierten Konstellationen betrachtet werden. Der Ansatz verbindet die gesellschaftliche Makroebene (Zusammenspiel unterschiedlicher Sozialsysteme), die Mesoebene (kollektive Akteure) und die Mikroebene (individuelle Akteure). Das Governance-Konzept betont das komplexe wechselseitige Zusammenspiel verschiedener Interessenvertreter und überwindet damit eindimensionale Einflussmodelle. Governance mit Hilfe eines Akteur-Struktur Ansatzes zu beschreiben, vermittelt zudem zwischen systemtheoretischen und handlungstheoretischen Perspektiven. Nach einer Diskussion des theoretischen Hintergrundes verdeutlicht der Beitrag anhand der spezifischen Governance-Konstellation der deutschen Forschungspolitik, welche Konsequenzen ein solcher Ansatz für die kommunikationswissenschaftliche Forschung allgemein und die Forschung zu strategischer Kommunikation im Besonderen hat. Schließlich werden relevante Forschungsbereiche und exemplarische Fragestellungen im Schnittfeld von Governance-Forschung und Forschung zu strategischer Kommunikation zusammengefasst und unter Bezugnahme auf Ergebnisse aus dem vom Bundesministerium für Bildung und Forschung (BMBF) geförderten Projekt „Von der Beobachtung zur Beeinflussung. Medialisierte Konstellationen von Wissenschaft, Medien und Politik" (vgl. Blöbaum, Scheu, Summ und Volpers 2012) diskutiert.

1   Medialisierte Governance-Konstellationen

„Governance bedeutet Steuerung und Koordination (oder auch Regieren) mit dem Ziel des Managements von Interdependenzen zwischen (in der Regel kollektiven) Akteuren" (Benz 2004, S. 25). Diese Perspektive fokussiert verschiedene Formen von Koordination und wechselseitiger Beeinflussung (vgl. Benz et al. 2007b, S. 15 f.; Kastrinos 2010, S. 298; Schimank 2007a) und versteht den Regulierungsprozess als „multistakeholder process with actors drawn from market and civil society institutions as well as from government" (Crozier 2007, S. 3). Damit steht Governance für die Überwindung eindimensionaler Modelle politischer Steuerung. Letztgenannte Modelle gehen davon aus, dass politische Akteure über bestimmte *Inputs* (z. B. Kritik, Empfehlungen, Geld, Gesetze) gezielt erwünschte *Outputs* auf der Seite anderer Sozialsysteme bewirken können. Mit dem Governance-Konzept wird dieses eindimensionale Verständnis von politischer Steuerung aufgebrochen, und es geraten unterschiedliche (insbesondere kollektive) Stakeholder in den Blick, die verschiedene Interessen verfolgen und versuchen, durch strategisches Handeln und damit auch durch strategische Kommunikation den Regulierungsprozess in ihrem Sinne zu beeinflussen (vgl. z. B. Benz et al. 2007a; Crozier 2007; Donges 2007; Jansen 2010; Mayntz 2004; Papadopoulos 2003; Schimank 2007a). Die beteiligten Akteure handeln ihren Interessen und Zielen entsprechend strategisch.

Über Systemgrenzen hinweg ist intentionale Beeinflussung wenig wahrscheinlich. Soziale Systeme sind selbstreferentiell und prinzipiell autonom. Sie unterscheiden sich nach ihrer spezifischen gesellschaftlichen Funktion (vgl. Luhmann 1997, S. 743 ff.). Allerdings sind Sozialsysteme (unterschiedlich stark) strukturell gekoppelt (ebd., S. 92 ff.; Schimank 2007d, S. 152). Auf systemtheoretischer Grundlage erscheinen systemübergreifende Beeinflussungsversuche als Irritationen (vgl. Blöbaum 1994; Luhmann 1984; Schimank und Volkmann 1999). Was die politische Regulierung gesellschaftlicher Entwicklungen betrifft, kann also nicht von intendierter Steuerung ausgegangen werden, stattdessen sollten auch nicht-intendierte Folgen von Regulierungsbemühungen (vgl. Schimank 2010, S. 197) und vor allem die jeweils systemabhängige Verarbeitung der Irritationen aus dem politischen System von Seiten anderer am Governance-Prozess beteiligter Organisationen in den Blick genommen werden.

Der Beitrag konzentriert sich auf die Rolle von Massenkommunikation und Journalismus in Governance-Konstellationen. Die grundlegende These ist, dass die Leistung des journalistischen Systems, Informationen über Systemgrenzen hinweg zu vermitteln, in Governance-Konstellationen eine wichtige Rolle spielt (vgl. z. B. Hjavard 2008; Livingstone 2009; Lundby 2009; Mazzoleni 2008b). Dies kann zu Anpassungen – „accomodation" (Schulz 2004, S. 89 f.) – an eine massenmediale Logik (vgl. Altheide und Snow 1979) führen. In diesem Zusammenhang diskutiert die Kommunikationswissenschaft seit einigen Jahren die möglicherweise voranschreitende Medialisierung unterschiedlicher gesellschaftlicher Teilbereiche (vgl. z. B. Donges 2008; Marcinkowski und Steiner 2009; Meyen 2009; Vowe 2006; Weingart 2001). Aus systemtheoretischer Perspektive führt Medialisierung dazu, dass besonders um öffentliche Sichtbarkeit und Legitimation bemühte Systeme verstärkt auf Leistungen des Mediensystems zugreifen, sich hierzu strukturell anpassen und sich letzten Endes auch an der Logik des Mediensystems orientieren (vgl. Marcinkowski und Steiner 2009, S. 13). Eher akteurzentrierte Ansätze gehen davon aus, dass die Annahme, massenmediale Botschaften würden andere Akteure beeinflussen, dazu führt, dass die mediale Kommentierung eigener Handlungen kontrolliert und das eigene Handeln an einer antizipierten medialen Logik ausgerichtet wird (Cohen et al. 2008; Gunther und Storey 2003; Meyen 2009). Dieser Beitrag fragt danach, wie (kollektive) Akteure aus verschiedenen Sozialsystemen, die an Governance-Prozessen beteiligt sind, ihren Zugang zu öffentlicher Kommunikation (z. B. Selbstdarstellung, Präsentation von Themen oder Argumenten, Framing, etc.) optimieren. Dazu zählen auch Anpassungen der eigenen, nach außen gerichteten strategischen Kommunikation. Ergebnisse aus der Medienwirkungsforschung zu Agenda-Setting (vgl. z. B. Brosius 1994; McCombs 2004; Rössler 1997; Scheufele und Tewksbury 2007), Agenda-Building oder Framing beziehungsweise strategischem Framing oder Frame-Building (vgl. Böcking 2009; Entman 1993; Matthes 2009; Pan und Kosicki 2001; Scheufele 2003; Scheufele und Tewksbury 2007; Sheafer und Gabay 2009) können als Grundlage für diese Annahme herangezogen werden: Forschung aus diesen Bereichen belegt, dass Medienberichte Themen und Frames setzen (Agenda Setting, Framing) und dass nicht nur journalistische Akteure, sondern Interessenvertreter aus verschiedenen gesellschaftlichen Bereichen diese Prozesse in ihrem Sinne beeinflussen wollen (Agenda-, Frame-Building). Die aktuelle Diskussion in der kommunikationswissenschaftlichen Fachgemeinschaft über Medialisierung (vgl. z. B. Donges 2008; Marcinkowski und Steiner 2009; Meyen 2009; Vowe 2006) legt außerdem nahe, dass die öffentliche Wahrnehmung von und Meinung zu gesellschaftlich relevanten Entscheidungen – und damit auch ihre Beeinflussung über strategische Kommunikation – wichtige Elemente in Governance-Konstellationen darstellen. So betrachtet kann die Governance-Perspektive als Heuristik dienen, um Beziehungen zwischen Sozialsystemen als Interaktionen zwischen Akteuren (Individuen, Institutionen, Organisationen) zu analysieren. Für diesen Beitrag bedeutend ist außerdem, dass die angesprochenen Anpassungen auch in den Bereichen Wissenschaft (Maeseele 2007; Peters 2008; Schäfer 2008; Weingart 2001) und Politik (vgl. Donges 2008; Kepplinger 2002; Mazzoleni 2008a; Schulz 2006; Vowe 2006) beobachtet werden.

Eine Möglichkeit, das Governance-Konzept daraufhin zu konkretisieren, dass strategische Handlungen – und für die kommunikationswissenschaftliche Perspektive besonders wichtig: strategische Kommunikation – erforscht werden können, bietet der

Abbildung 1   Medialisierte Governance-Konstellation in Anlehnung an Schimank (2010, S. 214).

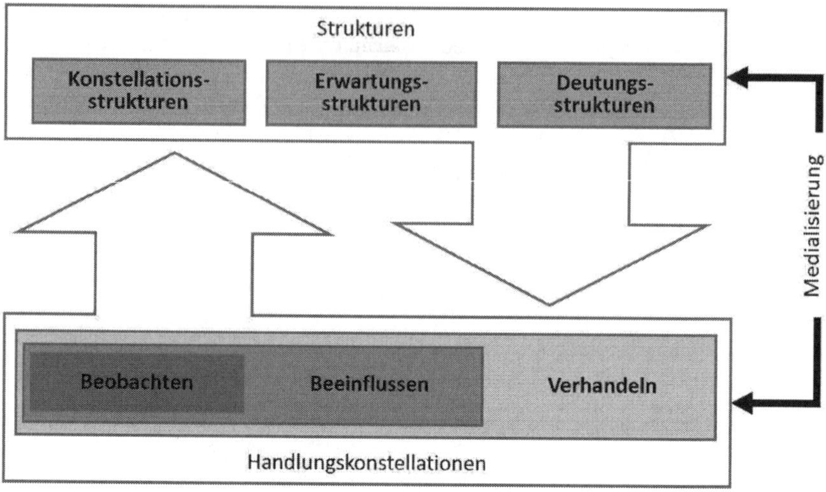

Akteur-Struktur Ansatz (vgl. Schimank 2010). Mit Schimank sind Governance-Konstellationen einerseits geprägt von den beteiligten Akteuren und den zwischen diesen stattfindenden Interaktionen und andererseits von etablierten Strukturen (vgl. Abb. 1). Dabei ist davon auszugehen, dass sich Handlungskonstellationen und Strukturen wechselseitig (re-)produzieren und bedingen. Veränderungen im Zuge von Medialisierungsprozessen können prinzipiell auf der Strukturebene und der Handlungsebene beobachtet werden.

Handlungskonstellationen, in denen sich Akteure aus den unterschiedlichen sozialen Systemen in Governance-Konstellationen gegenüberstehen, differenziert Schimank nach der Art der Interaktion in Beobachtungs-, Beeinflussungs- und Verhandlungskonstellationen (vgl. Schimank 2007b; Schimank 2007c). *Beobachtungskonstellationen* sind dabei die grundlegendste Konstellationsart, welche allen anderen Konstellationsarten vorausgesetzt ist (vgl. Schimank 2007b, S. 130; Schimank 2007c, S. 36 ff.; Schimank 2010, S. 226 f.). Da die wechselseitige Beobachtung unterschiedlicher gesellschaftlicher Bereiche vor allem auch über Massenkommunikation und Leistungen des journalistischen Systems ermöglicht wird (vgl. Blöbaum 1994, S. 260), erscheint es besonders relevant, nach der Rolle zu fragen, die journalistische Berichterstattung für die wechselseitige Beobachtung von Akteuren in Governance-Konstellationen spielt. Darauf aufbauend können auch *Beeinflussungskonstellationen* identifiziert werden. Diese sind dadurch gekennzeichnet, dass Akteure in solchen Konstellationen gezielt Einflusspotentiale einsetzen (vgl. Schimank 2007b, S. 130 f.; Schimank 2007c, S. 38 ff.; Schimank 2010, S. 267).

Gerade in Beeinflussungskonstellationen kann strategische Kommunikation und damit Massenkommunikation beziehungsweise Journalismus eine relevante Ressource darstellen; zum Beispiel wenn Akteure Kontakte zu Journalisten nutzen oder selbst Inhalte zur Verfügung stellen, um über die Medienöffentlichkeit bestimmte Themen oder Deutungen innerhalb der Governance-Konstellation zu forcieren oder abzuschwächen. Die dritte analytisch differenzierbare Konstellationsart von Akteuren in Governance-Konstellationen ist die *Verhandlungskonstellation.* Laut Schimank handelt es sich dann um Verhandlungskonstellationen, wenn Akteure in einer Konstellation miteinander verhandeln, um verbindliche Vereinbarungen zu generieren (vgl. Schimank 2007b, S. 131; vgl. Schimank 2007c, S. 40 ff.; Schimank 2010, S. 305). Auch hier kann strategische Kommunikation bezogen auf die mediale Berichterstattung dazu genutzt werden, die eigene Position in der Verhandlungskonstellation zu verbessern oder anderweitig Einfluss auf den Verhandlungsverlauf zu nehmen – „publicity becomes important as an alternative power source" (Spörer-Wagner und Marcinkowski 2010, S. 8). Die Governance-Perspektive betrachtet die drei genannten Akteurkonstellationen „im Hinblick auf tatsächlich geschehende oder mögliche multiple Bestrebungen intentionaler Gestaltung" (Schimank 2007a, S. 234) – und damit also auch strategische Handlungen bezogen auf Massenkommunikation und Journalismus.

Die beteiligten Akteure verfolgen unterschiedliche Ziele und verhalten sich bezogen auf ihre jeweiligen Interessen strategisch (vgl. Benz 2004; Benz et al. 2007b). Strategische Kommunikation wiederum ist als spezielle Form strategischen Handelns zu verstehen. „Governance als reflexive Koordination" (Straßheim 2008, S. 64) bedeutet zudem, dass unterschiedliche Akteure versuchen, in diesem Koordinationsprozess die Oberhand zu erlangen. Andere Autoren gehen sogar weiter und rücken statt Koordination den Wettbewerbsaspekt in den Vordergrund. So kann strategische Kommunikation mit Sheafer und Gabay (2009, S. 448) als Teil des strategischen Wettbewerbs zwischen unterschiedlichen Akteuren betrachtet werden, die versuchen, ihre jeweiligen Ziele auch über einen Kampf um massenmediale Aufmerksamkeit und die Kontrolle journalistischer Deutungen/Interpretationen zu erreichen (vgl. auch Chong und Druckman 2007; Entman 2007). „Actors in the public arena struggle over the right to define and shape issues, as well as the discourse surrounding these issues" (Pan und Kosicki 2001, S. 36). Zusammengefasst kann strategische Kommunikation zum Zweck der wechselseitigen Beobachtung (z. B. Informationen bereitstellen), Beeinflussung (z. B. Agenda-Setting, Agenda-Building, Framing) oder im Rahmen von Verhandlungen (z. B. Androhung von strategischer Kommunikation) als Handlungsressource in der Governance-Konstellation genutzt werden.

Nach Habermas (1988; 2006) ist strategische Kommunikation in Abgrenzung zum verständigungsorientierten Handeln zu verstehen. Der Begriff bezeichnet eine Form von Kommunikation, die durch Intentionalität, Zweckorientierung, Persuasionsorientierung und Organisationsgebundenheit gekennzeichnet ist (vgl. den Beitrag von Gehrau, Röttger und Preusse in diesem Band). Strategische Kommunikation kann aus der Perspektive von Organisationen sowohl nach innen (z. B. interne Kommunikation) als auch nach außen (z. B. PR, Marketing) gerichtet sein. Betrachtet man strategische Kommunikation innerhalb von Governance-Konstellationen kann die interne strategische Kommunikation als Mittel zur Entscheidungsfindung, Zieldefinition oder auch Konsolidierung angesehen werden. Externe strategische Kommunikation richtet sich dementsprechend an andere an der Governance-Konstellation beteiligte Akteure. Letzteres steht im Folgenden im Vordergrund.

Aus den Handlungskonstellationen können Dynamiken erwachsen, die Rückwirkungen auf der Strukturebene haben; gleichzeitig sind Handlungen immer auch strukturell bedingt (vgl. Bourdieu 1987; Hjavard 2008; Schimank 2010). Die Strukturebene kann mit Schimank zu heuristischen Zwecken in Konstellationsstrukturen, Erwartungsstrukturen und Deutungsstrukturen differenziert werden (vgl. Schimank 2007b, S. 125 ff.). *Konstellationsstrukturen* regeln die relativen Positionen der Akteure in Governance-Konstellationen. Diese können, beispielsweise im Falle politischer Governance, eher hierarchische Konstellationen begünstigen. In medialisierten Konstellationen ist davon auszugehen, dass die Konstellationsstrukturen medial beeinflusst sind. So dass einerseits auch journalistische Akteure in das Blickfeld rücken und dass sich die Konstellationsstrukturen generell gegenüber neuen Akteuren öffnen. Andererseits dürften auch die Positionen der Akteure in der Governance-Konstellation durch die Ressource strategische Kommunikation verändert werden. In diesem Zusammenhang wäre zu erwarten, dass die Hierarchien in medialisierten Konstellationen flacher werden. *Erwartungsstrukturen* bezeichnen nach Schimank formelle und informelle Normen, Rollen oder Institutionen und regeln das Verhalten von Akteuren. In medialisierten Governance-Konstellationen muss davon ausgegangen werden, dass auch die Erwartungsstrukturen medialisiert sind. Das bedeutet, dass beispielsweise berufliche Rollen dahingehend erweitert sind, dass sie auch journalistisch relevante beziehungsweise mediengerechte Fähigkeiten mit einschließen oder dass sich spezifische Institutionen herausbilden, die für den Kontakt zum journalistischen System zuständig sind. Schließlich versteht Schimank unter *Deutungsstrukturen* grundlegende Kategorien der Wahrnehmung und Deutung von Realität, die in der Funktionsweise von sozialen Systemen selbst begründet sind. Deutungsstrukturen bestimmen damit beispielsweise mit, welche Ziele Akteure in Governance-Konstellationen verfolgen. Auch auf dieser Ebene kann von Anpassungen an das Mediensystem ausgegangen werden.

2   Die forschungspolitische Governance-Konstellation

Im Folgenden werden die oben angeführten theoretischen Überlegungen in Bezug auf die forschungspolitische Governance-Konstellation konkretisiert. Grundlage hierfür sind Ergebnisse aus einer Inhaltsanalyse über Forschung und Forschungspolitik in der Print-, Online-, TV- und Radioberichterstattung von 2011 und qualitative Interviews

mit Entscheidern aus politischen und wissenschaftlichen Organisationen, Forschungsförderung und Journalismus.

Forschungspolitik in Deutschland

Mit dem Begriff Forschungspolitik ist die Praxis der Regulierung von Forschung durch
das politische System bezeichnet. Eines der wichtigsten Regulierungsinstrumente neben
rechtlichen Entscheidungen ist die Forschungsförderung (vgl. Hinze 2010). Die Verantwortung teilen sich Bund und Länder. Förderprogramme sollen vor allem die Effizienz, Wettbewerbsfähigkeit und Relevanz wissenschaftlicher Institutionen erhöhen (vgl.
Kastrinos 2010). Andere Förderziele können den Ausbau einzelner Forschungsfelder,
interdisziplinäre Zusammenarbeit oder die Zusammenarbeit von Universitäten und privaten Forschungsinstituten betreffen (vgl. Gläser und Lange 2007, S. 444 f.).

Governance von Forschung kann als Ergebnis eines Interaktionsprozesses zwischen
Politik und Wissenschaft betrachtet werden. Aus systemtheoretischer Perspektive sind
die Funktionsweisen von Sozialsystemen auf exklusive zentrale Codes zurückführbar.
Das System Politik funktioniert gemäß dem Prinzip Macht, die Wissenschaft orientiert
sich am Prinzip Wahrheit (vgl. Blöbaum 1994; Blöbaum 2004; Luhmann 1997). In der
forschungspolitischen Governance-Konstellation treffen diese zentralen Prinzipien aufeinander und werden im jeweils anderen System als Irritation verarbeitet. In diesem Zusammenhang weist Schimank (2006) darauf hin, dass die forschungspolitische Governance von der Vermittlung politischer Ziele und wissenschaftlicher Interessen geprägt
ist. Auf der einen Seite steht das Bestreben, wissenschaftliche Forschung zu steuern, auf
der anderen das Ideal, möglichst autonom zu forschen (vgl. ebd.). Akteure aus dem politischen System stellen Ansprüche an die Wissenschaft, die auch darauf abzielen, wissenschaftliche Forschung gesellschaftlich fruchtbar zu machen. Wissenschaft soll nicht
ausschließlich wahres Wissen, sondern auch relevantes Wissen generieren. Damit kann
Politik sich selbst und die gesellschaftlichen Kosten von Wissenschaft legitimieren, öffentliche Akzeptanz für wissenschaftspolitische Entscheidungen erzeugen und so den
eigenen Machterhalt (Steuerungsfähigkeit) sichern. Diesen Ansprüchen begegnen wissenschaftliche Akteure, wenn sie versuchen, die eigenen Imperative gegenüber den externen Ansprüchen zu verteidigen und, anders ausgedrückt, die eigene Autonomie zu
sichern (vgl. ebd., S. 203). Zum Beispiel indem Steuerungsbemühungen aus der Politik
umgangen werden oder ein Anspruch an das politische System gestellt wird, Einflüsse
aus anderen Systemen (z. B. aus dem Wirtschaftssystem) durch entsprechende Instrumente (z. B. Förderung von wirtschaftlich weniger interessanter Grundlagenforschung)
abzumildern. Es spricht einiges dafür, davon auszugehen, dass sich „das Autonomie-
bestreben der Forscher und die Steuerungsbemühungen der Politik" (ebd., S. 202) – zumindest was Forschungspolitik in Deutschland betrifft – „auf systemintegrativ funktionale Weise" (ebd.) ausgleichen. Das heißt, dass die in der forschungspolitischen

Governance-Konstellation aufeinander treffenden divergierenden Interessen von Politik und Wissenschaft zur Funktionalität von Forschung beitragen. Aus einer gesamtgesell-schaftlichen Perspektive betrachtet wird hier zwischen zwei dysfunktionalen Zuständen vermittelt, zwischen totaler Autonomie und totaler Heteronomie von Wissenschaft (vgl. ebd., S. 217 ff.). Trotzdem versuchen Akteure aus beiden Bereichen dieses Gleichgewicht im Sinne der eigenen Logik zu verschieben und greifen hierzu auf die Ressource strate-gische Kommunikation zurück.

Das deutsche Forschungssystem zeichnet sich traditionell durch die Kombination von staatlicher Förderung und Regulierung auf der einen und „constitutional guaran-tees of the ‚freedom of teaching and research‘" (Schimank 2005, S. 36) auf der anderen Seite aus. Diese Kombination resultiert in einer relativ niedrigen institutionellen und relativ hohen individuellen Autonomie (vgl. Schubert und Schmoch 2010, S. 246). Al-lerdings ist das deutsche Universitätssystem seit geraumer Zeit von Reformen betrof-fen, die dieses Verhältnis in Richtung Heteronomie verschieben (vgl. Schimank 2005). Zu dieser Entwicklung gehören Standardisierungsprozesse (Stichworte: Bologna Pro-zess, Europäischer Hochschulraum), der Wechsel zu einer Bachelor/Master-Struktur in der Lehre, die Implementierung von (externen) Evaluationsmechanismen und an-reizorientierter (vgl. Auranen und Nieminen 2010; Schimank 2005) beziehungsweise wettbewerbsorientierter Förderung (vgl. Kastrinos 2010, S. 302). Eine Gemeinsamkeit von unterschiedlichen Staaten besteht darin, dass die Vergabe von Fördergeldern zu-nehmend von kompetitiven Verfahren abhängig gemacht wird (vgl. Whitley und Gläser 2007, S. 10). Im Vergleich zu Akteuren aus anderen sozialen Systemen zeichnen sich Wissenschaftler bisher durch hohe Autonomie aus. Es ist wahrscheinlich, dass wissen-schaftliche Akteure die oben genannten Veränderungen in Richtung Heteronomie nicht als Verbesserungen wahrnehmen und stattdessen Defensivstrategien entwickeln, um Angriffe auf die wissenschaftliche Autonomie zu kompensieren. Strategische Kommuni-kation beziehungsweise die Beeinflussung der Medienberichterstattung durch strategi-sche Kommunikation und darüber die Beeinflussung von forschungspolitischen Akteu-ren kann eine solche Defensivstrategie darstellen. Medien können einerseits als Mittel zur Verteidigung gegenüber den Ansprüchen der Politik betrachtet werden – zum Bei-spiel wenn sich Akteure aus dem Wissenschaftssystem öffentlich zu Themen wie „Bun-desfinanzierung", „Bologna-Reformen" oder „Exzellenzinitiative" zu Wort melden oder weil wissenschaftliche Forschung über die mediale Berichterstattung öffentlich legiti-miert wird. Andererseits können Massenmedien selbst systemfremde Ansprüche in das Wissenschaftssystem hinein tragen (Stichwort: Medialisierung). Dazu gehört, dass Mas-senmedien „wie selbstverständlich in politische Steuerungsprozesse (Governance) ein-gebunden" (Reichertz 2007, S. 27) werden. Außerdem wirken Akteure aus anderen So-zialsystemen als Impulsgeber. Das sind vor allem Akteure aus dem wissenschaftlichen System, aber auch aus anderen gesellschaftlichen Bereichen wie zum Beispiel Wirt-schaft, Religion oder Zivilgesellschaft (vgl. Jansen 2007; Jansen 2010; Schimank 2006). So werden bestimmte Forschungsmethoden (z. B. Tierversuche) oder Forschungsbereiche (z. B. Stammzellforschung) in den Massenmedien ethisch, moralisch oder ökologisch kritisiert und bewertet, oder es werden im Rahmen von aktuellen Problemen (z. B. Energiewende, Erdbeben vor Fukushima, Dioxin-Skandal, etc.) werden Reaktionen und Stellungnahmen von Seiten der Wissenschaft eingefordert.

Akteure in der forschungspolitischen Governance-Konstellation

Die Hauptakteure im forschungspolitischen Entscheidungsprozess (vgl. Abb. 2) stammen aus den Systemen Politik und Wissenschaft. Wenn man die Frage nach externer strategischer Kommunikation in der Konstellation stellt, liegt es nahe, auch das journalistische System zu beachten, da Journalismus als Vermittlungsinstanz zwischen Politik und Wissenschaft und als Scharnier zur gesellschaftlichen Öffentlichkeit betrachtet werden kann. Akteurkonstellationen können auf der Meso- (Organisationen, Institutionen) und der Mikroebene (individuelle Akteure) untersucht werden. Außerdem haben sich innerhalb der genannten Sozialsysteme beziehungsweise an ihren Grenzen Strukturen

Abbildung 2   Haupt-Akteure in der (medialisierten) forschungspolitischen Governance-Konstellation

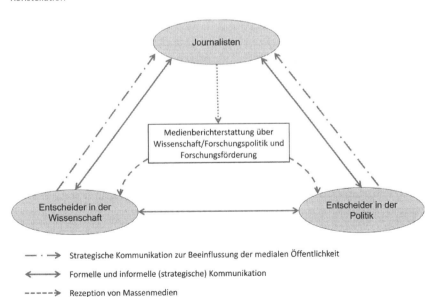

entwickelt, die sich hauptsächlich mit (strategischer) Kommunikation beschäftigen und quasi als Schnittstellen zu anderen Sozialsystemen fungieren.

Aus dem politischen System sind dementsprechend neben (forschungspolitischen) Entscheidungsträgern auf Bundes- und Länderebene auch Förderorganisationen (vgl. Gläser und Lange 2007, S. 445) und Ressortforschungseinrichtungen relevant. Letztere sind gewissermaßen hybride Organisationen, die zwischen dem politischen und dem wissenschaftlichen System positioniert sind. Hinzu kommen Organisationen und Rollen, in denen der Kontakt zum journalistischen System institutionalisiert ist (z. B. PR-Abteilungen, Pressesprecher, etc.). Aus dem Wissenschaftssystem sind insbesondere drei Arten institutionalisierter Forschung besonders wichtig. Hochschulen, außeruniversitäre Forschungsinstitute – zum Beispiel die Max-Planck-Gesellschaft, die Helmholtz-Gemeinschaft Deutscher Forschungszentren, die Fraunhofer-Gesellschaft oder die Wissenschaftsgemeinschaft Gottfried Wilhelm Leibniz – und akademische Disziplinen. Letztere verkörpern den institutionellen Kern wissenschaftlicher Forschung. Die wesentlichen Prozesse im Wissenschaftssystem – von der Sozialisation wissenschaftlichen Nachwuchses bis hin zur Verteilung von Mitteln und Fördergeldern – verlaufen innerhalb disziplinärer Grenzen (vgl. Bourdieu 2004). Akademische Disziplinen werden üblicherweise unterschiedlichen wissenschaftlichen Traditionen zugeordnet. Die Deutsche Forschungsgemeinschaft (DFG) unterscheidet hierbei die Fachkulturen Geisteswissenschaften/Sozialwissenschaften, Lebenswissenschaften, Naturwissenschaften und Ingenieurwissenschaften. Zusammengefasst sind also Entscheider aus verschiedenen Fachkulturen und aus universitären und außeruniversitären Institutionen von Bedeutung für die Konstellation. Hinzu kommen ganz ähnlich wie bei den Akteuren aus dem politischen System Organisationen beziehungsweise Rollen, die sich auf den Kontakt zum journalistischen System spezialisiert haben. Drittens erscheint auch das journalistische System maßgeblich an dieser Konstellation beteiligt. Vor allem Journalisten, die sich auf Wissenschaftsberichterstattung oder Berichterstattung über Forschungspolitik spezialisiert haben, können Einfluss auf die Governance von Forschung nehmen, da diese Akteure insbesondere die forschungspolitische Beobachtungskonstellation prägen und auch mitbestimmen, inwiefern Massenkommunikation und die darauf ausgerichtete strategische Kommunikation von anderen Akteuren als Ressource in der Governance-Konstellation genutzt werden kann. Dabei scheinen zunächst alle Mediengattungen von Bedeutung. Den größten Einfluss haben überregionale Qualitätsmedien. Das ist dem Nutzungsverhalten von Entscheidern (vgl. Chodura 2006; Harmgarth 1997) und dem Einfluss geschuldet, den diese Medien auf die Agenda anderer Massenmedien haben (vgl. McCombs 2004, S. 114; Protess und McCombs 1991). Regionale Medienangebote spielen dann eine Rolle, wenn wichtige Forschungsinstitute und Universitäten in ihrem Verbreitungsgebiet angesiedelt sind (vgl. Blöbaum und Görke 2003). Medien des Wissenschaftssystems (Fachzeitschriften, Newsletter, etc.), dienen dazu, wissenschafts- bzw. fachinterne Entwicklungen zu beobachten; für die Beeinflussung der forschungspolitischen Governance-Konstellation werden diese Medien aber weniger genutzt.

3   Strategische Kommunikation als Handlungsressource in medialisierten Governance-Konstellationen

Auf der *Handlungsebene* stellen sich für alle drei Konstellationsarten Fragen danach, welche Instrumente zu welchem Zweck genutzt werden und welche Faktoren den Erfolg beziehungsweise Misserfolg von strategischer Kommunikation beeinflussen. Außerdem erscheint es ausgehend von der These, dass Medialisierungsprozesse auf Governance-Konstellationen rückwirken, besonders interessant, nach Veränderungen bezogen auf die quantitative und qualitative Einbindung von Instrumenten strategischer Kommunikation in Handlungsabläufen in den drei Konstellationsarten zu fragen: Erhöht sich die Relevanz strategischer Kommunikation im Zeitverlauf? Geordnet nach den Konstellationsarten ergeben sich zusätzliche Schwerpunkte:

• Wie kontrollieren Akteure die eigene mediale Darstellung (Beobachtungskonstellation) durch strategische Kommunikation?
• Wie nutzen Akteure in medialisierten Governance-Konstellationen Instrumente strategischer Kommunikation, um andere Akteure in der Konstellation zu beeinflussen (Beeinflussungs- und Verhandlungskonstellation)?

Im Projekt „Von der Beobachtung zur Beeinflussung. Medialisierte Konstellationen von Wissenschaft, Medien und Politik" wurden diese Fragen inhaltsanalytisch und mit Hilfe qualitativer Interviews für den Bereich der forschungspolitischen Governance-Konstellation untersucht. Mit der Inhaltsanalyse wurde die forschungspolitische Beobachtungskonstellation herausgearbeitet. Dazu gehören beispielsweise Unterschiede zwischen den Darstellungen verschiedener Fachkulturen. Einer dieser Unterschiede ist, dass die untersuchten geistes- und sozialwissenschaftlichen Fächer deutlich häufiger als Fächer aus anderen Fachkulturen in den Massenmedien mit kommunikativen Handlungen wie normativer Kritik und Handlungsanforderungen an politische Akteure präsent sind – die Fachkulturen Lebenswissenschaften, Naturwissenschaften und Ingenieurwissenschaften sind in dieser Beziehung deutlich distanzierter. Kommunikative Handlungen, die ausgehend von anderen Systemen an die Wissenschaft gerichtet sind, konnten nur sehr selten inhaltsanalytisch nachgewiesen werden. Massenmedien bieten also eher selten eine Plattform um direkt Forderungen oder Kritik zu platzieren. Strategische Kommunikation hat aber auch aus Sicht der Interviewpartner nicht den Zweck, eine bestimmte Kommunikationshandlung in Form eines Zitates publik zu machen.

Grundsätzlich erkennen alle Interviewpartner einen Bedeutungszuwachs von Massenmedien in ihrem beruflichen Umfeld und gehen davon aus, dass die Bedeutung von Massenkommunikation in und für forschungspolitische Entscheidungsprozesse in Zukunft eher steigen wird. In diesem Zusammenhang hat sich auch der Stellenwert strategischer Kommunikation in den jeweiligen Organisationen erhöht. Als Hauptgrund dafür, dass die eigene Organisation und organisationale Handlungen medial präsentiert werden sollen, nennen alle befragten Akteure das Ziel, sich gegenüber der gesellschaftlichen Öffentlichkeit zu legitimieren. Politische Akteure betrachteten die Antizipation von Massenkommunikation zu forschungspolitischen Themen und Problemen und dementsprechend strategische Kommunikation ihrerseits als Selbstverständlichkeit. Akteure aus dem Wissenschaftssystem sind außerdem der Meinung, dass Forschungsfelder, die medial stark und positiv repräsentiert sind (z. B. Nanotechnologie, Energieforschung), bessere Chancen haben, Fördergelder einzuwerben. Allerdings verweisen die Interviewpartner auch auf Gefahren, die mit solchen medialen Trends verbunden sind. Diese Trends würden vielleicht kurzfristig einen Anstieg an Fördergeldern nach sich ziehen, das würde aber oft nicht lange anhalten und eine wissenschaftliche Karriere wäre so nicht planbar.

Vertreter der Hochschulleitung versuchen nach eigenen Angaben auch über Kommentare, Gastbeiträge oder Interviews ihre Perspektive auf forschungspolitische Themen in Massenmedien zu präsentieren. Prominente Beispiele sind die Themen „Bundesfinanzierung", „Bologna-Reformen" oder „Exzellenzinitiative". In den Interviews geben die befragten Entscheider an, zur Selbstdarstellung vor allem Instrumente wie Pressemeldungen zu nutzen und insbesondere Akteure aus dem Wissenschaftssystem werden im Kontext von aktuellen Ereignissen oft von Journalisten kontaktiert. Andere Instrumente, die häufiger genannt wurden, sind die Ausrichtung spezieller Events, die eine Laienöffentlichkeit ansprechen sollen (z. B. Tag der offenen Tür, Kinder-Uni, populärwissenschaftliche Vortragsreihen). Mit Hilfe solcher Instrumente sollen Forschungsthemen popularisiert und auch aus Sicht von politischen Akteuren Forschungsleistungen öffentlich präsentiert sowie Ausgaben für Forschung legitimiert werden. Den wissenschaftlichen Akteuren geht es dabei oftmals um eine wissenschaftliche Aufklärung der Öffentlichkeit. Schließlich warnen Wissenschaftler aber einhellig davor, sich zu sehr an die Anforderungen des Journalismus anzupassen. Es sei zwar wünschenswert, den Kontakt zur Öffentlichkeit zu intensivieren und die eigenen Kompetenzen im Bereich strategischer Kommunikation zu erweitern (z. B. mediengerechte Sprache und Bilder), dies dürfe aber keinesfalls auf Kosten wissenschaftlicher Qualität geschehen.

Eine Beeinflussung über Medien nehmen die befragten Akteure vor allem indirekt wahr. Über Massenmedien kann öffentliche Aufmerksamkeit für Forschungsthemen erzeugt werden, dies führt nach Meinung von Entscheidern aus Politik und Wissenschaft dazu, dass Förderorganisationen diese Themen aufgreifen. Darüber werde dann die inhaltliche Schwerpunktsetzung im Wissenschaftssystem mit beeinflusst. Diese den Forschungsförderorganisationen unterstellte Beeinflussbarkeit wird von den meisten befragten Akteuren aus diesem Bereich allerdings zurückgewiesen. Um forschungspolitische Diskussionen und Entscheidungen über das Setzen von Themen hinaus zu beeinflussen, ergreifen Entscheider eher selbst die Initiative und nutzen persönliche Kontakte zu Journalisten, um Gastbeiträge, Kommentare oder Interviews zu platzieren.

Bezogen auf die *Strukturebene* erscheinen Fragen von Interesse, die auf strukturelle Veränderungen abzielen, die darauf zurückgeführt werden können, dass strategische

Kommunikation in medialisierten Governance-Konstellationen an Bedeutung gewinnt. Wie oben skizziert, ist zwischen Konstellations-, Erwartungs- und Deutungsstrukturen zu unterscheiden. Exemplarische Fragen in diesen Bereichen sind:

- Wie verändert sich das Verhältnis der Akteure in der Konstellation (Konstellationsstrukturen) zueinander auf Grund von strategischer Kommunikation (z. B. bezogen auf Macht, Einflusspotentiale u. ä.)?
- Wie verändern sich Rollen, Programme, informelle und formelle Normen (Erwartungsstrukturen) auf Grund von strategischer Kommunikation (z. B. die Herausbildung von PR-Abteilungen)?
- Wie verändern sich Kategorien der Wahrnehmung oder systeminterne Funktionsweisen (Deutungsstrukturen) auf Grund des Zugriffs auf strategische Kommunikation (z. B. Bewertungskriterien für Forschung)?

In den Interviews wird deutlich, dass die befragten Entscheider Veränderungen auf den ersten beiden genannten Strukturebenen wahrnehmen. So beobachten wissenschaftliche und politische Akteure, dass Machtverhältnisse sich verschieben, weil durch strategische Kommunikation und die Beeinflussung über Massenmedien zum einen auch die Adressaten forschungspolitischer Entscheidungen aus der Wissenschaft größeren Einfluss erhalten und zum anderen auch Akteure in der Konstellation berücksichtigt werden, die früher keinen Zugang zu forschungspolitischen Entscheidungsprozessen hatten – das sind beispielsweise gesellschaftliche Interessenvertreter (NGOs) oder Studierendenorganisationen.

Entscheider aus allen Bereichen berichten davon, dass es (inzwischen) zum jeweiligen Berufsbild dazugehört, den Umgang mit Journalisten und Massenmedien zu erlernen. Einige Akteure (aus dem Wissenschaftssystem) geben an, dass entsprechende Medientrainings absolviert wurden. Insgesamt wird die Institutionalisierung externer strategischer Kommunikation innerhalb der jeweiligen Organisationen erweitert, mindestens aber ein entsprechender Mangel beklagt. Interviewpartner aus den Bereichen Hochschulleitung, Forschungsförderung und Forschungspolitik berichten, dass die Öffentlichkeitsarbeit in ihrem Bereich in den letzten Jahren institutionell ausgebaut wurde. Befragte Journalisten bestätigen und begrüßen diesen Trend. Und selbst in Bereichen, in denen (noch) kein Ausbau stattgefunden hat, wird dies als wünschenswert angegeben. Insbesondere Akteure aus den Bereichen Politik (Fraktionsmitglieder zuständig für Forschung und Forschungspolitik) und Forschung (Fachgesellschaften) beklagen, dass zu wenig Geld für eine Institutionalisierung und Professionalisierung der Öffentlichkeitsarbeit zur Verfügung stehe und betonen, dass Investitionen in diesem Bereich für die Beeinflussung der forschungspolitischen Governance notwendig wären und intern diskutiert würden.

Allein den funktionalen Kernbereich der eigenen Organisationen sehen die befragten Entscheider aus Politik und Wissenschaft nicht beeinflusst durch Medien. Das unterstreicht die Bedeutung von strategischer Kommunikation als Handlungsressource noch. Das Ziel von Wissenschaft bleibe wissenschaftlich hochwertige Forschung zu realisieren; das Ziel von Forschungspolitik bleibe, nach den eigenen Maßgaben den Rahmen für gesellschaftlich wertvolle Forschung zu gestalten. Strategische Kommunikation soll dabei helfen, diese Ziele zu verwirklichen.

4   Fazit

Im Beitrag wurde strategische Kommunikation als Handlungsressource in medialisierten Governance-Konstellationen betrachtet. Hierzu wurde ein Akteur-Struktur Ansatz herangezogen und durch das Medialisierungs-Konzept ergänzt. Dieses Vorgehen hat sich in mehrfacher Hinsicht als fruchtbar erwiesen:

Das Governance-Konzept betont das komplexe Wechselspiel unterschiedlicher Akteure und überwindet damit eindimensionale Vorstellung politischer Steuerung. Am Beispiel der deutschen Forschungspolitik wurde gezeigt, dass kollektive Akteure aus Politik, Wissenschaft, Journalismus, aber auch Interessenvertreter aus Wirtschaft, Religion, Zivilgesellschaft und anderen Bereichen versuchen, Einfluss auf forschungspolitische Entscheidungen zu nehmen.

In der Governance-Konstellation nutzen die beteiligten Akteure Instrumente strategischer Kommunikation als Handlungsressource (Handlungsebene) und beobachten (und befürworten) strukturelle Veränderungen, die dazu dienen, den Zugriff auf mediale Öffentlichkeit zu optimieren (Strukturebene). Im Zeitverlauf sehen die Interviewpartner auf beiden Ebenen einen Zuwachs an Intensität, also sowohl was die Einbeziehung von strategischer Kommunikation als Handlungsressource als auch was strukturelle Anpassungen betrifft, die strategische Kommunikation ermöglichen sollen. Hier deutet sich auch empirisch an, was theoretisch angenommen wurde: die Verschränkung von Handlungs- und Strukturebene und damit verbunden eine wechselseitige Verstärkung von Veränderungs- und Anpassungsprozessen in diesen Bereichen.

Über die analytische Trennung von Konstellations-, Erwartungs- und Deutungsstrukturen konnte zudem gezeigt werden, dass strukturelle Veränderungen – zumindest was die derzeitige Selbstwahrnehmung der befragten Entscheider betrifft – nicht den funktionalen Kernbereich der jeweiligen Organisationen betreffen. Die Medialisierung der Handlungsebene spiegelt sich bisher also nicht auf der gesamten Strukturebene wider. Eine Medialisierung grundlegender Deutungsstrukturen (z. B. Ziele, funktionale Unterscheidungen) kann auf Basis der hier vorgestellten Daten nicht nachgewiesen werden. Ob sich das im weiteren Zeitverlauf ändern wird, bleibt abzuwarten – allerdings berichten die Entscheider aus allen untersuchten Bereichen von Einzelfällen und „schwarzen Schafen", bei denen sie eine Anpassung der Deutungsstrukturen feststellen.

Nimmt man das zusammen, so lässt sich die begründete Prognose äußern, dass strategische Kommunikation in Governance-Konstellationen in Zukunft einen wichtigen (und immer wichtiger werdenden) Stellenwert einnehmen wird. Das gilt aus Sicht aller an Governance-Entscheidungen beteiligten Akteure. Die Einbeziehung strategischer Kommunikation auf der Handlungsebene und daraufhin angepasste Strukturen können in Governance-Konstellationen den Ausschlag dafür geben, dass Entscheidungen im Sinne der eigenen Organisation fallen, oder eben nicht.

Literatur

Altheide, David L., und Robert P. Snow. 1979. *Media logic*. Beverly Hills, California.

Auranen, Otto, und Mika Nieminen. 2010. University research funding and publication performance. An international comparison. *Research Policy* 39: 822–834.

Benz, Arthur (Hrsg.). 2004. *Governance – Regieren in komplexen Regelsystemen. Eine Einführung*. Wiesbaden: VS.

Benz, Arthur, Stefan Kuhlmann, und Dieter Sadowski. 2007a. Governance – A Political Science Perspective. In *New Forms of Governance in Research Organizations. Disciplinary Approaches, Interfaces and Integration*, hrsg. Dorothea Jansen, 3–29. Doderecht: Springer.

Benz, Arthur, Susanne Lütz, Uwe Schimank, und Georg Simonis. 2007b. Einleitung. In *Handbuch Governance: theoretische Grundlagen und empirische Anwendungsfelder*, hrsg. Arthur Benz, Susanne Lütz, Uwe Schimank, und Georg Simonis, 9–26. Wiesbaden: VS.

Blöbaum, Bernd. 1994. *Journalismus als soziales System: Geschichte, Ausdifferenzierung und Verselbständigung*. Opladen: Westdeutscher Verlag.

Blöbaum, Bernd. 2004. Organisationen, Programme und Rollen. Die Struktur des Journalismus in systemtheoretischer Perspektive. In *Theorien des Journalismus. Ein diskursives Handbuch*, hrsg. Martin Löffelholz, 201–215. Wiesbaden: VS.

Blöbaum, Bernd, und Alexander Görke. 2003. *Wissenschaftsjournalismus bei Regional- und Boulevardzeitungen. Ergebnisse einer Befragung und Inhaltsanalyse. Forschungsbericht an die Bertelsmann Stiftung*. Münster: Institut für Kommunikationswissenschaft der Westfälischen Wilhelms-Universität Münster.

Blöbaum, Bernd, Andreas M. Scheu, Annika Summ, und Anna-Maria Volpers. 2012. Science policy in mediatized constellations of politics, science, and media. *Studies in Communication/Media* 1(1): 149–165.

Böcking, Tabea. 2009. *Strategisches Framing. Gesellschaftliche Akteure und ihre Einflussnahmeversuche auf die mediale Debatte über die embryonale Stammzellforschung in Deutschland*. Köln: Herbert von Halem.

Bourdieu, Pierre. 1987. *Die feinen Unterschiede. Kritik der gesellschaftlichen Urteilskraft*. Frankfurt a. M.: Suhrkamp.

Bourdieu, Pierre. 2004. *Science of science and reflexivity*. Chicago: Polity Press.

Brosius, Hans-Bernd. 1994. Agenda-Setting nach einem Vierteljahrhundert Forschung: Methodischer und theoretischer Stillstand? *Publizistik* 39(3): 269–288.

Chodura, Johanna. 2006. Mediennutzung von Politikern. In *Medien im Alltag. Qualitative Studien zu Nutzungsmotiven und zur Bedeutung von Medienangeboten,* hrsg. Nathalie Huber, und Michael Meyen, 45–60. Berlin: Lit.

Chong, Dennis., und James N. Druckman. 2007. A Theory of Framing and Opinion Formation in Competitive Elite Environments. *Journal of Communication* 57(1): 99–118.

Cohen, Jonathan, Yariv Tsfati, und Tamir Sheafer. 2008. The influence of presumed media influence in politics. Do politicians' perceptions of media power matter? *Public Opinion Quarterly* 72(2): 331–344.

Crozier, Michael. 2007. Recursive Governance. Contemporary Political Communication and Public Policy. *Political Communication* 24(1): 1–18.

Donges, Patrick. 2007. Governance und Steuerung – zwei Theorieansätze im Vergleich. In *Von der Medienpolitik zur Media Governance?,* hrsg. Patrick Donges, 67–84. Köln: Herbert von Halem.

Donges, Patrick. 2008. *Medialisierung politischer Organisationen. Parteien in der Mediengesellschaft.* Wiesbaden: VS.

Entman, Robert M. 1993. Framing: Toward Clarification of a Fractured Paradigm. *Journal of Communication* 43(4): 51–58.

Entman, Robert M. 2007. Framing Bias: Media in the Distribution of Power. *Journal of Communication* 57(1): 163–173.

Gläser, Jochen, und Stefan Lange. 2007. Wissenschaft. In *Handbuch Governance: theoretische Grundlagen und empirische Anwendungsfelder,* hrsg. Arthur Benz, Susanne Lütz, Uwe Schimank, und Georg Simonis, 437–451. Wiesbaden: VS.

Gunther, Albert C., und J. Douglas Storey. 2003. The Influence of Presumed Influence. *Journal of Communication* 53(2): 199–215.

Habermas, Jürgen. 1988. *Theorie des kommunikativen Handelns. Band 1: Handlungsrationaliät und gesellschaftliche Rationalisierung.* Frankfurt a. M.: Suhrkamp.

Habermas, Jürgen. 2006. Political communication in media society – Does society still enjoy an epistemic dimension? The impact of normative theory on empirical research. *Communication Theory* 16(4): 411–426.

Harmgarth, Friederike. 1997. *Wirtschaft und Soziales in der politischen Kommunikation: eine Studie zur Interaktion von Abgeordneten und Journalisten.* Opladen: Westdeutscher Verlag.

Hinze, Sybille. 2010. Forschungsförderung in Deutschland. In *Handbuch Wissenschaftspolitik,* hrsg. Dagmar Simon, Stefan Hornbostel, und Andreas Knie, 162–175. Wiesbaden: VS.

Hjavard, Stig. 2008. The Mediatization of Society. A Theory of the Media as Agents of Social and Cultural Change. *Nordicom Review* 29(2): 105–134.

Jansen, Dorothea. (Hrsg.). 2007. *New Forms of Governance in Research Organizations.* Dordrecht: Springer.

Jansen, Dorothea. 2010. Von der Steuerung zur Governance: Wandel der Staatlichkeit? In *Handbuch Wissenschaftspolitik,* hrsg. Dagmar Simon, Stefan Hornbostel, und Andreas Knie, 39–50. Wiesbaden: VS.

Kastrinos, Nikos. 2010. Policies for co-ordination in the European Research Area: a view from the social sciences and humanities. *Science and Public Policy* 37(4): 297–310.

Kepplinger, Hans Mathias. 2002. Mediatization of Politics: Theory and Data. *Journal of Communication* 52(4): 972–986.

Livingstone, Sonia. 2009. Foreword: Coming to terms with ‚mediatization'. In *Mediatization: Concept, changes, consequences,* hrsg. Knut Lundby, ix–xi. New York: Peter Lang.

Luhmann, Niklas. 1984. *Soziale Systeme. Grundriss einer allgemeinen Theorie.* Frankfurt am Main: Suhrkamp.

Luhmann, Niklas. 1997. *Die Gesellschaft der Gesellschaft.* Frankfurt a. M.: Suhrkamp.

Lundby, Knut. (Hrsg.). 2009. *Mediatization: concept, changes, consequences.* New York: Peter Lang.

Maeseele, Pieter. 2007. Science and technology in a mediatized and democratized society. *Journal of Science Communication* 6(1), 1–10.

Marcinkowski, Frank, und Adrian Steiner. 2009. Was heißt „Medialisierung"? Autonomiebeschränkung oder Ermöglichung von Politik durch Massenmedien? *National Center of Competence in Research (NCCR): Challenges to Democracy in the 21st Century. Working Paper No. 29:* 1–25. http://www.nccr-democracy.uzh.ch/publications/workingpaper/pdf/WP29.pdf. Zugegriffen: 31. 08.12.

Matthes, Jörg. 2009. Identität und Vielfalt des Framing-Ansatzes: Eine systematische Analyse der Forschungsliteratur. In *Identität und Vielfalt in der Kommunikationswissenschaft,* hrsg. Peter Schulz, 117–131. Konstanz: UVK.

Mayntz, Renate. 2004. Governance im modernen Staat. In *Governance – Regieren in komplexen Regelsystemen. Eine Einführung,* hrsg. Arthur Benz, 65–76. Wiesbaden: VS.

Mazzoleni, Gianpietro. 2008a. Mediatization of Politics. In *The International Encyclopedia of Communication,* hrsg. Wolfgang Donsbach, Blackwell Reference Online: Blackwell Publishing.

Mazzoleni, Gianpietro. 2008b. Mediatization of Society. In *The International Encyclopedia of Communication,* hrsg. Wolfgang Donsbach, Blackwell Reference Online: Blackwell Publishing.

McCombs, Maxwell E. 2004. *Setting the agenda: the mass media and public opinion.* Cambridge: Polity Press.

Meyen, Michael. 2009. Medialisierung. *Medien & Kommunikationswissenschaft* 57(1): 23–38.

Pan, Zhongdang, und Gerald M. Kosicki. 2001. Framing as a strategic action in publication deliberation. In *Framing Public Life: Perspectives on Media and our Understanding of the Social World,* hrsg. Stephen D. Reese, Oscar H. Gandy, und August E. Grant, 35–66. Mahwah: Erlbaum.

Papadopoulos, Yannis. 2003. Cooperative forms of governance: Problems of democratic accountability in complex environments. *European Journal of Political Research* 42(4): 473–501.

Peters, Hans Peter. 2008. Scientists as public experts. In *Handbook of public communication of science and technology,* hrsg. Massimiano Bucchi, und Brian Trench, 131–146. London: Routledge.

Protess, David L., und Maxwell E. McCombs 1991. *Agenda setting: readings on media, public opinion, and policymaking.* Hillsdale, N. J.: Lawrence Erlbaum.

Reichertz, Jo. 2007. Die Medien als selbständige Akteure. *Aus Politik und Zeitgeschichte* 12: 25–31.

Rössler, Patrick. 1997. *Agenda-Setting: Theoretische Annahmen und empirische Evidenzen einer Medienwirkungshypothese.* Opladen: Westdeutscher Verlag.

Schäfer, Mike S. 2008. Medialisierung der Wissenschaft? Empirische Untersuchung eines wissenschaftssoziologischen Konzepts. *Zeitschrift für Soziologie* 37(3): 206–225.

Scheufele, Bertram. 2003. *Frames – Framing – Framing-Effekte: Theoretische und methodische Grundlegung des Framing-Ansatzes sowie empirische Befunde zur Nachrichtenproduktion.* Wiesbaden: Westdeutscher Verlag.

Scheufele, Dietram A., und David Tewksbury. 2007. Framing, Agenda Setting, and Priming: The Evolution of Three Media Effects Models. *Journal of Communication* 57(1): 9–20.

Schimank, Uwe. 2005. ‚New Public Management‘ and the Academic Profession: Reflections on the German Situation. *Minerva* 43(4): 361–376.

Schimank, Uwe. 2006. Autonomie und Steuerung wissenschaftlicher Forschung: ein funktionaler Antagonismus. In *Teilsystemische Autonomie und politische Gesellschaftssteuerung. Beiträge zur akteurzentrierten Differenzierunsstheorie 2* hrsg. Uwe Schimank, 201–220. Wiesbaden: VS.

Schimank, Uwe. 2007a. Die Governance-Perspektive: Analytisches Potenzial und anstehende konzeptionelle Fragen. In *Educational Governance,* hrsg. Herbert Altrichter, Thomas Brüsemeister, und Jochen Wissinger, 231–260. Wiesbaden: VS.

Schimank, Uwe. 2007b. Handeln in Konstellationen: Die reflexive Konstitution von handelndem Zusammenwirken und sozialen Strukturen. In *Journalismustheorie: Next Generation. Soziologische Grundlegung und theoretische Innovation,* hrsg. Klaus-Dieter Altmeppen, Thomas Hanitzsch, und Carsten Schlüter, 121–137. Wiesbaden: VS.

Schimank, Uwe. 2007c. Elementare Mechanismen. In *Handbuch Governance: Theoretische Grundlagen und empirische Anwendungsfelder,* hrsg. Arthur Benz, Susanne Lütz, Uwe Schimank, und Georg Simonis, 29–45. Wiesbaden: VS.

Schimank, Uwe. 2007d. *Theorien gesellschaftlicher Differenzierung. Lehrbuch.* Wiesbaden: VS.

Schimank, Uwe. 2010. *Handeln und Strukturen. Einführung in die akteurtheoretische Soziologie.* Weinheim: Juventa.

Schimank, Uwe, und Ute Volkmann. 1999. *Gesellschaftliche Differenzierung.* Bielefeld: Transcript.

Schubert, Torben, und Schmoch, Ulrich. 2010. Finanzierung der Hochschulforschung. In *Handbuch Wissenschaftspolitik,* hrsg. Dagmar Simon, Andreas Knie, und Stefan Hornbostel, 244–261. Wiesbaden: VS.

Schulz, Winfried. 2004. Reconstructing Mediatization as an Analytical Concept. *European Journal of Communication* 19(1): 87–101.

Schulz, Winfried. 2006. Medialisierung von Wahlkämpfen und die Folgen für das Wählerverhalten. In *Demokratie in der Mediengesellschaft,* hrsg. Kurt Imhof, Roger Blum, Heinz Bonfadelli, und Otfried Jarren, 41–57. Wiesbaden: VS.

Sheafer, Tamir, und Itay Gabay. 2009. Mediated Public Diplomacy: A Strategic Contest over International Agenda Building and Frame Building. *Political Communication* 26(4): 447–467.

Spörer-Wagner, Doreen, und Frank Marcinkowski. 2010. Is Talk Always Silver and Silence Golden? The Mediatisation of Political Bargaining. *Javnost – The Public* 17(2): 5–25.

Straßheim, Holger. 2008. Die Governance des Wissens. In *Governance von und durch Wissen*, hrsg: Gunnar F. Schuppert, und Andreas Voßkuhle, 49–71. Baden-Baden: Nomos.

Vowe, Gerhard. 2006. Mediatisierung der Politik? Ein theoretischer Ansatz auf dem Prüfstand. *Publizistik* 51(4): 437–455.

Weingart, Peter. 2001. *Die Stunde der Wahrheit? Zum Verhältnis der Wissenschaft zu Politik, Wirtschaft, Medien in der Wissensgesellschaft.* Weilerswist: Velbrück Wissenschaft.

Whitley, Richard, und Jochen Gläser. (Hrsg.). 2007. The Changing Governance of the Sciences: The Advent of Research Evaluation Systems. Dordrecht: Springer.

Reputation von Hochschulen

Erwartungen, Anforderungen und mediale Informationsquellen von Studierenden

Volker Gehrau, Ulrike Röttger & Johannes Schulte

Hochschulen befinden sich in einem zunehmenden Wettbewerb um die besten Studierenden und die besten Wissenschaftler, aber auch um eine auskömmliche Ausstattung mit finanziellen Ressourcen. Die Entscheidung, welche Hochschule als Studien- und Forschungsstandort in Frage kommt bzw. in welcher Form sie Finanzmittel erhält, hängt dabei nicht nur von objektiven Gegebenheiten der jeweiligen Hochschule und subjektiven Einschätzungen der Entscheider ab. Bei derartigen Entscheidungen spielen auch Vorstellungen eine Rolle, die von einer vermeintlichen Allgemeinheit geteilt werden, wie beispielsweise der gute Ruf der jeweiligen Hochschule. Insbesondere dann, wenn weder besondere subjektive Vorlieben bestehen noch genaues Wissen über die objektiven Gegebenheiten vorliegt, dürften Entscheidungen über Mittelvergaben oder Studienorte sogar weitgehend durch Vorstellungen wie der Reputation der jeweiligen Hochschule bestimmt sein, zumal der gute Ruf der Hochschule auch all denjenigen zugutekommen müsste, die an der Hochschule arbeiten, studieren oder diese unterstützen. Für das strategische Kommunikationsmanagement einer Hochschule ist diese Konstellation interessant, denn, wenn es der Hochschule gelingt, durch kommunikative Maßnahmen Einfluss auf ihren Ruf zu nehmen, kann sie auf diese Weise einen Wettbewerbsvorteil gegenüber ihren Konkurrenten erlangen.

Ziel des nachfolgenden Beitrags ist es, am Beispiel von Studierenden zu untersuchen, ob typische Erwartungen und Anforderungen an Hochschulen zu identifizieren sind, die positiv zur Reputation von Hochschulen beitragen und ob entsprechende Informationen typischerweise über bestimmte mediale Wege vermittelt werden. Dazu wird in einem ersten Schritt das aus der Ökonomie stammende Konzept der Reputation vorgestellt und diskutiert, wie die entsprechenden Konzepte in der Kommunikationswissenschaft und -praxis adaptiert wurden. Danach werden Ansätze und Studien vorgestellt, die sich mit der Reputation von Hochschulen befassen sowie der Frage, welche speziellen Erwartungen Studierende haben und wie sie sich über Hochschulen informieren. Im zweiten Teil des Beitrags werden Ergebnisse einer Befragung von Studierenden vorgestellt. Dabei wird zunächst untersucht, was Studierenden an einer guten Hochschule wichtig ist und damit zu einer hohen Reputation einer Hochschule beiträgt. Vor allem wird von Interesse sein, ob die Erwartungen und Anforderungen an Hochschulen den aus der Literatur bekannten Dimensionen von Reputation entsprechen. Anschließend wird untersucht, welche medialen Informationsquellen für Studierende bei ihrer Hochschulwahl hilfreich sind und ob sich die entsprechenden Quellen zu typischen Informationskanälen systematisieren lassen. Abschließend wird geprüft, ob systematisch Informationen zu bestimmten Erwartungen und Anforderungen an Hochschulen über bestimmte Kanäle vermittelt werden, um darauf aufbauend zu diskutieren, mit welchen Informationen vermittelt über welche medialen Kanäle es Hochschulen prinzipiell gelingen könnte, bei Studierenden eine hohe Reputation zu erlangen. Insofern handelt es sich um eine Pilotstudie zu der Frage, ob und wie Hochschulen durch strategische Kommunikationsmaßnahmen Reputationsmanagement betreiben können.

1   Reputation von Organisationen

Organisationen stehen in der Mediengesellschaft zum einen unter potenzieller Dauerbeobachtung und zum anderen wird es für Sie immer schwieriger, sich im allgemeinen Grundrauschen der öffentlichen Kommunikation durchzusetzen und die Aufmerksamkeit ihrer Zielgruppen zu gewinnen. Dabei gewinnen typisierte individuelle wie kollektive Vorstellungsbilder – wie z. B. Images, Marken oder die Reputation – angesichts einer gestiegenen und weiter steigenden Bedeutung medienvermittelter Informationen an Bedeutung (vgl. Merten und Westerbarkey 1994).

In den letzten Jahren ist dabei insbesondere die Reputation – vereinfacht der gute Ruf – von Organisationen ins Zentrum der Aufmerksamkeit gerückt. Reputation wird zumeist als immaterieller Vermögenswert betrachtet, „in den man bewusst investiert, der gepflegt und eingelöst werden kann, zum Beispiel gegen Vertrauen, Herrschaftspositionen und Einfluss" (Eisenegger 2004, S. 265). Reputation verspricht langfristige Wettbewerbsvorteile und Unternehmen erhoffen sich durch Reputation positive Effekte z. B. für die Kundenloyalität und Kaufbereitschaft, für die Gewinnung neuer, hochqualifizierter Mitarbeiter, für die Differenzierung gegenüber dem Wettbewerb oder auch für die Gewinnung neuer Investoren (vgl. Wiedmann et al. 2004, S. 36).

Wissenschaftliche, organisationsbezogene Auseinandersetzungen mit dem Konstrukt Reputation fanden lange Zeit überwiegend in der Betriebswirtschaftslehre statt, u. a. mit der Folge, dass der Begriff bisher vor allem in Bezug auf Unternehmen reflektiert und operationalisiert worden ist. Dass Reputation aber nicht nur für ökonomische Organisationen sondern für unterschiedliche Organisationen aus allen gesellschaftlichen Handlungsfeldern eine strategisch relevante Größe darstellt, ist aber unbestritten. In den letzten Jahren ist der Reputationsbegriff auch innerhalb der Kommunikationswissenschaft stärker in Erscheinung getreten (vgl. Einwiller 2003; Eisenegger 2005; Ingenhoff 2007). Eine disziplinenübergreifende, einheitliche theoretische Definition von Reputation liegt bislang nicht vor (vgl. Eisenegger und Imhof 2009, S. 244). Besonders schwierig gestaltet es sich zudem, Reputation zu anderen Begriffen, wie etwa dem des Image, abzugrenzen.

Fombrun und Wiedmann beschreiben Reputation aus einer betriebswirtschaftlichen Perspektive als Aggregation von unterschiedlichen Einzel-Images:

> Unternehmensreputation ist demnach „die Summe der Wahrnehmungen aller relevanter Stakeholder hinsichtlich der Leistungen, Produkte, Services, Personen, Organisation usw. eines Unternehmens und der sich daraus ergebenden Achtung vor diesem Unternehmen." (Fombrun und Wiedmann 2001, S. 46)

Demgegenüber betonen kommunikationswissenschaftlich ausgerichtete Ansätze stärker die Bedeutung der Vermittlung der „Prestigeinformationen" (Eisenegger 2005, S. 24) im Rahmen von öffentlicher bzw. massenmedialer Kommunikation. Für Eisenegger sind öffentlich zugänglichen Informationen über die Vertrauenswürdigkeit eines Akteurs unverzichtbare Voraussetzung: „Öffentliche Kommunikation ist die conditio sine qua non für die Entstehung und Bewahrung von Reputation." (Eisenegger 2005, S. 45)

Im Folgenden wir unter Reputation

> „die generalisierte, kollektive Einschätzung eines Objekts (z. B. eines Unternehmens) durch seine Stakeholder [verstanden]. Reputation (synonym ‚der gute Ruf') setzt sich aus deren Vorstellungsbildern vom und ihrer Einstellung zum Objekt zusammen, die sie durch direkte und indirekte Erfahrungen mit ihm sammeln sowie über Medien und Multiplikatoren wahrnehmen." (Liehr et al. 2009, S. 4)

In der Literatur liegen unterschiedliche Vorschläge zu den Sub-Dimensionen des komplexen Konstrukts Reputation vor: Fombrun et al. unterteilen Reputation in sechs verschiedene Dimensionen: Emotionale Wirkung, Produkte und Service, Vision und Führung, Arbeitsplatzzufriedenheit, finanzielle Leistung und soziale Verantwortung (vgl. Fombrun und Wiedmann 2001, S. 48). Diese Differenzierung ist allerdings ausschließlich auf ökonomische Organisationen ausgerichtet. Ebenfalls mit Blick auf ökonomische Organisationen unterscheidet Schwaiger (2004) eine kognitive, auf die wahrgenommene Kompetenz bezogene und eine affektive, auf die dem Unternehmen entgegengebrachte Sympathie bezogene Reputationsdimension. In einer empirischen Studie identifiziert er die vier Bereiche Qualität, Performance, Verantwortung und Attraktivität, die maßgeblich auf die beiden Reputationsdimension einzahlen (vgl. Schwaiger 2004, S. 56).

Der aus kommunikationswissenschaftlicher Sicht weitreichendste theoretisch fundierte Reputationsansatz stammt von Eisenegger (2005). Aus der Kritik an den vorliegenden betriebswirtschaftlichen Ansätzen – insbesondere bemängelt Eisenegger das

Tabelle 1   Funktionale, soziale und expressive Reputation (Eisenegger und Imhof 2009: 249)

	Funktionale Reputation	Soziale Reputation	Expressive Reputation
Reputationsbezug Bezugswelt	*Objektive Welt* leistungsbasierte Funktionssysteme; Welt kognitiv beschreibbarer Ursache-Wirkungs-Relationen	*Soziale Welt* moralische und normative Standards	*Subjektive Welt* individuelle Wesenheit und Identität
Reputationsindikatoren	Kompetenz, Erfolg	Integrität, Sozialverantwortlichkeit, Legalität, Legitimität	Attraktivität, Einzigartigkeit, Authentizität
Bewertungsstil	Kognitiv-rational	Normativ-moralisierend	Emotional-ästhetisierend

Fehlen einer normativen Dimension bei den vorliegenden zweidimensionalen Ansätzen und die einseitige Ausrichtung auf ökonomische Organisationen – entwickelt er ein eigenes Konzept (Eisenegger 2005) mit universellem Geltungsanspruch, das auf beliebige Akteure, d. h. auf verschiedene Institutions- und Organisationstypen übertragbar ist (vgl. Eisenegger und Imhof 2009, S. 246). Er unterscheidet dabei in Anlehnung an das Drei-Welten-Konzept von Jürgen Habermas die drei Typen funktionale, soziale und expressive Reputation (vgl. Eisenegger und Imhof 2009; siehe Tab. 1).

Die funktionale Reputation (Handlungsrationalität der objektiven Welt) bezieht sich auf die dominanten Leistungsziele und Erfolgskriterien in unterschiedlichen Handlungsfeldern und orientiert sich an der Frage, ob die Organisation innerhalb ihrer Zwecksetzung erfolgreich ist. Soziale Reputation (Handlungsrationalität der sozialen Welt) orientiert sich an Wertmaßstäben der Gesamt-Gesellschaft und honoriert die Fähigkeit von Organisationen in Übereinstimmung mit moralischen und normativen Ansprüchen und spezifischen gesellschaftlichen Werthaltungen zu handeln. Die expressive Reputation (Handlungsrationalität der subjektiven Welt) beschreibt die emotionale Faszinationskraft und wahrgenommene Authentizität einer Organisation. Im Zentrum steht das emotionale Empfinden der Stakeholder, das auf der Attraktivität, Sympathie und Faszination einer Person oder Organisation beruht. (Vgl. Eisenegger 2005, S. 38)

Die vorhandenen Messkonzepte unterscheiden sich je nach Definition und Sub-Dimensionierung des Reputationskonstrukts. Im Zentrum der unterschiedlichen Messverfahren steht die Frage, wer (Reputationsabsender) wem (Reputationsobjekt) in welchen Dimensionen (z. B. Qualität der Dienstleistungen oder Produkte, Arbeitsbedingungen, gesellschaftliche Verantwortung,) welche Reputation zuschreibt.

Die Reputationsabsender können in Stakeholder und Medien, die wiederum Einfluss auf die Reputationskonstitution der Stakeholder ausüben, unterschieden werden. „Die Gleichsetzung des Stakeholders ‚Medium‘ oder ‚Öffentlichkeit‘ mit anderen Stakeholder-Gruppen, welche die Medien umgeben, wird der Eigenheit dieses auf die öffentliche Kommunikation spezialisierten Akteurs nicht gerecht." (Schranz 2007, S. 90)

Vor diesem Hintergrund können zwei unterschiedliche, aber durchaus kombinierbare Herangehensweisen an die Messung von Reputation unterschieden werden: Medienresonanzanalysen auf der Ebene der Intermediäre einerseits und Stakeholderbefragungen andererseits.

2 Reputation von Hochschulen

Hochschulen übernehmen als Organisationen bedeutsame gesellschaftliche Funktionen und erbringen wichtige Leistungen für andere Gesellschaftsbereiche, sowohl durch Aus- und Weiterbildung im Bereich der Lehre, als auch durch die Bereitstellung von methodisch geprüftem Wissen im Bereich der Forschung (vgl. Habicht 2009, S. 111 ff.). Verschiedene gesellschaftliche Entwicklungen der letzten Jahre haben dazu geführt, dass Hochschulen sich verstärkt in einer Wettbewerbssituation befinden; dazu zählen neben dem allgemeinen demografischen Wandel auch ein zunehmender Trend zur Akademisierung der Gesellschaft, die Umstrukturierung von Studiengängen im Rahmen des Bologna-Prozesses, eine zunehmend unsicherere Ressourcenausstattung sowie eine wachsende Bedeutung von Rankings (vgl. Habicht 2009, S. 1 ff.). All diese Entwicklungen führen zu einem verschärften Wettbewerb der Hochschulen um Studierende, wissenschaftliches wie nicht-wissenschaftliches Personal sowie finanzielle Ressourcen. Intersubjektiv geteilte positive Vorstellungsbilder über eine Hochschule in Form einer hohen Reputation können in diesen vielschichtigen Wettbewerbssituationen einen wesentlichen Vorteil darstellen (vgl. Habicht 2009, S. 121 ff., Ressler und Abrett 2009, S. 35, Sung und Yan 2008, S. 358 f., Nguyen und LeBlanc 2001, S. 303).

Im starken Widerspruch zur hohen praktischen Relevanz des Themas für Hochschulen steht die nur überschaubare wissenschaftliche Auseinandersetzung der Reputationsforschung mit diesem Organisationstypus. Sung und Yang stellen fest, dass die Reputationsforschung in erster Linie auf die Untersuchung von wirtschaftlichen Organisationen abzielt, während dienstleistungsorientierte Organisationen wie Hochschulen nur sehr vereinzelt als Gegenstand von Analysen herangezogen wurden (vgl. Sung und Yang 2008, S. 357). Eine unmittelbare Übertragung der umfangreichen theoretischen wie empirischen Erkenntnisse im Bereich der „Corporate Reputation" von Wirtschaftsorganisationen auf den Untersuchungsgegenstand Hochschule erscheint jedoch aufgrund der stark unterschiedlichen gesellschaftlichen Aufgaben und Leistungen nicht angemessen.

Auch die Analyse der wenigen vorliegenden Studien zur Hochschulreputation selbst führt zu einem eher ernüchternden Ergebnis. Eine relativ geringe theoretische Fundierung des Reputationsbegriffs für den Gegenstand der Hochschulen äußert sich darin, dass das Konstrukt in einigen Studien nicht ausreichend trennscharf von ähnlichen theoretischen Konzepten wie dem Hochschul-Image abgegrenzt wird (vgl. Sung und Yang 2008, Helgesen und Nesset 2007, Nguyen und LeBlanc 2001), oder aber gar nicht erst theoretisch hinterfragt und lediglich empirisch als Werttreiber angesehen wird (vgl. Standifird 2005). Darüber hinaus zeigt sich, dass in vielen Fällen lediglich Business-Schools Gegenstand der Untersuchungen sind (vgl. Vidaver-Cohen 2007, Safón 2009, Nguyen und LeBlanc 2001), was aufgrund der besonderen Anforderungen an diese Organisationen eine relativ geringe Aussagekraft der Ergebnisse für ganze Hochschulen als Reputationsobjekt zur Folge haben dürfte. Nicht zuletzt wird auch der weit verbreitete Rückgriff auf Medienrankings als einzige empirische Basis für die Erhebung von Hochschul-Reputation dem theoretischen Konzept nur bedingt gerecht (vgl. Vidaver-Cohen 2007, S. 278), was gerade auch im Vergleich zu den elaborierten Erhebungsverfahren in der Reputationsforschung zu wirtschaftlichen Organisationen evident wird.

Trotz dieser theoretischen wie methodischen Einschränkungen kommen einige der Studien zu interessanten Ergebnissen. So kann beispielsweise Safón in einem „Multiple Causes Multiple Indicators"-Modell aufzeigen, dass die Qualität der Studierenden sowie die Position der Hochschule in Rankings die Reputation von Business Schools am besten vorhersagen. Die Qualität der Forschung scheint hingegen keinen direkten Effekt auf die Hochschulreputation zu besitzen, sondern lediglich indirekt, vermittelt über die Ranking-Position, die Reputation zu beeinflussen (vgl. Safón 2009, S. 217 ff.). Auch Standifird stellt die Bedeutung der Forschung für die Rankingposition hervor, wobei er diese mit der Reputation einer Hochschule gleichsetzt (vgl. Standifird 2005, S. 249). Ebenso können die erwarteten positiven Effekte einer hohen Hochschulreputation zum Teil empirisch bestätigt werden, etwa in Bezug auf die Loyalität von Studierenden (vgl. Nguyen und LeBlanc 2001, S. 308, Helgesen und Nesset 2007, S. 38) oder die positive Einstellung von Studierenden gegenüber der Hochschule (vgl. Sung und Yang 2008, S. 369).

Insgesamt muss jedoch festgehalten werden, dass bislang kein ausreichend theoretisch fundiertes und empirisch etabliertes Messmodell zur Bestimmung der Reputation einer Hochschule vorliegt. Aus diesem Grund wurde für die vorliegende Studie ein eigenes Erhebungsmodell entwickelt, das theoretisch an den dreiteiligen Reputationsbegriff von Eisenegger und Imhoff anschließt und darüber hinaus methodisch auf eine Stakeholder-Befragung zurückgreift, um zu einem allgemeinen Verständnis der Reputation von Hochschulen zu gelangen.

3   Studierende als Ziel- oder Anspruchsgruppe

Studierende sind für Hochschulen vor allem aus zwei Gründen eine besondere Anspruchsgruppe: Zum einen bilden sie zahlenmäßig meist die größte Anspruchsgruppe, die sich zusätzlich auch vor Ort sehr direkt artikuliert, zum anderen sind sie primär Adressaten des Lehrangebots der Hochschule und profitieren vom Bereich Forschung nur indirekt. Die Wichtigkeit des Bereichs Lehre kann man an den Resultaten von Befragungen zu Gründen der Hochschul- und Studienfachwahl ablesen. Zwar wird hier oft zuerst (vgl. Universität Hamburg 2012; Hüttner und Schmitt-Rodermund 2010) oder auf den vorderen Plätzen (vgl. Bartl 2009; Dippelhofer-Stiem und Krenz 2012) auf die Nähe der Hochschule zum Heimatort verwiesen. Mindestens ebenso wichtig bei der Wahl sind aber das Studienfach und damit das Lehrangebot der Hochschule. In den Befragungen der Universitäten Halle (vgl. Bartl 2009), Marburg (Hasenberg, et al. 2010) und Magdeburg (vgl. Dippelhofer-Stiem und Krenz 2012) ist das jeweilige Studienfachangebot sogar das wichtigste Kriterium. In einigen dieser Umfragen wurden auch Aspekte abgefragt, die eng mit der expressiven Reputation der Hochschule verbunden sind, z. B. Tradition oder der gute Ruf. Entsprechende Indikatoren landen fast immer im Mittelfeld der Gründe für die Hochschulwahl (vgl. Bartl 2009; Hüttner und Schmitt-Rodermund 2010; Universität Hamburg 2012). Insofern ist zu vermuten, dass für Studierenden vor allem jene Aspekte von Hochschulen relevant sein werden, die nach der Definition von Eisenegger und Imhof (2009) der funktionalen Reputation zuzurechnen sind und zwar insbesondere solche, die den Bereich Lehre betreffen. Soziale und expressive Aspekte müssten demgegenüber erst nachrangig bedeutsam werden.

Studierende sind aber auch insofern eine besondere Anspruchsgruppe der Hochschulen, als sie über andere Kommunikationskanäle erreicht werden als z. B. Wissenschaftler oder Politiker. Einen guten Überblick des Medien- und damit auch Informationsnutzungsverhaltens angehender Studierender ergibt sich aus der JIM-Studie (vgl. Feierabend und Rathgeb 2012). Die Ergebnisse für die 18- bis 19-jährigen können dabei als Näherungswert für die die angehenden Studierenden angesehen werden. Deren technische Ausstattung ist mittlerweile sehr gut; so verfügen z. B. acht von zehn über einen eigenen Computer oder Laptop und noch mehr sind täglich oder mehrmals pro Woche im Internet. Überhaupt dominiert bei den älteren Jugendlichen die Nutzung elektronischer Medien, allerdings geben auch sechs von zehn an, täglich oder mehrmals pro Woche Zeitung zu lesen und drei von zehn Zeitschriften. Insofern spielen auch die klassischen Printmedien bei ihnen noch eine Rolle und die Zeitung wird im Mittelfeld wichtiger Informationsmedien noch vor Radio und Fernsehen aber deutlich hinter dem Internet genannt (vgl. Feierabend und Rathgeb 2012, S. 340–346).

Verschiedene aktuelle Studien haben untersucht, auf welchen Wegen sich angehende Studierende über Universitäten und Studienfächer informieren: In den Befragungen an den Universitäten Jena (vgl. Hüttner und Schmitt-Rodermund 2010), Halle (vgl. Bartl 2009), Marburg (vgl. Hasenberg et al. 2011), Magdeburg (vgl. Dippelhofer-Stiem und Krenz 2012) werden Internetrecherchen, insbesondere das Internetangebot der jeweiligen Hochschule, als zentraler Weg beschrieben, sich über Hochschulen zu informieren. Sie werden je nach Art der Frage von 80 bis knapp 100 Prozent der Befragten als wichtige Informationsquelle genannt, lediglich bei der Studie der Uni Hamburg (vgl. Universität Hamburg 2012) landet das Internet nicht auf dem ersten Platz, auch weil hier die Frage nur auf Internetangebote der Fächer und Fakultäten fokussiert. Mit deutlichem

Abstand und Werten zwischen 40 und 50 Prozent folgen persönliche Gespräche mit Studierenden, Freunden oder der Familie (vgl. Bartl 2009; Dippelhofer-Stiem und Krenz 2012; Hasenberg et al. 2011). Meist werden danach – mit Werten zwischen 25 und 50 Prozent – schriftliches Informationsmaterial der Universitäten genannt (vgl. Bartl 2009; Hüttner und Schmitt-Rodermund 2010; Universität Hamburg 2012). Klassische Medien werden in einigen Befragungen erst gar nicht mit abgefragt (vgl. Dippelhofer-Stiem und Krenz 2012; Universität Hamburg 2012). Diejenigen Studien, die auch die Bedeutung dieser Informationsquellen abgefragt haben, sprechen für eine eher geringe Nutzung klassischer Medien, um sich über Studienort und -fächer zu informieren. Am höchsten fällt die Angabe an der Uni Halle zu Medien allgemein mit 35 Prozent Nutzung aus (vgl. Bartl 2009), dann folgen die Angaben an der Uni Marburg zu Zeitungen und Zeitschriften mit 13 Prozent und zum Fernsehen mit drei Prozent (vgl. Hasenberg et al. 2011) sowie die offenen Angaben aus der Befragung an der Uni Jena mit 2 Prozent zu einzelnen Medien (vgl. Hüttner und Schmitt-Rodermund 2010). Das Bild der Dominanz des Internets als Informationsweg Studierender vor typischen Printprodukten deckt sich auch mit einer Untersuchung von Wolling und Emmer (2008) zur Informations- und Literatursuche Studierender.

4   Anlage der Studie

Wir gehen davon aus, dass unterschiedliche Anspruchsgruppen unterschiedliche Erwartungen darüber haben, was eine gute Hochschule ausmacht und ihre Bewertung von Hochschulen an der Frage ausrichten, wie gut die einzelne Hochschule diese Erwartungen erfüllt. Die Frage nach der Erwartungserfüllung wird zwar weitgehend von individuellen Faktoren (was möchte der Einzelne) sowie objektiven Faktoren (was bietet die einzelne Hochschule) bestimmt, die durch Maßnahmen der strategischen Kommunikation nur sehr begrenzt zu beeinflussen sind. Allerdings spielen auch allgemeine Vorstellungen von der Hochschule dabei eine Rolle, die hingegen zu großen Teilen durch kommunikative Maßnahmen der Hochschule oder die Medienberichterstattung über sie geprägt werden. Aus unserer Sich spielt hierbei vor allem die Reputation (bzw. der gute Ruf) der jeweiligen Hochschule eine wichtige Rolle. In Anlehnung an die oben vorgestellten Ansätze gehen wir grob von folgender Konstellation aus:

Stakeholder, wie z. B. die angehenden Studierenden, die sich für eine Hochschule entscheiden müssen, haben mehr oder weniger konkrete Vorstellungen davon, welchen Kriterien eine ideale Hochschule genügen muss. Je besser die einzelne Hochschule diesen Kriterien entspricht, umso höher müssten die Stakeholder die Reputation der entsprechenden Hochschule einschätzen. Allerdings ist zu erwarten, dass Stakeholder nicht wirklich wissen bzw. überprüfen können, wie die Sachlage tatsächlich ist. Deshalb werden dabei grobe Vereinfachungen – umgangssprachlich ausgedrückt Daumenregeln – zur Anwendung kommen. In diesem Zusammenhang ist sowohl interessant, wie einzelne Merkmale der Hochschule zur individuell Reputationseinschätzung der jeweiligen Hochschule beitragen als auch, welchen Einfluss die Einschätzung anderer (also der sichtbare gute Ruf) dabei hat. Bedeutsam für das Reputationsmanagement ist zudem die Frage, auf Basis welcher Informationsquellen, die Reputationsurteile gebildet werden. Wir vermuten, dass die erfolgreiche Nutzung bestimmter Informationsquellen dahinterstehende Informationskanäle anzeigen, über die typischerweise entsprechende Informationen vermittelt werden. In der vorlegenden Pilotstudie blicken wir daher zunächst auf die Erwartungen an eine gute Hochschule, dann auf Informationskanäle, über die typischerweise die entsprechenden Informationen eingeholt werden und abschließend auf den möglichen Zusammenhang zwischen Erwartungen und Informationswegen. Dem entsprechend lautet die Grundfrage der nachfolgenden Analyse:

Werden Informationen zu den unterschiedlichen Dimensionen der Reputation von Hochschulen typischerweise durch bestimmte mediale Informationskanäle bedient?

Die Frage ist für Hochschulen interessant, wenn diese entscheiden müssen, welche Informationen über welche Kommunikationskanäle verbreitet werden, wenn man Studierende bei ihrer Hochschulwahl zugunsten der eigenen Hochschule gewinnen möchte. Und sie ist für Studierende interessant, wenn sie Informationen zu bestimmten Merkmalen von Hochschulen suchen. Konkret interessieren uns drei Fragekomplexe, die über das Konstrukt Reputation einen Zusammenhang zwischen Erwartungen und Informationsquellen postulieren:

1) *Wie lassen sich die Erwartungen, die Studierende an eine gute Hochschule haben, dimensionieren? (Und entsprechen die Dimensionen den bekannten Reputationsdimensionen?)*
2) *Lassen sich die Kommunikationskanäle identifizieren, über die die Studierenden typischerweise wichtige Informationen zu ihrer Hochschulwahl erhalten?*
3) *Gibt es systematische Zusammenhänge zwischen bestimmten Erwartungen an Hochschulen und genutzten Kommunikationskanälen?*

Die vorgestellte Studie ist Teil eines größeren Forschungsprojekts zur Reputation von Hochschulen am Beispiel der Westfälischen Wilhelms Universität Münster (WWU), das aus einer theoretischen Dimensionierung der Reputation von Hochschulen sowie einer Inhaltsanalyse der Medienberichterstattung über die WWU plus einer Erstsemesterbefragung besteht. Die weitere Analyse bezieht sich auf Daten aus der Studierendenbefragung.

Es wurden ausschließlich Erstsemester befragt, damit die Angaben möglichst wenig durch die konkrete Situation an der WWU geprägt und auch mögliche Alternativen zu einem Studium an der WWU noch präsent sind. Deshalb begann die Befragung bereits zwei Wochen nach Beginn des Wintersemesters, in dem traditionell mehr Studierende ihr Studium aufnehmen als im Sommersemester. Die Befragung lief über sechs Wochen, wobei nach zwei Wochen eine Erinnerung an die Befragung vorgenommen wurde

(Feldzeit zwischen dem 18.10. und dem 30.11. 2011). Zur Teilnahme aufgefordert wurden alle Personen, die in dem Semester zu einem Studiengang an der WWU zugelassen wurden (insgesamt ca. 5 000 Studierende). Die Kontaktaufnahme und die Erinnerung wurden über die den Studierenden zugewiesenen E-Mail-Adressen der WWU realisiert, die Befragung selbst über ein Internetportal für Onlineumfragen, das über einen Link in den E-Mails erreicht werden konnte. Gut 1 200 Studierende haben den Link angeklickt (24 %) von denen aber nur 840 (17 %) tatsächlich an der Befragung teilgenommen haben. Damit ist der Rücklauf zwar nicht besonders gut, er bewegt sich aber eher im oberen Bereich dessen, was man bei entsprechenden Befragungen erwarten würde, bei denen weder eine Verpflichtung zur Teilnahme noch zusätzliche Anreize gegeben sind.

Da es für die nachfolgende Auswertung problematisch ist, wenn die Befragten nicht zu allen Fragen inhaltlich geantwortet und z. B. „weiß nicht" angegeben haben, gehen nur solche Befragte in die weitere Analyse ein, die auf alle Fragen eine inhaltlich interpretierbare Antwort gegeben haben. Das waren insgesamt 596 Studierende, also gut 10 Prozent aller Erstsemester der WWU im Wintersemester 2011/12. Von diesen verfügen die wenigsten schon über Vorerfahrung mit Hochschulen; 90 Prozent der Befragten waren BA-Studierende im Erstsemester. Die Mehrheit der Untersuchten ist weiblich (61 %) und stammt aus Münster (8 %), dem Münsterland (16 %) oder NRW (41 %). Es sind Studierende aller Fächergruppen und Fachbereiche vertreten, wenngleich das Sample nicht als repräsentativ für die Erstsemester oder gar alle Studierende der WWU gelten kann, schon gar nicht repräsentativ für alle Studierende in Deutschland. Insofern handelt es sich um eine exemplarische Studie, die durchgeführt wurde, um die grundsätzliche Übertragbarkeit von Reputationsmodellen auf Hochschulen zu untersuchen sowie deren Anwendbarkeit auf Ansprüche und Entscheidungen Studierender.

5   Erwartungen und Anforderungen Studierender an Hochschulen

Die Befragung startete mit einer Frage nach den Erwartungen und Anforderungen an Hochschulen. Sie lautete: „Im Folgenden geht es um Ihre Einschätzung von Hochschulen. Bitte denken Sie in den nachfolgenden Frageblöcken an Hochschulen allgemein und nicht speziell an die Universität Münster! Wie wichtig sind Ihnen folgende Charakteristika bzw. Eigenschaften einer Hochschule für Ihre Beurteilung von Hochschulen?" Es wurden verschiedene Items vorgegeben, die auf einer fünfstufigen verbalisierten Skala von 1 „völlig unwichtig" bis 5 „sehr wichtig" eingeschätzt werden sollen. Anhand der Mittelwerte lässt sich die Relevanz der Items abschätzen. Fast alle Items werden als eher wichtig eingestuft. Die höchsten Mittelwerte finden sich bei guter Ausstattung mit Räumen ($M = 4,5$) und Technik ($M = 4,4$), dem Angebot an weiterführenden Studiengängen ($M = 4,5$) sowie dem Umfeld der Hochschule ($M = 4,4$). Am wenigsten wichtig sind den Studierenden fehlende Zulassungsbeschränkungen ($M = 2,4$), Tradition der Hochschule ($M = 3,1$) sowie wissenschaftliche Publikationen ($M = 3,1$). Alle anderen Items liegen in der Wichtigkeitseinschätzung mit Mittelwerten zwischen 3,3 und 4,3 eng beieinander. (Vgl. Spalte Mittelwerte in Tab. 2)

Insgesamt stimmen die Studierenden in ihrer Einschätzung relativ stark überein; die Standardabweichungen sind eher niedrig. Besonders einig sind sie sich in Bezug auf die drei wichtigsten Items mit Standardabweichungen um 0,7. Aber selbst die Items mit den größten Abweichungen liegen bei Werten von nur knapp über 1. (Vgl. Spalte Standardabw. in Tab. 2) Da die Items zum Teil unterschiedliche Bereiche und Aspekte von Hochschulen betreffen, ist anzunehmen, dass hinter ihnen latente Dimensionen stehen, die zum einen die drei grundlegenden Reputationsdimensionen betreffen könnten, zum anderen auch durch spezielle Aspekte von Hochschulen bedingt sein könnten, auf die sich jeweils einige Items gemeinsam beziehen. Es erwies sich allerdings als sehr schwierig, die Items sinnvoll zu dimensionieren. Um überhaupt eine statistische Modellierung zu ermöglichen, ist es zunächst nötig, einige Items, die in der Befragung berücksichtigt wurden, aus der Analyse auszuschließen. Darüber hinaus zeigt sich, dass keine der naheliegenden Modellierungen (z. B. eine Dimensionierung nach den drei Reputationsdimensionen) als latente Dimension mit Strukturgleichungsmodellen zu auch nur annähernd befriedigenden Resultaten führt. Im Endeffekt entscheiden wir uns daher für den methodisch allenfalls zweitbesten Weg über eine rotierte Faktorenanalyse. Ein mit 63 Prozent erklärter Varianz brauchbares Resultat liefert eine Hauptkomponentenanalyse mit Varimax Rotation. Entgegen den Erwartungen lassen sich die Items nicht eindeutig nach den aus der Literatur bekannten drei Reputationsdimensionen funktional, sozial und expressiv einteilen. Stattdessen legte das Vorgehen eine Lösung mit acht Hauptkomponenten nahe, die nach unterschiedlichen inhaltlichen Kriterien systematisiert, die aber zum Teil inhaltliche Bezüge zu den vermuteten Reputationsdimensionen aufweisen.

Der wichtigste Faktor erklärt 22 Prozent Varianz und entspricht grob der Idee expressiver Reputation mit der Wichtigkeit von Stolz (r = 0,82), Verbundenheit (r = 0,8), Identifikation (r = 0,71), Vertrauen (r = 0,54), Tradition (r = 0,58) und positiver interpersonaler Kommunikation (r = 0,76) in Bezug auf die Hochschule. Der zweite Faktor bildet einen Teil der sozialen Reputation ab, mit der Wichtigkeit von Angeboten an Studierende zu Inklusion (r = 0,79), Förderung (r = 0,59), Gleichstellung (r = 0,69) und Beratung (r = 0,68). Der dritte Faktor fasst die Ansprüche an die wissenschaftliche Reputation zusammen: Ansehen der Hochschullehrer (r = 0,78) sowie wissenschaftliche Auszeichnungen (r = 0,83) und Publikationen (r = 0,85). Zu den zentralen Aufgaben von Hochschulen entsteht noch ein vierter Faktor, der zwei Aspekte der Lehre zusammenfasst: ein breites Fächerangebot (r = 0,75) ohne Zulassungsbeschränkungen (r = 0,68). Wir betrachten die beiden letzten Faktoren als die zentralen Anforderungen zur funktionalen Reputation von Hochschulen: Forschung und Lehre. Insgesamt bilden die vier Faktoren 44 Prozent der Gesamtvarianz aller Reputationsindikatoren ab.

Die Hauptkomponentenanalyse definiert vier – für uns zweitrangige – Faktoren mit in der Regel zwei Indikatoren, die wir als zusätzliche Anforderungen betrachten: Aus-

Tabelle 2 Mittelwerte und Faktorladungen der Reputationsanforderungen an Hochschulen

	Mittelwert n = 596	Standard-abw.	Expressive Reput. 22%*	Soziale Reput. 11%*	wiss. An-sehen 7%*	Lehre 4%*	Ausstat-tung 6%*	Praxis-bezug 5%*	Umfeld 4%*	Internatio-nalität 4%*
Gut ausgestattete Vorlesungs- und Seminarräume	4,5	0,67					0,80			
Angebot weiterführender Studiengänge (MA oder Promotion)	4,5	0,72								
Gute technische Ausstattung (neue EDV, W-LAN, etc.)	4,4	0,74					0,73			
Umfeld der Hochschule (Stadt/Freizeit)	4,4	0,84							0,79	
Beratungsangebote (wie z. B. Studien-beratung)	4,3	0,86		0,68						
Kooperationen mit der Berufspraxis	4,2	0,82						0,85		
Gut ausgestattete Forschungsein-richtungen	4,2	0,84			0,32		0,62			
Vertrauen in die Entscheidungen der Hochschule haben können	4,2	0,79	0,54	0,42						
Hoher Praxisbezug	4,2	0,91						0,80		
Kooperationen mit ausländischen Hochschulen	4,0	1,05								0,65
Unterstützungsangebote (z. B. für Menschen mit Behinderung)	4,0	1,05		0,79						
Förderungsmöglichkeiten (wie z. B. Stipendien)	4,0	0,95		0,59						
Vor anderen positiv über die Hoch-schule reden zu können	3,9	0,96	0,76							

	Mittelwert n = 596	Standard-abw.	Expressive Reput. 22 %*	Soziale Reput. 11 %*	wiss. An-sehen 7 %*	Lehre 4 %*	Ausstat-tung 6 %*	Praxis-bezug 5 %*	Umfeld 4 %*	Internatio-nalität 4 %*
Sich mit der Hochschule verbunden fühlen zu können	3,9	0,91	0,80							
Sich mit der Hochschule identifizieren zu können	3,9	0,94	0,71							
Breites Fächerangebot	3,8	1,07				0,75				
Möglichkeiten zu sozialen Aktivitäten außerhalb der Hochschule	3,8	1,04		0,32					0,76	
Stolz auf die Hochschule sein können	3,8	1,08	0,82							
Hohes Ansehen der Hochschul-absolventen in der Wirtschaft	3,6	1,08	0,33		0,31			0,37		
Hohes Ansehen der Hochschullehrer in der Forschung	3,5	0,99			0,78					
Engagement im Bereich Gleichstellung	3,5	1,13		0,69						
Vielzahl internationaler Studierender	3,3	0,98		0,40						0,63
Einzigartigkeit der Hochschule	3,3	1,10								
Wissenschaftliche Auszeichnungen	3,3	0,95			0,83					
Vielzahl wissenschaftlicher Publika-tionen	3,1	0,96			0,85					
Langjährige Tradition	3,0	1,15	0,58							
Wenig Studiengänge mit Zulassungs-beschränkung	2,4	1,10				0,68				

* durch den Faktor erklärte Varianz

stattung, Praxisbezug, Umfeld und Internationalität. Aus unserer Sicht spiegeln diese Anforderungen nicht oder nur indirekt die Kernbereiche von Hochschulen wider, sondern ihre Spezifika z. B. als eher praxisorientierte Fachhochschulen versus grundlagenorientierten Universitäten oder internationalen Hochschulen.

6   Mediale Informationsquellen zu Hochschulen

Darüber hinaus wurden die Studierenden um eine Einschätzung der Relevanz unterschiedlicher Informationskanäle gebeten. Die Fragestellung lautete: *„Denken Sie jetzt bitte noch einmal an die Zeit zurück, als Sie sich für ein Studium an der Universität Münster entschieden haben. Wie wichtig waren Informationen aus den nachfolgend genannten Quellen bei Ihrer Entscheidung?"* Vorgegeben war wieder eine fünfstufige, verbalisierte Skala von *„völlig unwichtig"* bis *„sehr wichtig".* Für die weitere Analyse fokussieren wir solche Kanäle, auf die eine Hochschule durch entsprechende strategische Kommunikation direkt oder indirekt Einfluss nehmen kann: Tageszeitungen, Nachrichtenmagazine, Online Nachrichten, Internetangebote, das Onlineangebot der Hochschule sowie Angebote der Hochschule in sozialen Netzwerken.

Am relevantesten, weil für die Entscheidung der Hochschulwahl am wichtigsten, werden Internetrecherchen mit einem Mittelwert von 4,4 sowie der Internetauftritt der Hochschule mit einem Mittelwert von 4,1 bewertet. Hier zeigt sich deutlich, wie dominant das Internet mittlerweile als Quelle für wichtige Informationen geworden ist. Dem entsprechend aber mit deutlichem Abstand folgen Online-Nachrichten mit einem Mittelwert von 2,7, also nahe der Skalenmitte. Die drei anderen Kanäle werden sehr ähnlich bewertet; sie kommen auf einen Mittelwert von 2: Nachrichtenmagazine, Tageszeitungen und Angebote der Hochschulen in sozialen Netzwerken. Die individuellen Einschätzungen, wie relevant die entsprechenden Kanäle waren, variieren allerdings deutlich, was sich an den Standardabweichungen zwischen 1,0 und 1,4 ablesen lässt.

Wir vermuten, dass hinter der Relevanz der sechs Informationsquellen eine latente Orientierung an bestimmten Informationskanälen steht, die von den Spezifika der dazugehörigen Informationsquellen geprägt ist und eventuell spezifischen Nutzungsmustern bzw. Zwecken dient. Um eine solche latente Orientierung zu identifizieren, wird versucht, mittels eines Strukturgleichungsmodells latente Variablen zu identifizieren. Zu erwarten war eine Dimensionierung nach journalistischen versus nicht journalistischen Angeboten und nach Online- versus Offline-Medien. Fraglich war demgegenüber, inwiefern die Unterscheidung zwischen von der Hochschule bestimmten Inhalten (Hochschul-PR) und unabhängigen Inhalten aus Sicht der Studierenden auch eine relevante Differenzierung ausmacht. Lediglich eines der möglichen Modelle erwies sich als statistisch brauchbar und das mit hervorragenden Modellparametern (n = 596; Chi²: 6,5; DF = 5, p = 0,26; RMSEA: 0,023; GFI: 0,996).

Abbildung 1   Informationskanäle für reputationsrelevante Informationen über Hochschulen

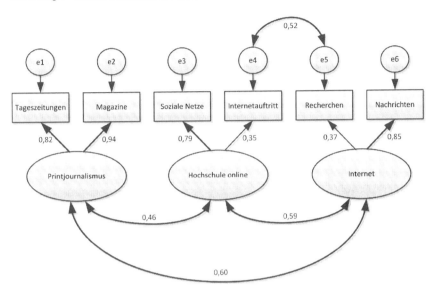

Im Prinzip berücksichtigt das Modell alle aufgezeigten Differenzierungsmöglichkeiten: Ein latenter Informationskanal speist sich aus Quellen des *Printjournalismus*. Er korreliert stark mit der Relevanzeinschätzung von Tageszeitungen (standardisierter Koeffizient r = 0,82) und Print-Nachrichtenmagazinen (r = 0,94). Der zweite Kanal wird von der *Online-PR der Hochschule* gespeist, nämlich ihrem Internetauftritt sowie ihren Informationen in sozialen Netzwerken im Internet. Dabei ist die Korrelation mit den Angeboten in sozialen Netzwerken groß (r = 0,79), die zum Internetauftritt eher gering (r = 0,35). Ähnlich verhält es sich mit dem dritten Kanal, dem *Suchen im Internet* mit einer großen Korrelation zu Nachrichtenangeboten im Internet (r = 0,85) und eine mäßigen Korrelation zu Recherchen im Internet (r = 0,37). Die beiden eher geringen Korrelationen haben sich ergeben, weil die Relevanzeinschätzungen der dazugehörigen Informationsquellen (das Internetangebot der Hochschule bzw. allgemeinen Recherchen im Internet) hoch miteinander korrelieren (r = 0,52), obgleich beide zu unterschiedlichen latenten Kanälen gehören. Inhaltlich ist dieser Zusammenhang hoch plausibel, denn ein großer Teil der Recherchen im Internet zur Beurteilung von Hochschulen wird sich auf die Internetangebote der entsprechenden Hochschulen beziehen. Alternative Modellierungen, in denen beide Indikatoren demselben latenten Kanal zugerechnet werden, sind statistisch nicht aussagekräftig.

Das präsentierte Modell belegt zudem hohe Korrelationen zwischen den latenten Kanälen zwischen 0,5 und 0,6. Auch diese sind gut zu erklären, da wir aus anderen Ergebnissen derselben Studie wissen, dass einige Studierende alle Kanälen intensiv zur Informationsbeschaffung nutzen, andere hingegen sich generell wenig informieren und dementsprechend wahrscheinlich einige Studierende mit allen Kanälen zufrieden, andere mit allen Kanälen unzufrieden sind. Letztere verlassen sich eher auf Informationen über Hochschulen aus eigenen Erfahrungen vor Ort oder aus persönlichen Gesprächen.

7　Vermittlung entscheidungsrelevanter Informationen über Hochschulen

Im Weiteren soll die Beziehung zwischen beiden Phänomenen untersucht werden. Dabei ist die Grundhypothese leitend, dass die identifizierten Informationskanäle zur Entscheidung bei der Hochschulwahl systematisch mit den Erwartungen und Anforderungen an Hochschulen zusammenhängen. Ein solcher Zusammenhang würde anzeigen, dass diejenigen, denen eine bestimmte Dimension besonders wichtig ist, zu dieser in einem der Kanäle in der Regel relevante Informationen erhalten haben. Unser Augenmerk richtet sich dabei auf die vier Hauptkomponenten, die eng mit den eingangs diskutierten Reputationsdimensionen zusammenhängen.

Dazu wurde ein Strukturgleichungsmodell mit den Faktorwerten aus der Hauptkomponentenanalyse als manifeste Variablen zur Erklärung der Relevanz der drei latenten Informationskanäle gerechnet. Das Modell weist sehr gute Gesamtparameter auf und weicht nicht signifikant von den vorliegenden Daten ab (n = 596; Chi²: 22,5, DF = 23,

Abbildung 2　Reputationsanforderungen und ihre Befriedigung durch Informationskanäle

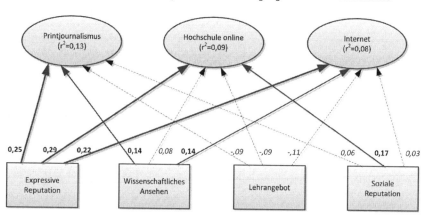

p = 0,49; RMSEA: 0,000; GFI: 0,993). Zwar ist das Gesamtmodell als Repräsentation der zugrundeliegenden Daten gut geeignet, aber die Reputationsanforderungen können nur einen geringen Teil der Varianz der Relevanz der Informationskanäle erklären. Am besten funktioniert das bei den Online-Informationen der Hochschule mit 13 Prozent erklärter Varianz, deutlich schlechter bei den Printmedien mit neun Prozent und den Onlinesuchen mit acht Prozent. Da die Frage, wie wichtig die über die Kanäle erhaltenen Informationen für die Entscheidung über die Hochschulwahl war, aber von vielen individuellen und situativen Faktoren wie dem allgemeinen Mediennutzungsverhalten oder den konkret gefundenen Informationen abhängt, ist die allein durch die reputationsrelevanten Anforderungen an die Hochschule erklärte Varianz durchaus beachtenswert.

Die mit Abstand größten Zusammenhänge finden sich bei der Orientierung an der expressiven Reputation, sprich Tradition, Verbundenheit, Identifikation etc. Offenbar nutzen diejenigen, die diese Aspekte bei Hochschulen besonders wichtig finden, alle drei Kanäle häufig und erfolgreich, um relevante Informationen über die Hochschule zu erhalten. Der stärkste Zusammenhang ergibt sich in Bezug auf die Informationen der Hochschule im Internet mit einem standardisierten Koeffizienten von r = 0,29 (p < 0,001), gefolgt von den Printmedien mit r = 0,25 (p < 0,001) und der Suche im Internet mit r = 0,22 (p < 0,001). Wenn man sich demgegenüber bei seiner Einschätzung von Hochschulen am wissenschaftlichen Ansehen orientiert, dann sind – wenngleich in geringerem Ausmaß als bei der expressiven Reputation – die Printmedien und Suchen im Internet wichtig (beide mit r = 0,14; p < 0,01). Interessant ist, dass die online verfügbaren Informationen der Hochschule hier keinen statistisch abgesicherten und von der Größe her nennenswerten Beitrag leisten. Umgekehrt ist es bei der Orientierung an der sozialen Reputation, sprich Hilfs- und Inklusionsangeboten. Hier ist offenbar nur die Information im Internetangebot der Hochschule wichtig (r = 0,17; p < 0,001), wohingegen die beiden anderen Kanäle keinen messbaren Beitrag leisten und damit für soziale Informationen offenbar irrelevant sind. Für die Informationen über das Lehrangebot, hier festgemacht an der Wichtigkeit eines breiten Fächerangebots ohne Zugangsbeschränkungen, liefert keiner der drei Informationskanäle wichtige Informationen zur Hochschulwahl. Die gemessenen Korrelationen fallen sogar negativ aus, was heißt, dass die Kanäle umso unwichtiger eingeschätzt wurden, je wichtiger den Studierenden diese Aspekte einer Hochschule waren. Offenbar nutzen Personen, die stark auf das Fächerangebot achten, eher andere Informationskanäle.

8   Diskussion

Die Pilotstudie zeigt, dass sich zwar die Erwartungen und Anforderungen von Studierenden an Hochschulen individuell unterscheiden, ebenso wie die Wege, über die diese wichtige Informationen zur Hochschulwahl erhalten haben. Allerdings ergeben sich dabei überindividuell stabile Muster, insbesondere was die Informationswege betrifft.

Daraus lassen sich Empfehlungen für die strategische Kommunikation einer Hochschule ableiten, die zwar zunächst nur die Gruppe der Studierenden betreffen mit ihren spezifischen Vorstellungen von Universitäten. Im vorliegenden Fall haben sich aber auch Konstellationen gezeigt, die sich mit hoher Plausibilität auf die Reputationseinschätzung anderer Stakeholder übertragen lässt.

In Bezug auf die Vermittlung potenziell reputationsrelevanter Informationen zeigt sich eine deutliche Dominanz internetvermittelter Informationen, wobei das Schwergewicht klar auf klassischen homepagebasierten Informationen liegt und nicht auf Informationen in sozialen Netzwerken. Der klassische Printjournalismus spielt wenn überhaupt nur deutlich nachrangig eine Rolle zur Vermittlung reputationsrelevanter Informationen. Interessant wird dieser Bereich offenbar aber immer dann, wenn es wichtig erscheint, dass die Angaben aus unabhängiger Quelle stammen und nicht rein von der Hochschule selbst bestimmt werden. Zwar ist zu erwarten, dass andere Stakeholder, insbesondere Wissenschaftler aber auch politische Entscheidungsträger, stärker auf klassische Printmedien achten, die skizzierte Grundkonstellation dürfte aber auch auf sie zutreffen. Demnach sind die von der Hochschule selbst bereitgestellten Informationen von zentraler Bedeutung, wenn es darum geht, sich für Entscheidungen ein Bild von der Hochschule und ihrer Reputation zu machen. Gestaltungsspielraum für strategische Kommunikation ist also gegeben, insbesondere da indirekt auch Einfluss auf die Medienberichterstattung in Internet- und Printmedien genommen werden kann.

Wir gehen davon aus, dass Entscheidungen von Stakeholdern in Bezug auf Hochschulen von der Reputation der jeweiligen Hochschule mitbestimmt werden und das insbesondere solche Aspekte der Hochschule zu eine hohen Reputation beitragen, die den Stakeholdern wichtig sind. Erwartungsgemäß waren das in der vorliegenden Studie mit Studierenden Aspekte, die das Lehrangebot sowie die dafür zur Verfügung stehende Ausstattung und das kulturelle Umfeld betreffen. Das Resultat ist auf die Gruppe der Untersuchten sowie ihrer speziellen Situation, eine Entscheidung für das Studium an einer bestimmten Hochschule treffen zu müssen, zuzuschreiben und wäre bei anderen Stakeholdern daher sicherlich anders ausgefallen. Interessanter ist demgegenüber die latente Ordnung, die sich innerhalb der einzelnen Kriterien ergeben hat. Sie entspricht nicht dem vielen Ansätzen zugrunde liegenden dreidimensionalen System mit einer funktionalen, einer sozialen und einer expressiven Komponente, das zwar theoretisch trennscharf erscheint, empirisch jedoch nicht über alle Befragten hinweg überzeugend modelliert werden konnte. Das spricht zunächst für individuell sehr unterschiedliche Vorgehensweisen, aus unterschiedlichen Erwartungen und Ansprüchen gegenüber Hochschulen deren Güte oder Reputation zu taxieren. Allerdings zeigen sich dabei auch Regelmäßigkeiten, die sich am besten mit einer Hauptkomponentenanalyse abbilden und weiter analysieren ließen. Demnach bildet sich eine Komponente eher nachrangiger Wichtigkeit heraus, die quasi alle Aspekte einer expressiven Reputationsdimension vereinigt, wie Vertrauen, Verbundenheit, Identifikation und Tradition. Aspekte der sozialen Reputation sind etwas wichtiger als expressive Aspekte und unterteilen sich in eher hochschulinterne Aspekte wie Beratung, Inklusion, Förderung und externe Aspekte, die das soziokulturelle Umfeld betreffen. Wenn man die zuletzt genannten Aspekte als eigentlich nicht der Hochschule zuzurechnen betrachtet, dann finden wir auch eine im Kern relativ konsistente soziale Reputationsdimension. Demgegenüber lässt sich eine einheitliche funktionale Reputationsdimension nicht einmal in Ansätzen ausmachen. Die meisten Organisationen und so natürlich auch Hochschulen erfüllen gleichzeitig verschiedene Funktionen. Diese lassen sich dann in einzelnen Funktionsdimensionen abbilden, aber offenbar nicht in einer gemeinsamen Funktionsdimension. Das macht eine strategische Planung von Kommunikationsmaßnahmen zwar komplizierter, als die aktuelle Fachliteratur nahelegt, aber nicht unmöglich.

Für die Planung von Maßnahmen strategischer Kommunikation ist der Zusammenhang zwischen Erwartungen an Hochschulen und den genutzten Informationskanälen besonders interessant. Demnach lassen sich Informationen zur expressiven Reputation gut über alle Kanäle an Studierende vermitteln, also sowohl über das Internet als auch über Printprodukte und sowohl über journalistische Angebote als auch über hochschuleigene Selbstdarstellungsangebote. Demgegenüber lassen sich Informationen, die wissenschaftliche Reputation stabilisieren oder steigern können, nur über unabhängige Quelle vermitteln, die Selbstdarstellung trägt hier nicht zur Generierung hoher Reputation bei. Wahrscheinlich unterstellen die Studierenden, alle Hochschulen würden sich diesbezüglich positiv darstellen, so dass entsprechende Informationen nicht differenzieren und nicht verlässlich sind. Wissenschaftliche Reputation wird über Angaben im journalistischen Printprodukten oder journalistischen bzw. zumindest unabhängigen Angeboten im Internet vermittelt. Will die strategische Kommunikation an diesem Punkt die Reputation einer Hochschule verbessern, kann sie sich also – im Gegensatz zur expressiven Reputation – nicht auf Mittel der Selbstdarstellung beschränken, sondern muss aktiv Presse- bzw. Medienarbeit leisten (vgl. dazu auch den Beitrag von Scheu et al. in diesem Band). Im Gegensatz dazu lassen sich die relevanten Aspekte sozialer Reputation, zumindest was die hochschulinternen Aspekte betrifft, gut durch PR-Maßnahmen im Internet vermitteln. Für die Gewinnung vieler guter Studierender ist es wichtig, Angaben über das Lehr- und Studienangebot zu verbreiten. Dazu tragen die hier untersuchten Informationskanäle nichts bei. Es lässt sich an dieser Stelle nur spekulieren, welche alternativen Informationswege genutzt werden und ob bzw. wie sich diese durch Maßnahmen strategischer Kommunikation bedient bzw. beeinflusst werden können. Wahrscheinlich sind dafür spezielle Fachinformationen ebenso bedeutsam wie Wege der interpersonalen Kommunikation mit dem sozialen Umfeld oder Studierenden vor Ort.

Insgesamt liefert die Studie wichtige Anhaltspunkte, auf welche Weise Hochschulen ihre Kommunikationsmaßnahmen strategisch ausrichten können, um sich im Wettbewerb um personelle und materielle Ressourcen von ihren Konkurrenten zu differenzieren. Gleichzeitig liefert die Untersuchung auch wichtige Erkenntnisse für die allgemeine Reputationsforschung. So scheint gerade die funktionale Reputationsdimension stark von der untersuchten Stakeholdergruppe und ihren individuellen Erwartungen abzuhängen. Nicht zuletzt zeigt die Untersuchung im Hinblick auf ihr methodisches Design, dass durch die Verknüpfung verschiedener multivariater Analyseverfahren wichtige Informationen gewonnen werden können, die bei der isolierten Verwendung nur eines Auswertungsverfahrens verborgen geblieben wären.

Literatur

Bartl, Walter 2009. Ost-West-Unterschiede der Studien- und Hochschulwahl. Ergebnisse der Studienanfängerbefragung an der Martin-Luther-Universität Halle-Wittenberg im Wintersemester 2008/09. *Der Hallesche Graureiher* 2009 (1). http://www.soziologie.uni-halle.de/publikationen/pdf/0901.pdf. Zugegriffen: 19.12.2012.

Dippelhofer-Stiem, Barbara, und Till Krenz. 2012. Motive, Informationsquellen und Determinanten der Wahl des Studienortes. Befunde aus einer Befragung von Neuimmatrikulierten an der Otto-von-Guericke Universität Magdeburg im WS 2011/12. Institut für Soziologie, Arbeitsbericht Nr. 61. www.isoz.ovgu.de/isoz_media/downloads/arbeitsberichte/61int.pdf. Zugegriffen: 19.12.2012.

Einwiller, Sabine. 2003. *Vertrauen durch Reputation im elektronischen Handel.* Dissertation Universität St. Gallen. St. Gallen

Eisenegger, Mark, und Kurt Imhof. 2009. Funktionale, soziale und expressive Reputation – Grundzüge einer Reputationstheorie. In *Theorien der Public Relations. Grundlagen und Perspektiven der PR-Forschung.* 2., aktual. u. erw. Aufl., hrsg. Ulrike Röttger, 243–264. Wiesbaden: VS Verlag für Sozialwissenschaften.

Eisenegger, Mark 2004. Reputationskonstitution in der Mediengesellschaft. In *Mediengesellschaft. Strukturen, Merkmale, Entwicklungsdynamiken,* hrsg. Kurt Imhof, Roger Blum, Heinz Bonfadelli, und Otfried Jarren, 262–292: Wiesbaden: VS Verlag für Sozialwissenschaften.

Eisenegger, Mark. (2005). *Reputation in der Mediengesellschaft. Konstitution – Issues Monitoring – Issues Management.* Wiesbaden: VS Verlag für Sozialwissenschaften.

Feierabend, Sabine, und Thomas Rathgeb. 2012. Medienumgang Jugendlicher in Deutschland. Ergebnisse der JIM-Studie 2011. *Media Perspektiven* 4: 339–352.

Fombrun, Charles J. 1996. *Reputation: Realizing Value from the Corporate Image.* Boston: Harvard School Business Press.

Fombrun, Charles J. und K.-P. Wiedmann. 2001. Unternehmensreputation und der „Reputation Quotient". *pr-magazin* 12, 2001: 45–52.

Habicht, Hagen. 2009. *Universität und Image – Entwicklung und Erprobung eines stakeholderorientierten Erhebungsinstrumentariums.* Wiesbaden: Gabler | GWV Fachverlage.

Hasenberg, Svea, Lothar Schmidt-Atzert, Gerhard Stemmler, und Günter Kohlhaas. 2011. Empirische Erkenntnisse zum Übergang vom Bachelor- ins Masterstudium: Welche Motive sind für die Wahl eines Masterstudiums entscheidend? *Beiträge zur Hochschulforschung* 33: 40–61. http://www.wissenschaftsmanagement-online.de/converis/artikel/1550. Zugegriffen: 19.12.2012.

Helgesen, Øyvind, und Erik Nesset. 2007. Images, Satisfaction, and Antecedents: Drivers of Student Loyalty? A Case Study of a Norwegian University College. *Corporate Reputation Review* 10(1): 38–59.

Hüttner, Claudia, und Eva Schmitt-Rodermund. 2010. Jena – ausgerechnet … Eine Studie zu den Motiven der Studienortwahl westdeutscher Studierender an der Friedrich-Schiller-Universität. http://www.studentenparadies-jena.de/paradies_multimedia/Downloadss/Studie/Evaluation_StudienortJena+2011_Langfassung.pdf. Zugegriffen: 19.12.2012.

Ingenhoff, Diana (2007). Integrated Reputation Management System (IReMS). *pr-magazin* 38(7): 55–62

Ingenhoff, Diana und Katharina Sommer. 2010. Spezifikation von formativen und reflektiven Konstrukten und Pfadmodellierung mittels Partial Least Squares zur Messung von Reputation. In *Forschungsmethoden für die Markt- und Organisationskommunikation*, hrsg. Jens Woelke, Markus Maurer, und Olaf Jandura, 246–288. Köln: Herbert von Halem Verlag.

Liehr, Kerstin, Paul Peters, und Ansgar Zerfaß. 2009. *Reputationsmessung: Grundlagen und Verfahren*. (communicationcontrolling.de Dossier Nr. 1). Berlin/Leipzig.

Merten, Klaus, und Joachim Westerbarkey. 1994. Public Opinion und Public Relations. In *Die Wirklichkeit der Medien. Eine Einführung in die Kommunikationswissenschaft*, hrsg. Klaus Merten, Siegfried J. Schmidt, und Siegfried Weischenberg, 188–211. Opladen: Westdeutscher Verlag.

Nguyen, Nha, und Gaston LeBlanc. 2001. Image and Reputation of Higher Education Institutions in Students' Retention Decisions. *The International Journal of Educational Management* 15(6): 303–311.

Ressler, Jamie, und Russel Abratt. 2009. Assessing the Impact of University Reputation on Stakeholder Intentions. *Journal of General Management* 35(1): 35–45.

Safón, Vicente. (2009): Measuring the Reputation of Top US Business Schools: A MIMIC Modeling Approach. *Corporate Reputation Review* 12(3): 204–228.

Schranz, Mario. 2007. *Wirtschaft zwischen Profit und Moral. Die gesellschaftliche Verantwortung von Unternehmen im Rahmen der öffentlichen Kommunikation*. Wiesbaden: VS Verlag für Sozialwissenschaften.

Schwaiger, Manfred 2004. Components and Parameters of Corporate Reputation. An Empirical Study. *Schmalenbach Business Review* 56 (Januar 2004): 46–71.

Standifird, Stephen (2005): Reputation Among Peer Academic Institutions: An Investigation of the US News and World Report's Rankings. *Corporate Reputation Review* 8(3): 233–244.

Sung, Minjung, und Sung-Un Yang. 2008. Toward the Model of University Image: The Influence of Brand Personality, External Prestige, and Reputation. *Journal of Public Relations Research* 20(4): 357–376.

Universität Hamburg. 2012. Ergebnisse der Studieneingangsbefragung 2012. Bericht im Auftrag des Vizepräsidenten für Studium und Lehre. http://www.verwaltung.uni-hamburg.de/3/31/Studieneingangsbefragung.pdf. Zugegriffen: 19.12.2012.

Vidaver-Cohen, Deborah. 2007. Reputation beyond the rankings: A Conceptual Framework for Business School Research. *Corporate Reputation Review* 10(4): 278–304.

Wiedmann, Klaus-Peter, Clemens Böcker, und Frank Buckler. 2004. *Reputation als Erfolgsfaktor von Sparkassen.* Stuttgart: Deutscher Sparkassenverlag Stuttgart.

Wolling, Jens, und Martin Emmer. 2008. Was wir schon immer (lieber nicht) über die Informationswege und -quellen unserer Studierenden wissen wollten. In *Medien und Kommunikation in der Wissensgesellschaft,* hrsg. Johannes Raabe, Rudolf Stöber, und Anna Maria Theis-Berglmair, 340–355. Konstanz: UVK.

Strategische Kommunikation: alte und neue Perspektiven

Volker Gehrau, Ulrike Röttger & Joachim Preusse

Ziel des vorliegenden Sammelbandes war es, die unterschiedlichen Forschungsaktivitäten und Zugänge zum Phänomen strategische Kommunikation, wie sie am Institut für Kommunikationswissenschaft der Westfälischen Wilhelms-Universität Münster vertreten werden, zu bündeln. Die Beiträge haben sich dem Forschungsgegenstand strategische Kommunikation aus sehr unterschiedlichen theoretischen und methodischen Perspektiven genähert. Es wurden Möglichkeiten aufgezeigt, wie strategische Kommunikation in unterschiedlichen gesellschaftlichen Handlungsfeldern und im Zusammenhang mit unterschiedlichen Organisationstypen thematisiert und analysiert werden kann und wie das Phänomen an allgemeine Gesellschafts-, Sozial-, Medien- und Organisationstheorien angebunden werden kann.

Wollte man die Gemeinsamkeiten der Beiträge deutlich machen, so ließen sich vier Punkte anführen. Zum Ersten zeichnen sich die Beiträge durch eine vergleichsweise ausgeprägte sozialtheoretische Orientierung aus, die über die klassischen Zugänge der PR-Forschung deutlich hinausweist. Zum Zweiten belegen die Beiträge die Fruchtbarkeit einer engen Verknüpfung von Theorie und Empirie bzw. einer theoriegeleiteten empirischen Forschung. Zum Dritten wird deutlich, dass das Phänomen strategische Kommunikation organisationstyp- und handlungsfeldübergreifend beforscht wird, mithin nicht auf bestimmte Organisationen aus bestimmten gesellschaftlichen Teilbereichen beschränkt ist. Zum Vierten wird eine Perspektive, die PR-Forschung im Kern als „funktionalistisch" begreift bzw. einem instrumentellen Paradigma folgt, überwunden. Funktionalistische Theoriebildung und Forschung bzw. das instrumentelle Paradigma stellen darauf ab, wie PR möglichst effektiv und effizient die Zielerreichung von Organisationen ermöglichen oder optimieren kann (siehe dazu ausführlicher Preusse und Röttger in diesem Band). Demgegenüber zeigen die vorliegenden Beiträge, dass nicht zwingend die Interessen der PR-Praxis die wissenschaftliche Forschungsagenda bestimmen müssen und Forschung zu strategischer Kommunikation keinesfalls zwangsläufig die Effektivität und Effizienz, den Leistungsbeitrag von PR für die jeweils Auftrag gebende Organisation, fokussieren muss. Der vorliegende Band kann insoweit auch gelesen werden als Vorstellung eines Forschungsprogramms, wenn man so will: des Münsteraner Forschungsprogramms zur strategischen Kommunikation.

Die unterschiedlichen Formen des PR-Handelns in der Praxis können mittels der drei allgemeinen Modi „Beobachtung", „Reflexion" und „Steuerung" beschrieben werden (vgl. dazu ausführlicher: Preusse et al. 2013, S. 126 ff.). Beobachtungsverfahren stellen, so die weithin konsentierte Annahme, die Grundlage der PR-Kommunikation dar. Als Beobachter zweiter Ordnung beobachtet PR (1) wie die Organisation, der sie zugehörig ist, sich selbst und ihre Umwelt beobachtet und (2) wie die Organisation seitens der Umwelt (von Umweltsystemen) beobachtet wird. PR initiiert zudem auf Basis von Selbst- und Umweltbeobachtung organisationsseitig Reflexionsprozesse und trägt zur Steigerung der Reflexionsfähigkeit der Organisation bei. Demnach sollte PR in der Lage sein, ihre Beobachtungsergebnisse so in organisationale Reproduktionskreisläufe einzuspeisen, dass sie als entscheidungsrelevante Informationen intern verarbeitet werden können, um schließlich die Handlungsoptionen von Organisationen auch unter wechselnden situativen Einflüssen zu sichern und zu erweitern. Im Mittelpunkt der folgenden Überlegungen steht der PR-Modus Steuerung, d. h. der intendierten und an partikularen Nutzenkalkülen orientierten Beeinflussung von Meinungen, Einstellungen und Haltungen bei Anspruchsgruppen.

Mit Blick auf PR-Steuerungsversuche wird in der Zusammenschau der Beiträge deutlich, dass es für zukünftige Forschungsaktivitäten gewinnbringend ist, die eingangs skizzierte, in der klassischen PR-Forschung verbreitete funktionalistische Forschungsperspektive um theoretische und empirische Komponenten zu den Verarbeitungsmechanismen und den Folgen der Maßnahmen strategischer Kommunikation bei ihren Adressaten und deren Rückwirkung auf die Initiatoren der strategischen Kommunikation zu erweitern. In anderen Worten: Es sollte darum gehen, die klassische Perspektive, die von einem Akteur bzw. Kommunikator (in der Regel einer Organisation) ausgeht, der eine konkrete Verfasstheit mitbringt und bestimmte Ziele verfolgt, zu deren Realisierung er Maßnahmen strategischer Kommunikation durchführt, zu erweitern. Diese Erweiterung sollte insbesondere Ansätze zur individuellen Verarbeitung und Aneignung dieser Informationen sowie deren langfristigen individuellen und gesellschaftlichen Folgen beinhalten. Es gilt mithin, neben den produzierenden Akteuren (in der Regel Organisationen) auch die daraus entstehenden medialen oder medienvermittelten Botschaften sowie die je avisierten Publika in den Blick zu nehmen. In der kommunikatorzentrierten Perspektive auf strategische Kommunikation werden im Publikum stattfindende Verarbeitungsmechanismen und daraus resultierende Folgen auf der Individualebene in der Regel unterstellt, nicht aber angemessen modelliert. Dabei werden Wirkungen bei Zielgruppen durchaus auch von der PR-Forschung in den Blick genommen. Es fehlt hier aber in der Regel ein elaboriertes Verarbeitungsmodell, das in der Lage ist, zu erklären, wie genau welche Wirkungen zustande kommen. Zudem werden seitens der PR-Forschung häufig nur ausgewählte – für die kommunizierende Organisation relevante – Wirkungen berücksichtigt. Nicht-intendierte Effekte bei Zielgruppen, die aus PR-Perspektive weder ein Chancen- noch ein Risikopotenzial beinhalten, bleiben überwiegend unberücksichtigt. Zudem, und dies ist eine weitere gewichtige Einschränkung, werden die gesellschaftlichen Folgen strategischer Kommunikation in der klassischen, kommunikatorfokussierten PR-Forschung außen vor gelassen. Abb. 1 zeigt diesen Zugang schematisch.

Die vorgeschlagene Erweiterung geht aber auch über die typische Publikums- oder konkreter: Persuasionsforschung hinaus. Diese geht vom Medieninhalt aus und modelliert die Zuwendung des Publikums zu diesem sowie die individuelle Verarbeitung von Medieninhalten und daraus resultierende gesellschaftliche Folgen. Wie die Medieninhalte zustande gekommen sind, welche konzeptionellen Ideen welcher Akteure dahinter stehen, wird in der Regel nicht in den Blick genommen (s. Abb. 2).

Die vorgeschlagene Erweiterung der Forschungsperspektive ist also zunächst als Hinzufügung von Analysekategorien zu verstehen: Auf Seiten der Persuasionsforschung erfolgt eine Erweiterung um Akteure und Konzeptionen, auf Seiten der kommunikatorzentrierten PR-Forschung um die Verarbeitung und Folgen. Durch die damit vorgeschlagene Integration von Kommunikator- und Publikumsperspektive wird es möglich, Rückkoppelungen der gesellschaftlichen Folgen strategischer Kommunikation auf die sie initiierenden Akteure empirisch zu analysieren (s. zusammenfassend Abb. 3). Dies betrifft sowohl die (medien-)öffentlich vermittelte strategische Kommunikation als auch die jenseits der Medienöffentlichkeit ablaufende strategische Kommunikation. Die Analyse der Rückkoppelungen beschränkt sich dann nicht nur auf die Frage, ob und inwieweit ein definiertes Ziel erreicht ist, sondern kann auch die Frage umfassen, was aus Akteurssicht wie erreicht wurde und was warum ggf. nicht erreicht wurde.

(Nahezu) Jedes Thema im Forschungsfeld strategische Kommunikation, so die These, kann unter jeder der mit den Begriffen markierten Analyseperspektiven untersucht werden. Die Begriffe sind allgemein gehalten. In der empirischen Realität gibt es eine Vielzahl an Akteuren, die strategische Kommunikation betreiben, und eine Vielzahl an Möglichkeiten Publika abzugrenzen und zu systematisieren (z. B. Stakeholder-Ansatz, Ansatz der situativen Teilöffentlichkeiten, Bezugsgruppen-Konzepte). Mit Blick auf Medieninhalte wird hier zwischen PR-spezifischen Medien – dieser Begriff umfasst eine Vielzahl an Selbstbeschreibungs- und Selbstdarstellungsmedien wie Pressemitteilungen, Organisationshomepages etc. – und journalistisch produzierte Medien, die Organisationen unter mehr oder weniger umfangreichem Rückgriff auf PR-Medien fremdbeschreiben, unterschieden.

Im Ergebnis kann sich schon aus forschungsökonomischen Gründen nicht die Forderung ergeben, stets jede spezifische Fragestellung unter jeder Analyseperspektive zu untersuchen. Jedoch kann das hier eingeführte Schema helfen, Kommunikator- und

Abbildung 1   Klassischer Fokus der PR-Forschung

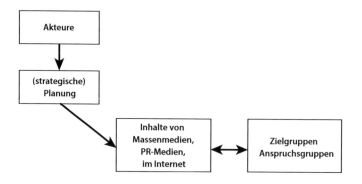

Abbildung 2   Klassischer Fokus der Publikumsforschung

Abbildung 3   Erweiterte Perspektive strategischer Kommunikation

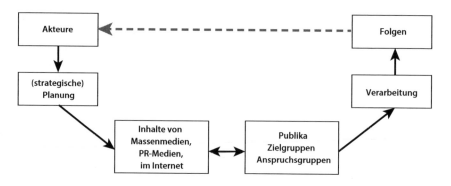

Rezipientenperspektive im Forschungsfeld strategische Kommunikation stärker aufeinander zu beziehen und vorgelagerte bzw. Anschlussfragen zu systematisieren.

Auch die Publikumsforschung hat in den letzten Jahren begonnen, sich den speziellen Fragen der strategischen Kommunikation zuzuwenden. Diese Tendenz lässt sich unter anderem an Aktivitäten der Fachgruppe Rezeptions- und Wirkungsforschung in der Deutschen Gesellschaft für Publizistik und Kommunikationswissenschaft ablesen. Diese hat 2008 eine Fachtagung zum Thema strategische Kommunikation abgehalten und Vorträge in einem Sammelband veröffentlicht (Trepte et al. 2009). Dabei wird zwar der Versuch unternommen, den klassischen Blick der Publikumsforschung auf Mediennutzung, Aneignung und Wirkung auszudehnen. Die Richtung der Ausweitung ist aber eine andere als die im vorliegenden Band und in diesem Beitrag. Im Kern geht es bei dieser Leseart der strategischen Kommunikation um das Zusammenspiel von Rezeptionsforschung und Medienpraxis (Trepte u. Hasebrink 2009). Trepte und Hasebrink stellen verschiedene Varianten eines solchen Zusammenspiels vor: Die Medienpraxis greift publizierte Konzepte bzw. Ergebnisse der Rezeptionsforschung auf. Die Medienpraxis verwendet Arbeitsweisen und Methoden der Rezeptionsforschung. Studierende sowie Wissenschaftlerinnen und Wissenschaftler aus dem Bereich der Rezeptionsforschung arbeiten in der Medienpraxis. Die Rezeptionsforschung liefert der Medienpraxis Dienstleistungen oder Medienpraxis und Rezeptionsforschung kooperieren, um ein Problemfeld zu analysieren. (Trepte u. Hasebrink 2009, S. 15–18) Aus der Sicht der Forscher stellt sich dabei insbesondere die Frage bezüglich der Hoheit über die Forschungsfrage und die Ergebnisverwertung. Bei den Praktikern bereiten vor allem die unterschiedlichen Überzeugungslogiken Probleme; Wissenschaftler müssen in der Regel andere Wissenschaftler überzeugen, Medienpraktiker hingegen Auftraggeber oder Kunden (im weitesten Sinne), die nach verschiedenen Entscheidungslogiken vorgehen, wobei in der Praxis selten Entscheidungen durch wissenschaftliche Ergebnisse vorbereitet, sondern meist mit diesen gerechtfertigt werden (Schulz u. Walter 2009).

Die im vorliegenden Beitrag eingenommene Perspektive basiert demgegenüber auf einer anderen Kooperation, nämlich der der PR-Forschung bzw. Forschung zur strategischen Organisationskommunikation mit der Rezeptions- und Wirkungsforschung. Der Vorteil einer solchen Zusammenarbeit gegenüber der Kooperation mit der Praxis (die zwar nicht im zentralen Fokus steht, aber auch nicht ausgeschlossen ist) liegt darin, dass die Überzeugungslogik nicht gewechselt werden muss. Es geht um wissenschaftliche Qualität und allenfalls nachrangig um Verwertbarkeit. Trotzdem bereitet die Zusammenarbeit zwischen PR- und Publikumsforschung Probleme, da sich beide Bereiche nicht nur an ihre jeweils ‚verkürzte' Sicht der Kommunikationsprozesse gewöhnt haben, sondern diese Verkürzung zum Teil notwendige Voraussetzung für eine angemessene Modellierung ist. So wird die Rezeptionsforschung die strategischen Überlegungen, die in ein konkretes Medienangebot eingeflossen sind, ausblenden, wenn grundlegende Rezeptionsmechanismen untersucht werden sollen, weil sie dabei in der Regel unbedeutend sind. Vor allem wird aber das singuläre Medienangebot mit den interessierenden Merkmalen untersucht, um genau deren Selektions-, Verarbeitungs- bzw. Wirkungsmechanismen zu isolieren. Das heißt entsprechende Angebote werden gerade nicht im Kontext anderer Angebote untersucht, auch wenn diese zu einer gemeinsamen Kommunikationsstrategie gehören und deshalb aus Kommunikatorsicht immer zusammengehören. Ähnlich ist es in der PR-Forschung. Wenn diese z. b. untersucht, wie eine Organisation die Medienberichterstattung über sich beobachtet, das dort vermittelte Bild in Relation zum Selbstbild setzt und Maßnahmen konzipiert, um Einfluss auf die Medienberichterstattung zu nehmen, dann spielt das Publikum dabei keine Rolle. Es wird allenfalls im Sinne von Unterstellungen der Planenden in Bezug auf Spezifika der Zielgruppe und vermutete Wirkungen modelliert. Auch dabei ist es forschungsökonomisch sinnvoll, die tatsächliche Komplexität der alltäglichen Medienrezeption der jeweiligen Zielgruppe auszublenden.

Das Problem, beide Perspektiven in einem Forschungsansatz zu vereinen, lässt sich vielleicht mit einem Bild verdeutlichen. Die bisherige Sichtweise entspricht dem Blickfeld eines Menschen am Strand. Dabei blickt die Publikumsforschung ins Land und betrachtet Menschen, die bestimmte Dinge machen, die einen direkten oder indirekten Bezug zum Meer haben, z. B. Schwimmringe aufblasen oder Deiche bauen. Natürlich weiß die Publikumsforschung um das Meer im Rücken, hat Annahmen darüber, was es tut und wie es funktioniert, sieht es aber nicht. Es sei denn man dreht sich um. Dann entspricht das Blickfeld der Perspektive der PR-Forschung. Man sieht ein Meer, das sich nach bestimmten Regeln verhält und einzelne Akteure, die Spuren erzeugen. Natürlich weiß die PR-Forschung auch, dass sich im Rücken Land und Leute befinden, die auf das Meer reagieren. Aber auch dieses kann man nur angemessen in den Blick nehmen, wenn man sich umdreht. Das Problem beim Umdrehen ist aber, dass damit die vorherige Perspektive aus dem Blick gerät.

Das gewählte Bild ist mit einer pessimistischen Aussicht verbunden: Man kann beide Perspektiven nicht gleichzeitig haben. Das erklärt zwar die vorherrschenden Forschungsperspektiven, zeigt aber zunächst keine realistische neue Perspektive auf. Deshalb kann die kurzfristige Perspektiverweiterung nur in Kooperation zwischen PR- und Publikumsforschung liegen. Um im Bild zu bleiben, müssen sich beide Rücken an Rücken stellen und sich beim Beobachten am besten kontinuierlich, zumindest aber regelmäßig, austauschen. Langfristig muss aber das Ziel sein, eine gemeinsame Vogelperspektive einzunehmen, um beide Seiten gleichzeitig sehen zu können. Da die Vogelperspektive aber einen anderen Standpunkt hat, handelt es sich nicht um die Summe beider Perspektiven vom Strand, sondern um eine andere, die dann helfen kann, denjenigen Teil öffentlicher Kommunikation besser zu verstehen, der direkt oder indirekt auf Steuerung via Medien abzielt.

Da die oben skizzierte Perspektive bislang nicht als Forschungs- bzw. Analysegrundlage besteht, sondern eher als ein anzustrebendes Fernziel anzusehen ist, wollen wir abschließend einen Rückblick auf die 13 im Band vertretenen Beiträge vornehmen. Dabei soll zunächst die Frage erörtert werden, welche Perspektive der jeweilige Beitrag einnimmt und welche Komponente bzw. welche Komponenten der erweiterten Perspektive im Fokus des Beitrags stehen. Daran anschließend soll kurz aufgezeigt werden, ob und, wenn ja, in welcher Weise der jeweilige Beitrag die Perspektiverweiterung implizit oder explizit modelliert.

Die sechs eher an Theorie bzw. Grundlagen orientierten Beiträge dieses Bandes lassen sich in zwei Gruppen einteilen. Die erste Gruppe argumentiert im Kern kommunikatorzentriert, modelliert also die kommunizierenden Akteure sowie die dabei vollzogene strategische Planung. Im Fokus sind die ersten beiden Komponenten (Kästchen) des Modells in Abb. 3 (siehe oben) sowie die Relation (Pfeil) zwischen beiden. Es geht um den Akteur, seine Ziele und Möglichkeiten. Im Beitrag von Andres Friedrichsmeier und Silke Fürst geht es um die Frage, wie sich die Wissenschaft ein Bild der kommunizierenden Organisation macht und welche Auswirkungen das auf unsere wissenschaftlichen Modelle hat. Aspekte möglicher Publika bzw. Adressaten werden dabei im Rahmen der Aufgabe von PR bzw. als Umwelt der Organisation mitgedacht (vgl. Beitrag Friedrichsmeier u. Fürst, Tab. 1). Klaus Merten nimmt die Strategie als Instrument der Akteure in den Blick. Im Zentrum stehen die Ziele und Mittel eines Akteurs sowie Annahme und Konzepte der Akteure über deren Konkurrenten und die sich daraus ableitenden Kommunikationsmaßnahmen. Die Adressaten solcher Kommunikation spielen bei diesen Überlegungen lediglich im Sinne von Resonanz eine Rolle, die als Effekt von kommunikativen Maßnahmen gemessen wird und als Steuerungsgröße in folgende Situationsanalysen eingeht (vgl. Merten, Abb.1). Kerstin Thummes modelliert die Frage nach dem Zwang zu offener und wahrhaftiger Kommunikation vor dem Hintergrund des Strukturwandels der Öffentlichkeit. Im Fokus steht die Figur der Täuschung der Adressaten durch den Kommunizierenden. Aus dieser Perspektive hat die Täuschung nicht nur negative, dysfunktionale Konsequenzen. Sie schützt zum einen die Privatsphäre des Kommunizierenden und zum anderen – und hier kommt der Perspektivwechsel auf die Adressaten der Kommunikation zum Tragen – auch die Gemeinschaft.

Die anderen beiden Theoriebeiträge modellieren auch die Adressaten bzw. Publika der Kommunikation mit. Joachim Westerbarkey bestimmt den Begriff Öffentlichkeit aus verschiedenen Perspektiven. Dabei wird Öffentlichkeit zwar durch Kommunikation – also im Endeffekt durch einen Kommunikator – erzeugt, die Referenzgröße ist aber das Publikum. Deshalb unterscheidet Westerbarkey Öffentlichkeitskonzepte nach unterschiedlichen Publika, insbesondere in Bezug auf deren Größe und Erreichbarkeit (vgl. Westerbarkey, Tab. 2), und hält deshalb konsequenterweise den Begriff Teilöffentlichkeit für überflüssig, weil keine Kommunikation aufgrund von Kommunikationsbarrieren alle möglichen Adressaten erreicht und insofern automatisch jede Öffentlichkeit eigentlich eine Teilöffentlichkeit ist, wenn man diese vom Publikum her denkt. Eine ähnlich enge Anbindung an das Publikum weist der Beitrag von Röttger und Preusse auf. Er betrachtet aus Sicht der PR-Forschung zwar die Kommunikatoren, blickt aus dieser Perspektive aber auf deren Idee von Steuerung durch Maßnahmen strategischer Kommunikation. Die dabei zutage tretenden Unterschiede basieren im Kern auf unterschiedlichen Annahmen über Wirkungen beim Publikum. Insofern werden Annahmen bzw. Konzepte des Publikums direkt in die Strategie implementiert.

Auch in den auf die drei Anwendungsfelder Politik, Wirtschaft und Wissenschaft bezogenen Beiträgen lässt sich die Perspektiverweiterung nachvollziehen. Drei Beiträge sind auf die Organisation bzw. den kommunizierenden Akteur ausgerichtet. Thomas Birkner beleuchtet exemplarisch öffentlichkeitswirksame Aussagen und Positionen von Helmut Schmidt vor dem Hintergrund der damit verbundenen strategischen Ziele. Das inkludiert eine Publikumsperspektive nur insofern, als dem dabei gewählten Vorgehen eine mögliche Wirkung unterstellt wird und negativen Falls Korrekturen durch weitere Kommunikation nötig werden. Siegfried J. Schmidt konzeptualisiert internes und externes unternehmerisches Handeln vor dem Hintergrund einer Unternehmenskultur als Referenzgröße. Die Adressaten entsprechender Maßnahmen sind dabei relevant, weil die Unternehmenskultur nicht nur die Planbarkeit und Kohärenz der Maßnahmen unterstützt, sondern auch einen Referenzpunkt bietet, um sicherzustellen, dass die Maßnahme zum Image des kommunizierenden Unternehmens passt. Auch im Beitrag von Andreas Scheu, Annika Summ, Anna Volpers und Bernd Blöbaum stehen kommunizierende Akteure, hier wissenschaftliche Organisationen, im Fokus. Eigentlich verfolgen die entsprechenden Organisationen wissenschaftliche Ziele, werden aber durch die gesellschaftlichen Veränderungen zunehmend gezwungen, sich der Logik des Mediensystems anzupassen. Ziel ist es, positive Entscheidungen unterschiedlicher Adressaten zu befördern. Das geht nur, wenn die Logik der Mediatisierung und damit einhergehender Adaptions- und Wirkungsmechanismen in die Strategie aufgenommen werden. Bezogen auf das oben vorgestellte Modell (vgl. Abb. 3) werden die ersten beiden Komponenten thematisiert, sowie deren Bezug zu Medieninhalten und vermuteten Wirkungen bei den Adressaten.

Drei Beiträge blicken auf die Medieninhalte selbst und thematisieren deren Relation zu den dahinterstehenden Kommunikatoren sowie zu den Mediennutzern. Im Beitrag von Armin Scholl wird die Medienberichterstattung über die Occupy Bewegung zum Anlass genommen, das Verhältnis von Öffentlichkeit und Gegenöffentlichkeit zu diskutieren und damit auch das Verhältnis von Bewegungen, die nicht die Merkmale üblicher Akteure wie NGOs aufweisen, und den klassischen journalistischen Medien. Insofern geht es im Kern um die Frage, wie ‚Nichtakteure' via Massenmedien Öffentlichkeit erlangen. Silke Fürst betrachtet die Strategie der Werbung, das Werbepublikum in die Werbebotschaft aufzunehmen, anhand unterschiedlicher Beispiele massenmedialer Werbekampagnen. Dahinter steht die implizite Vermutung oder Hoffnung der Kommunikatoren, durch die Publikumsinklusion Barrieren beim Publikum gegen die Werbebotschaft überwinden zu können. Einen ähnlichen Gedanken verfolgt der Beitrag von Martin Herbers zu Policy Placement. Hier geht es um die Frage, wie politische

Informationen und politische Botschaften in unterhaltende Medienangebote eingebunden werden. Auch solche Inhalte lassen sich vom Kommunikator strategisch einsetzen, um Barrieren beim Publikum zu überwinden, hier insbesondere die Abneigung vieler Publika politischen Inhalten gegenüber. Die Beiträge zeigen, dass die umfassende Perspektive strategischer Kommunikation die Möglichkeit bietet, bestimmte Aspekte von Medieninhalten als strategische Maßnahme zu modellieren, um Barrieren den Kommunikatoren oder dem Publikum gegenüber zu unterwandern.

Zwei Beiträge zielen auf die Wirkung strategischer Kommunikation beim Publikum. Der Beitrag von Volker Gehrau, Ulrike Röttger und Johannes Schulte analysiert Studierende als Zielgruppe kommunikativer Maßnahmen von Hochschulen. Ausgangspunkt ist die hochschulbezogene Mediennutzung Studierender sowie die aus der Mediennutzung resultierenden Reputationseinschätzungen ihrer Universität. Insofern fokussiert dieser Beitrag die letzten drei Komponenten des oben präsentierten Modells (vgl. Abb. 3). Ziel des Beitrags ist aber, die im Modell gestrichelte Rückkopplung durch Angaben zu fundieren, die eine Hochschule braucht, um ihre Reputation gezielt über Medieninformationen steuern zu können. In Bezug auf die Rückkopplung zwischen Kommunikator und Publikum nimmt der Beitrag von Frank Marcinkowski, Julia Metag und Caroline Wattenberg die entgegengesetzte Perspektive ein. Er untersucht, ob und wie die Vorstellung von Medienwirkungen, hier die Nutzung und Wirkung von Internetauftritten, bei speziellen Kommunikatoren, hier Politikern, erklären kann, ob die Akteure selbst als Kommunikatoren aktiv werden und einen eigenen Internetauftritt in ihre Kommunikationsstrategie integrieren.

Gesamthaft zeigen die Beiträge, dass das Forschungsfeld strategische Kommunikation vielschichtiger ist, als die tradierte Zugangsweise vermuten lässt. Die in diesem Band gebündelten Beiträge können insofern als Ausgangspunkte für zukünftige Forschung gelesen werden.

Literatur

Röttger, Ulrike, Joachim Preusse, und Jana Schmitt. 2011. *Grundlagen der Public Relations. Eine kommunikationswissenschaftliche Einführung.* Wiesbaden: Verlag für Sozialwissenschaften.

Trepte, Sabine, Uwe Hasebrink, und Holger Schramm (Hrsg.). 2009. *Strategische Kommunikation und Mediengestaltung – Anwendung und Erkenntnisse der Rezeptions- und Wirkungsforschung.* Baden-Baden: Nomos.

Schulz, Jürgen, und Knut Walter. 2009. Kann Theorie Praxis anleiten? Theoretische Überlegungen und empirische Befunde zur wissenschaftlichen Relevanz im Werbeprozess. In *Strategische Kommunikation und Mediengestaltung – Anwendung und Erkenntnisse der Rezeptions- und Wirkungsforschung*, hrsg. Sabine Trepte, Uwe Hasebrink, und Holger Schramm, 33–57. Baden-Baden: Nomos.

Trepte, Sabine, und Uwe Hasebrink. 2009. Rezeptions- und Wirkungsforschung in Kooperation mit der Medienpraxis. In *Strategische Kommunikation und Mediengestaltung – Anwendung und Erkenntnisse der Rezeptions- und Wirkungsforschung*, hrsg. Sabine Trepte, Uwe Hasebrink, und Holger Schramm, 11–30. Baden-Baden: Nomos.

Verzeichnis der Autorinnen und Autoren

Thomas Birkner (*1977), Dr., Akademischer Rat am Institut für Kommunikationswissenschaft der Westfälischen Wilhelms-Universität Münster. Forschungsschwerpunkte: Journalismusforschung, Politische Kommunikation, Kommunikationsgeschichte und Mediensystemforschung. E-Mail: thomas.birkner@uni-muenster.de

Bernd Blöbaum (*1957), Prof. Dr., Professor am Institut für Kommunikationswissenschaft der Westfälischen Wilhelms-Universität Münster. Forschungsschwerpunkte: Medientheorie und Medienpraxis, Journalismusforschung, Nutzungsforschung, Wissenschaft und Öffentlichkeit. E-Mail: bernd.bloebaum@uni-muenster.de

Andres Friedrichsmeier (*1971), Dr. , wissenschaftlicher Mitarbeiter und Koordinator des Forschungsprojekts „Öffentlichkeit und Hochschulperformanz" im Arbeitsbereich „Kommunikation – Medien – Gesellschaft" des Instituts für Kommunikationswissenschaft der Universität Münster. Forschungsschwerpunkte: Hochschulmanagement, Organisationen des öffentlichen Sektors und Medienwirkungen in Organisationen. E-Mail: friedrichsmeier@uni-muenster.de

Silke Fürst (*1983), M. A., wissenschaftliche Mitarbeiterin am Departement für Medien- und Kommunikationswissenschaft der Universität Fribourg. Forschungsschwerpunkte: Publikumsvorstellungen und Kommunikation über Publikumsresonanz, Journalismus- und Kommunikationstheorie, Öffentlichkeitsorientierung von Hochschulen, Wissenschaftskommunikation. E-Mail: silke.fuerst@unifr.ch

Martin R. Herbers (*1979), M. A., Akademischer Mitarbeiter am Lehrstuhl für Allgemeine Medien- und Kommunikationswissenschaft der Zeppelin Universität in Friedrichshafen.

Forschungsschwerpunkte: Phänomene der politischen Öffentlichkeit, politische Unterhaltungskommunikation und visuelle Kommunikation. E-Mail: martin.herbers@zu.de

Volker Gehrau (*1966), Prof. Dr., Professor am Institut für Kommunikationswissenschaft der Westfälischen Wilhelms-Universität Münster. Forschungsschwerpunkte: Mediennutzungs- und Medienwirkungsforschung, Genre- und Gattungstheorie, Medien und interpersonale Kommunikation sowie Beobachtung, Auswahlverfahren und Sekundäranalysen in der Kommunikationswissenschaft. E-Mail: volker.gehrau@uni-muenster.de

Frank Marcinkowski (*1960), Prof. Dr., Professor am Institut für Kommunikationswissenschaft der Westfälischen Wilhelms-Universität Münster. Forschungsschwerpunkte: Kommunikations-, Medien- und Öffentlichkeitstheorien, Politische Kommunikation, Medieninhalte, Gesellschaftliche Folgen der Medienentwicklung. Email: frank.marcinkowski@uni-muenster.de

Klaus Merten (*1940), Prof. em. Dr., bis 2005 Professor am Institut für Kommunikationswissenschaft der Westfälischen Wilhelms-Universität Münster. Forschungsschwerpunkte: Theorie und Methoden der Kommunikationswissenschaft, Wirkungsforschung, Public Relations. E-Mail: merten@uni-muenster.de

Julia Metag (*1984), M. A., wissenschaftliche Mitarbeiterin am Institut für Kommunikationswissenschaft der Westfälischen Wilhelms-Universität Münster, Forschungsschwerpunkte: Politische Kommunikation, Kommunikations- und Medientheorien, Medienwirkungsforschung, Wissenschaftskommunikation. Email: julia.metag@uni-muenster.de

Joachim Preusse (*1979), M. A., freiberuflicher Kommunikationsberater. Forschungsschwerpunkte: PR-Theorie, Politische Kommunikation, Theorie und Empirie der Medialisierung, Messbarkeit organisationsbezogener Fremdbeschreibungen („Image", „Reputation", „Ruf"), Nutzung und Rezeption von Social Media. E-Mail: joachim.preusse@web.de

Ulrike Röttger (*1966), Prof. Dr., Professorin für PR-Forschung am Institut für Kommunikationswissenschaft der Westfälischen Wilhelms-Universität Münster. Forschungsschwerpunkte: PR-Theorien, Kommunikationsberatung, CSR-Kommunikation, Leadership im Kommunikationsmanagement. E-Mail: ulrike.roettger@uni-muenster.de

Andreas M. Scheu (*1979), Dr., Projektkoordinator (BMBF-Projekt) am Institut für Kommunikationswissenschaft der Westfälischen Wilhelms-Universität Münster. Forschungsschwerpunkte: Medialisierung, Wissenschaftskommunikation, Kommunikations- und Fachgeschichte. E-Mail: a.scheu@uni-muenster.de

Siegfried J. Schmidt (*1940), Prof. em. Dr. Dr. h. c., bis 2006 Professor am Institut für Kommunikationswissenschaft der Westfälischen Wilhelms-Universität Münster. Forschungsschwerpunkte: Medien- und Kommunikationstheorie, Konstruktivismus, Medienkultur, Medienkunst, Werbung. E-Mail: sjschmidt@gmx.net

Armin Scholl (*1962), apl. Prof. Dr., Hochschullehrer am Institut für Kommunikationswissenschaft der Westfälischen Wilhelms-Universität Münster. Forschungsschwerpunkte: Theorien und Methoden der Kommunikationswissenschaft, Journalismusforschung, Gegenöffentlichkeit und alternative Medien, Ökologie und Medien. E-Mail: scholl@uni-muenster.de

Johannes Schulte (*1987), M. A., Doktorand am Institut für Kommunikationswissenschaft der Westfälischen Wilhelms-Universität Münster und im Forschungsschwerpunkt „Kommunikation, Medien und Politik" der Universität Koblenz-Landau. Forschungsschwerpunkte: Rezeptionsforschung, Massenmedien und interpersonale Kommunikation, Politische Kommunikation. E-Mail: johannes.schulte@uni-muenster.de

Annika Summ (*1980), Dr., wissenschaftliche Mitarbeiterin am Institut für Kommunikationswissenschaft der Westfälischen Wilhelms-Universität Münster. Forschungsschwerpunkte: Journalismusforschung, Berufssoziologie und Wissenschaftsjournalismus. E-Mail: annika.summ@uni-muenster.de

Kerstin Thummes (*1983), Dr., forscht und lehrt am Institut für Kommunikationswissenschaft an der Westfälischen Wilhelms-Universität Münster. Forschungsschwerpunkte: Organisationskommunikation/Public Relations. E-Mail: Kerstin.Thummes@uni-muenster.de

Anna-Maria Volpers (*1983), M. A., Wissenschaftliche Mitarbeiterin am Institut für Kommunikationswissenschaft der Westfälischen Wilhelms-Universität Münster. Forschungsschwerpunkte: Wissenschaftsjournalismus, Visuelle Kommunikation und Methoden der empirischen Sozialforschung. E-Mail: amvolpers@uni-muenster.de

Carolin Wattenberg (*1986), M. A., Tutorin und Lehrbeauftragte am College of William and Mary, USA. Forschungsschwerpunkte: Politische Kommunikation und Online-Kommunikation. E-Mail: carolin.wattenberg@gmail.com

Joachim Westerbarkey (*1943), Prof. em. Dr. bis 2009 Hochschullehrer am Institut für Kommunikationswissenschaft der Westfälischen Wilhelms-Universität Münster. Forschungsschwerpunkte: Kommunikations- und Medientheorien, Organisationskommunikation, Diskursanalyse, Filmanalyse. E-Mail: jom.westerbarkey@web.de.

Druck: KN Digital Printforce GmbH · Schockenriedstraße 37 · 70565 Stuttgart